제2판
한중법학회 학술총서 제1권

中 / 国 / 公 / 司 / 法

중국회사법

김건식 · 정영진 편저

박영사

제2판 서 문

　2018년 2월 초판이 출간된 후 3년 반이 지나서 제2판을 출간한다. 시간의 흐름에 따라 많은 변화가 있지만 중국에서는 특히 그러하다. 2018년 10월 중국회사법이 개정(4차) 되었고, 2020년 12월에 회사법 사법해석(2-5)이 개정되었을 뿐만 아니라 민법전, 외상투자법과 그 실시조례가 새로 제정되었다. 그 외에도 증권법, 형법, 부정경쟁방지법 및 상당수의 증권거래 관련 법령이 개정되었다. 한편 계약에 있어서 '평가조정메커니즘'(Valuation Adjustment Mechanism, VAM) 조항의 효력, 투자자의 고정수익 약정의 효력, 지분 환매 약정의 효력, 상장회사의 담보제공 등에 관한 중요한 판결이 많이 나왔기 때문에 개정 작업을 더 이상 미룰 수가 없었다.

　사회의주의 시장경제 하의 중국회사법을 가장 잘 이해하는 방법 중 하나는 다른 나라의 제도와 비교하는 것이다. 제2판에서도 한국법의 입장에서 중국회사법을 소개한다는 기본적인 입장을 견지하였다. 또한 한국에서 중국법이 학문적 차원이 아니라 실무적으로 많이 활용되고 있다는 점을 반영하여 판례를 많이 소개하려고 노력했다. 또한 2개의 장을 없애는 대신 내용에 충실을 기하였다. 초판에서는 중국법을 처음 접하는 사람들을 위하여 중국어 발음기호(pinyin)을 추가했지만 제2판에서는 가독성을 위해서 이를 삭제하고 부록으로 옮겼다.

　한국에서 중국 회사법을 쓴다는 것은 남이 가지 않는 길을 걸어가는 것과 같다. 제2판에서도 아직 부족한 점이 많을 것이라고 생각한다. 그러나 이론적으로 실무적으로 도움이 될 수 있는 중국 회사법 책을 발간한다는 목표를 향하여, 계속적으로 수정 보완할 것을 약속하겠다.

　이번 개정작업에서는 황리나 중국변호사가 저자로서 참여하는 한편 교정작업 전반에 걸쳐서 도움을 주었다. 그리고 이번에도 박영사의 김선민 이사께서 개정작업을 꼼꼼히 챙겨주신 덕에 책의 완성도를 높일 수 있었다. 여러 사정으로 부득이 일부 집필자의 교체가 있었다. 편저자들만 믿고 초판 작업에 흔쾌히 참여해 주셨던 남옥매, 양병찬, 오일환 교수님의 호의와 기여는 잊지 못할 것이다. 끝으로 이 책이 중국회사법에 관심을 가진 독자 여러분들에게 도움이 되기를 빌 뿐이다.

2021년 9월
편저자

서 문

　이 책은 중국의 회사법에 관한 개설서이다. 역동적으로 변모하고 있는 중국 회사법의 기본 골격을 우리나라 법률가의 시각에서 소화하여 해설하는 것을 목적으로 삼았다. 다방면에 걸쳐 쉼 없이 진행되는 변화의 모습을 가급적 신속하고 정확하게 담아내기 위해서 뜻을 같이 하는 여섯 분의 국내외 전문가들과 함께 공동 작업에 나섰다. 각 집필자가 독자적으로 집필하는 데 따르는 혼선을 최소화하기 위해서 2016년 봄부터 수차례 서로 만나 김밥을 앞에 놓고 의견을 교환했다. 2017년 막바지에는 작성된 원고를 검토·수정하는 절차도 거쳤다.

　이 책에서는 특히 다음 사항에 유의하였다.

　첫째, 주된 독자층을 중국과의 경제교류 일선에서 일하는 기업실무자와 법조인으로 상정하였다. 우리 회사법에 대한 기초지식은 이미 갖춘 것으로 보았기 때문에 개별 회사법 법리에 관한 이론적인 서술은 가급적 자제하였다.

　둘째, 독자들이 중국 회사법의 큰 그림을 쉽게 파악할 수 있도록 기본 개념과 법리를 간추려 평이하게 서술하는 데 주력했다. 구체적인 실무상 논점에 대한 상세한 정보를 원하는 독자는 본격적인 중국 문헌을 검색하거나 중국 법률가의 자문을 받기를 권한다.

　셋째, 회사법에 관한 각종 최신 정보를 간략하게라도 망라하려고 애썼다. 중국 법제의 특징은 규범의 다양성 내지 복잡성이다. 회사법과 관련이 있는 규범은 명칭만이라도 담고자 노력했다. 목차 뒤에 첨부한 법령 일람은 그런 노력의 산물이다.

　넷째, 중국 회사법을 처음 접하는 우리 독자들의 편의를 위해서 본문에 등장하는 주요 법률용어에 대해서는 간자체의 원문과 병음을 부기하였을 뿐 아니라 책 말미에 20여 쪽에 달하는 방대한 법률용어대조표를 포함시켰다.

　이 책을 내는 데는 당초 예상을 훌쩍 뛰어넘는 시간과 노력이 투입되었다. 그럼에도 아쉬운 구석이 한두 군데가 아니다. 집필자가 여럿이다 보니 서술이 다소 중복되거나 누락된 부분이 있는가 하면 논의의 깊이도 장별로 차이가 있다. 서술

형식과 용어도 통일하려 나름 신경을 썼지만 단독저서에 비하면 아무래도 일관성이 떨어질 것이다. 편저자로서 내놓고 말하기는 조금 뻔뻔스런 감이 있지만 "첫 술에 배부르랴"라는 속언으로 위안을 삼고 있다. 크고 작은 흠은 앞으로 꾸준히 고쳐나갈 생각이다. 그저 독자 여러분들의 너그러운 이해와 따끔한 지적을 바랄 뿐이다.

조그만 책자를 내는 데도 많은 분들의 도움을 받았다. 먼저 집필자들이 회동할 때마다 멋진 회의실은 물론 다과까지 제공해주신 법무법인 동인과 김종길 변호사님의 호의에 깊이 감사드린다. 법무법인 태평양 김염 중국변호사는 모임의 간사역할을 맡아 귀찮은 잡무는 물론 법령목록작업까지 자원해서 처리해주었다. 교정과정에서는 서울대 박사과정의 최정연 양도 열심히 도와주었다. 더욱 잊을 수 없는 분은 놀라운 열정과 끈기로 방대한 한중법률용어대조표를 만들어준 법무법인 세종의 김남훈 변호사이다. 김 변호사는 북경에서 실무연수의 바쁜 일상에도 불구하고 원고 전반을 꼼꼼히 검토한 후 수차에 걸쳐 장문의 의견을 보내주었다. 김 변호사의 예리한 지적과 제안은 내용면에서도 크게 도움이 되었음을 밝혀둔다. 순서는 뒤로 밀렸지만 박영사 안종만 회장님을 비롯해서 조성호 이사님과 김선민 부장님께도 충심으로 감사의 뜻을 전한다. 솔직히 요즘 우리 법서출판시장의 엄혹한 상황을 실감하고 있는 터라 변호사시험과 무관한 이런 책을 출간해 달라는 말은 꺼내기도 부담스러웠다. 뜻밖에 박영사의 반응은 처음부터 긍정적이어서 집필자들 모두 적잖이 고무되었다. 법학연구의 일선에 있는 집필자들로서는 상업성의 압력 속에서도 법률문화창달의 꿈을 포기하지 않는 박영사의 행보가 든든하고 반갑기 짝이 없다.

집필자들은 모두 한중법학회 회원으로 그간 축적된 학회의 연구성과에서 큰 자극과 도움을 받았다. 한중법학회 한상돈 회장님은 처음부터 적극 성원해주셨을 뿐 아니라 이 책을 한중법학회 학술총서 제1권으로 발간하도록 허락해주셨다. 이 자리를 빌려 다시금 각별한 관심과 배려에 대해서 감사드리고 싶다. 한창 우여곡절을 겪고 있는 한중간의 경제교류에 조금이라도 기여가 될 수 있으면 하는 간절한 소망을 담아 이 책을 내놓는 바이다.

2018년 1월
집필자들을 대표하여
김건식 · 정영진

목 차

제1장 서 설

제 2 장   회사법 총칙

제 3 장 회사설립

제 4 장 주식(지분)과 주주(사원)

제 5 장　회사의 기관구조

제6장　임원의 의무와 책임

제 7 장　회　　계

제 8 장 회사의 재무

제 9 장 회사의 구조개편

제10장 기업집단과 내부거래

제11장 외상투자기업법

이 책에 인용된 법령 일람

법률(법규명칭한글 : 법규 명칭 중문)

개인독자기업법 : 个人独资企业法(1999년 제정)

공인회계사법 : 注册会计师法(1993년 제정, 2014년 개정)

공회법 : 工会法(1992년 제정, 2001년, 2009년 개정)

기업국유자산법 : 企业国有资产法(2008년 제정)

기업소득세법 : 企业所得税法(2007년 제정, 2017년 개정, 2018년 개정)

기업파산법 : 企业破产法(1986년 시행, 2003년 초안, 2006년 제정)

노동법 : 劳动法(1994년 제정, 2009년, 2018년 개정)

민법전 : 民法典(2020년 제정)

민사소송법 : 民事诉讼法(1991년 제정, 2007년, 2012년, 2017년 개정)

반독점법 : 反垄断法(2007년 제정)

보험법 : 保险法(1995년 제정, 2002년, 2009년, 2014년, 2015년 개정)

부정경쟁방지법 : 反不正当竞争法(1993년 제정, 2017년, 2019년 개정)

상업은행법 : 商业银行法(1995년 제정, 2003년, 2015년 개정)

신탁법 : 信托法(2001년 제정)

외상투자법 : 外商投资法(2019년 제정)

입법법 : 立法法(2000년 제정, 2015년 개정)

전민소유제공업기업법 : 全民所有制工业企业法(1988년 제정, 2009년 개정)

조합기업법 : 合伙企业法(1997년 제정, 2006년 개정)

증권법 : 证券法(1998년 제정, 2004년, 2005년, 2013년, 2014년, 2019년 개정)

증권투자기금법 : 证券投资基金法(2003년 제정, 2012년, 2015년 개정)

향진기업법 : 乡镇企业法(1996년 제정)

형법 : 刑法(1979년 제정, 1997년, 1999년, 2001년, 2002년, 2005년, 2006년, 2009년, 2011년, 2015년, 2017년, 2020년 개정)

회계법 : 会计法(1985년 제정, 1993년, 1999년, 2017년 개정)

행정법규

경영자집중신고기준에 관한 규정 : 国务院关于经营者集中申报标准的规定(2008년 제정, 2018년 개정)

국유자산평가관리방법 : 国有资产评估管理办法(1991년 제정, 2020년 개정)

기업재무회계보고조례 : 企业财务会计报告条例(2000년 제정)

기업정보공시 임시조례 : 企业信息公示暂行条例(2014 제정)

기업채권관리조례 : 企业债券管理条例(1993년 제정, 2011년 개정)

사회단체등기관리조례 : 社会团体登记管理条例(1989년 제정, 1998년, 2016년 개정)

상업환경 개선 조례 : 优化营商环境条例(2019년 제정)

성진집체소유제기업조례 : 城镇集体所有制企业条例(1991년 제정, 2011년, 2016년 개정)

소송비용납부방법 : 诉讼费用交纳办法(2006년 제정)

외상투자법실시조례 : 外商投资法实施条例(2019년 제정)

조합기업등기관리방법 : 合伙企业登记管理办法(1997년 제정, 2007년, 2014년, 2019년 개정)

총회계사조례 : 总会计师条例(1990년 제정, 2011년 개정)

향촌집체소유제기업조례 : 乡村集体所有制企业条例(1990년 제정, 2011년 개정)

회사등기관리조례 : 公司登记管理条例(1994년 제정, 2015년, 2014년, 2016년 개정)

국무원 규범성문건

국무원판공청의"5증합일·일조일마"등록제도개혁에관한통지 : 国务院办公厅关于加快推进"五证合一、一照一码"登记制度改革的通知(2016년 제정)

국무원의 국가계획위원회, 국가경제무역위원회 및 국가경제체제개혁위원회가 대형기업집단 시범사 업을 심화함에 관한 의견에 대한 비준 통지 : 国务院批转国家计委、国家经贸委、国家体改委关于深化大型企业集团试点工作意见的通知(1997년 제정)

국무원의 우선주 시범 개시에 관한 지도의견 : 国务院关于开展优先股试点的指导意见(2013년 제정)

국무원의 전국중소기업주식매매시스템 관련 문제에 관한 결정 : 国务院关于全国中小企业股份转让系统有关问题的决定(2013년 제정)

국무원의행정허가사항의취소및하방에관한결정 : 国务院关于取消和下放一批行政许可事项的决定(2019년 제정)

사회신용체계 건설계획 강요(2014-2020년) : 社会信用体系建设规划纲要(2014-2020年)(2014년 제정)

부문규장

개인독자기업등기관리방법 : 个人独资企业登记管理办法(2000년 제정, 2014년, 2019년 개정)

경영자집중심사잠행방법 : 经营者集中审查暂行规定(2020년 제정)

국유자산평가관리 약간의 문제에 관한 규정 : 国有资产评估管理若干问题的规定(2001년 제정)

국유자산평가관리방법실시세칙 : 国有资产评估管理办法施行细则(1992년 제정)

기업공개와 주식상장관리방법 : 首次公开发行股票并上市管理办法(2006년 제정, 2015년, 2018
   년, 2020년 개정)

기업경영범위등기 관리규정 : 企业经营范围登记管理规定(2004년 제정, 2015년 개정)

기업집단재무회사관리방법 : 企业集团财务公司管理办法(2000년 제정, 2004년, 2006년 개정)

기업회계준칙 : 企业会计准则(1992년 제정, 2006년 개정, 2014년 개정)

기업회계준칙－기본준칙 : 企业会计准则－基本准则(2006년 제정, 2014년 개정)

기장대리관리방법 : 代理记账管理办法(2016년 제정, 2019년 개정)

비상장공개회사 감독관리방법 : 非上市公众公司监督管理办法(2012년 제정, 2013년 개정, 2019
   년 개정)

비상장공개회사 인수관리방법 : 非上市公众公司收购管理办法(2014년 제정, 2020년 개정)

상장회사 정보공시 관리방법 : 上市公司信息披露管理办法(2007년 제정, 2021년 개정)

상장회사 증권발행 관리방법 : 上市公司证券发行管理办法(2006년 제정, 2008년, 2020년 개정)

외국투자자의 경내 기업 인수합병에 관한 규정 : 关于外国投资者并购境内企业的规定(2006년
   제정, 2009년 제정)

외상투자안전심사방법 : 外商投资安全审查办法(2020년 제정)

외상투자정보보고방법 : 外商投资信息报告办法(2019년 제정)

우선주시범관리방법 : 优先股试点管理办法(2014년 제정)

정부회계준칙 : 政府会计准则－基本准则(2016년 제정)

중소기업주식 매매시스템 유한회사 관리 잠정시행방법 : 全国中小企业股份转让系统有限责任公
   司管理暂行办法(2013년 제정, 2017년 개정)

증권거래소관리방법 : 证券交易所管理办法(1996년 제정, 1997년, 2001년, 2017년, 2020년 개정)

증권발행 및 인수관리방법 : 证券发行与承销管理办法(2006년 제정, 2010년, 2012년, 2013년,
   2014년, 2015년, 2017년, 2018년 개정)

증권시장진입금지규정 : 证券市场禁入规定(2006년 제정, 2015년 개정, 2021년 재제정)

회사등록자본금 등기관리규정 : 公司注册资本登记管理规定(2004년 제정, 2005년, 2014년 개정)

회사채권 발행과 거래 관리방법 : 公司债券发行与交易管理办法(2015년 제정, 2021년 개정)

획발토지사용권관리임시방법 : 划拨土地使用权管理暂行办法(1992년 제정)

부문 규범성문건

상장회사의 독립이사제도를 수립함에 관한 지도의견 : 关于上市公司建立独立董事制度的指导意
   见(2001년 제정)

서비스무역 외환관리가이드라인실시세칙 : 服务贸易外汇管理指引实施细则(2013년 제정, 2015
   년 개정)

TV홈쇼핑채널건설과 관리에 관한 의견 : 广电总局关于电视购物频道建设和管理的意见(2009년
   제정)

경상항목외환업무가이드라인(2020년 버전) : 经常项目外汇业务指引(2020年版)(2020년 제정)

공모발행증권의 회사정보공시내용 및 양식준칙 제1호－투자설명서 : 公开发行证券的公司信息
   披露内容与格式准则第1号－招股说明书(2001년 제정, 2003년, 2015년 개정)

사법해석 및 법률해석

최고인민법원의 회사법 적용에 있어서 약간의 문제에 관한 규정(2) : 最高人民法院关于适用《中华人民共和国公司法》若干问题的规定(二)(2008년 제정, 2014년, 2020년 개정)

최고인민법원의 회사법 적용에 있어서 약간의 문제에 관한 규정(3) : 最高人民法院关于适用《中华人民共和国公司法》若干问题的规定(三)(2010년 제정, 2014년, 2020년 개정)

최고인민법원의 회사법 적용에 있어서 약간의 문제에 관한 규정(5) : 最高人民法院关于适用中华人民共和国公司法若干问题的规定(五)(2019년 제정, 2020년 개정)

거래소규칙 및 자율규정

상장회사 관계자거래 실시지침 : 上海证券交易所上市公司关联交易实施指引(2011년 제정)

상해증 권거래소정관 : 上海证券交易所章程(1993년 제정, 1999년, 2016년, 2018년, 2020년, 2021년 개정)

상해증권거래소 상장규칙 : 上海证券交易所股票上市规则(1998년 제정, 2000년, 2001년, 2002년, 2004년, 2006년, 2008년, 2012년, 2013년, 2014년, 2018년, 2019년, 2020년 개정)

상해증권거래소 상장회사 이사 선임 및 행위 가이드라인 : 上海证券交易所上市公司董事选任与行为指引(2009년 제정, 2013년 개정)

상해증권거래소 상장회사 지배주주, 실제지배자 행위 가이드라인」: 上海证券交易所上市公司控股股东、实际控制人行为指引(2010년 제정)

심천증권거래소 상장규칙 : 深圳证券交易所股票上市规则(1998년 제정, 2000년, 2001년, 2002년, 2004년, 2006년, 2008년, 2012년, 2014년, 2018년, 2019년, 2020년 개정)

심천증권거래소 상장회사 정보공개지침 제5호 - 거래 및 관계자거래 : 深圳证券交易所上市公司信息披露指引第5号 - 交易与关联交易(2020년 제정)

심천증권거래소의 상장회사 현금선택권 업무지침 : 深圳证券交易上市公司现金选择权业务指引(2008년 제정, 2011년 개정)

심천증권거래소정관 : 深圳证券交易所章程(1991년 제정, 1993년, 2017년, 2018년, 2021년 개정)

기타

강소성 고급인민법원의 회사법 안건심리에 있어서 약간의 문제에 관한 의견(시행) : 江苏省高级人民法院关于审理适用公司法案件若干问题的意见(试行)(二)(2003년 제정)

개혁의 전면적심화에서 약간의 중대한 문제에 관한 중공중앙의 결정 : 中共中央关于全面深化改革若干重大问题的决定(2013년 제정)

국무원기구 개혁방안(2018) : 国务院机构改革方案(2018)(2018년 제정)

기업민주관리규정 : 企业民主管理规定(2012년 제정)

시장감독관리총국의 기업상호 사전승인 행정허가사항의 취소에 따른 업무 처리에 관한 통지 : 市场监管总局关于做好取消企业名称预先核准行政许可事项衔接工作的通知(2019년 제정)

심천경제특구 국영기업 주식화 시범 등기등록 잠행규정 : 深圳经济特区国营企业股份化试点登记注册的暂行办法(1987년 제정)

심천시주식회사잠행규정 : 深圳市股份有限公司暂行规定(1992년 제정)

심천증권거래소 상장회사 정보공시가이드라인 제5호 - 거래와 관계자거래 : 公开发行证券的公司信息披露内容与格式准则第5号 - 公司股份变动报告的内容与格式(1994년 제정, 2005년, 2007

년 개정)

유기업개혁의 심화를 위한 지도의견 : 中共中央, 国务院关于深化国有企业改革的指导意见(2015
　　년 제정)

전국중소기업 주권등록업무 가이드라인 : 全国中小企业股份转让系统股票挂牌业务操作指南
　　(2013년 제정, 2014년 개정, 2014년 2차 개정, 2015년 개정, 2017년 개정, 2020년 개정)

전국중소기업 주식매매래시스템 업무규칙(시행) : 全国中小企业股份转让系统业务规则(试行)
　　(2013년 제정, 2014년 개정)

전국중소기업 주식매매시스템 등록회사 주식 환매 실시세칙 : 全国中小企业股份转让系统挂牌
　　公司回购股份实施细则(2018년 제정, 2021년 개정)

전국중소기업 주식매매시스템 주권등록조건 적용 기본표준 가이드 : 全国中小企业股份转让系
　　统股票挂牌条件适用基本标准指引(2013년 제정, 2017년 개정, 2020년 개정)

전국중소기업 주식매매시스템 투자자적격성 관리세칙 : 全国中小企业股份转让系统投资者适当
　　性管理细则(2013년 제정, 2014년, 2017년 개정)

전국중소기업주식양도시스템 상장회사 정보공개 규칙 : 全国中小企业股份转让系统挂牌公司信
　　息披露规则(2020년 제정)

최고인민법원의 판결지도공작에 관한 규정 : 最高人民法院关于案例指导工作的规定(2010년
　　제정)

한국, 중국, 일본간의 투자증진, 원활화 및 보호에 관한 협정 : 中华人民共和国政府、日本国政府
　　及大韩民国政府关于促进、便利及保护投资的协定(2012년 제정)

한국, 중국간의 투자의 증진 및 보호에 관한 협정 : 中华人民共和国政府和大韩民国政府关于促
　　进和保护投资的协定(2007년 제정)

실효된 법령

경영자집중심사방법 : 经营者集中审查办法(2009년 제정, 2021년 실효)

계약법 : 合同法(1999년 제정, 2020년 실효)

곤명시인민정부의 본시 전민소유제기업에서 주식제를 추진함에 관한 시행방법 : 昆明市人民
　　政府关于在我市全民所有制企业推行股份制的试行办法(1993년 실효)

공업기업회계제도 : 工业企业会计制度(1992년 제정, 2015년 실효)

국가경제체제개혁위원회의 기업집단에서 모자회 사체제를 수립함에 관한 지도의견 : 国家经
　　济体制改革委员会关于企业集团建立母子公司体制的指导意见(1998년 제정, 2017년 실효)

금융기업회계제도 : 金融企业会计制度(1993년, 2001년 개정, 2011년 실효)

금융부채와 권리이익수단의 구분 및 관련 회계처리에 관한 규정 : 金融负债与权益工具的区分
　　及相关会计处理规定(2014년 제정, 2018년 실효)

기업개혁 심화 및 기업활력 증강에 관한 약간의 규정 : 国务院关于深化企业改革增强企业活力的
　　若干规定(1986년 제정, 1994년 실효)

기업집단등기관리잠행규정 : 企业集团登记管理暂行规定(1998년 제정, 2020년 실효)

기업채권관리잠정조례 : 企业债券管理暂行条例(1987년 제정, 1993년 실효)

기업회계제도 : 小企业会计制度(2004년 제정, 2013년 실효)

민법통칙 : 民法通则(1986년 제정, 2007년 개정, 2021년 실효)

복건성주식제기업잠행규정 : 福建省股份制企业暂行规定(1988년 제정, 1998년 실효)

부동산개발기업회계제도 : 房地产开发企业会计制度(1993년 제정, 2015년 실효)

사영기업잠행조례 : 私营企业暂行条例(1988년 제정, 2018년 실효)

상해증권거래소 중소기업사모채권업무시범방법 : 上海证券交易所中小企业私募债券业务试点办法(2012년 제정, 2015년 실효)

상해증권거래소의 상장회사 현금선택권 업무지침 : 上市公司现金选择权业务指引(2011년 제정, 2012년 개정, 2020년 실효)

심천증권거래소 중소기업사모채권업무시범방법 : 深圳证券交易所中小企业私募债券业务试点办法(2012년 제정, 2015년 실효)

외국기업 혹은 개인의 중국경내 합명기업설립관리방법 : 外国企业或者个人在中国境内设立合伙企业管理办法(2009년 제정, 2020년 실효)

외상투자주식유한회사설립의 약간 문제에 관한 잠행규정 : 关于设立外商投资股份有限公司若干问题的暂行规定(1995년 제정, 2015년 개정, 2019년 실효)

외자기업법 : 外资企业法(1986년 제정, 2000년, 2016년 개정, 2019년 실효)

유한회사규범의견 : 有限责任公司规范意见(1992년 제정, 2015년 실효)

재정부의 상장회사 이익잉여금분배에 관한 회계처리규정 : 财政部关于上市公司利润分配会计处理规定的通知(1996년 제정, 2008년 실효)

주식제기업시범방법 : 股份制企业试点办法(1992년 제정, 2016년 실효)

주식회사규범의견 : 股份有限公司规范意见(1992년 제정, 2015년 실효)

중외합자경영기업법 : 中外合资经营企业法(1979년 제정, 1990년, 2001년, 2016년 개정, 2019년 실효)

중외합자경영기업법 실시조례 : 中外合资经营企业法实施条例(1983년 제정, 1986년, 1987년, 2001년, 2011년, 2014년, 2019년 개정, 2020년 실효)

중외합작경영기업법 : 中外合作经营企业法(1988년 제정, 2000년, 2016년, 2017년 개정, 2019년 실효)

최고인민법원은 경제계약법 분쟁안건 심리 중 경제계약법의 구체적 적용의 약간의 문제에 관한 해답 : 最高人民法院关于在审理经济合同纠纷案件中具体适用《经济合同法》的若干问题的解答(1993년 제정, 2000년 실효)

최고인민법원은 계약법 적용에 있어서 약간의 문제에 관한 해석(1) : 最高人民法院关于适用中华人民共和国合同法若干问题的解释(一)(1999년 제정, 2020년 실효)

최고인민법원의 계약법적용에 있어서 약간의 문제에 관한 해석 : 最高人民法院关于适用《中华人民共和国合同法》若干问题的解释(一)(1999년 제정, 2021년 실효)

최고인민법원의 전국 경제재판업무 좌담회 회의요강 : 最高人民法院关于印发《全国经济审判工作座谈会纪要》的通知(1993년 제정, 2013년 실효)

회사채권발행시범방법 : 公司债券发行试点办法(2007년 제정, 2015년 실효)

제**1**장 │ 서 설

제1절 국유기업의 회사화 – 회사의 등장[1]

Ⅰ. 개혁개방이전

　중국에서는 1949년 공산당 정권 성립을 계기로 민간기업(民间企业)[2]이 사라지

---

1) 이 부분의 서술은 김건식, 중국 국유기업의 민영화, 중국법연구 제26집(2016. 5), 129－148
　면에 크게 의존하였다. 이 책의 성격상 참고문헌의 인용은 최대한 제한하였으므로 참고문
　헌에 관해서는 앞의 논문을 참조하기 바란다.
2) 민간기업은 비국유기업을 의미하고, 민영기업(民营企业)은 비국영기업을 의미한다. 중국은
　1993년 헌법을 개정하면서 국영기업 대신에 국유기업이라는 용어를 사용하고 있다. 사영기
　업(私营企业)은 1950년 반포된 「사영기업잠정조례」(私营企业暂行条例, 1988년 제정, 2018년
　실효)에서 규정한 5종의 회사를 가리키는 것으로 공유제의 확산에 따라 자취를 감추게 되
　었다.

게 되었다. 그리하여 1978년 개혁개방이 시작되기 전에는 민간기업 대신 공유제기업(公有制企業)만이 존재했다. 국가와 국민의 생존에 필요한 상품이나 서비스는 대부분 정부부처가 직접 또는 부속기구를 통해서 제공했다. 상품이나 서비스 생산을 맡은 "단위(单位)"가 존재했지만 무엇을 얼마만큼 생산할 것인지와 같은 기업경영의 기본사항도 독자적으로 결정하기보다 정부부처의 계획이나 지시를 따를 뿐이었다.[3] 그런 생산단위를 진정한 의미의 "기업"으로 보긴 어렵지만 국유기업으로 부르기로 한다.

국유기업은 경제적 목표뿐 아니라 정치적, 사회적 목표도 아울러 추구하였다. 국유기업은 상품이나 서비스를 생산하고 종업원에게 임금을 지급하는 경제조직에 머물지 않고 종업원과 그 가족의 주거, 의료, 자녀교육 등의 서비스를 제공하는 정치사회조직까지 겸했다. 국유기업은 중요도에 따라 중앙정부와 지방정부에 나누어 배정하고 각 기업에 대한 경영권은 정부의 각 행정부문이 자신의 관할범위에서 행사하였다. 예컨대 투자 및 생산에 관한 결정은 계획위원회나 경제위원회와 같은 행정기관이, 관리자의 인사는 공산당과 정부의 인사부문이, 수입지출과 같은 재무사항은 재정부문이 담당하는 식의 체제로 운영되었다. 이처럼 비효율적으로 운영되는 국유기업에게 좋은 실적을 기대하기는 어렵다. 그리하여 개혁개방 후 국유기업개혁이 주된 과제로 등장하게 되었다.

II. 초기의 개혁: 1978년-1992년

중국이 본격적으로 경제개혁에 나선 것은 1978년 공산당 제11기 제3차 중앙위원회 전체회의(11기 3중전회) 이후의 일이다. 초기의 개혁은 흔히 이른바 "방권양리"(放权让利)라는 용어로 요약된다. "방권양리"란 요컨대 개별 생산단위의 자율, 즉 "기업자주권"을 확대하고 이윤의 분배를 허용하는 것을 가리킨다. 방권양리는 궁극적으로 국가에 의한 경영이란 틀을 유지하면서도 기업에 활력을 불어넣기 위한 시도였다. 그러나 이런 미봉책으로는 침체된 국유기업을 살릴 수 없었다. 그렇다고 해서 기업자주권을 더욱 확대하면 기업이 내부관리자의 손아귀에 들어가게 되는 "내부자통제"(内部人控制)가 발생할 위험이 있었다.[4]

---

3) 오일환, 중국 국유기업의 회사화에 관한 연구, 중국법연구 제2집(1999년 12월), 203면.
4) 내부자통제에 대한 우려는 차후 국유기업개혁에서 끊임없이 등장하는 테마이다.

개선책으로 등장한 것이 바로 1983년경부터 시도된 "기업승포"(企業承包)이다.[5] 기업승포는 우리 민법상 도급과 유사한 것으로 수급인인 생산단위가 도급인인 국가에 일정한 금액을 지급하고 남은 금액 또는 이익의 일부를 차지하는 제도이다.[6] 승포제(承包制)는 단기간에 급속히 전국적으로 확산되었으나 기업의 내부 관리자가 단기적 이익에 몰두하고 급속한 물가상승을 초래한다는 단점 때문에 1990년을 전후하여 동력을 상실하였다.

이 시기에 제정된 대표적인 입법으로는 외자도입을 겨냥한 1979년 「중외합자경영기업법」,[7] 1986년 「외자기업법」,[8] 1988년 「중외합작경영기업법」[9]이 있다.[10] 또한 1988년에 반포된 「사영기업잠정조례」는 자연인이 출자한 유한책임회사를 위한 규정을 두었다.

Ⅲ. 회 사 화

위와 같은 개혁시도에도 불구하고 국유기업의 적자는 계속 누적되었다. 국유기업 부진의 원인으로 지적된 것은 여럿 있지만 가장 주목을 끈 것은 기업경영에 대한 정부부처의 간섭이었다. 정부는 논란 끝에 국유기업에 대한 무분별한 개입을 막기 위하여 국유기업의 회사화(国有企业的公司化改制) 내지 주식제(股份制)를 채택하기에 이르렀다. 국무원은 1986년 「기업개혁 심화 및 기업활력 증강에 관한 약간의 규정」[11]을 제정하여 각 지방이 전민소유제(全民所有制)의 중대형기업을 주식제로 전환할 수 있는 법적 근거를 마련하였다. 그러나 회사화가 바로 경영권을 민간에 넘기는 "민영화"를 의미하는 것이 아니라는 점은 처음부터 강조되었다.[12]

---

5) "경영자승포책임제(经理承包责任制)"로 불리기도 한다.
6) 한국법상 도급의 경우 도급인이 도급의 결과물을 취득하고, 수급인에게 일정한 보수를 지급하지만, 중국법상 승포의 경우 수급인이 도급의 결과물을 취득하고, 도급인에게 일정한 사용료를 지급한다는 점에서 차이가 있으므로, 승포라고 번역하였다.
7) 中外合资经营企业法(1979년 제정, 1990년, 2001년, 2016년 개정, 2020년 실효).
8) 外资企业法(1986년 제정, 2000년, 2016년 개정, 2020년 실효).
9) 中外合作经营企业法(1988년 제정, 2000년, 2016년, 2017년 개정, 2020년 실효).
10) 이들은 통칭 삼자기업법(三资企业法)으로 불린다.
11) 国务院关于深化企业改革增强企业活力的若干规定(1986년 제정, 1994년 실효).
12) 이는 사회주의를 표방하는 중국으로서는 불가피한 것이었다. 이 방침은 러시아와 동유럽에

  중국 당국이 회사화를 통해서 노린 것은 다음 두 가지이다. ① 기업경영에 대한 정부의 간섭을 막는다(정부와 기업의 분리(政企分离)).[13] ② 급증하는 기업의 자금소요를 정부예산이나 은행대출 이외의 재원으로 충당한다. 사실 ①을 실현하는 것은 사회주의체제와 모순되는 면이 있을 뿐 아니라 현실적으로도 어렵다. 그럼에도 불구하고 이 화두는 현재까지 유지되고 있다. 2003년에는 정부의 직접적인 경영간여를 막기 위해서 국유기업관리를 전담하는 조직으로 국유자산감독관리위원회(国有资产监督管理委员会)(국자위)를 중앙과 지방에 설치하였다. 한편 ②는 외국투자자를 포함한 일반투자자의 투자를 전제한 것이다. 민간투자를 받기 위한 국유기업 주식매각은 통상 "민영화"라고 불린다. 그러나 사회주의를 표방하는 중국에서는 국유재산의 매각에 대한 반감이 여전히 강하게 남아있기 때문에 민간주주의 참여를 "혼합소유제"(混合所有制) 내지 주주구성의 "다양화"라는 용어로 표현하는 경우가 많다.[14]

  회사화가 본격적으로 시작된 것은 1992년 덩샤오핑(邓小平)이 그 유명한 남순강화(南巡讲话)에서 시장경제노선을 재확인한 후의 일이다.[15] 1993년 공산당 제14기 제3차 중앙위원회 전체회의(14기 3중전회)는 국유기업을 현대 기업제도로 전환한다는 방침을 정식으로 채택하였다.[16] 회사화의 법적 토대인 회사법이 마련된 것도 이 무렵의 일이다.[17] 1995년 국무원은 100대 국유기업을 회사화 대상으로 선정하였고 1996년에 이르기까지 약 5,800개 국유기업이 회사화를 마쳤다.[18]

서 급속한 민영화가 실패함에 따라 더욱 강화되었다.

13) 1993년 개헌에서 국영기업이란 용어를 국유기업으로 바꾼 것도(제16조, 제42조) 이러한 사고가 작용한 것으로 볼 수 있을 것이다.

14) 민간주주의 참여가 바로 민간에 의한 "경영"을 의미하는 것이 아니라는 점에서는 그러한 용어례도 이해할 수 없는 것은 아니다.

15) 후술하는 바와 같이 국유기업의 외국거래소 상장도 남순강화 후 본격화되었다.

16) 그러나 회사화가 이미 1980년대 초부터 시작했다는 견해도 있다. 오일환, 전게논문, 202면.

17) 회사법의 제정작업은 이미 1980년대 초부터 시작되었지만 논쟁이 그치지 않아 반포가 지연되었다. 1993년 회사법 제정연혁에 관한 간단한 설명으로 刘俊海, 现代公司法(法律出版社 제3판 2015년 上册), 60−61면.

18) 이들 기업은 폐쇄성을 유지하기 위하여 대부분 유한책임회사형태를 취하였다.

IV. 일부 국유기업의 민영화

전술한 바와 같이 국유기업의 회사화는 정부부처의 경영간섭을 막는 것뿐 아니라 정부와 은행의 자금부담을 경감하는 것을 목적으로 했다. 국가의 재정부담을 덜면서도 기업의 자금조달을 돕기 위해서 1995년 제14기 제5차 중앙위원회 전체회의(14기 5중전회)는 두 가지 원칙을 채택하였다. ① 중소형 국유기업은 완전 민영화를 인정한다(이른바 "조대방소"[19](抓大放小)). ② 대형국유기업도 부분적으로 민간투자를 허용한다.

원론적으로 자본주의국가에서 국유기업의 정당성은 시장기능이 제대로 작동할 수 없는 분야에 한해서 인정된다. 따라서 ①에서 기업규모의 대소를 민영화의 기준으로 삼은 것은 사회주의 노선을 포기할 수 없는 중국으로서는 어쩔 수 없이 선택한 일종의 타협책으로 볼 수 있다. ①원칙에 따라 지방의 향진기업(乡镇企业)을 포함한 중소형 국유기업이 대거 민영화를 마쳤고 이들이 현재 민간기업의 주류를 이루고 있다.[20] 한편 ②에서 채택한 혼합소유제에서 문제의 핵심은 어떠한 국유기업에 대해서 민간참여를 얼마만큼 허용할 것인가 하는 것이다. 당초의 방침은 국유기업이 주도할 다음 네 가지 산업을 제외하고는 원칙적으로 민간투자를 허용하는 것이었다.

① 국가의 안전에 관한 산업(국방산업, 화폐의 주조 및 국가의 전략적 비축시스템 등)
② 자연독점 및 과점산업(우편, 전기통신, 전력, 철도, 항공 등)
③ 중요 공공재를 제공하는 산업(수도, 가스, 공공교통 및 항만, 공항, 수리시설, 중요 방호림공사 등)
④ 기간산업과 하이테크 산업 분야의 중핵기업(석유채굴, 철강, 자동차, 첨단전자산업 등)

그러나 대형 국유기업의 민영화는 위 네 가지 산업에 해당하지 않는 경우에도 기득권집단의 반대에 부딪쳐 큰 진전을 보지 못했다. 국유기업 민영화를 추진

---

19) 직역하자면 큰 것은 잡고 작은 것은 놓아준다는 의미이다.
20) 민영화 직후 밀어닥친 아시아금융위기를 중국이 극복하는데는 이들 민간기업의 역할이 컸다는 평가도 있다.

하는 동력은 2000년대 초부터 약화되기 시작하여 2002년 적극적인 개혁노선을 따르던 쟝저민(江澤民) 정권이 물러나고 후진타오(胡錦濤) 정권이 들어선 후에는 한층 약화되었다. 나아가 2007년 시작된 국제금융위기를 계기로 서구식 자본주의에 대한 신뢰가 흔들리면서 국유기업 개혁을 부르짖는 목소리는 힘을 잃게 되었다.

V. 혼합소유제의 추진과 공산당의 역할

한동안 잠잠했던 국유기업 개혁의 물결은 시진핑정권이 들어선 후인 2013년부터 다시 높아지고 있다. 2013년 제18기 제3차 중앙위원회 전체회의(18기 3중전회)에서 공표한 「개혁의 전면적심화에서 약간의 중대한 문제에 관한 중공중앙의 결정」21)은 "혼합소유제경제의 추진"이라는 구호를 다시 채택하였다.22)

2013년 결정은 2015년 9월 13일 공산당 중앙위원회가 국무원과 공동으로 발표한 「국유기업개혁의 심화를 위한 지도의견」23)(2015년 지도의견)에서 재확인되었다. 국유기업개혁을 위한 원칙을 담고 있는 2015년 지도의견은 혼합소유제경제의 발전을 강조하며 비국유자본에 의한 국유기업개혁에의 참가와 아울러 국유자본의 비국유기업에의 주식참여(參股)를 장려한다는 방침을 천명하였다.24)

정부가 혼합소유제를 적극 추진한 결과 공식통계에 의하면 2018년 현재 중앙국유기업의 약 2/3 정도가 혼합소유제를 채택하고 있다. 중국정부가 이처럼 혼합소유제 추진에 나서게 된 것은 민간투자자의 압력에 의존하여 국유기업의 효율성을 제고하는 한편으로 극심한 부패를 방지하기 위한 시도였다. 지도의견은 정부는 물론이고 국자위의 일상적인 경영간섭도 막기 위해서 국자위와 국유기업 사이에 일종의 지주회사를 끼워넣음으로써 국자위는 주주로서의 역할만을 수행하도록 하

---

21) 中共中央关于全面深化改革若干重大问题的决定(2013년 제정).
22) 혼합소유제에 대한 이하의 서술은 다음 문헌에 크게 의존하였다. Wang Jiangyu & Tan Cheng-Han, Mixed Ownership Reform and Corporate Governance in China's State-owned Enterprises, 53 Vanderbilt Journal of Transnational Law 1055-1107 (2020).
23) 中共中央, 国务院关于深化国有企业改革的指导意见(2015년 제정).
24) 혼합소유제는 국유기업에 대한 민간자본의 참여만이 아니라 민간기업에 대한 국유자본의 참여, 특히 국유자본이 시장에서 공공서비스, 하이테크 기술, 생태환경보전 등 전략적 산업을 중심으로 유망한 민간기업에 주식투자를 행하는 것을 장려하고 있다. 그러나 민간기업에 대한 국유자본 참여에 대해서는 국가에 의한 민간기업 지배를 초래하여 이른바 "국진민퇴"(国进民退)를 초래할 수도 있다는 비판이 제기되고 있다.

였다. 또한 국유기업 주식을 인수하는 민간투자자를 선정할 때에도 단순한 금융투자자보다는 기술이나 경험을 갖춘 투자자를 선택하고 이들에게는 독립이사를 추천할 수 있도록 함으로써 경영자문기능은 물론 감독기능의 강화를 꾀하였다.

　　그러나 혼합소유제가 정부간섭의 방지와 민간역량의 활용만을 위한 것은 아니었다. 정부간섭의 배제에 따른 통제의 공백을 메우기 위하여 도입된 것이 바로 공산당 역할의 강화이다. 중국은 공산당이 영도하는 국가이다(헌법[25] 1조). 「공산당장정」(共产党章程)은 3인 이상의 정식 공산당원을 보유한 모든 조직은 공산당의 기층 조직을 설치하도록 하고 있다(30조). 한편 회사법은 공산당장정에 따라 회사 내에 공산당조직을 설치하여 당의 활동을 전개하도록 하고 회사는 당조직의 활동에 필요한 조건을 제공하도록 하고 있다(19조). 이처럼 공산당이 회사에 영향력을 행사할 수 있는 통로가 존재했지만 실제로 당조직은 설치되지 않거나 설치되더라도 유명무실한 경우가 많았다. 2015년 지도의견은 당조직을 국유기업의 정관에 규정하도록 함으로써 기업내 당조직의 "법제화"를 강제하였다.[26] 또한 당조직의 간부가 회사내 이사나 감사를 겸하는 것(双向进入、交叉任职)을 허용함으로써 공산당의 영향력이 회사경영에 미칠 수 있는 가능성은 한층 더 높아졌다. 그러나 실제로 이들 당조직이 회사경영에 어떠한 영향을 미칠지는 좀더 지켜봐야 할 것이다.[27]

제2절　자본시장과 민간기업의 성장

Ⅰ. 민영화와 기업공개

　　전술한 바와 같이 "조대방소" 원칙에 따라 중소형 국유기업은 대부분 민영화되고 대형 국유기업의 경우에도 부분적 민영화가 진행되었다. 대형 국유기업에

---

25) 宪法(1982년 제정, 1988년, 1993년, 1999년, 2004년, 2018년 개정). 1982년 헌법 이전, 1954년, 1975년, 1978년에 각각 헌법을 제정했고, 현재 헌법은 1982년에 제정한 네 번째 헌법이다.

26) 그리하여 많은 회사들이 정관에 그에 관한 규정을 두고 있다.

27) 공산당의 간섭은 비효율적인 경영의사결정을 낳을 수 있지만 공산당국가인 중국에서 당의 지원은 회사의 대외관계에서 이익을 줄 수도 있다는 점에서 회사내 당조직에 대한 평가는 복합적인 측면이 있다.

대한 민간투자는 민간자본이 새로 발행되는 국유기업주식을 인수하는 방식으로 진행되었다. 개혁개방 초기에는 국내에 축적된 자본이 없었으므로 민간자본은 결국 외국인투자자를 의미했다. 그러나 아무리 국유기업의 경영난이 심각하고 자금조달이 절실하더라도 명색이 사회주의 국가에서 국유재산을, 그것도 외국인투자자에게 넘기는 것은 쉬운 일이 아니었다.28) 그럼에도 불구하고 이런 과감한 정책이 단행된 것은 당시 실력자인 덩샤오핑의 결단과 실무를 총괄한 주룽지(朱镕基)의 추진력에 힘입은 것이다. 외국투자자 유치를 위해서는 국유기업을 외국거래소에 상장할 필요가 있었다. 국유기업의 외국거래소 상장은 1990년대 초부터 시작되었다.29)

II. 자본시장의 출범

개혁개방 후에도 자본에 대한 반감이 짙게 남아 있었던 탓에 자본시장(资本市场)의 출범은 다소 시간이 걸렸다. 주식발행은 회사법이 제정되기도 전인 1980년대부터 이미 시작되었다. 초기에는 주식과 사채의 구분조차 어려울 정도로 주식에 대한 이해가 부족해서 주식에 대해서 이자를 지급하는 사례도 있었다. 그러나 자본에 대한 부정적 시각에도 불구하고 한번 일어난 자본주의 바람은 날로 세를 더하여 1988년 주식을 발행한 단체 수가 9,000개에 이르렀다. 1980년대 말 정국의 혼란으로 잠시 외자도입이 주춤하는 등 우여곡절이 있었지만 일단 시작된 주식투자의 열풍은 꺾이지 않았다. 중국 정부가 1990년 상해증권거래소, 그리고 1991년 심천증권거래소를 각각 설립한 것은 이런 투기열풍을 제도권 내로 가져오려는 고려도 작용했던 것으로 보인다. 이들 두 거래소는 1992년 덩샤오핑의 남순강화 후 급성장을 시작했다.30) 1992년 증권시장의 규제기관으로 증권감독관리위원회(证券监督管理委员会)(증감회)31)가 설립된 것이나 회사법의 전신인「주식

---

28) 역사적으로 외국자본에 대한 반감이 짙게 남아 있는 중국에서 쉽게 단행할 수 있는 일은 아니었다.

29) 1992년 화천자동차(华晨汽车集团控股有限公司)가 뉴욕증권거래소에 상장하고 1993년 칭따오맥주(青岛啤酒)가 홍콩증권거래소에 상장한 것이 대표적인 예이다.

30) 상대적으로 상해거래소에 상장된 기업의 규모가 심천거래소 상장기업보다 규모가 큰 것이 보통이다.

31) 영문으로는 흔히 CSRC(China Securities Regulatory Commission)란 약칭으로 불리며 기업지배구조개선과 소수주주보호에 가장 적극적으로 임하는 정부기관이다.

제기업시범방법」,[32] 「유한회사규범의견」,[33] 「주식회사규범의견」[34]이 제정된 것도 개혁의 연장선에서 생겨난 변화라고 할 것이다. 중국 정부의 개혁노력은 1997년 아시아금융위기에도 불구하고 지속되어 1998년에는 자본시장의 규제를 위한 기본법인 증권법[35]이 제정되었다.

III. 자본시장의 성장

중국 자본시장은 출발은 늦었지만 성장속도는 빨랐다.[36] 상장회사 수만 보더라도 1995년 323사에서 2018년 3,584로 10배 이상 증가했다. 2016년 1월 현재 중국 증권시장은 홍콩을 제외한 상해와 심천증권거래소의 시가총액만으로도 일본 증권거래소를 추월하여 뉴욕증권거래소에 이어 세계 2위를 차지하고 있다.[37] 그러나 실제로는 발행시장과 유통시장 모두 국유기업이나 거액투자자가 지배하고 있으며 실제로 소액투자자가 차지하는 비중은 미미한 실정이다.

성숙한 자본시장의 주축은 기관투자자라고 할 수 있다. 증감회는 이미 1990년대 중반부터 기관투자자를 육성하려는 노력을 시작했다. 그러나 상장주식 중 기관투자자 보유분은 2012년 현재 17.4%에 불과할 뿐 아니라 "기업지배구조"(企業治理結構)와 관련해서도 거의 역할을 수행하지 못하고 있다.[38] 또한 장기투자보다 단기투자에 몰두한다는 점에서 개인투자자와 별 차이가 없다. 기관투자자가 무력한 반면에 대형 국유기업 경영자는 회사 주가를 좌지우지 할 수 있는 힘을 갖추고 있으므로 자본시장의 압력을 별로 느끼지 않고 있다.

중국 자본시장의 성장을 견인하는 것은 발행시장이다. 중국 정부는 자본시장

---

32) 股份制企业试点办法(1992년 제정, 2016년 실효).

33) 有限责任公司规范意见(1992년 제정, 2015년 실효).

34) 股份有限公司规范意见(1992년 제정, 2015년 실효).

35) 证券法(1998년 제정, 2004년, 2005년, 2013년, 2014년, 2019년 개정).

36) 1996년 상해증권거래소 10대 상장회사의 시가총액은 179억 달러에 불과했지만 2009년 1조 630억 달러로 10여년 만에 약 60배 성장하였다.

37) World Federation of Exchanges 홈페이지(http://www.world-exchanges.org/home/index. php/statistics/monthly-reportshttp://www.world-exchanges.org) 참조.

38) Fuxiu Jiang & Kenneth A. Kim, Corporate governance in China: A modern perspective, 32 Journal of Corporate Finance 190, 211 (2015). 특히 개별 기관투자자의 보유주식은 극히 미미하다.

육성을 위해서 발행시장에 대한 기업의 접근을 엄격히 통제하였다. 이런 기본방침은 이미 1992년 홍콩증권거래소에 상장할 후보로 국유기업 9개사를 발표할 때부터 시작되었다. 먼저 국가발전개혁위원회(国家发展和改革委员会)가 당해년도에 발행할 주식규모(쿼타)를 정하면 증감회가 정부부처와 지방정부별로 기업공개 쿼타를 정하였다. 따라서 공개를 원하는 기업은 증감회에 승인을 신청하기 전에 먼저 쿼타를 가진 정부부처나 지방정부에 의하여 공개후보기업으로 선정될 필요가 있었다. 정부부처나 지방정부는 대형국유기업의 공개를 선호했기 때문에 소규모 국유기업이나 민간기업이 공개할 기회를 얻기는 힘들었다.[39]

2000년 기업공개 쿼타제도가 폐지된 후 공개대상 기업의 선정은 증권회사가 주도하고 있다. 그러나 발행시장에 대한 정부 개입이 완전히 사라진 것은 아니다. 그 대표적인 예가 발행가격에 대한 간섭이다. 정부는 여러 이유에서 공개기업의 발행가격 인하를 유도하였으며 그 결과 거래개시 첫날 주가가 폭증하는 사례가 빈발했다. 그 현상이 가장 심했던 2007년에는 첫날 상승폭이 평균 193%에 달했다. 도박장으로 변한 발행시장에 투기를 노린 투자자들이 몰렸다. 그리하여 심지어 청약률이 500배에 달하고 단일 건에 4,000억 달러가 예탁되는 경우도 드물지 않았다.[40]

중국도 최근에는 창업활성화에 힘을 쏟고 있다. 2004년 심천증권거래소에 중소기업판(中小企业板)을 개설하였다. 그러나 상장요건이 엄격해서 뚜렷한 효과는 보지 못했다. 그리하여 2009년 다시 벤처기업에 특화된 창업판(创业板)을 개설하였다. 창업판을 주판시장(主板市场, main board)과 구별하여 이판시장(二板市场, 이른바 Chasdaq)이라고 한다. 중국의 벤처시장은 급속도로 발전하여 2015년 현재 투자규모기준으로 미국에 이어 세계 제2위를 차지하고 있다. 2019년에는 상해증권거래소에 과학기술벤처기업을 겨냥한 시장인 과창판(科创板)을 개설하여 운영하고 있다. 한편 비상장주식회사의 주식을 전문으로 거래하는 장외시장으로 이른바 신

---

39) 예컨대 2012년부터 2013년의 14개월간 기업공개가 승인된 사례는 없다. Fuxiu Jiang & Kenneth A. Kim, Corporate governance in China: A modern perspective, 32 Journal of Corporate Finance 190, 191 (2015).

40) 증감회는 주식인수가액의 미납사태를 막기 위하여 투자자로 하여금 인수금액 전액을 추첨기간 동안 예탁하도록 하였다. 따라서 주식인수금액을 마련하기 위하여 보유주식을 매각하는 경우가 적지 않았다. 이러한 문제를 개선하기 위하여 2015년 말 증감회는 관련규정(「증권발행 및 인수관리방법」(证券发行与承销管理办法, 2006년 제정, 2010년, 2012년, 2013년, 2014년, 2015년, 2017년, 2018년 개정) 12조)을 개정하였다.

삼판(新三板)이 있다.

한편 사채시장은 주식시장보다도 늦게 발전하였다. 사채발행규모는 2000년
대 중반에 이르러 겨우 주식을 앞질렀고 발행회사는 대부분 국유기업이다.

한편, 서비스 혁신형 중소기업의 주(主) 진지를 구축할 목적으로 2021년 9월
에 북경증권거래소를 설립하였다.

Ⅳ. 민간기업의 성장

개혁개방이 본격화한 1980년대부터 개인의 기업활동이 허용되면서 무수한
민간기업이 등장했고 그 규모도 급성장하였다. 현재 민간기업은 중국의 지속적인
고도경제성장을 지탱하는 기둥인 동시에 새로운 고용창출의 기반이다. 기업에 대
한 민간의 참여는 ① 중소국유기업의 인수,[41] ② 민간기업의 신설, ③ 국유기업
에 대한 투자의 세 가지 형태로 나눌 수 있다. 이들 중 ③은 부분적인 민간참여에
도 불구하고 국유기업의 성격에는 변함이 없으므로 민간기업의 탄생경로는 주로
①과 ②라고 할 수 있다.

중국 경제에서 국유기업이 차지하는 비중에 대해서는 정확한 통계를 구하기
어렵지만 민간기업의 비중이 커지고 있다(이른바 "민진국퇴"(民進国退))는 점에는
대체로 의견이 일치하고 있다. 국유기업은 민간기업에 비하여 수는 적지만 규모
가 크기 때문에 국가경제에서 차지하는 비중이 높지만 그 비중은 시간이 흐름에
따라 점점 줄고 있다.

중국에서도 상장회사의 성과는 주식소유가 분산된 회사보다는 어느 정도 집
중된 회사가 좋다는 연구결과가 많다. 그러나 국유기업은 은행으로부터의 저리융
자, 토지이용의 특혜, 각종 인허가와 관련한 편의 등 민간기업에 비하여 다양한
특혜를 누리고 있음에도 불구하고 민간기업에 비하여 성과가 떨어진다는 것이 일
반적인 견해이다. 국유기업의 성과가 부진한 이유로는 경영자의 인센티브 부족,
사익추구, 정부의 간섭 등이 흔히 제시된다.[42] 여하튼 국유기업의 성과에 대한
부정적 평가는 정부가 혼합소유제를 추진하는 동력을 제공하고 있다.

---

41) 향진기업의 인수를 포함한다.
42) 심지어 일부 견해는 경영자가 정부에 대한 배당부담을 줄이기 위하여 이윤규모를 일부러
   축소할 가능성이 있음을 지적하고 있다.

    개혁개방 이후 민간기업은 급속히 성장하여 국가경제에서 차지하는 비중도
늘고 있지만 민간기업의 역할에 대한 평가는 주의를 요한다. 먼저 민간기업은 원
래 "조대방소"정책의 결과 성장한 것이므로 아직 중소기업의 범주를 벗어나지 못
한 경우가 대부분이다. 알리바바(阿里巴巴)나 화웨이(华为) 같은 초대형 기업도 없
지 않지만 일반적으로 민간기업은 국유기업에 비하여 소규모이다.[43] 대형 민간기
업의 경우에도 기업운영이 공산당과 정부의 영향력 하에 있다는 점에서는 국유기
업과 큰 차이가 없다. 중국에서는 국유기업은 물론이고 민간기업의 경우에도 경
영자는 대부분 공산당원이고 당이나 정부와 연결고리를 갖고 있다. 또한 앞서 지
적한 바와 같이 당과의 연결고리는 최근 더욱 강화되고 있다. 따라서 민간기업도
공산당과 정부의 정책이나 지시를 무시할 수 없음은 물론이다. 당이나 정부와의
"관계"는 사업활동에 도움이 되는 측면이 있으므로 민간기업쪽에서 오히려 그런
관계를 원할 수도 있을 것이다. 이처럼 중국의 대기업은 주식의 소유구조(股权结
构)와 무관하게 정부의 영향권 내에 있다는 점에서 민간기업과 국유기업의 구별
은 자본주의국가에서처럼 뚜렷한 것은 아니다.[44]

제3절   기업의 유형

I. 서   설

    중국에서 기업은 다양한 형태로 구분된다. ① 먼저 법적 형식에 따라 개인기
업인 독자기업(独资企业), 조합기업(合伙企业), 회사기업(公司企业)의 3가지로 분류할
수 있다. ② 중국에서는 출자자의 국적에 따른 내자기업(内资企业)과 외상투자기
업(外商投资企业)의 분류도 중요하다. 외상투자기업에는 외국인투자기업 외에 홍콩
또는 마카오의 기업 또는 개인이 중국 경내(境内)[45]에 투자한 기업도 포함한다.

---

43) 민간기업에 대비한 국유기업의 규모를 극명하게 보여주는 통계가 있다. 2009년 중국의 대
    형 국유기업인 차이나 모바일과 시노펙(Sinopec: China Petroleum & Chemical Corporation)
    은 중국의 500대 민간기업의 총이익을 초과하였다.
44) 이 점을 강조한 대표적 문헌으로 Curtis J. Milhaupt & Wentong Zheng, Beyond Ownership:
    State Capitalism and the Chinese Firm, 103 Georgetown Law Journal 665 (2015).
45) 경내란 홍콩, 마카오를 제외한 중국 본토를 의미한다.

③ 그 밖에 기업은 법인격의 유무, 책임의 한도 등에 따라 분류할 수도 있으나 이곳에서는 ①과 ②의 분류에 대해서만 간단히 설명한다.

II. 독자기업, 조합기업, 회사기업

1. 독자기업

독자기업이란 자연인이 단독으로 출자하여 설립하고 단독으로 소유지배하며 기업채무에 대해서 무한책임을 지는 기업을 말한다(「개인독자기업법」[46] 2조). 과거에는 1950년 「사영기업잠정조례」[47]의 규율을 받았으나 현재는 1999년 「개인독자기업법」에 의하여 규율되고 있다. 이와 유사한 개념으로 자영업자인 "개체공상호"(个体工商户)가 있다. 양자는 모두 자연인이 단독으로 영위하는 기업이라는 점에는 차이가 없으나 「개인독자기업법」상 독자기업은 일정 규모의 조직과 인원, 영업설비를 갖춰야 한다는 점에서 자영업자와 구별된다(8조).

2. 조합기업

조합기업은 「조합기업법」[48]에 의하여 2인 이상의 자연인 또는 법인 기타 조직이 합의에 의하여 각자 출자하고 공동으로 경영하는 기업을 말하며 일반조합기업과 유한조합기업으로 구분된다(2조). 일반조합기업은 조합채무에 대해서 무한책임을 부담하는 일반조합원만으로 구성되는데 반하여 유한조합기업은 일반조합원과 조합채무에 대한 책임이 자기의 출자한도로 제한되는 유한조합원으로 구성된다(「조합기업법」 2조, 61조). 조합기업은 법인격이 없기 때문에 그 재산은 조합원의 공유에 속한다(19조).

3. 회사기업

중국 회사법상 회사는 중국국내에 설립된 유한회사와 주식회사를 말하며(2조) 법인으로 독립하여 재산을 보유한다(3조). 중국 회사법은 우리 상법과는 달리

---

46) 个人独资企业法(1999년 제정).
47) 사영기업에는 독자기업, 조합기업, 유한회사(有限责任公司)가 있는데(6조), 각 독자기업법, 「조합기업법」, 회사법에 의하여 사실상 대체되었다.
48) 合伙企业法(1997년 제정, 2006년 개정).

합명회사나 합자회사에 대해서는 규정을 두고 있지 않다.[49] 우리나라와 달리 실제로는 유한회사가 주식회사보다 훨씬 많다. 2019년 통계에 의하면 유한책임회사는 1,546,236사로 주식회사 121,544사의 10배가 넘는다.[50]

회사법은 폐쇄회사와 공개회사를 구분하고 있지 않다. 다만 유한회사의 한 유형으로 사원이 1인인 일인유한회사에 대한 특칙을 두고 있다(57조 이하). 또한 1인 사원이 국가인 회사, 즉 국유독자회사에 대해서도 특칙을 두고 있다(64조 이하).

상장회사는 주식을 증권거래소에 상장한 주식회사를 말한다(120조). 2019년 말 현재 상해와 심천 두 거래소에 상장한 회사 수는 3,777사[51]에 달한다. 주식회사의 상장에 대해서는 회사법이 아니라 증권법이 규율하고 있다(증권법 48조 이하). 다만 회사법은 도처에서 상장회사에 대한 특칙을 두고 있다(예컨대 85조, 86조, 120−124조).

4. 기타의 기업형태

중국에는 독자기업, 조합기업, 회사기업과 같은 자본주의적 기업형태 이외에 전민소유제기업(全民所有制企業)과 집체소유제기업(集體所有制企業)과 같은 사회주의적 공유제 기업형태도 인정된다. 전민소유제기업이란 회사화되기 전 단계의 국유기업으로 전체 인민이 소유주체인 기업이다. 한편 집체소유제기업이란 소유주체가 전체 인민이 아니라 특정행정구역의 주민전체인 기업이다. 다만 지방정부에서 설립·운영하는 기업도 형식적으로는 전민소유제기업에 속하는 것으로 본다.[52] 집체소유제기업은 행정구역이 농촌(乡村)이냐 도시(城镇)이냐에 따라 농촌집체소유제기업(乡村集体所有制企業)과 도시집체소유제기업(城镇集体所有制企業)으로 나뉜다. 이들 공유제기업형태는 회사화를 추진하기 전 단계에서 기업의 소유와 경영의 분리(이른바 "양권분리"(两权分离))를 통한 자주적 경영과 재산의 독립성을 확보하기 위하여 도입한 것이다. 1988년 제정된 전민소유제공업기업법(全民所有制工業企業法)은 기업의 공장장을 법정대표자(法定代表人)로 규정하고 그에게 통상 근

---

49) 회사법상 유한회사의 원문은 유한책임회사로 표시되고 있지만 우리 상법상 유한책임회사 (287조의2 이하)보다는 유한회사(543조 이하)에 가까운 기업형태이다.

50) https://data.stats.gov.cn/easyquery.htm?cn=C01(국가통계국).

51) https://data.stats.gov.cn/easyquery.htm?cn=C01&zb=A0L09&sj=2020(국가통계국).

52) 이정표, 중국회사법(2008) 19면.

로자에 인정되는 범위를 넘는 권한을 부여하였다.[53] 그러나 막강한 권한을 부여받은 법정대표자가 이해관계자(利害关系人)와의 거래를 통해서 기업재산을 빼돌리는 등 부패를 일삼는 경우가 많았다.

III. 외상투자기업

외상투자기업이란 중국법에 따라 중국 경내[54]에 설립하지만 외국인이 일부 또는 전부의 자금을 출자한 외국인투자기업을 말한다. 외상투자기업은 개혁개방 초기에 외국자본을 유치하기 위하여 도입된 기업형태로 ① 중외합자경영기업(中外合资经营企业), ② 중외합작경영기업(中外合作经营企业), ③ 외상독자기업(外商独资企业)의 3가지로 나뉜다(이른바 삼자기업).

① 중외합자경영기업은 공동출자, 공동경영, 출자비율에 따른 손익분담을 행하는 기업으로 「중외합자경영기업법」의 적용을 받았다. ② 중외합작경영기업은 중국의 일방당사자와 외국의 당사자가 계약에 따라 공동으로 출자, 경영, 손익분담을 행하는 기업으로 「중외합작경영기업법」의 적용을 받았다. ③ 외상독자기업은 외국의 개인이나 회사 기타 경제조직이 단독으로 투자, 경영하는 기업으로 「외상독자기업법」의 적용을 받았다. ①은 법인(유한회사)형태를 취하는데 비하여 ②와 ③은 법인형태를 취하지 않을 수도 있었다. 외상투자기업의 근거법률은 1993년 회사법이 제정되기 전에 도입되었다. 가장 먼저 도입된 것은 「중외합자경영기업법」으로 민법통칙 제정 전인 1979년에 제정되었고 그 뒤를 이어 1986년 「외상독자기업법」과 1988년 「중외합작경영기업법」이 제정되었다. 이들 3개 근거법률은 2019년 외상투자법[55]으로 통합되었다. 외상투자법은 외상투자기업의 "조직형식, 조직기구, 그 활동준칙"에 대해서는 회사법과 「조합기업법」 등이 적용된다고 규정한다(31조).

---

53) 회사형태로 전환하지 않은 국유기업에 대해서는 아직 이 법이 적용된다. 全民所有制工业企业法及其关联法规(法律出版社, 2002년 9월), 1면.
54) 홍콩, 마카오, 대만을 제외한 지역을 가리킨다.
55) 外商投资法(2019년 제정).

제4절   회사법의 법원

I. 회사법의 의의: 광의와 협의(또는 실질적 의의와 형식적 의의)[56]

중국에서도 회사법은 광의(실질적 의의)와 협의(형식적 의의)의 두 가지로 나눌 수 있다. 광의의 회사법은 회사에 이해관계를 갖는 다양한 주체의 이익을 조정하기 위하여 회사의 조직과 활동을 규율하는 법이라고 할 수 있다. 한편 협의의 회사법은 1993년 전국인민대표회의 상임위원회가 제정하고 2005년과 2013년 대폭 개정된 법전인 회사법을 가리키며 광의의 회사법의 핵심을 이룬다.[57] 회사법은 대체로 회사설립과 운영의 편의를 도모하면서도 경영자의 책임을 강화하는 방향으로 개정되어왔다.

중국 회사법은 총 13장, 218개 조문으로 이루어져 있다. 각 종류의 회사에 대해서 독립적인 장에서 규정하고 있는 우리 상법과는 달리 중국 회사법은 독특한 구조를 취하고 있다. 회사법의 규정은 주식회사와 유한회사 모두에 적용되는 것이 원칙이다. 예외적으로 주식양도, 회사설립, 회사기관에 대해서는 유한회사와 주식회사를 독립된 장에서 따로 규율하고 있다. 특이한 것은 그 경우에도 먼저 유한회사에 대해서 상세한 규정을 두고 그 규정을 주식회사에 준용하는 형식을 취하고 있다는 점이다.

중국에서 광의의 회사법은 협의의 회사법 외에 기타 법률, 행정법규, 지방성 법규, 행정규장 및 사법해석 등에 존재하는 회사에 관한 규정을 포함한다. 이하에서는 광의의 회사법에 속하는 주요 규정을 간단히 언급하기로 한다.

---

56) 이하의 서술은 오일환 교수가 작성한 초고를 일부 반영하였다.
57) 1999년, 2004년, 2018년에도 중국의 입법용어로 "修正"이라고 표현되는 소폭개정이 있었다. 반면 2005년의 개정은 "修訂"이라고 표현되는 대폭개정이었다. 2019년 현재 다시 개정작업이 추진 중에 있다.

II. 증 권 법[58]

일반법인 회사법에 우선하여 적용되는 회사관련 특별법으로는 가장 중요한 것은 증권법이다. 증권법은 1998년 제정된 이래 수차의 개정을 거쳤으며 최근의 개정은 2019년에 행해졌다. 증권법은 원칙적으로 증권의 발행과 거래를 규율하는 법이라는 점에서 일응 회사법과 구별된다. 그러나 증권법의 목적(1조)에 "투자자의 합법적 권익 보호"가 포함되어 있음을 근거로 증감회는 상장회사에 관해서는 실질적 의의의 회사법에 속하는 각종 규범을 제정, 적용하는데 적극 나서고 있다. 증감회가 관장하는 회사법규범 중 대표적인 것은 다음과 같다.

－ 증감회의 「상장회사 지배구조준칙」[59]
－ 「상장회사정관지침」[60]
－ 「상장회사주주총회규칙」[61]
－ 「상장회사 독립이사 건립에 관한 지도의견」[62]

행정기관은 아니지만 증권거래소의 상장규칙을 비롯한 각종 자율규제도 증감회의 승인을 받아 제정하는 것으로서 실제로 상장회사에 대해서는 구속력을 지닌다.

III. 기타의 특별법

전술한 증권법 외에 회사관련 특별법으로는 외국인투자기업에 관한 3개 법률과 「전민소유제공업기업법」, 「증권투자기금법」,[63] 「상업은행법」,[64] 보험법[65] 등

---

58) 중국의 회사법과 증권법 사이의 관계에 관한 문헌으로 温 笑侗, 中国における会社法と証券法の交錯, 商事法の新しい礎石(有斐閣 2014), 747－767면.
59) 上市公司治理准则(2002년 제정, 2018년 개정).
60) 上市公司章程指引(1997년 제정, 2006년, 2014년 1차, 2014년 2차, 2016년, 2019년 개정).
61) 上市公司股东大会规则(2006년 제정, 2014년, 2016년 개정).
62) 关于在上市公司建立独立董事制度的指导意见(2001년 제정).
63) 证券投资基金法(2003년 제정, 2012년, 2015년 개정).
64) 商业银行法(1995년 제정, 2003년, 2015년 개정).
65) 保险法(1995년 제정, 2002년, 2009년, 2014년, 2015년 개정).

이 있다. 「증권투자기금법」은 기금관리회사(基金管理公司), 상업은행법은 상업은행, 「보험법」은 보험회사에 대한 특별규정을 두고 있다.

회사만을 대상으로 한 것은 아니지만 「기업파산법」,[66] 신탁법,[67] 반독점법,[68] 「부정경쟁방지법」,[69] 노동법[70]도 회사의 활동과 관련하여 중요한 의미가 있다. 또한 1992년 재정부가 제정한 「기업회계준칙」[71]은 중대형 기업의 회계처리를, 1994년 국무원이 제정한 「회사등기관리조례」[72]는 등기를 각각 규율하는 중요한 규범이다.

Ⅳ. 법원의 해석 등

1. 법형성 및 법해석에 관한 최고인민법원의 역할

중국의 최고인민법원은 다른 나라의 법원과는 달리 법형성과 법해석에 훨씬 적극적으로 나서고 있다. 그 이유로는 두 가지를 들 수 있다. 첫째, 정부의 적극적인 입법노력에도 불구하고 아직 많은 법적 쟁점이 해소되지 못하고 있기 때문에 법원이 나서서 입법상의 공백을 메울 필요가 있다. 둘째, 개별법관의 역량을 보완하기 위한 것이다. 개혁개방 후 법치주의가 강조됨에 따라 법원의 역할도 급속히 증대되었다. 아울러 법관의 역량도 종전에 비하여 크게 향상되었으나 아직 지역에 따라 큰 차이를 보이고 있다. 최고인민법원은 이러한 입법상의 공백을 메우고 법관의 부족한 역량을 보완하기 위하여 몇 가지 방안을 실천하고 있다.

2. 사법해석

가장 두드러진 것은 최고법원이 특정 법영역에 대해서 공포하는 사법해석(司法解释)이다. 사법해석이라고 표현되고 있지만 실제로는 해석의 범위를 벗어나 법률의 시행규칙에 상당하는 내용으로 이루어진 경우가 적지 않다. 회사법분야에는

---

66) 企業破產法(1986년 시행, 2003년 초안, 2006년 제정).
67) 信托法(2001년 제정).
68) 反垄断法(2007년 제정).
69) 反不正当竞争法(1993년 제정, 2017년, 2019년 개정).
70) 劳动法(1994년 제정, 2009년, 2018년 개정).
71) 企業会计准则(1992년 제정, 2006년 개정, 2014년 개정).
72) 公司登记管理条例(1994년 제정, 2005년, 2014년, 2016년 개정).

5건의 사법해석이 공포되어 시행중이다.73)

3. 지도성판결

현재 중국에서는 그야말로 무수한 판결이 쏟아지고 있다. 과거와는 달리 최근에는 그 상당 부분이 인터넷을 통해서 공개되고 있다. 중국에서 이들 판결은 법원성을 인정받지 못한다. 다만 최고인민법원은 2011년부터 그중 대표적인 것들을 지도성판결(指導性案例)이라는 명칭으로 공보에 공표하고 있다.74) 이들 지도성판결은 사실상 하급심법원을 구속하지만 그 수는 많지 않다.75) 특히 회사법에 관한 판결은 손꼽을 정도에 불과하다.

중국 판결문 번호는 2016년 1월 1일부터 「인민법원의 사건번호에 관한 약간 규정」76)에 따라 사건 접수 년도, 심판법원의 간칭, 사건 유형, 사건 번호의 순으로 기재한다. 예컨대 (2016)京0102民初698号의 경우 "(2016)"는 2016년에 접수된 사건임을, "京0102"는 심판법원이 북경시의 0102번을 대표하는 인민법원 즉 북경시 서성구 인민법원임을, "民初"는 민사판결이되 초심 즉 1심 판결임을, "698"은 동 법원이 당해 접수한 동종 유형의 사건에서의 순번임을 의미한다. 심판법원에 관해 부연설명하자면 각 법원의 간칭은 "각급 법원코드표"에 따라 별도의 코드번호가 정해져 있다. 그 중 최고인민법원(우리나라의 "대법원"에 해당)은 "最高法"이고, 각 지역 고급인민법원(우리나라의 "고등법원"에 해당)은 해당 지역 간칭(예컨대 북경시는 "京", 상해시는 "沪"임)만으로 이루어졌고, 중급인민법원(우리나라의 "지방법원"에 해당)은 지역 간칭에 두자리 아라비아 숫자로, 기층인민법원(우리나라의 "지방법원"에 해당)은 지역 간칭에 네자리 아리비아 숫자로 이루어졌다. 2016년 이전에도 대체적으로 사건 접수 년도, 심판법원 간칭, 사건 유형 간칭 및 사건 번호 순으로 사건 번호를 표기하고 있었으나, 심판법원과 사건 유형 간칭이 혼잡하고 전국적으로 통일된 사건번호 표기법이 없었다.

---

73) 정식명칭은 最高人民法院关于适用《中华人民共和国公司法》若干问题的规定(一) — (五)이다.

74) 지도상판결제도에 관해서는 Note, Chinese Common Law? Guiding Cases and Judicial Reform, 129 Harvard Law Review, 2213 (2016).

75) 2021년1월 현재 147건에 불과하다(http://www.court.gov.cn/shenpan—gengduo—77.html (2021.1.26. 방문)).

76) 关于人民法院案件案号的若干规定(2015년 제정, 2018년 개정).

4. 비   복

비복(批复)이란 일반적으로 하급기관의 질의에 대해서 상급기관이 표시하는 의견을 말한다. 중국에서는 일반 행정기관이 아닌 법원도 하급법원의 질의에 대해서 의견을 제시하는 경우가 많다.[77]

---

[77] 비복은 최고인민법원 홈페이지에 공개되고 있지만 회사법에 관한 것은 별로 없다(http://www. court.gov.cn/search/index/content/%E6%89%B9%E5%A4%8D.html).

제2장 회사법 총칙

중국 회사법 제1장 총칙에는 회사법의 목적에서 사원총회 또는 주주총회, 이사회 결의의 하자에 관한 소 등을 규정하고 있다. 본장에서는 회사법의 목적, 회사의 개념, 공회와 직공대표, 공산당 조직 등에 대하여 살펴보기로 한다.

제1절 회사법의 목적

회사법 1조는 "회사의 조직 및 행위를 규범화(規范)하고, 회사와 사원·주주 및 채권자의 합법적 권익을 보호(保护)하며, 사회경제질서를 수호(维护)하고 '사회주의 시장경제' 발전을 촉진(促进)하기 위하여, 본 법을 제정한다"고 규정하고 있다.

1조에서는 회사의 이해관계자 중 사원·주주 및 채권자에 대하여 규정하고 있고 직공(职工)[1]에 대하여는 17조에서, 공산당 조직에 대해서는 19조에서 규정

---

1) 직공과 노동자는 동일한 개념으로 보는 것이 일반적이나, 통상 회사법에서는 직공이란 용어를 사용한다.

하고 있다. 이에 대하여는 후술하기로 하겠다.

회사 이해관계자의 권익보호뿐만 아니라 사회경제질서의 수호와 사회주의 시장경제의 발전을 회사법의 목적으로 하고 있다는 점에 중국회사법의 특색이 있다. 사회경제질서는 2020년에 제정된 민법전[2]의 규정을 보면[3] 사회의 경제질서가 아니라 사회질서와 경제질서를 의미한다. 또한 사회경제질서와 사회주의 시장경제와의 관계는 자본주의 시장경제가 아니라 사회주의 시장경제 안에서의 사회경제질서라는 의미이다.

사회주의 시장경제는 헌법과 형법[4]에도 규정하고 있다. 즉, 헌법에서는 "국가는 사회주의 시장경제를 실시한다"고 규정하고 있으며(헌법 15조 1항), 형법 제2편 제3장에서 "사회주의 시장경제질서 파괴죄"(破坏社会主义市场经济秩序罪)를 규정하고 있다. 사회주의 시장경제의 이론적 배경은 "사회주의 초급단계이론"이다. 사회주의 초급단계이론은 1987년 10월 제13기 전국대표대회에서 그 당시 중국 공산당 총서기였던 조자양(赵紫阳)의 "중국 특색의 사회주의의 길을 따라 전진하자"라는 제목의 정치보고서에서 구체적으로 제기되었다.

조자양의 정치보고서에 따르면, "중국 사회주의가 현재 처해 있는 역사적 단계를 정확하게 인식하는 것은 중국 특색을 지닌 사회주의 건설에 있어서 가장 중요한 문제이며, 우리가 정확한 노선과 정책을 제정하고 집행하는 기본적인 근거다. 이 문제에 대해 우리 당은 중국이 사회주의 초급단계에 처해 있다는 명확한 해답을 이미 내렸다. 즉, 우리의 사회주의는 반식민·반봉건(半殖民地半封建) 사회로부터 생겨났기 때문에, 생산력 수준이 발달된 자본주의 국가보다 훨씬 떨어져 있다. 바

---

2) 民法典(2020년 제정).

3) 2020년에 제정된 민법전 1조는 "민사주체의 합법적 권익을 보호(保护)하고, 민사관계를 조정(调整)하며, 사회와 경제질서를 수호(维护)하고, 중국 특색의 사회주의 발전요구에 순응(适应)하며, 사회주의 핵심가치관을 선양(弘扬)하기 위하여, 본법을 제정한다"고 규정하고 있다.

4) 刑法(1979년 제정, 1997년, 1999년, 2001년, 2002년, 2005년, 2006년, 2009년, 2011년, 2015년, 2017년, 2020년 개정). 제2편 제3장 제1절 사회주의 시장경제질서 파괴죄에는 가짜 불량상품 생산 및 판매죄(生产、销售伪劣产品罪), 제2절 밀수죄(走私罪)(제2절), 제3절 회사 및 기업의 관리질서 방해죄(妨害对公司、企业的管理秩序), 제4절 금융관리질서 파괴죄(破坏金融管理秩序罪), 제5절 금융사기죄(金融诈骗罪), 제6절 세수징수관리 위해죄(危害税收征管罪), 제7절 지식재산권 침해죄(侵犯知识产权罪)(제7절), 제8절 시장질서 교란죄(扰乱市场秩序罪)(제8절)를 규정하고 있다.

로 이 점이 우리로 하여금 반드시 장기간에 걸친 초급단계를 거치면서, 다른 국가들이 자본주의 조건 아래서 실현한 공업화와 생산의 상품화·사회화·현대화를 실현하도록 결정지었다.

중국이 1950년대에 생산수단 사유제의 사회주의 개조를 기본적으로 완성한 때로부터 사회주의 현대화를 기본적으로 실현할 때까지 최소한 100년 이상의 시간을 필요로 하는데, 이 모두가 사회주의 초급단계에 속한다. 우리가 현 단계에서 직면하고 있는 주요모순은 날로 증가하는 인민의 물질문화의 수요와 낙후된 사회생산 간의 모순이다. 계급투쟁은 일정 범위 내에서 장기적으로 존재할 수 있지만, 이미 주요모순이 아니다. 사회주의 초급단계에서 중국 특색의 사회주의를 건설함에 있어서 우리 당의 기본노선은 전국의 각 민족과 인민들을 영도하고 단결시켜, 경제건설을 중심으로, 4개항의 기본원칙5)을 견지하고, 개혁 개방을 견지하며, 자력갱생과 창업에 힘써, 중국을 부강하고 민주적이고 문명화된 사회주의 현대화 국가로 건설하기 위하여 분투하는 것이다"라고 주장했다.

이에 따라 1993년 개정 헌법 전문에 중국은 현재 사회주의 초급단계에 처해 있다는 것과 중국 특색의 사회주의를 건설한다는 이론과 개혁 개방을 견지한다는 내용이 추가되었고, 본문 15조에 사회주의 시장경제를 규정하게 되었다.

제2절 회사의 개념

Ⅰ. 개   설

　　회사란 회사법에 의하여 중국 경내에 설립된 기업법인을 말한다(2조, 3조 1항).
　　한국의 경우 기업(enterprise)이 경제적인 개념이지만 중국에서 기업은 경제적인 개념이자 법적인 개념이다. 즉, 한국에서는 기업과 관련된 법률관계에 따른 권리의무를 귀속시키기 위한 권리주체로서 상인이란 개념을 사용하고 있지만, 중국에서는 기업 자체가 권리의무의 귀속주체이다.6) 이 점에서 중국의 기업개념에는

---

5) 4개항의 기본원칙이란, ① 중국공산당의 영도(中国共产党领导), ② 인민민주독재(人民民主专政), ③ 사회주의 노선(社会主义道路), ④ 마르크스 레닌주의와 모택동 사상을 말한다.

6) 오스트리아는 2005년 상법을 개정하면서, 법률의 명칭을 기업법전(Unternehmensgesetzbuch, UGB)으로 바꾸었다. 오스트리아 기업법은 상인을 기업자(Unternehmer)로, 영업을 기업으로 대체하였다. 이에 대하여 Raiser는 기업을 거래의 객체가 아니라 주체로 파악하

특수성이 있다.

회사의 종류는 각국의 입법에 따라 다양하지만 전형적인 물적회사로서 주식회사는 전세계적으로 보편적으로 인정된다. 주식회사에 인적요소의 추가정도에 따라 다양한 형태의 회사를 입법화할 수 있는데, 중국의 경우에는 주식회사 외에 유한회사가 있다(2조). 한국의 경우 주식회사 외에 합명회사, 합자회사, 유한책임회사, 유한회사가 있다(상법 170조).

회사의 개념요소는 각 나라마다 다르고, 동일한 나라의 경우에도 역사적 배경에 따라 다르다. 즉, 한국의 경우 2011년 상법 개정 이전에는 회사를 사단법인의 일종으로 보았으나,[7] 그 이후에는 회사의 개념에서 사단성을 삭제하였다.[8] 중국의 경우 법인격, 영리성, 유한책임을 회사의 기본적 특성으로 규정하고 있다(3조). 한국의 경우 합명회사와 합자회사의 경우 무한책임사원이 있으므로 유한책임은 회사의 공통적인 개념요소로 볼 수 없다.

II. 회사와 다른 기업과의 비교

1. 개   설

기업의 법적형태로는 단독기업, 신탁, 조합, 법인 등이 있다. 중국에서는 단독기업 형식의 기업을 개인독자기업(个人独资企业)이라고 하고, 조합 형식의 기업을 조합기업(合伙企业)이라고 하며, 법인 형식의 기업을 기업법인이라 한다.

민법전에서는 법인을 영리법인(营利法人), 비영리법인(非营利法人), 특별법인(特别法人)으로 나누고, 영리법인을 다시 유한회사, 주식회사와 기타 기업법인(其他企业法人)으로 분류한다(76조 2항).

회사는 기업법인의 일종이다. 이하에서는 회사와 개인독자기업과 조합기업을 비교하겠다.

고, 상인 개념을 기업 개념으로 대체하고, 기업 자체에 법적 주체성을 인정할 것을 주장한다. 임중호, "Karl Wieland의 기업법론과 그 계보", 비교사법 제19권 제4호(2012), 1291면. 기업을 소유자로부터 분리해서 기업에 법적 독립성을 부여해야 한다는 주장을 "기업자체"(Unternehmen an sich) 이론이라 한다.

7) 본법에서 회사라 함은 상행위 기타 영리를 목적으로 하여 설립한 사단을 이른다.

8) 이 법에서 회사란 상행위나 그 밖의 영리를 목적으로 하여 설립한 법인을 말한다.

2. 개인독자기업

민법전에 따르면, 비법인조직에는 개인독자기업, 조합기업, 기타 법인자격을 구비하지 못한 전문서비스기구(专业服务机构) 등이 있다(102조 2항). 비법인조직도 법에 의하여 등기하여야 하는데(민법전 103조 1항, 「개인독자기업등기관리방법」9)), 영업집조 발급일(签发日期)이 개인독자기업의 성립일이다(개인독자기업법 13조). 개인독자기업은 자연인 1인이 설립할 수 있는데, 조합기업의 경우 조합원이 자연인이 아니어도 되고, 조합원이 2명 이상이어야 한다.

개인독자기업이 거래의 주체로서 권리의무를 부담한다. 즉, 개인독자기업 명의로 채무를 부담하고, 토지사용권을 취득하고, 인허가에 관한 권리를 취득하고(개인독자기업법 24조), 소송에서 당사자능력이 인정된다(「최고인민법원의 민사소송법 적용에 관한 해석」(민사소송법 해석)10) 52조, 민사소송법 48조).

다만, 개인독자기업은 법인격이 없으므로, 기업주가 개인독자기업의 재산에 대한 소유권을 갖고(「개인독자기업법」 17조), 개인독자기업의 채무에 대하여 무한책임을 부담한다(「개인독자기업법」 2조, 31조).

3. 조합기업

가. 개   설

조합기업이란 자연인, 법인, 기타 조직11)이 본법에 따라 중국 경내에 설립한 보통조합기업과 유한조합기업을 말한다(「조합기업법」 2조). 조합기업의 경우에는 「조합기업등기관리방법」12)에 의하여 등기를 하고, 영업집조를 발급받아야 성립한다(조합기업법 11조). 조합기업은 법인격은 없지만 당사자 능력이 인정된다(「민사소송법 해석」 52조, 민사소송법 48조).

---

9) 个人独资企业登记管理办法(2000년 제정, 2014년, 2019년 개정).

10) 最高人民法院关于适用中华人民共和国民事诉讼法的解释(2015년 제정, 2020년 개정).

11) 1997년 「조합기업법」 제정시에는 자연인·법인만이 조합원이 될 수 있었으나, 2006년 개정하면서 "기타조직"도 포함시켰다. "기타조직"은 비법인조직(非法人组织)을 가리킨다..

12) 合伙企业登记管理办法(1997년 제정, 2007년, 2014년, 2019년 개정).

나. 조합의 운영과 조합원의 책임

보통조합기업은 2인 이상의 보통조합원으로 구성되는데, 보통조합원은 원칙적으로 경영에 참여할 수 있으나, 업무집행조합원을 선임하여 업무를 집행하게 하고(26조) 감독권을 행사할 수도 있다(27조 2항). 보통조합원은 조합채무에 대하여 연대책임을 진다(「조합기업법」 2조 2항). 국유독자회사, 국유기업, 상장회사 및 공익성 사업단위와 공익성 사회단체는 보통조합원이 될 수 없다(「조합기업법」 3조). 조합기업이 부실화되는 경우 함께 부실화되는 것을 방지하기 위함이다. 보통조합기업은 한국의 합명회사와 유사하지만 합명회사와 달리 법인격이 없다.

보통조합기업의 특수한 형태로 특수보통조합기업(特殊的普通合伙企业)이 있는데, 전문적인 지식(专业知识)이나 전문적인 기능(专门技能)으로 고객에게 유상서비스를 제공하는 전문서비스기관(专业服务机构)이 설립할 수 있다(「조합기업법」 55조 1항). 각 조합원 본인이 수행한 업무 중 고의 또는 중대한 과실로 야기된 조합기업의 채무에 대하여 그 조합원 본인이 연대책임을 부담하지만, 다른 조합원은 조합기업에 대한 자신의 지분에 한하여 책임을 진다(「조합기업법」 57조 1항). 다만, 경과실의 경우에는 전체 조합원이 연대책임을 진다(「조합기업법」 57조 2항). 그리고 특수보통조합은 기금을 조성하여 책임보험에 의무적으로 가입하여야 한다(「조합기업법」 59조).

유한조합기업은 2인 이상 50인 이하의 조합원으로 구성되는데, 그 중 보통조합원은 1인 이상이어야 한다(「조합기업법」 61조). 유한조합기업의 경우 무한책임조합원이 업무집행을 하고(「조합기업법」 67조), 유한책임조합원은 업무집행에 관여하지 않고 감독업무만 수행한다(「조합기업법」 68조). 유한조합기업은 한국의 합자회사와 유사하지만 합자회사와 달리 법인격이 없다.

다. 출자의 목적물

보통조합원은 화폐, 현물(实物), 지적재산권, 토지사용권, 기타 재산권으로 출자할 수 있고, 노무출자도 할 수 있다(16조 1항). 현물, 지적재산권, 토지사용권, 기타 재산권에 대하여는 평가를 하여 금액을 정하여야 하는데, 조합원 전원이 협의하여 결정하든가 법정평가기관에 위탁하여 평가하게 할 수 있다(「조합기업법」 16조 2항). 노무에 대하여는 조합원 전원이 합의하여 결정하되, 조합계약서(合伙协议)13)

---

13) 민법전 제3편 제27장에 조합계약(合伙合同)에 대하여 규정하고 있다.

에 기재하여야 한다. 유한책임조합원의 경우 노무출자는 금지된다(「조합기업법」 64조). 노무출자를 허용하게 되면 경영에 참여하게 되는데, 이것은 유한책임조합원이 경영에 참여하지 않는 원칙에 반하기 때문이라고 한다.

1997년 「조합기업법」 제정시에는 "실제 납입한 출자"(实际缴付的出资)"만 인정하였으나, 2006년 개정하면서 "인수한 출자(认缴的出资)"도 포함시켰다(「조합기업법」 14조 3호). 2005년 개정된 회사법에 따르면, "유한회사의 등록자본금은 회사등기기관에 등기한 전체 주주가 납입하겠다고 약정한 출자금액이다. 회사 전체 주주가 처음 출자하는 금액은 등록자본금의 20%보다 적어서는 안 되며, 그 나머지는 회사 성립일로부터 2년 내에 납입하여야 한다"고 규정하고 있는데(26조), 조합기업도 회사와 같이 "납입할 출자"를 인정한 것이다.

라. 조합원 지위의 변동

새로운 조합원의 가입은, 조합계약서에 별도의 규정이 없는 한, 조합원 전원의 동의가 필요하다(「조합기업법」 43조 1항). 조합계약서의 탈퇴사유가 발생한 경우, 조합원 전원의 동의, 조합원이 조합에 계속적으로 참가하기 어려운 사유가 발생한 경우, 조합원이 조합계약상의 의무를 중대하게 위반한 경우에는 조합원은 조합기업에서 탈퇴할 수 있다(「조합기업법」 45조).

출자의무를 이행하지 않은 경우, 고의 또는 중대한 과실로 조합기업에 손해를 입힌 경우, 조합사무집행이 부당한 경우, 조합계약서상의 제명사유가 발생한 경우에는 다른 조합원 전원의 동의를 거쳐서 당해 조합원을 제명할 수 있다(「조합기업법」 49조). 조합원이 사망 또는 사망선고가 내려진 경우, 그 조합원의 조합기업 지분을 향유할 수 있는 합법적인 상속권이 있는 상속인이 조합계약서상의 약정 또는 조합원 전원의 동의에 따라 상속개시일로부터 그 조합기업의 조합원 자격을 취득한다(「조합기업법」 50조 1항).

III. 법인격과 유한책임

1. 법 인 격

가. 권리능력

회사는 법인이므로 권리의무의 주체가 될 수 있는 능력, 즉 권리능력을 가진다. 이에 따라 회사 명의로 법률행위를 할 수 있고, 재산을 소유할 수 있다(3조 1항).

민법전에 따르면 법인의 권리능력은 법인성립시(法人成立时)에 발생하고, 법인종료시(法人终止时)에 소멸한다(59조). 그러나 영리법인의 경우 특별한 규정을 두고 있다. 즉, 영리법인은 등기기관에 설립등기 후 영업집조(营业执照)[14]를 발급하면, 영업집조 발급일이 영리법인 성립일이다(민법전 78조). 1993년 헌법에서 "사회주의 시장경제"를 채택하였지만(15조 1항), 자연인과 법인의 영업행위를 금지하고, 영업집조를 취득한 "기업"에게만 영업행위를 허용한 것에 기인한다. 회사법에는 민법전의 영리법인에 관한 규정과 동일한 내용의 규정을 두고 있다(7조 1항).[15]

민법전에 따르면, 법인해산, 파산선고, 기타 법률이 규정한 원인이 있고, 청산종료 후 말소등기(注销登记)를 경료한 경우 법인은 종료(法人终止)한다(68조). 회사의 해산 또는 파산청산은 권리능력 상실의 원인이 된다. 해산사유 중 합병이나 분할의 경우를 제외하고는 해산 후 청산 등의 절차가 종료된 후에 비로서 소멸한다. 청산기간 중에 회사는 존속하고, 청산과 무관한 경영활동을 할 수 없다(186조 3항). 파산청산에 대하여는 기업파산법 제10장에서 자세히 규정하고 있다.

나. 권리능력의 제한

회사의 권리능력은 자연인과 달리 성질, 법률 또는 정관목적에 의한 제한을

---

14) 우리나라에서는 영업집조를 영업허가증으로 번역하고 있다. 이 경우 기업의 설립 전 또는 후에 특정 업종을 영위하기 위하여 필요한 영업허가증(营业许可证)과 혼동될 수 있고, 또한 중국 회사법상 회사설립에 준칙주의를 취하고 있는데(6조), 영업집조를 영업허가증으로 이해하면 회사설립에 허가주의를 취한 것으로 오해할 우려가 있다. 한국에는 영업집조에 해당하는 것이 없으므로, 이를 중국의 특유한 제도로 이해하는 것이 타당하다.

15) 대만의 경우 개정 전 회사법에 따르면 영업집조 발급일이 회사성립일이었으나, 2001년 회사법을 개정하여 "회사는 중앙주관기관에 등기한 후가 아니면 성립하지 않는다"라고 하여(6조), 등기설립주의를 채택하였다.

받는다.

1) 성질 또는 법률에 의한 제한

회사의 권리능력은 성질에 의하여 제한된다. 이에 따라 자연인에게 인정되는 생명, 신체에 대한 권리나 친족권과 상속권 등은 가질 수 없다. 회사의 권리능력은 법에 의하여 부여되는 것이므로 법에 의하여 제한되는 것은 당연하다. 성질상 제한과 달리 법률에 의한 제한은 법률의 개정에 의하여 변경될 수 있다는 점에 양자의 차이가 있다.

회사는 다른 회사에 투자할 수 있으나 피투자회사의 채무에 연대책임을 부담하는 투자자는 될 수 없다(15조). 또한 상장회사는 조합기업의 조합원이 될 수 없다(「조합기업법」 3조). 위 규정을 권리능력을 제한하는 규정으로 해석하고 있다. 한국 상법에서도 권리능력의 제한이라는 표제 하에, "회사는 다른 회사의 무한책임사원이 되지 못한다"는 규정을 두고 있다(173조).

2) 목적에 의한 제한

회사의 권리능력이 목적에 의하여 제한을 받는지에 대하여 논란이 있다. 중국 회사법에서는 다음과 같이 규정하고 있다. 중국에서는 경영목적 대신에 경영범위(经营范围)라는 용어를 사용하고 있다. 즉, 회사의 경영범위는 정관에 규정하고 법에 따라 등기하여야 한다. 회사는 정관변경을 통하여 경영범위를 변경할 수 있으나 반드시 변경등기를 거쳐야 한다. 회사의 경영범위에 법률, 행정법규가 비준(批准)을 받도록 한 경우 반드시 법에 따라 비준을 받아야 한다(12조).

한국의 경우 비준(批准)은 조약에 대한 비준의 의미로 사용하고 있다. 중국의 경우도 조약 체결의 경우 "비준"이라는 용어를 사용하고 있다. 즉, 전국인민대표대회 상무위원회가 조약과 중요한 협정(重要协定)에 대한 비준을 결정한다(조약체결절차법 7조 1항). 그런데 중국은 조약 등에 대한 비준 외에 상급행정기관이 하급행정기관 또는 민간부문의 의견·건의 또는 신청에 대한 동의라는 의미로 광범위하게 사용하고 있다. 중국법상 비준은 문맥에 따라, 허가, 인가, 승인 등으로 이해될 수 있으나, 본서에서는 직역하여 비준이라고 표현하겠다.

1987년 최고인민법원은 「경제계약법 분쟁안건 심리 중 경제계약법의 구체적 적용의 약간의 문제에 관한 해답」[16]에서 경영범위를 위반한 계약은 무효라고 한 바 있으나(4조), 1993년 최고인민법원의 「전국 경제재판업무 좌담회 회의요강」[17]

에서 일률적으로 무효로 하지 말고, 사안에 따라 달리 취급하라고 하였다. 1999년 제정된 「계약법」[18]에서는 법인의 대표자가 권한을 넘어서 계약을 체결한 경우, 상대방이 알았거나 알 수 있었을 경우 외[19]에는, 그 대표행위는 유효로 본다는 규정을 두었는데(50조),[20] 이에 따라 1999년 최고인민법원은 「계약법 적용에 있어서 약간의 문제에 관한 해석(1)」(계약법해설(1))[21]에서 "당사자가 경영범위를 초월하여 계약을 체결한 경우, 국가의 경영제한을 위반하거나 특허경영을 위반한 경우 또는 경영을 금지하는 법률, 행정법규를 위반한 경우가 아닌 한, 무효로 하지 않는다"고 규정하였다(10조). 이러한 추세에 따라 정관의 경영목적은 회사의 권리능력을 제한하는 것이 아니라 대표자의 대표권을 제한하는 것으로 보는 견해가 유력하다.[22]

한국 판례는 정관목적에 의한 권리능력 제한 긍정설의 입장에서 다음과 같이 판시하고 있다. 회사의 권리능력은 회사의 설립 근거가 된 법률과 회사의 정관상의 목적에 의하여 제한되나 그 목적범위 내의 행위라 함은 ① 정관에 명시된 목적 자체에 국한되는 것이 아니라 그 목적을 수행하는 데 있어 직접, 간접으로 필요한 행위는 모두 포함되고, ② 목적수행에 필요한지의 여부는 행위의 객관적 성질에 따라 판단할 것이고 행위자의 주관적, 구체적 의사에 따라 판단할 것은 아니다(대법원 1987.09.08. 선고 86다카1349 판결, 대법원 1999.10.8. 선고 98다2488 판결).

다. 행위능력

자연인의 경우 행위능력은 자연인을 보호하기 위한 제도이다. 법인의 경우 대표기관의 법률행위 또는 사실행위(불법행위 포함)의 효과가 적법하게 법인에게 귀속되기 위한 요건을 의미한다. 법인의 대표기관이 그 권한 범위 내에서의 행위는 법인에게 귀속된다.

---

16) 最高人民法院关于在审理经济合同纠纷案件中具体适用《经济合同法》的若干问题的解答(1993년 제정, 2000년 실효).
17) 最高人民法院关于印发《全国经济审判工作座谈会纪要》的通知(1993년 제정, 2013년 실효).
18) 合同法(1999년 제정, 2020년 실효).
19) 除相对人知道或者应当知道其超越权限外.
20) 2020년에 제정된 민법전에서도 동일한 규정을 두고 있다(504조).
21) 最高人民法院关于适用中华人民共和国合同法若干问题的解释(一)(1999년 제정, 2021년 실효).
22) 李建伟, 公司法学(第四版), 中国人民出版社, 79-81면.

대표자의 대표권은 법률, 정관 또는 이사회의 결의에 의하여 제한될 수 있다. 대표자가 법률에 의한 제한을 위반할 경우에는 무효이지만 정관 또는 이사회의 결의를 위반한 경우에는 상대방이 알았거나 알 수 있었을 경우에만 무효로 된다.[23] 민법전에는 법인의 정관 또는 내부규정으로 대표자의 권리를 제한하는 경우, 선의의 제3자에게 대항할 수 없다고 규정하고 있다(61조 3항).

법률에 의한 제한의 예는 다음과 같다. 회사가 다른 기업에 투자하거나 타인에게 담보를 제공할 경우, 정관에 따라 이사회 또는 주주총회(사원총회)의 승인을 거쳐야 한다(16조 1항). 또한 회사가 주주(사원) 또는 실제지배인(实际控制人)[24]에게 담보를 제공할 경우, 주주총회(사원총회)의 승인을 거여야 한다(16조 2항). 또한 회사의 대표자는 정관의 규정을 위반하여, 주주총회(사원총회) 또는 이사회의 승인 없이, 회사자금을 타인에게 대여하거나 담보를 제공할 수 없다(148조 1항 3호).

한국 판례에 의하면, 법령에 의한 제한이나 정관 또는 이사회에 의한 제한을 구분하지 않고, 대표자의 대표행위는 회사에 대해 일단 유효하고, 다만 회사가 상대방의 악의 또는 중과실을 증명하면 무효로 된다(2015다45451).

라. 불법행위능력

민법전에 따르면 과실이 있는 행위로 타인의 민사권익(民事权益)에 손해를 끼친 자는 불법행위책임(侵权责任)을 부담하고(1165조), 법정대표자가 집무집행 중 타인에게 손해를 끼친 경우, 법인은 타인에게 불법행위책임을 부담한다(62조 1항). 회사법에 따르면 회사는 그 전재산으로 자신의 채무에 대하여 책임을 부담하는데(3조 1항), 위 채무에는 회사의 불법행위책임도 포함된다고 할 것이다.

민법전에 따르면 불법행위책임을 부담한 법인은 법률 또는 정관의 규정에 근거하여 과실이 있는 법정대표자에게 구상할 수 있는데(62조 2항), 회사법에 따르면 대표자가 직무수행 중 법률, 행정법규 또는 정관의 규정을 위반하여 회사에 손해를 끼진 경우, 회사에 손해배상책임을 진다(149조). 위 규정에 근거하여 회사는 대표자에게 구상할 수 있다고 할 것이다. 한국 상법에 따르면, 회사의 대표자가 그 업무집행으로 인하여 타인에게 손해를 가한 때에는 회사는 그 대표자와 연대하여 배상할 책임이 있다(210조).

한편 민법전에 따르면 피용자가 업무집행 중 타인에게 손해를 끼친 경우, 법인은 불법행위책임을 부담하는데, 법인은 고의 또는 중대한 과실이 있는 피용자에게 구상할 수 있다(1191조). 이에 따라 피용자에게 경과실이 있는 경우에는 구상할 수 없다. 한국 민법에 따르면, 법인은 피용자가 그 사무집행에 관하여 제삼자에게 가한 손해를 배상할 책임이 있다. 그러나 법인이 피용자의 선임 및 그 사무감독에 상당한 주의를 한 때 또는 상당한 주의를 하여도 손해가 있을 경우에는 그러하지 아니하다. 이 경우 법인은 피용자에 대하여 구상권을 행사할 수 있다(756조).

2. 유한책임

주주는 그 인수한 주식을 한도로 회사에 대하여 책임을 부담하고, 사원은 인수한 출자액을 한도로 회사에 대하여 책임을 부담하는데(3조 2항), 이를 주주 또는 사원의 유한책임이라 한다. 주주 또는 사원의 유한책임은 법인격에서 당연히 도출되는 것이 아니고, 19세기에 걸쳐서 점차적으로 제도화되었다.

제3장에서 후술하는 바와 같이 주식회사 발기설립의 경우 발기인은 정관에 규정한 출자기일까지 주금을 납입하거나 출자를 이행하면 되고(81조 5호), 반드시 회사설립 전에 출자를 모두 이행할 필요가 없다. 유한회사의 경우에도 회사설립 전에 출자를 모두 이행할 필요가 없다(25조 1항 5호, 26조 1항). 이에 따라 주주 또는 사원은 회사 설립 이후에도 회사에 대하여 출자계약에 따른 의무이지 회사의 채무를 부담하는 것은 아니므로, 유한책임의 원칙에 반하지 않는다.

3. 재산의 분리와 법인격부인

가. 재산의 분리

사원·주주가 출자한 재산이 법인격을 가진 회사에 귀속하게 되면 더 이상 사원·주주의 채권자는 회사의 재산에 대하여 강제집행을 할 수 없다. 회사의 채권자는 회사 재산에 대하여 사원·주주보다 우선하는 권리를 갖게 되고, 사원·주주는 회사 재산에 대하여 잔여재산청구권을 갖게 된다. 회사의 재산을 사원·주주의 채권자로부터 격리시킨다는 의미에서 "회사조직 격리"(entity shielding)라 한다. 한편, 사원·주주가 회사의 채권자에 대하여 무한책임을 부담한다면 회사의 채권자는 사원·주주의 재산에 대하여 강제집행할 수 있으나 사원·주주가 유한책임을 부담한다면 회사의 채권자는 사원·주주의 재산에 대하여 강제집행할 수 없다. 이를 "소유자 격리"라 한다.[25]

이와 같이 법인격과 유한책임은 서로 다른 방향에서 재산의 분리(asset partitioning)를 가져온다. 즉, 법인격은 회사재산에 대하여 사원·주주의 채권자가 강제집행을 하지 못하여 회사의 채권자를 보호하는 것이라면, 유한책임은 사원·주주의 재산에 대해서 회사채권자가 강제집행을 하지 못하도록 하여 사원·주주의 채권자를 보호한다.

나. 법인격부인

1) 개   설

중국은 2005년 회사법을 개정하여 명문으로 법인격 부인에 대하여 규정하고 있다. 즉, 회사의 사원·주주가 회사법인의 독립적 지위와 사원·주주의 유한책임 제도를 남용하여, 채무를 회피하거나 회사채권자의 이익에 중대한 손해를 끼쳤을 경우, 회사채무에 대해 연대책임을 진다(20조 3항).[26] 법인격 부인은 당해 회사의 법인격을 일반적으로 부인하는 것이 아니라 특정 회사채권자와의 관계에서 예외적으로 부인하여 사원·주주에게 책임을 추궁하는 제도이다. 한국을 포함한 대부분의 국가에서는 판례에 의하여 인정되고 있다.

1인유한회사의 경우 법인격 부인에 대한 특별규정을 두고 있다. 즉, 1인유한회사에서 사원이 자신의 재산이 회사의 재산과 분리된 사실(독립성)을 증명하지 못하면, 회사채무에 대해 연대책임을 진다(63조). 이에 따라 일반적으로 법인격 부인의 경우 원고가 재산혼용 등 법인격 부인의 요건을 증명하여야 하는데, 1인유한회사의 경우 피고인 사원이 재산의 독립성을 증명하여야 한다.[27]

---

25) 김건식 등 7인, 신체계회사법(제6판), 박영사(2016), 3-6면.
26) 회사법 23조에는 "사원·주주는 자신들의 권리를 남용하여 회사 또는 다른 사원·주주의 이익을 침해하여서는 인되고, 사원·주주가 자신들의 권리를 남용하여 회사와 다른 사원·주주에게 손해를 입힌 경우에는 법에 따라 배상책임을 부담한다"라고 규정하고 있는데, 이는 법인격부인에 관한 규정이 아니라 사원·주주가 자신의 권리남용에 따른 손해배상책임을 규정한 조항이다. 즉, 당해 사원·주주가 회사채권자에 대하여 연대책임을 부담하는 것이 아니다.

2) 유   형

법인격 부인은 원래 회사의 채권자가 사원·주주의 유한책임을 부정하고 그들에게 책임을 추궁하기 위한 이론으로 발전하였는데, 반대로 사원·주주의 채권자가 회사의 법인격을 부인하여 회사에게 책임을 추궁하는 경우에도 주장되고 있다. 후자를 "법인격의 역부인"[28]이라고 하는데, 특정 사원·주주의 채권자가 그 사원·주주가 지배하는 회사에 책임을 묻게 되면 그 회사의 다른 사원·주주도 책임을 부담하는 결과가 된다.

중국에서 법인격 부인의 유형으로 종적부인(纵向人格混同)[29]과 횡적부인(横向人格混同)이 있다.[30] 전자는 회사의 채권자가 법인의 실체를 부정하고 사원·주주에게 책임을 묻는 경우[31]이고, 후자는 회사가 채무를 면탈하기 위하여 관련관계(关联关系)에 있는 다른 회사를 활용하는 경우 그 다른 회사에 책임을 추궁하는 경우이다. 한국의 경우 종적부인을 법인격 형해화라 하고, 횡적 부인과 같이 채무면탈 목적으로 기존 회사를 활용하거나 새로이 법인을 설립하는 경우를 법인격 남용이라고 한다.

3) 판   례

> **판례 1: 하문영창영식품유한회사**(厦门永昌荣食品有限公司) **법인격부인사건**[32]
>
> 2005년 회사법 개정 전에 원고가 피고 甲 회사와 관련관계에 있는 피고 乙 회사를 상대로 제기한 소송에서, 1심법원은 법인격 부인 법리를 적용하여 피고 乙 회사에게 연대책임은 부담시켰으나 2심에서 판결은 실정법에 근거하여 판단하여야 하는데 아직 법인격 부인이 입법화되지 않았다는 이유로 그 적용을 부정하면서 대신 신의성실의 원칙(诚实信用原则)을 적용하여 피고 乙 회사의 책임을 긍정한 바 있다.

---

27) 郎咸平与上海馨源文化传播有限公司等买卖合同纠纷上诉案((2015)沪二中民一(民)终字第1347号).

28) 미국에서 역부인의 전형적인 판례로는 Cargil, Inc v. Hedge 375N.W.2d 477(Minn. 1985)이 있다.

29) 사원이 100% 모회사인 경우, 모회사의 사원이 책임지는 경우가 있는데, 이를 중층적 법인격부인(双层揭开公司面纱)이라 한다.

30) 王军, 中国公司法(第2版), 高等教育出版社(2017), 51면.

31) "종적 부인"은 "한 쌍의 말과 기수, 두 개의 간판"(一套人马, 两块牌子)이라 한다.

32) 厦门永昌荣食品有限公司与厦门市电力投资发展总公司, 厦门喜洋洋食品有限公司, 谢得财买卖合同纠纷上诉案(2004)闽民终字第615号－福建省高级人民法院.

중국의 경우 법원에서 적극적으로 법인격 부인이론을 채용하고 있는데, 일반
적으로 회사의 사원·주주의 수가 적은 경우와 회사가 경제가 덜 발달된 지역에
있는 경우에 부인될 확률이 높다고 한다.[33]

최고인민법원은 지도성판결을 확정하고 통일적으로 공고하는데, 제15호로
법인격 부인에 관한 지도성안례를 공고하였다.

지도성판결이란 법률적 효력(法律效力)을 갖고 있는 재판(裁判)으로서 다음의 조
건에 부합하는 판결(案例)를 말한다(「최고인민법원의 판결지도공작에 관한 규정」
제2조[34]). 즉, 사회가 광범위한 관심을 갖는 경우, 법률 규정이 비교적 원칙적인
경우, 전형성을 갖춘 경우, 사안이 복잡하거나 새로운 유형인 경우, 기타 지도적
작용을 구비한 경우이다.

판례 2: 서강집단공정기계주식회사(徐工集团工程机械股份有限公司) 법인격부인사건[35]

원고 甲이 피고 A회사에게 금원을 대여하였는데 변제기에 반환하지 않자, A와
관련관계에 있는 피고 B회사와 피고 C회사, 그리고 A회사, B회사, C회사를 실제
로 지배하고 있는 피고 乙을 상대로 대여금 반환청구 소송을 제기한 사안이다. 1
심과 2심은 모두 법인격 부인의 적용을 긍정하였는데, 그 근거는 다음과 같다. A
회사, B회사, C회사 상호간에 인원(人员), 업무(业务), 재무(财务) 방면에서 혼동
(混同)이 있기 때문에 "인격의 혼동"(人格混同)이 있다고 보았다. 위 지도성안례는
회사법 20조 3항에서 없는 "인격의 혼동"의 개념을 창안했다는 점에 이의가 있다.

IV. 영리성과 사회적 책임

1. 영 리 성

민법전에 따르면, 영리법인이란 이윤취득과 출자자(出资人)에게 분배할 것을

---

33) 王军, 전게서, 52면.

34) 最高人民法院关于案例指导工作的规定(2010년 제정).

35) 徐工集团工程机械股份有限公司诉成都川交工贸有限责任公司等买卖合同纠纷案(2009)徐民二初
    字第0065号－江苏省徐州市中级人民法院, (2011)苏商终字第0107号－江苏省高级人民法院.

목적으로 설립된 법인을 말하는데, 영리법인에는 주식회사, 유한회사와 기타 기업법인이 있다(76조).

중국은 사회주의 시장경제를 채택하고 있지만, 원칙적으로 영업의 자유가 인정되지 않고, 개별 법령에 근거하여 일정한 경제조직이 국가의 등기기관에 등기를 하고 영업집조를 받은 경우에만 그 경제조직 명의로 영업활동을 할 수 있다. 이러한 경제조직을 기업이라 한다. 따라서 중국의 기업입법에서는 기업은 단순히 경제적인 개념이 아니라, 법적주체로서 상대방과 직접 계약을 체결하고, 권리의무를 부담한다는 점에서 법적인 개념이다.

2. 사회적 책임

회사는 ① 경영활동에 종사함에 있어 반드시 법률과 행정법규를 준수하고, ② 사회공중도덕(社会公德)과 상업도덕을 준수하는 한편 성실하게 신용을 지켜야하며(诚实守信),[36] ③ 정부와 사회 공중(公众)의 감독을 받고, ④ 사회책임을 져야한다(5조).

개혁개방(1978년) 초기에는 계획경제 시기의 기업의 사회적 역할(企业办社会)에 대한 부정적인 인식과 기업의 사회적 책임은 선진국의 무역장벽이고, 선진국의 관행을 실행하기에는 중국 실정에 맞지 않다는 견해가 지배적이어서, 중국 기업은 부의 창출, 이윤극대화에 매진하였다. 그러나 경제발전으로 야기된 빈부격차, 환경오염 등의 사회적 문제를 해결하기 위하여, 2003년 중국공산당 제16기 제3중전회에서 후진타오는 "사람을 근본으로 삼는다(以人为本)"는 과학적발전관과 조화사회(和谐社会)를 제시하였는데, 회사법에서는 사회적 책임으로 나타났다.

중국의 경우, 회사의 이익은 주주의 이익과 기타 이해관계자 이익의 결합체로 보는 견해가 일반적이다(1조).

V. 국유독자회사와 1인유한회사

주식회사의 경우 발기인이 2명 이상 200명 이하이므로 1인주식회사를 설립할 수 없다. 그러나 1인유한회사를 설립하는 것은 가능하다(57조-63조). 1993년 헌법

---

36) 민법전에서는 공서양속(不得违背公序良俗, 8조)과 신의성실의 원칙(遵循诚信原则, 秉持诚实, 恪守承诺, 7조)을 규정하고 있다. 그리고 생태환경의 보호를 규정하고 있다(9조).

에서 사회주의 시장경제를 채택하고, 같은 해 회사법을 제정하면서 유한회사의 일종으로 국유독자회사를 인정함으로써 상당수의 국유기업37)이 국유독자회사로 전환되었다. 국유독자회사에 대하여는 제5장 제3절에서 설명하기로 한다.

　　2005년 회사법을 개정하면서 1인유한회사를 인정하였다. 1인유한회사는 법인격이 있다는 점에서 개인독자기업과 구별된다. 1인유한회사에 대하여도 제5장 제3절에서 설명하기로 한다.

　　주식회사에서 주식의 양도를 통하여 1주주가 모든 주식을 취득하거나 1인유한회사의 사원이 다른 유한회사의 지분을 모두 양수하여 2개 이상의 1인유한회사를 취득하게 된 경우 적법한지에 대하여 다툼이 있다. 이에 대하여 주식 또는 지분의 취득은 유효하나 일정한 기간 내에 매각하여야 한다는 견해가 유력하다.38)

제3절　공회 및 직공대표

I. 공　　회

　　회사의 직공은 공회법39)에 따라 공회를 조직하고 공회활동을 전개하여 직공의 합법적 권익을 보호할 수 있다(18조 1항).

　　중국에 전국총공회(全国总工会)를 설립하고(공회법 10조 4항), 현급 이상의 지방에는 지방각급총공회(地方各级总工会)를, 산업별로는 산업공회(产业工会)를 설치하며(10조 3항, 4항), 각 사단법인으로 한다(공회법 14조). 지방총공회나 산업공회를 설립하고자 하는 경우 상급공회의 승인을 받아야 한다(공회법 11조). 공회를 임의로 취소하거나 합병할 수 없다(공회법 12조).

　　기업, 사업단위, 기관에 25명 이상 회원이 있을 경우, "기층공회위원회"(基层工会委员会)를 두어야 하며, 회원이 25명 미만일 경우 기층 공회위원회를 단독으로 구성하거나 2개 이상 단위(单位)의 회원이 연합하여 기층 공회위원회를 설립하거

---

37) 국유기업이란 "전민소유제공업기업법"(全民所有制工业企业法, 1988년 제정, 2009년 개정)의 적용을 받는 전민소유제공업기업을 말한다.
38) 赵旭东主编, 公司法学, 高等教育出版社(2006), 72면.
39) 工会法(1992년 제정, 2001년, 2009년 개정).

나 또는 조직원(组织员) 1명을 선출할 수 있다(공회법 10조 1항).

중국 경내의 기업, 사업단위, 기관에서 임금수입을 주된 생활의 원천(以工资收入为主要生活来源)으로 하는 육체근로자(体力劳动者)와 정신근로자(脑力劳动者)는 민족, 인종(种族), 성별, 직업, 종교신앙, 교육정도를 불문하고 모두 법에 따라 공회에 참가하거나 공회를 결성할 권한이 있다(공회법 3조). 이에 따르면, 회사의 법정대표자를 제외하고는 모두 공회에 참가할 수 있으나, 가입이 강제되지는 않는다. 공회의 경비는 ① 공회 회원이 납입한 회비, ② 기업, 사업단위, 기관이 직공 전체 임금의 2%에 해당하는 경비, ③ 하급공회가 상납한 수입, ④ 인민정부의 보조금 등으로 구성된다(공회법 42조).

공회는 직공을 대표하여 직공의 노동보수, 업무시간, 복지, 보험 및 노동안전위생 등 사항에 관하여 법에 따라 회사와 단체계약을 체결할 수 있다(공회법 18조 1항). 회사가 기업개조 또는 경영상 중대한 사항을 결정하거나 중요한 규정(规章)제도를 제정하는 경우, 공회의 의견을 청취하고, 직공대표대회(职工代表大会) 또는 기타 형식을 통해 직공의 의견과 건의를 청취하여야 한다(공회법 18조 3항).

II. 직공대표대회

공회는 법률의 규정에 따라 직공대표대회 또는 기타 형식을 통하여 직공을 조직화하여 본 단위의 민주적 정책결정, 민주적 관리 및 민주적 감독에 참여(参与)한다(공회법 6조 3항).

「기업민주관리규정」[40]에 따르면, 회사는 직공대표대회를 구성할 지 또는 직공대회를 구성할 지를 선택할 수 있고, 직공대표대회를 구성할 경우 전체 직공수의 5%보다 적거나, 30인보다 적어서는 안된다(공회법 8조).

III. 직공대표와 지배구조

1. 이 사 회

이사회 구성원 중 직공대표를 둘 수 있다(44조 2항, 108조 2항). 따라서 일반적으로 직공대표가 강제되지 않지만 다음의 경우에는 반드시 두어야 한다. ① 둘

---

40) 企业民主管理规定(2012년 제정).

이상의 국유기업 또는 둘 이상의 국유투자 주체가 투자하여 설립한 유한회사에는 그 이사회 구성원 중 반드시 직공대표가 있어야 한다(44조 2항). ② 국유독자회사의 경우 이사회의 구성원 중 반드시 직공대표가 포함되어야 한다(67조 1항).

2. 감 사 회

감사회는 사원·주주 대표와 적당한 비율의 직공대표를 반드시 포함하여야 하고, 그중 직공대표의 비율은 3분의 1에 미달해서는 안 되며, 구체적 비율은 회사정관으로 정한다(51조 2항, 117조 2항).

제4절 공산당 조직

I. 개   설

회사 내에 중국공산당 당헌(章程)에 따라 중국공산당 조직을 설립하여, 당의 활동을 전개할 수 있다. 회사는 당조직 활동에 필요한 조건을 제공하여야 한다(19조).

중국공산당 당헌에 의하면, 기업, 농촌, 기관, 학교, 과학연구기관(科研院所), 도시기층지역(街道社区), 사회조직, 인민해방군의 연대(人民解放军连队)와 기타 기층단위는 무릇 정식 당원 3인 이상으로 당의 기층조직을 성립한다(30조).

II. 당조직과 공회와의 관계

회사에서 공산당 조직과 공회의 관계는 다음과 같다. 우선, 헌법에서 중국공산당의 영도는 중국 특색의 사회주의의 가장 본질적인 특징이라고 규정하고 있다(1조 2항).[41] 이에 따라 회사도 공산당의 영도 역할을 수용하여야 한다. 이에 따라 회사는 당조직 활동에 필요한 조건을 제공하여야 한다(19조). 둘째, 공회법에 이하면 공회는 공산당의 영도를 견지하여야 한다(4조).[42] 따라서 회사내의 공산당

---

41) 中国共产党领导是中国特色社会主义最本质的特征.
42) 工会必须坚持中国共产党的领导.

원들은 당의 지시를 받아 공회의 활동을 영도할 수 있다.

위에서 서술한 공산당 조직과 공회의 법적 구조를 분석하면 다음과 같은 결론을 내릴 수 있다. 즉, 회사법은 공산당 조직에 회사 운영에 참여할 권한을 부여하지는 않았지만 공산당은 회사에 공산당 조직을 둘 수 있다. 공산당 조직은 공회를 통하여 회사의 경영에 참여할 수 있다.

제**3**장 | 회사설립

제1절   자본제도와 공시제도

제1항   자본제도

I. 개   설

1. 자본과 소유자권익(주주권익 또는 사원권익)

회계학적으로 자본이란 자산총액(资产总额)에서 부채총액(负债总额)을 차감한 잔액을 의미한다(「한국 일반기업회계기준」[1] 15.2조). 즉, 자본은 자산과 부채의 총수가 먼저 확정되어야 계산할 수 있는 "잉여개념"이다. 이러한 자본은 주주의 잔여재산분배청구권의 대상이 되는데, "순자산"이라고도 한다. 직접적으로 자본의 변동을 초래하는 거래를 자본거래라 하고,[2] 회사의 수익과 비용에 영향을 주는 거래를 손익거래[3]라 한다. 중국 「기업회계준칙」[4]에서는 자산에서 부채를 차감한 잔액을 "소유자권익"(所有者权益)이라 하는데(기본준칙 36조 1항), 소유자권익은 주식회사의 경우 "주주권익"(股东权益), 유한회사의 경우 "사원권익"(股东权益)이라고도 한다(기본준칙 36조 2항). 이하에서는 자본 또는 순자산이라는 용어를 사용하기로 한다.

2. 자본금과 등록자본금

자본금이란 회사가 채권자보호 등을 위하여 확보하여야 하는 규범적 금액으로, 시시각각으로 변화하는 자본과는 구별되는 개념이다. 중국의 경우 자본금은 회사등기기관에 등기되는데(80조, 「회사등기관리조례」 9조 4호), 이에 따라 자본금을

---

1) 한국의 회계기준은 주권상장법인 및 금융회사에 적용되는 「한국채택국제회계기준」, 외부감사대상 주식회사에 적용되는 「일반기업회계기준」, 외부감사 대상 이외의 주식회사에 적용되는 「중소기업회계기준」으로 구성되었다.
2) 회사설립 시 설립중회사와 주식인수인과의 주식인수계약에 따른 자산의 이전은 회사설립과 동시에 자본으로 인식하므로 자본거래이다.
3) 손익거래도 결산시에 이익잉여금 또는 결손금의 형태로 자본의 변동을 초래한다.
4) 기업회계준칙 기본준칙(基本准则)과 구체준칙(具体准则), 적용지침(应用指南)과 해석(解释)으로 구성되어 있다.

"등록자본금"(注冊資本)이라고 한다. 한국의 경우에도 자본금[5]은 상업등기에 의하여 공시된다(주식회사의 경우 상법 317조 1항 2호, 유한회사의 경우 549조 2항 2호).[6]

주식회사와 유한회사의 정관에 등록자본금이 명시되어야 하는데(81조 4호, 25조 1항 3호), 주식회사의 경우 발기설립인지 모집설립인지에 따라 등록자본금의 내용이 다르다. 주식회사 발기설립(发起设立)의 경우, 등록자본금은 전체 발기인(发起人)이 인수한 주식의 액면총액(股本总额[7])이다(80조 1항, 「회사등록자본금 등기관리규정」[8] 2조 2항). 모집설립(募集设立)의 경우 등록자본금은 발기인 및 주식인수인(认股人)이 실제 납입한 주식의 액면총액이다(80조 2항, 위 「회사등록자본금 등기관리규정」 2조 3항). 즉, 발기설립의 경우 인수한 주식에 대하여 납입이 완료되지 않더라도 회사성립 시에 주식이 발생된다. 이에 따라 발기설립의 경우 인수한 주식과 모집설립의 경우 납입한 주식은 모두 회사성립 시에 발행주식(发行股份)이 되므로(77조 2항, 3항), 주식회사의 등록자본금은 '발행주식의 액면총액'이라 할 수 있다. 중국의 경우 주식회사 정관에 1주의 금액을 기재하여야 하므로(81조 4호) 액면주식만 허용되고 무액면주식은 허용되지 않는다. 액면금액(票面金额)을 초과하여 주식을 발행한 경우 그 초과금(溢价款)은 자본준비금(资本公积金)으로 계상하여야 한다(167조).

한국 상법에 따르면, 자본금은 액면주식을 발행할 경우 발행주식의 액면총액을, 무액면주식을 발행할 경우 발행가액의 2분의 1 이상의 금액으로서 이사회에서 자본금으로 계상하기로 하는 금액의 총액이다(451조 1항, 2항, 한국 「일반기업회계기준」 15.3조). 결국 주식회사가 액면주식을 발행할 경우, 자본금이 발행주식의 액면총액을 의미한다는 점에서 한국과 중국이 동일하나, 중국의 발기설립의 경우 등록자본금의 전액 납입을 요하지 않다는 점에서 차이가 있다.

유한회사의 경우 등록자본금은 주식회사의 발기설립의 경우와 동일하다. 즉, 총 사원의 출자인수액(认缴出资额)이다(26조, 위 관리규정 2조 1항). 정관에 등록자본

---

5) 한국 일반회계기업기준에서는 "법정자본금"이라는 용어를 사용하고 있다(2.29조).
6) 주식회사의 정관에는 자본금 대신 설립 시에 발행하는 주식의 총수와 수권주식수가 기재된다(289조 1항 3호, 5호).
7) 股本는 股份资本의 약칭으로 주식자본으로 직역할 수 있고, 주식을 발행한 대가로 취득한 자산, 즉 자본금으로 의역할 수 있다. 股本总额란 발행주식에 대한 액면총액을 의미한다.
8) 公司注册资本登记管理规定(2004년 제정, 2005년, 2014년 개정).

금과 사원의 출자액만 기재하면 되고, 출자 1좌의 금액을 기재할 필요가 없다(25조 1항 3호, 5호). 한국 상법에 따르면 유한회사의 정관에 자본금의 총액과 출자 1좌의 금액, 각 사원의 출자좌수를 기재하여야 하고(543조 2항 2호, 3호, 4호), 자본금 총액과 출자 1좌의 금액은 등기사항이다(549조 2항).

중국의 경우 주식회사 발기설립의 경우 주식인수(认购)⁹⁾와 납입 또는 이행(缴足)이란 용어를 사용하고 있고, 유한회사의 경우 지분인수(认缴)¹⁰⁾와 납입 또는 이행(实缴)과 같이 주식회사와 다른 용어를 사용하고 있다. 중국 교과서에서는 자본과 자본금 제도를 설명하면서, 주로 유한회사를 전제로 认缴와 实缴란 용어를 사용하고 있다.

3. 확정자본금제와 수권자본금제

회사성립 시에 정관에 기재된 자본금이 전부 발행되고 인수되어야 하는지와 관련하여 확정자본금제(确定资本制)와 수권자본금제(授权资本制)가 있다.

확정자본금제란 정관에 자본금을 기재하고, 회사성립 시에 자본금 전부가 인수되어야 하는 입법례를 말한다. 법률에 의하여 정관에 기재된 자본금의 인수가 강제된다는 의미에서 법정자본금(法定资本金)이라고 한다. 중국에서는 확정자본금제 대신에 법정자본제(法定资本制)라는 말을 더 많이 사용하고 있다.¹¹⁾ 확정자본금제의 경우 인수된 자본금에 대하여 인수자가 납입의무를 부담하면 되고, 인수된 자본금 전부에 대한 납입이 필요한 것은 아니다. 회사성립 후 신주를 발행하는 경우 정관에 기재된 자본금이 증가되기 때문에 정관변경절차를 거쳐야 하므로, 자금조달의 기동성이 떨어진다는 단점이 있다.

수권자본금제란 정관에 회사가 발행할 주식의 총수, 즉 수권주식수를 기재하고, 회사성립 시에 수권주식 중 일부에 대한 발행을 결의하고 그 나머지는 이사회에서 주식발행을 결의할 수 있는 입법례를 말한다. 자금조달의 기동성이 보장되지만 이사회가 제3자에게 신주를 발행하는 경우 주주의 구성이 달라질 수 있는

---

9) 认购에는 주식을 매수한다는 의미가 포함되어 있다.

10) 출자인수, 출자약정 등 다른 번역이 가능하다.

11) 한편, 법정자본금제라는 개념이 모호하다는 비판이 있다. 즉, 법정자본제하에서도 자본금 3원칙이 지켜져야 한다는 견해, 최저자본금에 대한 규정이 있어야 한다는 견해, 자본금에 대한 납입까지 포함하여야 한다는 견해 등 다양하다. 邹海林·陈洁, 公司资本制度的现代化, 社会科学文献出版社(2014), 54−55면.

위험이 있다.

중국의 경우 주식회사와 유한회사의 정관에 등록자본금을 기재하고(81조 4호, 25조 1항 3호) 등록자본금이 모두 인수되어야 하므로(80조, 26조), 확정자본금제를 채택하고 있다. 한국 주식회사의 경우 정관에 회사가 발행할 주식의 총수만 기재하고 그 중 일부만 발행한 후, 이사회가 수권주식수의 범위 내에서 신주를 발행할 수 있으므로 수권자본금제를 채택하고 있다(상법 299조 1항 3호, 416조). 유한회사의 경우 정관에 자본금의 총액을 기재하도록 하고 있으므로 확정자본금제를 채택하고 있다(상법 543조 2항 2호). 유한회사는 주식회사와 달리 정관에 사원의 출자좌수가 기재됨으로써(상법 543조 2항 4호) 출자의무가 발생하므로, 별도의 인수계약은 체결되지 않는다.[12]

4. 전액납입제와 분할납입제(납입자본금등기제와 인수자본금등기제)

중국은 전술한 바와 같이 확정자본금제를 채택하고 있는데, 확정자본금제는 다시 설립등기 시에 인수된 주식 전부에 대한 납입을 완료하여야 하는 전액납입제(全部缴纳制)와 설립등기 후에도 납입이 가능한 분할납입제(分期缴纳制)로 나눌 수 있다. 회사설립 시에 정관에 기재되어 인수가 확정된 주식의 액면총액을 인수자본금(认购资本)이라 하고, 인수된 주식 중 실제로 납입된 금액의 총액을 납입자본금(实收资本)이라고 한다. 전액납입제의 경우 인수자본금과 납입자본금이 동일하지만, 분할납입제의 경우에는 인수자본금이 납입자본금보다 클 수 있다. 주식회사의 모집설립의 경우 전액납입제를 채택하고 있고, 주식회사의 발기설립과 유한회사의 경우 분할납입제를 채택하고 있다.

또한 분할납입제는 다시 회사설립등기 시 납입자본금을 등기하는 것을 납입자본금등기제(注册资本实缴登记制)라 하고, 인수자본금을 등기하는 것을 인수자본금등기제(注册资本认缴登记制)로 나눌 수 있다.

1993년 회사법에서는 전액납입제를 채택하여, 주식인수인이 발행자본금을 설립등기 전에 모두 납입하여야 했다(78조, 23조). 당시 외상투자기업의 경우 분할납입을 허용하고 있었다(「중외합자경영기업법 실시조례」[13] 11조 1항 3호, 28조 등).

---

12) 김건식 등, 회사법 제3판, 박영사(2016), 947면.

13) 中外合资经营企业法实施条例(1983년 제정, 1986년, 1987년, 2001년, 2011년, 2014년, 2019년 개정, 2020년 실효).

2005년 회사법을 개정하면서 주식회사의 발기설립과 유한회사 설립의 경우 분할납입을 허용하였으나 분할납입의 방법에 대하여 회사법에 규정하였다. 즉, 최초 등록자본금의 20% 이상을 납입한 후, 나머지는 회사설립일로부터 2년 내에 납입할 수 있었다(81조 1항, 26조 1항).14) 이를 "분할법정납입제"라 한다. 다만, 회사설립등기 시에 실제납입액을 등기사항으로 규정하여(「회사등기관리조례」 9조 5호), 납입자본금등기제를 유지하고 있었다. 즉 주식회사의 발기설립과 유한회사의 경우 "분할법정납입제"와 "납입자본금등기제"를 채택하고 있었다.

2013년 회사법을 개정하면서, 주식회사의 발기설립과 유한회사 설립의 경우 정관이 정한 바에 따라 납입할 수 있도록 하였다(81조 5호, 83조 1항, 25조 1항 5호, 28조). 이는 분할납입제에서 최초납입비율과 납입기한을 폐지하는 대신 정관에 납입기간을 명시하였다. 이를 "분할정관납입제"라 한다. 한편, 인수자본금을 등기하도록 하여(80조 1항, 26조, 「회사등록자본금 등기관리규정」 2조 1항, 2항), 인수자본금등기제를 채택하였다. 이에 따라 「회사등기관리조례」를 개정하여 실제납입액을 등기사항에서 삭제하는 한편(9조), 후술하는 바와 같이, 「국가의 기업정보 공시시스템」15)에서 실제 납입한 금액을 공시하도록 하였다. 즉, 현재 주식회사의 발기설립과 유한회사의 경우 "분할정관납입제"와 "인수자본금등기제"를 채택하고 있고, 주식회사의 모집설립의 경우 "전액납입제"를 채택하고 있다.

5. 분할납입제와 주주 또는 사원의 지위

주식회사의 발기설립과 유한회사의 경우 주주 또는 사원 지분을 인수하였으나 회사 성립 후 납입기일이 도래하지 않은 경우 회사 성립과 동시에 주주 또는 사원의 지위를 취득하는지가 문제된다. 통설은 실제 납입과 관계없이 주주 또는 사원이 된다고 한다. 왜냐하면 회사 성립과 동시에 법정자본금이 확정되고 이에 따라 주주 또는 사원의 지위도 확정되기 때문이다. 즉 출자의 납입과 사원 또는 주주의 지위의 취득이 동시이행관계에 있는 것이 아니다.

---

14) 투자회사(投資公司)의 경우에는 회사설립일로부터 5년 내에 납입하면 된다(81조 1항, 26조 1항).

15) 国家企业信用信息公示系统(www.gsxt.gov.cn).

II. 자본금 3원칙

1. 개 설

자본금 3원칙이란 자본금확정의 원칙(資本確定原則), 자본금충실의 원칙(資本維持原則), 자본금불변의 원칙(資本不變原則)을 말한다. 역사적으로 자본금의 3원칙(資本三原則)은 확정자본금제와 밀접한 관련이 있다. 그러나 자본금을 통한 채권자보호의 실효성이 크지 않고, 회사 경영의 관점에서 자본조달의 용이성과 기동성이 더 중요하다고 인식되면서, 그 중요성이 점차 퇴색되고 있다. 이하 주식회사를 중심으로 자본금 3원칙을 설명하기로 하겠다.

2. 자본금확정의 원칙

자본금확정의 원칙이란 회사 설립 또는 증자 시에 정관에 자본금이 기재되어야 하고, 이러한 자본금에 대한 인수가 확정되어야 한다는 원칙을 말한다.[16] 자본금이 전액 인수되어야 할 뿐만 아니라 전액 납입되어야 설립등기가 가능한 것을 포함시키는 견해도 있다.[17]

중국의 경우 전술한 바와 같이 확정자본금제를 채택하여 정관에 등록자본금이 기재되고(81조 4호, 25조 1항 3호), 설립 시에 이에 해당하는 주식의 전부가 인수되어야 하므로(80조 1항, 26조), 자본금확정의 원칙이 채택되고 있다. 한국 주식회사는 증자의 경우 발행주식 수가 정관에 기재되지 않으므로 자본금확정의 원칙이 적용되지 않는다.

3. 자본금충실의 원칙

자본금충실의 원칙이란 자본금에 상당하는 재산을 실질적으로 보유하고 유지해야 한다는 원칙을 말한다. 이는 인수된 자본금에 대한 확실한 이행과 주주에 대한 회사재산 반환의 규제라는 측면에서 실현된다.

중국 회사법에는 자본금충실의 원칙을 보장하는 규정을 두고 있다. 즉, ① 주

---

16) 김건식 등(제3판), 전게서, 79면; 赵旭东主编, 公司法学(第四版), 高等教育出版社(2015), 165면.
17) 郑云瑞, 公司法学, 北京出版社(2016), 146면.

식회사 모집설립의 경우 전액납입제를 채택하고 있고, 유한회사 및 주식회사 발기설립의 경우 정관에 출자시기를 명시하도록 하고(81조 5호, 25조 1항 5호), 그 시기에 이행하지 않을 경우 손해배상을 부담시키고 있다(83조 2항, 28조 2항). 주식의 발행가액에 대하여도 액면미달발행(折价发行)을 허용하지 않고, 액면발행(平价发行)과 액면초과발행(溢价发行)만을 허용하고 있다(127조). ② 주주에 대한 회사재산반환 규제는 주주의 출자금불법회수(抽逃出资) 금지(91조, 35조), 자기주식에 대한 이익배당 금지(禁止本公司股份分配利润)(166조 6항), 법정준비금(法定公积金)제도(166조) 등이 있다.

4. 자본금불변의 원칙

자본금불변의 원칙이란 자본금을 엄격한 절차를 밟지 않고는 임의로 변경하지 못하는 원칙을 말한다.

중국의 경우 확정자본금제도를 채택하고 있어서 자본금을 변경하기 위해서는 주주총회의 특별결의에 의한 정관 변경의 절차를 거쳐야 하므로(99조, 37조 1항), 자본금불변의 원칙이 채택되고 있다. 한국 주식회사는 수권자본제를 채택하여 자본금 증가의 경우에는 자본금불변의 원칙이 적용되지 않는다.

제2항 기업정보공시제도

국무원은 2014년 「사회신용체계 건설계획 강요(2014－2020년)」[18]를 공표하여 2020년까지 정부신뢰, 비즈니스 신용, 사회신용, 사법공신력의 강화를 위한 신용체계를 구축하기로 하였는데, 2014년 3월 「국가의 기업정보 공시시스템」을 구축하여 운영하고 있으며, 위 사이트에서 기업의 명칭을 입력하면 기본적인 정보를 알 수 있다.

주식회사 발기설립과 유한회사 설립의 경우 "완화된 분할납입제"를 채택함으로써 「회사등기관리조례」에서 실제 납입한 자본금을 등기사항에서 삭제하였는데(9조), 2014년 8월 「기업정보공시 임시조례」[19]를 제정하면서 실제납입액을 위 공

---

18) 社会信用体系建设规划纲要(2014－2020年)(2014년 제정).
19) 企业信息公示暂行条例(2014 제정).

시 시스템을 통하여 공시하도록 하고 있다. 즉, 회사는 매년 1월 1일부터 6월 30일 사이에 발기인 또는 주주(주식인수인)가 인수하거나 실제 납입한 출자액을 위 공시시스템을 통하여 공시하여야 하고(8조, 9조), 인수 및 실제납입액에 변동이 발생한 경우 그로부터 20일 이내에 이를 공시하여야 한다(10조).

제2절 주식회사의 설립

제1항 개   설

I. 발 기 인

주식회사를 설립함에 있어서는 2명 이상 200명 이하의 발기인이 있어야 하며 그중 과반수는 중국 경내에 주소가 있어야 한다(78조). 한국의 경우 2001년 상법을 개정하면서 3인의 최저발기인 수를 삭제함으로써 1인의 발기인으로 주식회사 설립이 가능하도록 하였다(288조).

중국 회사법에서는 발기인에 대한 정의규정은 없고, 「최고인민법원의 회사법 적용에 있어서 약간의 문제에 관한 규정(3)」[20](사법해석(3))에서 발기인에 대하여 정의하고 있다. 즉, 주식회사에서 발기인이란 회사설립을 위하여 정관에 서명하고, 주식을 인수하며, 회사 설립업무를 수행하는 자이다(1조). 유한회사의 경우에는 회사 성립 시의 사원이 발기인이다(1조).

II. 설립중회사

1. 개   념

설립중회사는 발기인이 설립과정 중에 행한 행위의 효력을 회사 성립과 동시에 그 회사에 귀속되는 관계를 설명하기 위한 개념이다. 회사법에서는 그 용어를 사용하고 있지 않으나, 사법해석(3)에서 설립중회사(设立中公司)라는 용어를 사용

---

20) 最高人民法院关于适用《中华人民共和国公司法》若干问题的规定(三)(2010년 제정, 2014년, 2020년 개정).

하고 있다.

2. 성립시기

중국의 경우 "발기인계약 체결시설",[21] "정관 작성시설",[22] "상호 사전승인 시설" 등이 주장되고 있다.

모집설립의 경우 창립총회(創立大会)에서 정관을 채택하여야 효력이 발생하는데(76조 4호), "정관 작성시설"의 경우 설립중회사의 성립시기가 너무 늦게 된다. 또한 "상호 사전승인시설"의 경우 상호 사전승인 신청행위 자체는 설립중회사의 행위가 아니게 된다. 이 경우 회사성립 후 별도의 상호이전행위가 필요하게 된다. 회사법에 따르면, 발기인은 발기인계약을 체결하여 회사설립 과정에서의 권리와 의무를 명확히 하여야 하는데(79조 2항),[23] 발기인계약 체결 이후에는 발기인이 설립행위를 할 수 있으므로, "발기인계약 체결시설"이 타당하다. 「강소성 고급인민법원의 회사법 안건심리에 있어서 약간의 문제에 관한 의견(시행)」[24]에서는 설립중회사가 정관작성(章程起草) 또는 발기인계약 체결시에 성립되는 것으로 규정하고 있다(34조).

3. 설립중회사 명의로 체결한 계약의 효력

발기인은 설립중회사의 대표기관으로 발기인이 행한 설립행위의 법적 효과는 주식회사 성립과 동시에 성립 후 회사에 귀속된다(사법해석(3) 3조 1항). 이 경우에도 대표권 남용의 법리가 적용된다. 즉, 발기인이 자신의 이익을 위하여 설립중회사의 명의로 상대방과 계약을 체결한 경우 설립 후의 회사가 책임이 없음을 주장할 수 있다. 다만 상대방이 선의인 경우에는 그러하지 아니하다(사법해석(3) 3조 2항).

---

21) 郑云瑞, 전게서, 247면.
22) 赵旭东主编(2015), 전게서, 117면.
23) 이에 따라 발기인이 정관 규정에 따른 출자금을 납입하지 않은 경우, 발기인계약에 따른 계약위반책임을 진다(83조 2항).
24) 江苏省高级人民法院关于审理适用公司法案件若干问题的意见(试行)(二)(2003년 제정).

4. 발기인 명의로 체결한 계약의 효력

발기인이 회사 설립을 위하여 개인 명의로 계약을 체결한 경우 상대방이 발기인에게 계약상 권리를 주장할 수 있다는 점에는 다툼이 없는데, 회사 성립 후 회사에 대하여도 주장할 수 있는지가 문제된다. 이에 대하여 과거 사법해석에서는 회사성립 후 추인하거나 실질적으로 계약상의 권리를 행사하거나 의무를 이행한 경우, 상대방은 회사에 대하여도 책임을 물을 수 있다고 하였으나(사법해석(3) 2조 2항), 개정 사법해석(3)에서는 위와 같은 제한 없이 상대방은 회사에 대하여 계약상 권리를 주장할 수 있다고 규정하고 있다(2조).

제2항 설립절차

주식회사의 설립에는 모집설립과 발기설립이 있다(77조 1항). 주식회사 설립은 개략적으로 다음의 절차를 거친다. 실체형성 준비단계(발기인계약, 상호사전승인, 정관작성) → 실체형성 단계(모집설립과 발기설립에 따른 주식인수 및 출자이행) → 기관구성 단계 → 회사성립(설립등기 및 영업집조(营业执照)[25] 발급) 등이다.

Ⅰ. 발기인계약의 체결

발기인은 발기인계약을 체결하여, 회사설립 과정에서의 권리 의무를 명확히 하여야 한다(79조 2항). 발기인이 정관 규정에 따른 출자금을 납입하지 않은 경우, 발기인계약에 따른 계약위반책임(违约责任)을 진다(83조 2항).

Ⅱ. 회사상호 사전승인(核准) 제도의 폐지

2019년 2월 이전에는 주식회사를 설립하기 위해서는 등기업무를 담당하는 공상행관리정부서(工商行政管理部门)로부터 상호에 대한 사전승인을 받아야 했다(「회사등기관리조례」 18조 1항). 2018년 3월 국가공상행정관리총국(国家工商行政管理总局), 국가품질감독검증검역총국(国家质量监督检验检疫总局)과   국가식약품감독관리총국

---

25) 회사의 성립 시기는 성립등기일이 아니라 영업집조 발급일이다.

(国家食品药品监督管理总局), 국가발전 및 개혁위원회(国家发展和改革委员会)의 가격 감독검사와 반독점 집법(价格监督检查与反垄断执法), 상무부(商务部) 경영자집중 반독점 집법(经营者集中反垄断执法), 국무원반독점위원회사무실(国务院反垄断委员会办公室) 등 직무(职责)를 통합하여 국가시장감독관리총국(国家市场监督管理总局)이 신설되었고[26] 이에 따라 공상행정관리부서가 시장감독관리부서(市场监督管理部门)로 변경되었다. 그리고 국무원은 2019년 2월 행정업무의 간소화를 위하여 기업명칭 사전승인제도를 폐지하였고,[27] 이에 따라 국가시장감독관리총국은 2019년 4월 「기업상호 사전승인 행정허가사항의 취소에 따른 업무 처리에 관한 통지」[28]에서 더 이상 "기업상호 사전승인 통지서"(企业名称预先核准通知书)를 발급하지 말 것으로 지시하였다. 그러나 2021년 1월 현재 위 「회사등기관리조례」의 사전승인에 관한 규정은 개정되지 않고 있다.

III. 정관의 작성

1. 정관의 의의와 성질

발기인계약을 통해서 발기인이 확정되면 발기인은 정관을 작성한다(11조). 정관은 실질적으로는 회사의 조직과 운영에 관한 근본규범 그 자체를 의미하지만 형식적으로는 그러한 근본규범을 기재한 서면을 의미한다.

정관은 발기인 간에 합의한 내용을 기재한 것으로 계약적인 성질이 강하나, 정관에 대한 인식이 없더라도 회사의 기관[29] 및 장래의 주주까지 구속한다는 점에서 자치규범으로 보아야 할 것이다.[30]

---

26) 国务院机构改革方案(2018)(2018년 제정).
27) 国务院关于取消和下放一批行政许可事项的决定(2019년 제정).
28) 市场监管总局关于做好取消企业名称预先核准行政许可事项衔接工作的通知(2019년 제정).
29) 중국 회사법에 따르면, 정관은 회사, 주주, 이사, 감사, 고급관리인원에 대하여 구속력을 갖는다(11조).
30) 김건식 등(제3판), 전게서, 101면.

2. 정관의 기재사항

가. 절대적 기재사항(81조)

절대적 기재사항(绝对必要记载事项)은 정관에 반드시 기재하여야 하며 그 기재가 누락되거나 위법한 때에는 정관이 무효로 되는 사항이다. 회사법에 따르면 정관에는 다음의 사항을 반드시 기재하여야 한다(81조).

---

1. 상호 및 주소
2. 경영목적
3. 설립방식
4. 주식총수, 1주의 금액 및 등록자본금
5. 발기인의 성명 또는 명칭, 인수하는 주식수, 출자방식 및 출자기일
6. 이사회의 구성, 직권(职权) 및 의사규칙
7. 법정대표자
8. 감사회의 구성, 직권(职权) 및 의사규칙
9. 이익배당 방법
10. 해산사유 및 청산방법
11. 통지, 공고 방법
12. 주주총회에서 정관에 규정할 필요가 있다고 결의한 사항

한국 주식회사에서는 위 1호, 2호, 3호, 4호, 5호, 11호가 정관의 필수적 기재사항이고(289조 1항), 나머지는 상대적 기재사항에 해당한다. 중국 증권감독관리위원회에서 「상장회사정관지침」을 제정하여 정관작성을 지도하고 있다.

1) 상호와 주소

회사의 상호는 전술한 바와 같이 정관 작성 전에 시장감독관리부서로부터 사전승인을 받을 필요는 없다.

회사의 경우 주된영업소(主要办事机构)의 소재지를 주소로 한다(10조). 중국 「민사소송법」31)에 따르면, 법인을 상대로 제기하는 민사소송은 피고 주소지의 인

---

31) 民事诉讼法(1991년 제정, 2007년, 2012년, 2017년 개정).

민법원이 관할하는데(21조 2항), 법인의 주소지란 주된 영업소의 소재지를 의미한다(「최고인민법원의 민사소송법 적용에 관한 해석」[32] 3조 1항).

2) 경영범위

회사의 경영범위에 법률, 행정법규에서 비준을 받도록 규정한 항목은 법에 따라 비준을 받아야 한다(12조 2항). 그 비준문서를 등기기관에 제출하여야 한다(「회사등기관리조례」 22조). 이에 따라 최소한 허가업종인지 비허가업종인지 구별할 수 있을 정도로 경영범위로 구체적으로 기재하여야 하는데, 등기신청인은 「국민경제 업종분류」(国民经济行业分类)를 참고하여 소분류, 중분류 또는 대분류 중 1개 이상을 선택하여 경영목적으로 등기하여야 한다(「기업경영범위등기 관리규정」[33] 3조 2항).

3) 설립방식

주식회사의 경우 모집설립과 발기설립이 있다(77조 1항).

4) 주식총수, 1주의 금액 및 등록자본금

중국 회사법은 확정자본금제를 채택하고 있기 때문에 정관에 기재된 주식총수가 모두 인수되어여야 한다.

1주의 금액은 1원(元) 이상이면 되고, 그 최고액에 대한 제한이 없다.

등록자본금은 발기설립의 경우 전체 발기인이 인수한 주식의 액면총액, 즉 인수자본금을 의미하고(80조 1항), 모집설립의 경우 실제 납입된 금액의 총액, 즉 납입자본금을 의미한다(80조 2조).

5) 발기인의 성명 또는 명칭, 인수하는 주식수, 출자방식 및 출자기일

발기인이 자연인인 경우 성명을, 법인인 경우 상호를 기재한다.

발기인은 주식을 1주 이상 인수하여야 한다.

출자방식에는 금전출자(货币出资)와 현물출자(非货币财产出资)가 있다(82조, 27조). 현물출자는 다시 유형자산과 무형자산으로 나눌 수 있는데, 현물출자의 경우 화폐(货币)로 가격환산 가능하고 동시에 양도가 가능하여야 한다(82조, 27조 1항).

---

32) 最高人民法院关于适用《中华人民共和国民事诉讼法》的解释(2015년 제정, 2020년 개정).
33) 企业经营范围登记管理规定(2004년 제정, 2015년 개정).

출자기일의 경우 모집설립의 경우 전액납입제를 채택하고 있기 때문에 의미가 없으며, 발기설립의 경우 분할납입이 가능하므로 그러한 경우 출자기일을 기재하여야 한다.

6) 이사회의 구성, 직권(职权) 및 의사규칙

주식회사의 이사회는 5명 이상 19명 이하의 이사로 구성되는데(108조 1항), 정관에서 이사의 수를 정할 수 있다.

이사회는 정관이 규정한 기타의 직권을 행사할 수 있다(108조 4항, 46조 11호).

주식회사의 경우 정관에서 이사회의 의사규칙을 규정하여야 한다.「상장회사정관지침」에 따르면 이사회의 의사규칙은 이사회의 소집과 의결절차를 규정하고, 이사회의 의사규칙은 정관에 편입되거나 정관의 부속서류이므로, 이사회가 초안을 작성하고, 주주총회가 승인한다(109조의 주석).[34]

유한회사의 경우 사원총수가 적거나 규모가 적은 경우 집행이사(执行董事)를 두고 이사회를 설치하지 않을 수 있으므로(51조), 이사회의 의사규칙은 정관의 필수적 기재사항이 아니다(25조 1항 6호).

7) 법정대표자

주식회사의 법정대표자는 이사장(董事长)과 경리(经理) 중에서 정관으로 정한다(13조). 유한회사의 경우에는 이사장, 경리, 집행이사(执行董事) 중에서 정관으로 법정대표자를 정한다(13조).

8) 감사회의 구성, 직권(职权) 및 의사규칙

주식회사 감사회는 3명 이상의 감사로 구성되는데(117조 1항), 정관에서 감사의 수를 정할 수 있다.

감사회는 정관이 규정한 기타의 직권을 행사할 수 있다(118조 1항, 53조 7호).

감사회의 의사규칙은 정관의 필수적 기재사항이다. 회사법에서 감사회의 의사방식과 의결절차는 회사법에 규정된 사항을 제외하고는 정관으로 정한다고 한 것은(119조 2항), 주의적으로 규정한 것이다.[35]

---

34) 「상장회사정관지침」 109조는 "이사회는, 이사회가 주주총회 결의를 집행하고, 업무의 효율을 높이며 과학적 정책결정을 보장하기 위하여, 이사회 의사규칙을 제정한다."고 규정하고 있다.

35) 「상장회사정관지침」 146조는 "감사회는, 감사회의 의사방식과 의결절차를 명확히 하고, 감

유한회사의 경우 사원총수가 적거나 규모가 적은 경우 1~2명의 감사만 두고 감사회를 설치하지 않을 수 있으므로(51조), 감사회의 의사규칙은 정관의 필수적 기재사항이 아니다(25조조 1항 6호).

9) 이익배당 방법

회사법에 따르면 주식회사는 주주가 보유한 주식비율에 따라 이익배당(利潤分配)을 하되, 정관에 주식비율에 따라 이익배당을 하지 않도록 규정할 수 있다(166조 4항).[36] 참고로, 유한회사의 경우에는 사원의 출자비율 따라 이익배당을 하여야 한다(166조 4항, 34조).

한국 주식회사의 경우 주주평등의 원칙에 따라 당사자의 동의가 없는 한 차등배당을 할 수 없지만(464조), 유한회사의 경우 원칙적으로 각 사원의 출자좌수에 따라 이익배당을 하여야 하나 정관에 다른 정함을 둘 수 있다(580조). 이에 따르면 중국의 주식회사의 이익배당에 관한 규정은 한국의 유한회사의 것과 유사하다.

10) 해산사유 및 청산방법

정관에 규정된 영업기간이 만료되었거나 또는 정관에 규정된 기타 해산사유가 발생했을 경우에는 해산할 수 있다(180조 1호). 이 경우 정관을 변경하여 존속할 수 있다(181조 1항). 정관변경은 주주총회에 출석한 주주가 보유한 의결권의 3분의 2 이상의 찬성이 있어야 한다(181조 2항). 다만, 유한회사의 경우 총사원이 보유한 의결권의 3분의 2 이상의 찬성이 있어야 한다(181조 2항).

청산에 대하여는 「최고인민법원의 회사법 적용에 있어서 약간의 문제에 관한 규정(2)」(사법해석(2))[37]에서 자세히 규정하고 있다.

11) 통지, 공고방법

회사법에 주주총회 소집통지에 관하여 규정하고 있다. 정기총회의 경우 주주

사회의 업무의 효율과 과학적 정책결정을 보장하기 위하여, 감사회 의사규칙을 제정한다."고 규정하고 있다.

36) 참고로, 회사가 보통주를 제외한 기타 종류주식을 발행할 때에는 국무원의 규정에 따라야 한다(131조).

37) 最高人民法院关于适用《中华人民共和国公司法》若干问题的规定(二)(2008년 제정, 2014년, 2020년 개정).

총회일 20일 전에 각 주주들에게 통지하여야 하고, 임시총회의 경우 주주총회일 15일 전에 각 주주들에게 통지되어야 한다(102조 1항). 특히 무기명주권을 발행하는 경우, 주주총회일 30일 전에 공고하여야 한다(102조 1항). 이는 강행규정이므로 정관으로도 달리 정할 수 없다. 「상장회사정관지침」163조 내지 170조에서 구체적인 통지와 공고방법에 대하여 규정하고 있다.

유한회사의 경우 사원총회 회의를 소집할 때는 사원총회일 15일 전에 전체 사원에게 통지하여야 한다. 다만, 정관에 별도의 규정이 있거나 전체 사원의 별도 약정이 있을 경우는 예외로 한다(41조 1항).

나. 상대적 기재사항

상대적 기재사항(相対必要記載事項)은 정관에 기재하지 않아도 정관의 효력에는 영향이 없지만, 정관에 기재되어야만 효력이 발생하는 사항이다.

중국 회사법에서는 상대적 기재사항은 규정하지 않고 있다. 한국 상법의 경우 현물출자, 재산인수 등 변태설립사항이 상대적 기재사항이다(290조).

다. 임의적 기재사항

임의적 기재사항(任意记载事项)은 정관에 기재되어야만 효력이 발생하는 사항은 아니지만 정관에 기재하면 그 기재대로 효력이 발생하는 사항이다. 이러한 사항도 일단 정관에 기재되면 회사의 기관과 주주를 구속하며 그 변경 시에는 정관변경의 절차를 밟아야 한다.

정관에는 주주총회가 규정할 필요가 있다고 인정하는 기타 사항을 기재할 수 있는데(81조 12호), 이사회의 권한사항을 정관으로 주주총회의 권한사항으로 할 수 있는지에 대하여는 제5장 제2절을 참고하기 바란다.

3. 효력발생

발기설립의 경우 바로 발기인이 작성함으로써 효력이 발생하나, 모집설립의 경우 창립총회에서 정관을 채택하여야 효력이 발생한다(76조 4호).

한국의 경우 원시정관은 공증인의 공증을 받음으로써 효력이 발생하지만, 자본금이 10억원 미만인 소규모 회사를 발기설립하는 경우에는 발기인의 기명날인 또는 서명만으로 효력이 발생한다(상법 292조).

Ⅳ. 실체의 형성: 주식인수 및 출자이행

1. 출자의 방식

가. 출자의 목적물

발기인은 금전 또는 현물로 출자할 수 있다(82조, 27조). 현물출자는 다시 유형자산과 무형자산으로 나눌 수 있는데, 화폐(货币)로 가격환산이 가능하고 양도가 가능하여야 한다(82조, 27조 1항). 그러나 주주 또는 발기인은 노무, 신용, 자연인의 성명, 영업권, 가맹영업권 또는 담보권이 설정된 재산 등은 현물출자할 수 없다(「회사등록자본등기관리규정」 5조 2항).

한국의 경우 현물출자의 대상은 중국과 유사하다. 즉, 현물출자의 대상은 금전 이외의 이전이 가능한 재산으로서 대차대조표에 자산으로 계상할 수 있는 것이면 가능하다(통설).[38]

나. 출자의 이행방법

금전출자의 경우, 발기인은 정관규정에 따라 주금(股款)을 납입하여야 한다(83조 1항). 현물출자의 경우 재산권 이전의 법적 절차를 완료하여야 한다(83조 1항). 출자의무의 이행의 상대방은 회사성립 전에는 설립중회사이다.[39]

2. 발기설립

가. 주식인수

발기인은 정관에 규정한 등록자본금 전부를 인수하여야 하고(81조 4호, 76조 2호, 77조 2항, 80조 1항), 정관에 발기인의 성명 또는 명칭, 인수하는 주식 수, 출자방식과 시기를 규정한다(81조 5호).

발기인은 서면으로 주식을 인수하여야 하는데(83조 1항), 주식인수계약의 상대방은 설립중회사라고 할 것이다.

---

38) 김건식 등(제3판), 전제서, 124면.
39) 郑云瑞, 전게서, 247면.

나. 출자의 이행

발기설립의 경우 전술한 바와 같이 분할납입제를 채택하고 있다. 즉, 발기인
은 정관에 규정한 출자기일까지 주금을 납입하거나 출자를 이행하면 되고(81조 5
호), 반드시 회사설립 전에 출자를 모두 이행할 필요는 없다.

3. 모집설립

가. 주식의 인수

1) 발기인의 주식인수

발기인이 정관에 규정한 등록자본금의 일부를 인수하고, 나머지는 주식인수
인이 인수한다(76조 2호, 77조 3항, 80조 2항). 발기인이 인수하는 주식은 회사 발행
주식총수(股份总数)의 35%보다 적어서는 안 된다. 단, 법률, 행정법규에 별도의 규
정이 있는 경우 그에 따른다(84조).

2) 주식의 공개모집

발기인[40]이 주식을 공개모집(公开募集)할 때에는, ① 법에 의하여 설립한 증
권회사가 공개모집을 담당하며(87조), ② 주식모집설명서(招股说明书)를 공고하고,
주식청약서(认股书)를 제작하여야 한다(85조). 주식모집설명서에는 발기인이 작성
한 정관이 첨부되어야 하며, 아래 사항이 명시되어야 한다. (ⅰ) 발기인이 인수하
는 주식의 수, (ⅱ) 1주의 금액 및 발행가격, (ⅲ) 무기명주식의 발행총수, (ⅳ) 모
집자금의 용도, (ⅴ) 주식인수인의 권리 및 의무, (ⅵ) 당해 모집기간, 또한 모집기
간 경과 후 모집이 완료되지 않은 경우 주식인주인이 인수를 철회할 수 있다는
설명 등이다(86조). 주식청약서에는 위 주식모집설명서에 기재된 사항이 기재되어
야 하며, 주식인수인이 인수한 주식의 수, 금액, 주소를 기재하고, 서명 날인한다
(85조).

---

[40] 회사설립 업무에 있어서 발기인은 설립중 회사의 대표자를 의미한다. 그러나 발기인의 책
임에 있어서 발기인은 개별적인 발기인을 의미한다.

나. 출자의 이행

1) 출자의 이행시기

모집설립의 경우 전술한 바와 같이 전액납입제를 채택하고 있다. 즉, 발기인은 주식을 모집하기 전에 인수한 전액을 납입하여야 한다(80조 2항). 주식인수인은 주식청약서에 의하여 인수한 주식에 대한 주금을 납입하여야 한다(85조). 모집설립의 경우 은행과 주금납입 보관계약(代收股款协议)을 체결하여야 한다(88조 1항).

2) 출자금의 회수제한

발기인 또는 주식인수인이 출자를 이행하면, 출자금을 회수(抽回)할 수 없다(91조). 다만, ① 주식모집설명서의 모집기한이 경과되었으나 발행주식이 모두 모집되지 않은 경우, ② 발행주식에 대한 주금이 납입된 후 30일 이내에 창립총회가 소집되지 않은 경우, ③ 창립총회에서 회사를 설립하지 않기로 결의한 경우, 발기인 또는 주식인수인은 출자금을 회수할 수 있다(91조). 특히, 위 ①과 ②의 경우, 주식인수인은 발기인에게 납입한 주금에 은행의 예금이자를 가산하여 반환할 것을 청구(要求)할 수 있다(89조 2항).

한국 상법의 경우 진의 아닌 의사표시에 의한 청약은 언제나 유효하고(302조 3항), 회사성립 후에는 주식을 인수한 자는 주식청약서의 요건의 흠결을 이유로 하여 그 인수의 무효를 주장하거나 사기, 강박 또는 착오를 이유로 하여 그 인수를 취소하지 못한다(320조 1항). 창립총회에 출석하여 그 권리를 행사한 경우에도 무효와 취소가 제한된다(320조 2항).

다. 회사성립 전 출자의무의 불이행과 재모집

모집설립의 경우 금전출자와 현물출자를 이행한 후 출자검사기관(验资机构)의 검사를 받아야 하므로(89조 1항), 발기인 또는 주식인수인이 출자의무를 이행하지 않는 경우 설립등기를 할 수 없다.

발기인이 출자를 이행할 수 없는 경우 발기인의 합의로 발기인이 인수하는 주식 수 등 정관의 관련 내용을 변경하여야 한다.

주식인수인이 출자를 이행하지 않는 경우 발기인이 그 이행을 최고할 수 있다. 주식인수인이 최고 후 합리적인 기간 내에 이행하지 않은 경우, 발기인은 그 주식에 대하여 다시 모집할 수 있다(사법해석(3) 6조). 그러나 발기인이 그 주식을 다시 모집할 수 없는 경우 등록자본금 등 관련 정관의 내용을 변경하여야 하는데, 주식인수인이 일부 모집된 이후에는 발기인 합의로 정관을 변경할 수 없고 창립총회에서 정관을 변경하여야 한다(90조 2항 2호). 회사는 주식인수인의 불이행으로 인한 손해에 대하여 손해배상을 청구할 수 있다(사법해석(3) 6조).

4. 현물출자

가. 현물출자의 이행

현물출자의 경우 재산권 이전의 법적 절차를 완료하여야 한다(83조 1항).

출자자가 획발토지사용권(划拨土地使用权)[41] 또는 권리부담이 설정된 토지사용권을 현물출자할 경우, 회사, 주주 또는 회사의 채권자는 인민법원에 출자의무 불완전이행의 확인을 청구할 수 있다. 이 경우 인민법원은 출자자에게 합리적인 기간 내에 획발토지사용권을 출양토지사용권(出让土地使用权)[42]으로 변경할 것을 명하거나 권리부담의 소멸을 명하여야 한다. 출자자가 이를 이행하지 않은 경우, 인민법원은 출자의무의 불완전이행을 확인한다(사법해석(3) 8조).

출자자가 주택이나 토지사용권 혹은 변경등기가 필요한 지적재산권 등의 재산으로 현물출자하였는데, 회사에게 사용권은 이전하였지만 권리변경을 하지 않아서, 회사, 주주 혹은 회사 채권자가 인민법원에 출자의무 불완전이행의 확인을 청구한 경우, 인민법원은 출자자에게 합리적인 기간 내에 권리변경을 명하여야 한다(사법해석(3) 10조 1항). 출자자가 위 기간 내에 권리변경을 한 경우에는 사용권을 이전한 때로부터 주주로서의 권리를 취득한다(사법해석(3) 10조 1항). 출자자가 권리는 이전하였지만 사용권을 이전하지 않은 경우, 회사 또는 주주는 출자자에게 사용권의 이전을 청구(要求)할 수 있고, 이를 이행하기 전까지 주주로서의 권리를 행사할 수 없다(사법해석(3) 10조 2항).

출자자가 다른 회사에 대한 출자지분을 현물출자의 목적으로 한 경우 아래 조건에 부합되면 출자의무를 다한 것으로 본다. ① 그 지분은 출자자가 합법적으로 소유하고 있고 적법하게 양도할 수 있다. ② 그 지분에 권리의 하자 또는 제한

---

41) 출양토지사용권 이외의 국가로부터 불하받은 토지사용권을 의미한다{획발토지사용권관리임시방법」(划拨土地使用权管理暂行办法, 1992년 제정, 2019년 실효) 1조}.

42) 국가로부터 계약을 통하여 토지사용권을 취득한 토지사용권을 의미한다{협의출양국유토지사용권규정(协议出让国有土地使用权规定, 2003년 제정) 2조 2항}.

이 없다. ③ 출자자는 지분 양도에 관한 합법적인 절차를 이행하였다. ④ 출자한 지분에 대하여 적법하게 평가를 하였다(사법해석(3) 11조).

나. 현물출자자의 처분권한의 흠결

현물출자자의 처분권한에 대하여 다툼이 발생한 경우, 인민법원은 민법전 311[43]의 규정을 참조하여 확정한다(사법해석(3) 7조 1항).

다. 현물출자의 평가

현물출자의 경우 출자목적인 현물에 대하여 평가 및 실사를 하여야 하는데, 높거나 낮게 평가해서는 안 된다. 법률, 행정법규에 평가에 관한 규정이 있는 경우, 이에 따른다(82조, 27조 2항).

회사성립 후 현물의 실제 가액이 정관에서 정한 가액에 '현저하게 미달'(显著低)되는 경우, 현물출자자는 회사에 대하여 그 차액을 이행할 의무를 부담한다(93조 2항). 위 규정은 민법전상 불완전이행에 따른 계약위반책임(580조)[44]의 특칙에 해당한다. 즉, 회사는 현물출자자에게 현물출자계약(79조 2항)에 따른 의무를 불완전하게 이행하였다는 이유로 계약위반책임을 물을 수 있는데, 위 조문에 따라 (i) 현물에 대한 가격의 차이가 현저한 경우에만 (ii) 금전에 의한 손해배상만 허용한 것이다.

현물출자에 대하여 법에 따른 평가를 하지 않은 경우, 주주, 회사, 회사채권자는 인민법원에 출자의무 불이행의 확인을 청구할 수 있고, 인민법원이 평가기관에 평가를 의뢰하여야 하고, 그 평가금액이 정관에서 정한 금액보다 현저하게 미달(显著低)되는 경우 출자의무 불이행의 확인을 선고할 수 있다(사법해석(3) 9조).

라. 현물출자의 검사

발기설립의 경우 출자검사기관으로부터 검사는 받을 필요가 없지만(89조, 83

---

43) 민법전 311조는 선의취득에 관한 규정이다. 중국은 부동산의 경우에도 선의취득을 인정하고 있다.

44) 당사자 일방이 비금전적채무를 이행하지 않거나 비금전적채무를 이행한 것이 약정에 부합하지 않는 경우, 상대방은 그 이행을 청구할 수 있다. 단, 다음 중 하나에 해당하는 경우 그러하지 아니하다. ① 법적 또는 사실상 이행할 수 없는 경우, ② 채무의 목적물이 강제이행에 적합하지 않거나 그 이행에 지나치게 비용이 많이 드는 경우, ③ 채권자가 적정한 기간 내에 이행을 청구하지 않은 경우.

조), 모집설립의 경우 주식회사의 등록자본은 출자검사기관의 검사를 받아야 한다(89조 1항, 「회사등록자본등기관리규정」 9조 2항).

5. 회사성립 후 출자의무불이행

가. 출자의무불이행의의 종류

회사성립 후의 출자의무불이행에는 협의의 출자의무불이행과 허위출자가 있다. 협의의 출자의무불이행에는 주주가 ① 출자의무를 이행하지 않은 경우, ② 출자의무를 지체하거나 불완전하게 이행한 경우가 이에 해당한다. 발기설립의 경우 회사성립 전에 납입이 강제되지 않으므로 회사성립 후 출자의무를 불이행하는 경우가 발생할 수 있다.

회사법에 허위출자(虛假出資)에 대한 정의규정은 없는데, 출자의 이행에 따른 자본금 등기가 있었지만 실질적으로 그 이행이 없는 경우를 말한다. 모집설립의 경우 금전출자와 현물출자를 이행한 후 출자검사기관의 검사를 받아야 하고(89조 1항), 발기인 또는 주식인수인이 출자의무를 이행하지 않는 경우 설립등기를 할 수 없는데 그럼에도 불구하고 성립등기가 된 경우 허위출자가 문제된다. 발기설립의 경우에도 발기인이 출자를 이행한 후 설립등기가 된 경우 허위출자가 문제될 수 있다. 한국의 가장납입 중 예합[45]의 경우가 허위출자에 해당한다. 또한 주식인수인(발기인 포함) 또는 주주가 처분권 없는 재산으로 현물출자를 하였는데 회사가 선의취득을 못한 경우와 탐오(貪污), 뇌물수수, 횡령(侵占), 유용(挪用)[46] 등 범죄행위로 취득한 금전을 출자하여 주식을 취득한 후 당사자가 책임을 추궁당하거나 범죄행위로 처벌을 받는 경우(사법해석(3) 7조 2항), 그 출자가 설립등기 또는 증자등기 이전에 이행된 경우 허위출자에 해당한다. 허위출자는 출자의무불이행의 한 형태이다.

---

45) 한국의 경우 가장납입은 발기인이 납입보관은행으로부터 대출을 받아 주금을 납입하되 회사성립 후에도 대출금을 반환하기 전에는 납입된 예금을 인출하지 않기로 금융기관과 약정하는 경우(예합)와 발기인이 제3자로부터 자금을 차입하여 주금을 납입하고 회사가 성립한 후 바로 은행으로부터 출금하여 채권자에게 변제하는 경우(견금)가 있다. 견금은 후술하는 출자금의 불법회수(抽逃出資)에 해당한다.
46) 중국 형법에서는 자금유용죄를 처벌하고 있는데(272조), 자금유용죄는 자금의 소유권이 아니라 사용권을 침해한 것으로 유용이란 자금의 불법적인 일시사용을 의미한다.

나. 출자의무불이행이 주주의 지위에 미치는 영향

발기설립의 경우 주주가 주식을 인수하였으나 회사 성립 후 납입기일이 도래하지 않은 경우 회사 성립과 동시에 주주의 지위를 취득한다. 그러나 납입기일이 도래하였음에도 불구하고 불이행하거나 허위출자한 경우 주주권을 행사할 수 있다고 한다면, 출자의무를 이행할 유인이 적어지고 또한 출자의무를 이행하지 않은 자가 경영에 참여하는 것은 이익과 위험의 일치의 원칙에도 부합하지 않는다. 이에 따라 주주가 출자의무를 이행하지 않거나 불완전하게 이행한 경우, 주식회사는 정관 또는 주주총회의 결의에 의하여, 해당 주주의 이익배당청구권, 신주인수권, 잔여재산배당청구권 등 주주의 권리에 대하여 합리적인 범위 내에서 제한할 수 있다(사법해석(3) 16조).

다. 출자의무불이행에 대한 구제수단

1) 회사의 계약위반책임추궁

가) 계약위반책임

발기인이 회사성립 후 정관에 따른 출자의무를 이행하지 않는 경우, 회사는 발기인계약(79조 2항)에 근거하여 그 이행을 청구할 수 있다(93조 1항). 발기인 이외의 주식인수인이 출자의무를 이행하지 않는 경우, 회사는 주식인수계약에 따른 그 이행을 청구할 수 있다(85조). 그 법적 성질은 계약법상의 계약위반책임이다.

나) 발기인의 자본충실책임

어느 발기인이 회사에 대하여 계약위반책임을 부담하는 경우, 다른 발기인은 이에 대하여 연대책임을 부담한다(93조 1항, 2항). 또한 주식인수인이 출자의무를 이행하지 않은 경우, 발기인은 이에 대하여 연대책임을 부담한다(사법해석(3) 13조 3항). 이 경우 발기인의 책임은 무과실책임으로 회사법상 자본충실책임이고, 발기인이 출자의무를 이행한 경우 출자의무 위반자에게 구상할 수 있다(사법해석(3) 13조 3항).

2) 다른 주주의 회사에의 이행청구

다른 주주는 인민법원에 출자의무를 불이행(불완전이행 포함)한 주주와 발기인에게 연대하여 회사에 대하여 위 1)의 책임을 이행할 것을 청구할 수 있다(사법해석(3) 13조 1항, 3항). 이 경우 발기인의 책임은 전술한 바와 같이 자본충실책임이다. 다른 주주가 회사의 권리를 행사한다는 점에서 채권자대위권[47] 행사와 유사하다고 볼 수 있으나, 일반적으로 주주는 회사에 대하여 피보전채권을 가지고 있지 않고, 나아가 회사가 무자력이 아니어도 행사할 수 있다는 점에서 채권자대위권 행사와는 구별된다.

3) 채권자의 자신에의 이행청구

회사의 채권자가 회사의 재산으로 채무를 전부 변제받을 수 없는 경우, 출자의무를 불이행(불완전이행 포함)한 주주와 발기인에게 연대하여, 위 1)의 책임[48]의 범위 내에서, 자신에게 이행할 것을 청구할 수 있다(사법해석(3) 13조 2항, 3항). 채권자는 회사에 대하여 피보전채권을 갖고 있고, 회사가 무자력 상태이다.

2021년 민법전이 발효됨에 따라 실효된 「계약법해석(1)」에서는 채권자의 대위청구가 이유있는 경우 인민법원은 제3채무자로 하여금 직접 채권자에게 상환의무를 이행하도록 명하였다(20조). 민법전에서는 "인민법원이 채권자대위권의 성립을 인정하고. 이에 따라 제3채무자가 채권자에게 의무를 이행하고 채권자가 그 이행을 수령하면, 채권자와 채무자, 제3자채무자 간의 권리의무는 종료된다"고 규정하고 있다(537조). 사법해석의 위 규정은 회사의 채권자에게 채권자대위권을 인정한 것과 유사하지만, 당해 채무불이행한 주주 외에 발기인에게도 연대책임을 청구할 수 있다는 점에서 차이가 있다.

라. 출자의무불이행에 대한 행정 및 형사적 제재

1) 행정적 제재

발기인 또는 주주가 허위로 출자하거나 출자목적인 금전 또는 현물을 이행하지 않는 경우, 회사등기기관은 발기인 또는 주주에게 그 시정할 것을 명하고, 허위출자금액의 5% 이상 15% 이하의 벌금을 부과한다(회사법 199조, 「회사등록자본등기관리규정」 16조). 그 정상이 엄중한 경우에는 회사등기를 취소하거나 영업집조(營業執照)를 말소한다(「회사등록자본등기관리규정」 16조, 「회사등기관리조례」 64조).

---

47) 민법전 제535조 제1항 채무자가 이행기가 도래한 채권의 행사를 해태하여 채권자에게 손해를 초래한 경우, 채권자는 인민법원에 자기의 명의로 채무자의 채권을 대위행사할 것을 청구할 수 있다. 다만, 당해 채권이 채무자의 일신전속적인 경우에는 그러하지 아니하다.
48) 지연손해금을 포함한다.

2) 형사적 제재(모집설립에 한함)

형법 제159조는 허위출자죄를 처벌하고 있다. 즉, 발기인 또는 주주가 회사법
의 규정에 위반하여 금전 또는 현물을 이행하지 않거나, 허위출자한 경우, 그 액
수가 크고, 그 효과가 엄중하며, 그 정상이 엄중하면, 5년 이하의 유기징역에 처
하고, 허위출자금의 2% 이상 10% 이하의 벌금에 처한다. 다만, 위 조문은 주식회
사 모집설립의 경우에만 적용된다(「전국인민대표회의 상무위원회의 형법 158조 및
159조에 관한 해석」[49]).

5. 출자금불법회수(抽逃出资)

1) 출자금불법회수의 인정

출자금불법회수(抽逃出资)는 주주가 회사 성립 후 출자금을 불법으로 환급한
경우이다(91조, 200조). 다음의 경우에 인정된다. ① 허위 재무회계보고서를 작성
하여 가공의 이윤을 발생시켜 이익배당을 받은 경우, ② 허위의 채권채무관계를
발생시켜 출자금을 빼돌리는(转出) 경우, ③ 관계자거래(关联交易)[50]를 이용하여
출자금을 빼돌리는(转出) 경우, ④ 기타 법정절차를 거치지 않고 출자금을 회수(抽
回)하는 행위 등이다(사법해석(3) 12조). 위 ①은 위법한 이익배당으로 직접적으로
자본의 감소를 초래하고, 그 결과 채권자의 이익을 침해할 위험이 있다. 한국의
경우에도 위법배당은 무효이다(상법 제462조 3항). 위 ②와 ③의 경우 손익거래로
서 당기순이익의 감소 또는 당기순손실의 증가를 통해서 간접적으로 자본의 감소
에 영향을 미친다. 손익거래가 출자금불법회수가 되려면 회사와 거래한 상대방이
반드시 주주이어야 하고 회사에 손해가 발생하여야 한다.[51] 최고인민법원은 주주
의 출자금불법회수는 회사법에서 인정하고 있지 않은 퇴사이므로 무효로 본다.[52]
한국의 경우 주주가 출자의무를 이행한 이후에는 출자의무의 하자가 발생하

49) 全国人民代表大会常务委员会关于《中华人民共和国刑法》第一百五十八条、第一百五十九条的解释
(2014년 제정).
50) 关联交易는 related party transaction을 번역한 것인데, 한국에서는 특수관계자거래 또는 관
계자거래로 번역하는 것이 일반적이다. 관계자거래에 대한 자세한 내용은 제6장 제3절 관
계자거래를 참고하시오.
51) 徐强胜 赵莉, 「最高人民法院公司法解释精释精解」, 中国法制出版社, 2016, 283면.
52) 万家裕与丽江宏瑞水电开发有限公司其他股东权纠纷((2014)民提字第00054号).

지 않는다. 즉, 일시적인 차입금으로 주금납입의 외형을 갖추고 회사 설립이나 증
자 후 곧바로 그 납입금을 인출하여 차입금을 변제하는 주금의 가장납입(소위 견
금)의 경우에도 금원의 이동에 따른 현실의 불입이 있으므로, 설령 그것이 주금납
입의 가장수단으로 이용된 것이라 할지라도 이는 납입을 하는 발기인, 이사들의
주관적 의도에 불과하고 이러한 내심적 사정은 회사의 설립이나 증자와 같은 집
단적 절차의 일환을 이루는 주금납입의 효력을 좌우할 수 없다(대법원 1983.5.24.
선고 82누522 판결). 중국에서도 같은 이유에서 출자금불법회수의 개념에 대한 비
판이 상당하다. 즉, 출자의무가 완성된 이후 출자금을 회수할 수 없으므로 출자금
불법회수(抽逃出资)가 아니라 회사재산의 횡령(侵占公司财产)으로 구성할 필요가 있
다고 한다.[53] 이에 대하여 출자금불법회수는 자본충실의 원칙에 근거한 것으로서
외국법은 회사의 행위를 규율한 것에 비하여 중국법은 주주의 행위를 규율한 것
으로, 본질상에 차이가 없다는 주장도 있다.[54] 회사재산의 횡령의 경우 회사는
주주에게 손해배상만을 청구할 수 있지만, 출자금불법회수의 경우 이에 더하여
후술하는 바와 같이 주주권에 대하여 특별한 제한을 할 수 있다는 점에서 그 특
수성이 있다.

2) 출자금불법회수의 구제

가) 회사의 권리

회사는 직접 당사자로서 출자금을 불법회수(抽逃出资)한 주주에게 회사에 그
원금과 이자를 반환할 것을 청구할 수 있다(사법해석(3) 14조 1항). 책임의 성질은
불법행위책임이다(민법전1165조). 나아가 출자금불법회수에 협력한 주주, 이사, 고
급관리인원(高级管理人员) 또는 실제지배자(实际控制人)는 연대하여 반환할 책임이
있다(사법해석(3) 14조 1항). 불법행위법에서도 공동불법행위자의 연대책임을 긍정
하고 있다(민법전 1168조).

주주가 출자금을 불법회수(抽逃出资)한 경우, 회사는 정관 또는 주주총회의 결
의에 의하여, 해당 주주의 이익배당청구권, 신주인수권, 잔여재산배당청구권 등
주주의 권리에 대하여 합리적인 범위 내에서 제한할 수 있다(사법해석(3) 16조).

53) 攀云惠, "从抽逃出资到侵占公司财产", 法商研究, 2014, 106－108면.
54) 刘燕, "重构禁止抽逃出资规则的公司法理基础", 商事法论集, 2015(2), 185면.

나) 주주와 채권자의 권리

전술한 출자의무의 불이행과 유사하다. 즉, 주주는 출자금을 불법회수(抽逃出資)한 주주에게 회사에 그 원금과 이자를 반환할 것을 청구할 수 있고, 출자금불법회수에 협력한 주주, 이사, 고급관리인원 또는 실제지배자에게 연대하여 반환할 것을 청구할 수 있다(사법해석(3) 14조 1항).

회사의 채권자가 회사의 재산으로 채무를 전부 변제받을 수 없는 경우, 출자금을 불법회수한 주주에게 그 원금 및 그 이자의 범위 내에서, 자기에게 이행할 것을 청구할 수 있고, 출자금불법회수에 협력한 주주, 이사, 고급관리인원 또는 실제지배자에게 연대하여 이행할 것을 청구할 수 있다(사법해석(3) 13조 2항).

다) 행정 및 형사적 제재

(1) 행정적 제재

주주 또는 발기인이 회사설립 이후 그 출자금을 불법회수(抽逃出資)한 경우, 회사등기기관은 그 시정을 명하고, 불법회수한 출자금(抽逃出資金額)의 5% 이상 15% 이하의 벌금에 처한다(200조, 「회사등기관리조례」 67조).

(2) 형사적 제재(모집설립에 한함)

형법 제159조는 출자금불법회수죄를 처벌하고 있다. 즉, 주주가 회사성립 후 출자금을 불법회수한 경우, 그 액수가 크고, 그 효과가 엄중하며, 그 정상이 엄중하면, 5년 이하의 유기징역에 처하고, 허위출자금 또는 불법회수한 출자금(抽逃出資金額)의 2% 이상 10% 이하의 벌금에 처한다. 다만, 위 조문은 주식회사 모집설립의 경우에만 적용된다(「전국인민대표회의 상무위원회의 형법 158조 및 159조에 관한 해석」).

V. 출자의 검사

1. 발기설립

발기설립의 경우, 2005년 회사법에서는 금전출자와 현물출자를 이행한 후, 출자검사기관으로부터 검사를 받고 출자검사증명서(驗資証明)를 설립등기 시에 제출하여야 했지만(84조 3항), 2013년 회사법을 개정하면서 출자검사기관의 검사 절차를 없앴다.

2. 모집설립

모집설립의 경우 금전출자와 현물출자를 이행한 후 출자검사기관의 검사를 받아야 한다(89조 1항, 「회사등록자본등기관리규정」 9조 2항). 「공인회계사감사준칙의 제1602호」[55]에 따르면 출자검사기관은 공인회계사를 말한다(3조 1항).

발기인은 공인회계사에 출자검사를 위임하고, 공인회계사가 제공한 출자검사증명서를 창립총회에 보고하여야 한다. 이사회가 설립등기를 신청할 때 위 출자검사증명서를 제출하여야 한다(「회사등기관리조례」 21조 3항).

출자검사기관이 허위의 증명문서를 발급한 경우, 회사등기관리기관은 그 시정을 명하고, 위법소득을 몰수하고, 위법소득의 1배 이상 5배 이하의 벌금에 처하며, 나아가 관련 주무기관은 법에 의하여 영업정지 또는 책임자의 자격증을 취소하거나, 영업집조를 말소할 수 있다(회사법 207조 1항, 「회사등록자본등기관리규정」 19조, 「회사등기관리조례」 74조). 자산평가기관이 허위의 자료를 제공한 경우에도 출자검사기관의 경우와 같다(회사법 207조 1항).

VI. 기관구성

1. 발기설립: 발기인총회

발기인은 정관 규정에 따른 출자를 완료한 후, 이사회와 감사회를 구성한다(83조 3항). 회사법에는 이사와 감사를 선임하는 절차에 대한 규정은 없지만, 발기인의 만장일치가 아니라 설립중회사가 발기인총회를 소집하여 다수결로 이사와 감사를 선임할 수 있다. 「회사등기관리조례」에서도 이사 또는 감사가 다수결에 의하여 선임되는 것을 전제하고 있다(21조 2항 5호).

한국 상법에 따르면 발기인은 의결권의 과반수로 이사와 감사를 선임한다(296조).

2. 모집설립: 창립총회

발기인은 주금이 완납된 날로부터 30일 이내에 창립총회를 소집해야 한다.

---

55) 中国注册会计师审计准则第1602号(2006년 제정).

창립총회는 발기인 및 주식인수인들로 구성한다(89조 1항).

　주식모집설명서의 모집기간 내에 발행주식을 다 모집하지 못하였을 경우, 또는 발행주식의 주금이 완납된 후 30일 이내에 발기인이 창립총회를 소집하지 않은 경우, 주식인수인은 납입한 주금과 은행의 동기 예금이자를 가산하여 반환할 것을 발기인에게 청구(要求)할 수 있다(89조 2항).

　창립총회에서, ① 발기인의 회사설립 진행상황에 관한 보고를 심의, ② 정관을 채택, ③ 이사회의 이사를 선임, ④ 감사회의 감사를 선임, ⑤ 회사 설립비용에 대한 사정, ⑥ 발기인의 현물출자 재산의 가격에 대한 사정 등을 결의한다(90조 2항).

　창립총회에서 불가항력적 사유 또는 경영조건에 중대한 변화가 발생하여 회사설립에 직접적 영향을 미친 경우, 회사의 불성립을 결의할 수 있다(90조 2항 7호). 한국의 경우에도 창립총회에서 정관의 변경 또는 설립의 폐지를 결의할 수 있다(상법 316조). 중국의 경우 창립총회에서 정관변경을 결의한 후 회사설립을 계속할 수 있다는 규정은 없다.

　창립총회의 결의는 출석한 주식인수인의 의결권의 과반수로 한다(90조 3항). 한국의 경우 창립총회의 결의는 출석한 주식인수인의 의결권의 3분의 2 이상이며 인수된 주식의 총수의 과반수에 해당하는 다수로 하여야 한다(상법 309조).

VII. 이사 및 감사에 의한 설립경과의 조사

　발기인이 회사설립을 주도하지만, 회사성립 후에는 이사와 감사가 회사를 운영하게 되므로, 설립등기 전에 성립경과를 조사하게 할 필요가 있다. 한국 상법에 따르면 ① 발기설립의 경우 발기인이 이사와 감사를 선임한 후 이사와 감사가 설립에 관한 사항에 조사하여 발기인에게 보고하여야 하고(298조 1항), ② 모집설립의 경우 창립총회에서 이사와 감사를 선임한 후 이사와 감사가 설립에 관한 사항을 조사하여 창립총회에 보고한다(313조 1항). 창립총회는 이사와 감사의 보고를 토대로 정관을 변경하거나 회사설립의 폐지를 결의할 수 있다(316조 1항). 그러나 중국에는 이러한 절차가 없다.

Ⅷ. 업종별 영업허가문서

회사의 목적사항 중 법률, 행정법규 또는 국무원의 결정에 의하여 설립등기 전에 허가를 받아야 하는 사항이 있는 경우, 그 허가문서를 등기기관에 제출하여야 한다(「회사등기관리조례」 22조).

Ⅸ. 설립등기

1. 발기설립

이사회가 회사등기기관에 정관, 법률·행정법규가 규정한 기타 문건 등의 서류를 제출하여 설립등기를 신청한다(83조 3항). 이사회가 등기기관에 설립등기를 신청함에 있어서 주식회사의 법정대리인이 서명한 회사설립의 신청서를 첨부하여야 한다(「회사등기관리조례」 21조 2항 1호).

2. 모집설립

이사회는 창립총회가 끝난 후 30일 이내에 회사등기기관에 아래 서류를 제출, 설립등기를 신청하여야 한다(92조 1항). ① 회사등기 신청서, ② 창립총회의 회의록, ③ 회사정관, ④ 출자검증 증명서, ⑤ 법정대표자, 이사, 감사의 임명문건 및 신분증명, ⑥ 발기인의 법인자격 증명 또는 자연인 신분증명, ⑦ 회사 주소 증명 등이다. 공개모집을 한 경우에는 증권감독관리기관의 승인 문서도 첨부하여야 한다(「회사등기관리조례」 21조 3항). 이사회가 회사등기기관에 설립등기를 신청함에 있어서 주식회사의 법정대리인이 서명한 회사설립의 신청서를 첨부하여야 한다(「회사등기관리조례」 21조 2항 1호).

Ⅹ. 영업집조의 발급

회사법에 의하면 등기기관이 설립등기를 한 후 영업집조(營业执照)를 발급하면 그 발급일(签发日)에 주식회사가 성립한다(7조 1항).

XI. 회사설립 이후의 절차

주식회사 설립 이후 1개월 이내에 회사코드증(组织机构代码证), 세무등기증(税务登记证), 통계등기증(统计登记证), 사회보험등기증(社会保险登记证)을 발급받아야 했으나, 국무원은 2016년 6월부터 영업집조로 통합한 5증합일(五证合一) 제도를 시행하고 있다.56)

제3항 발기인의 설립 관련 책임

I. 개   설

발기인의 설립 관련 책임은 주식회사가 설립된 경우와 설립되지 않은 경우로 나눌 수 있다.

주식회사가 설립된 경우의 책임에 대하여는 위 제2절 제2항 IV의 4(회사성립 후 출자의 하자)에서 설명하였으므로, 여기에서는 설립되지 않은 경우에 대하여 살펴보기로 하겠다.

II. 주식회사 불성립 시 발기인의 책임

1. 주식회사 불성립 사유

모집설립의 경우 전액납입제를 채택하고 있으므로(80조 2항), 발기인 또는 주식인수인이 출자의무를 이행하지 않는 경우 정관을 변경하지 않는 한 설립등기를 할 수 없다. 창립총회에서 불가항력적 사유 또는 경영조건에 중대한 변화가 발생하여 회사설립에 직접적 영향을 미친 경우, 회사의 불성립을 결의할 수 있다(90조 2항 7호).

---

56) 国务院办公厅关于加快推进"五证合一、一照一码"登记制度改革的通知http://www.gov.cn/zhengce/
content/2016-07/05/content_5088351.htm(2016년 제정).

2. 발기인의 책임

가. 연대책임

주식회사를 설립하지 못하게 된 경우, 발기인들은 설립행위로 인하여 초래된 비용과 채무에 대하여 연대책임을 부담한다(94조 1호). 그리고 주식인수인이 주식 인수대금을 납입한 경우, 발기인들은 연대하여 그 납입한 금원에 은행의 예금이 자를 합산하여 반환하여야 한다(94조 2호).

나. 구상관계

발기인 상호간에 책임분담에 대하여 합의한 경우 이에 따르고, 그러한 합의 가 없는 경우 출자비율에 따르고, 출자비율을 약정하지 않은 경우 균등하게 부담 한다(사법해석(3) 4조 2항).

어떤 발기인의 과실로 회사가 설립되지 못하고, 나머지 발기인이 그 발기인 에게 설립행위로 인한 비용과 채무의 부담을 주장하는 경우, 법원은 과실 상황을 고려하여 그 발기인의 책임범위를 정한다(사법해석(3) 4조 3항).

제4항　설립등기의 취소와 영업집조의 말소

Ⅰ. 개　　설

「회사등기관리조례」에 따르면 회사등기기관은 회사등기(公司登记)를 취소(撤 销)하거나 영업집조(营业执照)를 말소(吊销)할 수 있다. 회사등기에는 설립등기와 변경등기가 있지만, 여기에서는 설립등기를 전제로 설명하기로 한다.

설립등기의 취소는 회사의 실체가 형성되지 않은 경우 소급해서 회사를 소멸 시키는 것을 말하고, 영업집조의 말소는 회사의 실체가 형성된 후 사후적으로 회 사가 영업을 하지 못하도록 하는 것을 말한다.

Ⅱ. 설립등기의 취소사유와 영업집조의 말소사유

「회사등기관리조례」에 따르면 등록자본을 허위로 보고(虚报)하여 설립등기를 한 경우 회사등기기관은 그 시정을 명(责令)하고, 허위 등록자본의 5% 이상 15%

이하의 벌금에 처하고, 정상이 중한 경우(情节严重)에는 설립등기를 취소(撤销)하거나 영업집조를 말소(吊销)한다(63조). 100% 허위 등록자본으로 설립등기를 한 경우에는 설립등기가 취소될 것이다.

허위의 자료(虚假材料)를 제공하거나 기타 방법으로 중요한 사실을 숨겨서(隐瞒) 설립등기를 한 경우, 회사등기기관은 그 시정을 명하고, 5만원(元)이상 50만원(元) 이하의 벌금에 처하고, 정상이 중한 경우에는 회사등기를 취소하거나 영업집조를 말소한다(64조).

III. 영업집조의 추가적 말소사유

「회사등기관리조례」에 따르면 위 제64조와 제65조 외에 다음의 경우 영업집조(营业执照)를 말소한다.

회사설립 후 정당한 이유 없이 6개월이 경과되어도 영업을 하지 않는 경우(未开业), 또는 영업을 개시한 후 자발적으로 6개월 이상 영업을 하지 않는 경우(停业), 회사등기기관은 영업집조를 말소할 수 있다(67조).

회사의 경영목적이 변경되고, 그 변경이 법률, 행정법규 또는 국무원의 결정에 의해 반드시 비준(批准)을 얻어야 하는 경영목적을 포함하고 있음에도 비준을 얻지 않고 권한 없이(擅自) 영업활동을 하며, 그 정상이 중한 경우(情节严重) 영업집조를 말소할 수 있다(68조).

영업집조를 위조(伪造) 또는 변조(涂改)하거나 임대하거나(出租) 빌리거나(出借) 양도(转让)한 경우, 회사등기기관은 1만원(元) 이상 10만원(元) 이하의 벌금에 처하고, 그 정상이 중한 경우(情节严重)에는 영업집조(营业执照)를 말소한다(71조).

회사의 명의로 국가안전, 사회공동이익에 위해(危害)를 가하는 중대한 위법행위(严重违法行为)에 종사(从事)하는 경우, 영업집조를 말소한다(78조).

제3절 유한회사의 설립

제1항 설립절차

Ⅰ. 발 기 인

중국 유한회사는 50일 이하의 사원이 출자하여 설립한다(24조). 주식회사의 경우 2명 이상 200명 이하의 발기인이 있어야 하며 그중 과반수는 중국 내에 주소가 있어야 한다(78조). 한국 상법에 따르면 주식회사와 같은 발기인이 없고 사원이 될 자가 사실상 발기인의 역할을 한다.[57] 사법해석(3)에 의하면, 설립시의 사원을 발기인으로 의제하고 있다(1조). 전술한 바와 같이 회사상호의 사전승인 제도는 폐지되었다.

Ⅱ. 사원의 정관 작성

유한회사의 정관은 모든 사원이 서명하고 날인하면 효력이 발생한다(25조 2항). 회사등기기관에의 등기는 정관의 효력발생요건이 아니다.[58]

주식회사와 다른 점만 살펴보면 다음과 같다.

유한회사의 경우 원칙적으로 이사회와 감사회를 두어야 하지만, 사원 총수가 적거나 규모가 적은 경우 집행이사 1명을 두고 이사회를 설치하지 않을 수 있고(44조 1항, 50조 1항), 또한 감사 1~2명만을 두고 감사회를 설치하지 않을 수 있으므로(51조), 이사회와 감사회에 관한 규정은 정관의 필수적 기재사항이 아니다(25조 1항 6호, 81조 6호, 8호).

주식회사의 경우 이익배당의 방법은 정관의 필수적 기재사항이지만, 유한회사의 경우에는 정관의 필수적 기재사항이 아니다(25조, 81조 9호).

주식회사의 경우 해산사유 및 청산방법, 회사의 통지 및 공고방법은 정관의 필수적 기재사항이지만, 유한회사의 경우 필수적 기재사항이 아니다(25조, 81조 11호).

---

57) 김건식 등(제3판), 전게서, 947면.
58) 最高院在審理万家裕与丽江宏瑞水电开发有限公司其他股东权纠纷一案((2014)民提字第00054号).

III. 정관에 따른 출자이행

1. 인수계약의 의제

주식회사와 달리 인수계약을 체결하지 않고 정관에 출자방식, 출자액 및 출자기간을 기재함으로써 인수가 이루어진다(25조 5호). 정관에 따른 의무를 이행하지 않은 사원은 후술하는 바와 같이 계약위반책임을 부담한다(28조 2항).

한국의 경우에도 정관에 사원의 출자좌수가 기재됨으로써 인수가 이루어진다(543조 2항 4호).

2. 출자시기와 방법

사원은 정관에 규정한 출자기일까지 출자를 이행하면 되고(25조 1항 5호, 26조 1항), 반드시 회사 설립 전에 출자를 모두 이행할 필요는 없다. 즉, 주식회사 발기설립과 같이 정관 규정에 의한 분할납입이 가능하다.

금전출자의 경우 당해 유한회사가 은행에 개설한 계좌(账户)에 전부 납입하여야 하고(28조 1항), 현물출자의 경우 재산권 이전의 법적 절차를 완료하여야 한다(28조 1항).

현물출자의 경우 출자목적인 현물에 대하여 평가 및 실사를 하여야 하는데, 높거나 낮게 평가해서는 안 된다. 법률, 행정법규에 평가에 관한 규정이 있는 경우 이에 따른다(27조 2항).

한국 상법에 따르면, 유한회사의 경우 사원이 출자전액을 납입하거나 출자를 이행하여야 한다(548조).

3. 출자의무의 불이행

가. 계약위반책임

사원이 정관에 규정한 바에 따라 출자금을 납입하지 않는 경우, 유한회사에 대하여 출자를 이행하여야 하는 외에, 기한에 맞게 출자금을 완납한 사원에 대하여 계약위반책임을 부담한다(28조 2항). 정관 위반을 계약위반책임으로 구성한 것은 정관의 계약적 성질을 나타내는 것으로 보인다.

나. 출자의무의 불이행과 사원의 권한

회사는 배당가능이익을 실제 납입한 출자비율에 따라 배당하고(166조 4항, 34조), 증자시 실제 납입한 출자비율에 따라 우선적으로 출자를 인수할 수 있는 권리를 부여한다(34조). 다만, 전체 사원의 약정에 의하여, 위 비율과 달리 이익배당 또는 우선출자인수권을 부여할 수 있다(34조 단서).

사원이 출자의무를 완전히 이행하지 않거나 불법으로 출자를 회수한 경우, 유한회사는 정관 또는 이사회의 결의에 의하여, 해당 사원의 이익배당청구권, 신주인수권, 잔여재산분배청구권 등 사원의 권리에 대하여 합리적인 범위 내에서 제한할 수 있다(사법해석(3) 16조).

다. 출자의무의 불이행과 지분양도

사원이 출자의무의 전부 또는 일부를 이행하지 않은 상태에서 지분을 양도하고 양수인이 그 사실을 알거나 알 수 있었던 경우, 회사가 출자의무를 불이행한 사원에게 출자의무의 이행을 청구하면서, 양수인에게 출자의무에 대한 연대책임을 추궁할 수 있다(사법해석(3) 18조).

회사의 채권자가 회사의 재산으로 채무를 전부 변제받을 수 없는 경우, 출자의무를 불이행한 주주에게 그 불이행한 원금 및 그 이자의 범위 내에서 보충적으로 이행할 것을 청구할 수 있는데(사법해석(3) 13조 2항), 양수인에게 연대책임을 추궁할 수 있다(사법해석(3) 18조).

양수인이 회사 또는 회사 채권자에게 연대책임을 부담한 경우, 출자의무를 불이행한 사원에게 구상권을 행사할 수 있다(사법해석(3) 18조).

라. 출자의무의 불이행과 사원제명제도

사원이 출자의무를 불이행하거나 출자금의 전부를 불법회수(抽逃出資)한 경우, 회사가 출자의무의 이행 또는 불법회수한 출자금의 반환을 최고하였음에도 불구하고 합리적인 기간 내에 이행하지 않는 경우, 회사의 사원총회는 사원 자격의 박탈, 즉 제명을 결의할 수 있다(사법해석(3) 17조 1항). 중국 조합기업의 경우, 조합원이 출자의무를 이행하지 않는 경우, 다른 조합원의 만장일치로 그 조합원을 제명할 수 있다(「조합기업법」 49조).

한국 합자회사의 경우 사원이 출자의무를 이행하지 않는 경우, 다른 사원의 과반수 결의로, 법원에 그 사원의 제명을 청구할 수 있다(상법 220조 1항).

Ⅳ. 출자의 검사

유한회사 성립을 위해서는 사원이 될 자가 출자를 이행하여야 하지만(자본충실의 원칙), 주식회사의 모집설립과 같은 검사제도는 없다.

Ⅴ. 기관구성과 설립경과의 조사

유한회사의 경우 설립등기 전에 기관을 구성하거나 설립경과를 조사하는 절차가 없다. 즉, 유한회사 설립등기 후 가장 많이 출자한 사원이 최초의 사원총회를 소집 및 주재하면서 이사 등을 선임한다(38조). 그러나 대표이사는 정관의 기재사항이므로(25조 1항 7호), 사원이 만장일치로 선정한다.

한국 상법에 따르면 설립등기 전에 기관을 구성하지만, 설립경과를 조사하는 절차는 없다. 즉, 정관에서 이사를 정하지 아니한 때에는 회사성립 전에 사원총회를 열어 선임하여야 하는데, 이 경우 각 사원이 사원총회를 소집할 수 있다(547조). 대표이사와 감사는 임의기관이다(549조 2항 4호, 7호).

Ⅵ. 설립허가 및 업종별 허가문서

「회사등기관리조례」 법률, 행정법규 또는 국무원의 결정이 유한회사의 설립에 허가를 받아야 한다고 규정한 경우에는 허가 후 90일 내에 회사등기기관에 설립등기를 신청하여야 한다(20조 1항). 예를 들면 외상투자기업의 설립의 경우 상무부 등의 허가를 받아야 한다. 주식회사의 설립에는 이러한 규정이 없다.

한편, 회사의 목적사항 중 법률, 행정법규 또는 국무원의 결정에 의하여 설립등기 전에 허가를 받아야 하는 사항이 있는 경우, 그 허가문서를 등기기관에 제출하여야 한다(「회사등기관리조례」 22조).

Ⅶ. 설립등기

유한회사 정관에서 정한 출자를 이행한 후, 사원 전원이 지정한 대표 또는 공동으로 위임한 대리인이 회사등기기관에 설립등기를 신청한다(29조). 등기기관에 설립등기를 신청함에 있어서, 유한회사의 법정대표자가 서명한 회사설립의 신청서를 첨부하여야 한다(「회사등기관리조례」 20조 2항 1호).

유한회사 설립등기 신청 시 다음과 같은 서류를 제출하여야 한다(「회사등기관리조례」 20조 2항). 즉, ① 회사의 법정대표자가 서명한 설립등기신청서, ② 전체 사원이 지정한 대표자 또는 공동으로 위탁한 대리인에 관한 증명서, ③ 회사정관, ④ 사원이 법인인 경우 대표자 또는 대리인 자격증명 또는 자연인인 경우 신분증명, ⑤ 회사의 이사·감사·경리의 성명과 주소를 기재한 서류 및 그 위임, 선출 또는 임용에 관한 증명, ⑥ 회사 법정대표자의 취임승낙서와 신분증명, ⑦ 상호에 대한 사전승인통지서, ⑧ 회사의 주소 증명, ⑨ 국가공상행정관리총국이 제출하도록 규정한 기타문서이다.

2014년 「회사등관리조례」를 개정하면서 ① 사원이 현물출자한 경우, 그 재산권의 이전절차가 완료되었음을 증명하는 서류, ② 출자검사기관이 발급한 출자검사증명서가 위 제출서류에서 삭제되었다(20조 2항).

VIII. 영업집조의 발급

회사법에 의하면 회사등기기관이 설립등기를 한 후 영업집조(營業执照)를 발급하면 그 발급일에 회사가 성립한다(7조 1항). 유한회사의 경우에도 주식회사와 마찬가지로 5증합일(五证合一) 제도를 시행하고 있다.

제2항 사원의 설립 관련 책임

I. 개 설

사법해석(3)에 의하면, 설립시의 사원을 발기인으로 의제하고 있어서(1조), 주식회사의 발기인의 책임과 구조가 유사하다.

II. 계약위반책임

회사법에서는 사원의 출자의무에 대하여 규정하고 있다. 즉, 사원이 정관에 규정한 바에 따라 출자금을 납입하지 않는 경우, ① 회사에 대하여 전액 납입하여야 할 뿐만 아니라 ② 기한에 맞게 출자금을 완납한 사원에 대하여 계약위반책임을 부담한다(28조 2항).

III. 자본충실책임

유한회사를 설립한 후, 출자의 대상인 현물의 실제 가액이 정관에 규정된 가액보다 현저히 미달되는 경우, ① 그 출자사원은 회사에 차액을 납부하여야 하며, ② 회사설립 시의 다른 사원도 회사에 대하여 연대책임을 져야 한다(30조).

제3항   설립등기의 취소와 영업집조의 말소

주식회사와 기본적으로 동일하다.

제4장 주식(지분)과 주주(사원)

제1절 주식회사의 주식과 주주

제1항 주   식

Ⅰ. 개   설

주식(股份)은 경제적으로 출자의 단위를 뜻하고, 법적으로 주주(股东)[1]의 지위를 표상하는 추상적 도구개념으로, 주식을 소유한 자를 주주라고 한다.

Ⅱ. 주식의 종류

1. 보 통 주

중국 회사법은 보통주(普通股)로, 한국 상법과 달리 무액면주식(无面额股)을 허용하지 않고, 회사법에서 액면주식(有面额股)만 허용하고 있으며, 주식의 발행가액에 대하여도 액면미달발행(折价发行)을 허용하지 않고, 액면발행(平价发行, 等额发行, 面额发行)과 액면초과발행(溢价发行)만을 회사법에서 허용하고 있다(127조, 128조 2항).[2] 실무적으로 주식회사에서 발행하는 주식의 액면가액은 통상 1위안이고 예외의 경우가 상당히 드물다.[3]

---

1) 股东은 우리 상법 상 주식회사의 주주와 유한회사의 사원을 구별하지 않고 모두 포함하는 개념이다.

2) 중국에서 보통주의 매주 액면가액은 매주가 대표하는 주식회사의 등록자본금이고, 우선주의 매주 액면가액은 등록자본금과 무관하다. 따라서 주식회사의 등록자본금은 회사가 발행한 보통주 주식총수와 매주 액면가액을 곱한 수이다.

3) 2008년에 紫金矿业集团股份有限公司가 H주(2899.HK)에서 A주(601899)로 복귀하여 IPO할 당시 액면가액을 0.1위안으로 정하고 증감위의 비준을 받은 사례가 중국 A주의 시장화 및 국제화의 큰 발전으로 의미를 부여한 바 있다. 다만, 그 이후로 액면가액이 1위안인 관행을 타파한 사례가 없는 것으로 알고 있다.

2. 우 선 주[4]

가. 관련 규정

전국적인 우선주 관련 규정이 제정되기 전에 지방에서 먼저 우선주 발행 규정이 있었다.[5] 우선주에 대한 최초의 전국적인 규정은 1992년의 「주식유한회사 규범의견」인데, "회사는 보통주를 설치할 수도 있고, 우선주를 설치할 수도 있다"고 규정하였다(23조). 단, 이 역시 규범성 문서일 뿐 법률은 아니다. 중국 회사법과 증권법은 우선주에 관한 규정이 없고, 단지 회사법에서 국무원에 보통주 이외의 기타 종류 주식을 제정할 권리를 부여한다고만 규정하고 있다(131조). 국무원은 2013년 11월 30일에 「국무원의 우선주 시범 개시에 관한 지도의견」[6](우선주지도의견)을 제정하였고, 우선주를 "일반적으로 규정된 보통종류의 주식 외에 별도로 정한 기타 종류의 주식으로서 그 주식 보유자가 보통주 주주보다 회사의 이익과 잔여재산을 우선 배분받지만, 회사에 대한 결정 관리 등 권리에 제한받는 주식을 말한다"고 정의하였다. 해당 지도의견은 모든 주식회사에 적용되는 것이 아니라 상장회사와 비상장공중회사에 한한다(우선주지도의견 2조 8항). 그 중 비상장공개회사란 증권거래소에 주식이 상장되지 않았지만, ① 특정인을 상대로 주식을 발행하거나 주식양도를 통하여 주주가 200명 이상인 경우,[7] 또한 ② 주식을 공개방식으로 사회공중에 공개적으로 양도한 경우[8]를 말한다(「비상장공개회사 감독관

---

4) 그 외 잉여금 배분 또는 잔여재산의 배분에 있어 보통주보다 열등하는 주식인 후배주는 중국에서 허용하지 않는다.

5) 예컨대 심천경제특구의 국영기업 및 집단기업에만 적용되는 1987년의 「심천경제특구 국영기업 주식화 시범 등기등록 잠행규정」(深圳经济特区国营企业股份化试点登记注册的暂行办法, 1994년 실효) 14조에서 명확히 회사 주식을 보통주와 우선주로 구분할 수 있다고 규정하였고, 심천시 주식회사에 적용되는 1992년의 「심천시주식회사잠행규정」(深圳市股份有限公司暂行规定) 61조에서 회사에서 보통주와 우선주를 발행할 수 있다고 규정하였으며, 복건성 주식회사에 적용되는 1988년의 「복건성주식제기업잠행규정」(福建省股份制企业暂行规定, 1998년 실효) 40조에서 주식제기업은 우선주와 보통주의 부동한 분배방법을 시행할 수 있다고 규정하였고, 곤명시의 전민소유제 주식회사에 적용되는 1989년의 「곤명시인민정부의 본시 전민소유제기업에서 주식제를 추진함에 관한 시행방법」(昆明市人民政府关于在我市全民所有制企业推行股份制的试行办法, 1993년 실효) 6조 6항은 기업이 자주적으로 우선주 발행여부를 결정할 수 있다고 규정하였다.

6) 国务院关于开展优先股试点的指导意见(2013년 제정).

7) 股票向特定对象发行或者转让导致股东累计超过200人.

8) 股票以公开方式向社会公众公开转让.

리방법」9) 2조).

나. 우선주의 의결권 제한

우선주 주주의 의결권은 제한을 받으며 자신의 권익에 영향을 미치는 아래 사항에 한하여 의결권이 있다. ① 회사정관 중 우선주와 관련된 내용의 수정. ② 회사 등록자본금을 1회 또는 누적하여 10% 이상 감소. ③ 회사의 합병, 분할, 해산 또는 회사형식의 변경. ④ 우선주 발행. ⑤ 회사 정관에서 규정한 기타 경우10) (우선주지도의견 1조 5항 1호). 보통주 주주가 주주권을 남용하여 우선주 주주의 이익을 해하는 것을 방지하기 위해, 특수의 경우 우선주 주주의 의결권이 회복될 수 있다. 회사가 3개 회계연도 누적하여 또는 연속 2개 회계연도 말에 약정에 따라 우선주 배당금을 지급하지 않은 경우, 우선주 주주는 주주총회에 출석할 권리를 가지며, 회사 정관에 규정된 의결권을 가진다. 배당금을 다음 회계연도까지 적립할 수 있는 우선주에 대해서는 회사가 체납한 배당금을 전액 지급할 때까지 의결권이 회복되고, 배당금 누적이 불가능한 우선주에 대해서는 회사가 그 해의 배당금을 전액 지급할 때까지 의결권이 회복된다. 그 외 회사는 정관에서 우선주의 의결권이 회복되는 기타 경우를 규정할 수 있다(우선주지도의견 1조 6항).

다. 우선주 유형

1) 이익배당의 우선주

회사에 잉여금이 있어 이익 배당이 가능한 경우, 우선주에게 먼저 배당한 다음 잔여금이 있으면 다시 보통주에 배당하며, 그 다음 후배주에 배당한다. 이익배당 우선주는 우선하는 내용으로 누적적 우선주(preferred cumulative stock)11)와 비누적적 우선주,12) 참가적 우선주(preferred participating stock)13)와 비참가적 우선

---

9) 非上市公众公司监督管理办法(2012년 제정, 2013년 개정, 2019년 개정).

10) 이와 같은 사항은 회의에 참석한 보통주 주주(의결권을 회복한 우선주 주주 포함)의 의결권의 3분의 2 이상 및 회의에 참석한 우선주 주주(의결권을 회복한 우선주 주주 불포함)의 의결권의 3분의 2 이상 동의로 결의한다(우선주지도의견 1조 5항 2호).

11) 회사의 당해 배당가능이익으로 우선주 배당에 부족한 경우, 다음 해 충족 시 다시 합산하여 배분하고, 누적한 금액으로 우선주의 이익을 배당한 후 다시 보통주에 배당하는 것을 의미한다(赵旭东主编(2015), 전게서, 263면).

12) 회사의 당기순이익으로 우선주 배당금을 지급하지 못할 경우, 그 잔여금은 다음 연도에 적립할 수 없고 당기 순이익에 한한다(赵旭东主编(2015), 전게서, 263면).

13) 우선주로서 고정 비율에 따라 배당을 받은 후, 보통주와 함께 다시 잔여이익의 배당에 참가

주로 구분할 수 있다. 상장회사는 누적우선주(「우선주시범관리방법」[14] 28조 1항 3호)와 비참여 우선주(「우선주시범관리방법」 28조 1항 4호)를 적용해야 하고, 비상장공중회사는 정관에 명시하여 선택할 수 있다(우선주지도의견 1조 2항 2호 3목, 「우선주시범관리방법」 9조).

2) 잔여재산분배의 우선주

회사는 청산시 관련 규정에 따라 변제 후의 잔여 재산으로 우선 우선주 주주에게 배당금과 정관에서 약정한 청산금액을 지급해야 한다(우선주지도의견 1조의 3항). 주식회사에서 발행하는 우선주는 이익배당에서의 우선권과 잔여재산 분배에서의 우선권을 모두 가진다(우선주지도의견 1조 1항).

3) 상환우선주(redeemable stock)

상환우선주는 발행인이 일정 기간 내에 일정한 가격으로 환매할 수 있는 우선주를 말한다.[15] 정관에서 발행인이 우선주를 환매하는 조건, 가격과 비율을 규정할 수 있고, 발행인 또는 우선주 주주가 행사하도록 할 수 있다(우선주지도의견 1조 4항 전문). 발행인이 우선주를 환매할 경우 미불 배당금을 완전히 지급해야 하고(상업은행이 우선주를 발행해 자본을 충당하는 경우는 제외), 우선주가 환매된 후 발행된 우선주 주식 총수에서 상응하게 감액해야 한다(우선주지도의견 1조 4항 후문).

4) 전환우선주(convertible stock)

전환우선주는 보유자가 일정한 기간 내에 일정한 비율에 따라 보통주로 전환할 수 있는 우선주를 말한다.[16] 회사 정관에서 우선주를 보통주로 전환하는 것을 약정할 수 있고, 발행인 또는 우선주 주주가 행사하도록 할 수 있다(우선주지도의견 1조 4항 전문).

할 수 있는 것을 참여 우선주라 하고, 아닐 경우 비참여 우선주라 한다(赵旭东主编(2015), 전게서, 263면).

14) 优先股试点管理办法(2014년 제정).

15) 朱锦清, 公司法学(修订本), 清华大学出版社(2019), 25면. 전환우선주를 "회사가 우선주를 발행한 일정 기간 뒤 약정된 특정 가격으로 우선주를 환매할 수 있다고 정의하기도 한다"(梁胜, 易琦(상해증권거래소), 境外优先股法律制度比较研究, 证券法苑(2013), 426면).

16) 朱锦清, 전게서, 25면. 전환우선주를 우선주의 주주가 일정 기간 내 또는 어떤 조건을 충족할 수 있을 때 약정된 가격과 비율에 따라 보유하고 있는 우선주를 보통주로 전환하는 것이라고 정의하기도 한다(梁胜, 易琦, 전게서, 426).

제2항 주주의 지위: 권리와 의무

I. 주주의 권리(股东权利)

1. 개   설

주주는 주식에 근거하여 회사에 대하여 일정한 권리를 갖는데, 개별적인 주주의 권리를 포괄적으로 주주권(股东权)[17]이라고 한다.

주주권은 주주의 지위에서 비롯된 권리로서 물권도 채권도 아닌 사원권이라고 보는 것이 일반적인 견해이다. 주주권은 회사에 대한 주주의 지위를 권리의 측면에서 바라 본 것으로, 주주는 제3자에게 주식을 양도하는 것이지 주주권을 양도하는 것이 아니고, 또한 주주의 채권자는 주식을 압류하는 것이지 주주권을 압류하는 것이 아니다.

2. 주주의 권리의 분류

주주의 권리는 회사로부터 경제적 이익을 받을 수 있는 자익권과 회사의 경영에 참여할 수 있는 공익권으로 분류할 수 있다. 중국 회사법에 따르면 ① 주주는 법에 따라 자산수익(资产收益)을 향유하고, ② 중대한 정책결정에 참여하고 경영자를 선임할 권리 등을 가진다고 규정하고 있는데(4조), 전자는 자익권(自益权)에 해당하고, 후자는 공익권(公益权)에 해당한다.

가. 자 익 권

자익권이란 회사에 대하여 경제적 이익을 받을 권리를 말하고, 단독으로 행사할 수 있는 단독주주권이다. 자익권은 ① 출자에 대한 수익을 받을 수 있는 권리와 ② 출자회수를 위한 권리로 나눌 수 있는데, 전자에는 이익배당청구권(利润分配请求权)과 신주인수권(新股优先认购权) 등이 있고, 후자에는 잔여재산분배청구권(盈余财产分配请求权), 주식양도권(股份转让权), 합병(合并) 등 중요한 조직개편에 반대하는 주주(异议股东)의 주식매수청구권(股份回购请求权, 退股权) 등이 있다. 주식

---

17) 학계에서는 股权은 股东权의 약어로 사용하고 있으나, 중국 회사법 규정은 股权을 유한회사의 지분, 즉 사원권을 지칭할 때만 사용한다(71조).

회사에는 주주의 신주인수권은 인정되지 않지만, 유한회사에는 인정된다.

1) 이익배당청구권

주주의 이익배당청구권은 추상적 이익배당청구권과 구체적 이익배당청구권으로 나눌 수 있다. 중국 회사법은 주주에게 추상적 이익배당청구권이 있음을 전제로 배당절차에 대하여 규정하고 있다(166조). 즉, 회사는 당기순이익(当年税后利润)의 10%를 법정준비금으로 적립하여야 한다(법정준비금의 적립액이 등록자본금의 50% 이상일 경우 적립을 요하지 않음). 그리고 주주총회에서 법정준비금을 적립한 후, 임의준비금(任意公积金)을 적립하기로 결의할 수 있다(166조 3항).

이에 따라 당기순이익에서 결손금을 보전(弥补亏损)하고, 준비금(公积金)을 공제한 나머지가 배당가능이익(可供分配股利的利润)이다(166조 4항).[18]

주식회사는 배당가능이익을 주식비율(股份比例)에 따라 배당할 수 있는데(166조 3항, 4항), 정관에서 규정한 바에 따라 주식비율과 달리 배정할 수 있다(166조 4항 단서). 주식평등의 원칙의 예외라 할 것이다.

회사의 이익배당안은 이사회가 제정하고 주주총회에서 결정하고, 이사회가 집행한다(37조, 46조, 99조, 108조). 즉 회사의 이윤을 어떤 형식으로 얼마 분배할지에 관한 최종 결정권은 주주총회에 있다. 다만, 법률의 규정을 위반하고, 주주의 권리를 남용하여 회사로 하여금 이익배당을 못하게 함으로써, 다른 주주에게 손해를 입힌 경우, 그 다른 주주는 인민법원 이익배당을 청구할 수 있다(「최고인민법원의 회사법 적용에 있어서 약간의 문제에 관한 규정(4)」(사법해석(4))[19] 15조 단서). 단독 또는 공동으로 회사의 발행주식총수의 3% 이상의 주식을 보유한 소수주주는 주주총회일 10일 전에 이사회에 서면으로 일정한 사항을 주주총회의 목적사항으로 할 것을 제안할 수 있는데(102조 2항), 이사회가 이익배당안을 주주총회 의안으로 채택하지 않거나, 대주주가 합리적인 이유 없이 이익배당안 전부에 대하여 반대하는 경우, 인민법원에 이익배당을 청구할 여지가 있다. 실무적으로 이익배당청구는 상당한 난도가 있고 이를 이용하여 성공적으로 이익배당을 받은 사례가

---

18) 한국 상법에서는 배당가능이익의 산정에 순자산접근법을 취하고 있는데(462조), 중국 회사법은 당기순이익접근법을 채택하고 있다. 그러나 한국에서는 배당가능이익을 계산함에 있어서 당기순이익에 근거하여 이익잉여금처분계산서를 작성하고 있다.

19) 最高人民法院关于适用《中华人民共和国公司法》若干问题的规定(四)(2017년 제정, 2020년 개정).

상당히 드물다.[20]

2) 신주인수권

유한회사의 경우 증자 시 사원은 납입(实缴)한 출자비율(出资比例)에 따라 우선적으로 출자를 인수할 수 있는 신지분인수권(优先认缴出资权)이 있지만(34조), 주식회사의 경우 주주의 신주인수권에 대한 명시적인 규정이 없다. 이에 대해 실무적으로 일부 법원은 주식회사는 자합성(资合性)을 가진 조직형식이고, 회사법에도 신주인수권에 대한 명시적인 규정이 없으므로, 이와 관련된 강제적 법률규정을 위반하지 않은 이상, 회사는 신주발행방식, 신주발행대상, 신주발행금액 등에 대해 전부 주주총회 결의로 결정하고 이에 따라 집행할 수 있다고 본다.[21] 즉 주식회사가 신주발행시 기존 주주가 당연하게 신주인수권이 부여되는 것은 아니지만, 신주인수권에 대해 정관 또는 주주총회 결의로 결정할 수는 있다.

신주발행은 등록자본금의 변경을 초래하므로 주주총회의 특별결의가 있어야 하는데(103조 2항), 신주발행을 결의를 함에 있어서 "기존 주주에게 발행하는 신주의 종류 및 수량"을 정하여야 한다(133조 4호). 따라서 주주총회에 참석한 주주의 3분의 2 이상의 동의가 있으면(103조 2항), 기존 주주에게 신주를 배정하지 않을 수 있다.[22]

상장회사의 경우 증권법과 「상장회사 증권발행 관리방법」[23]이 적용되는데, 위 관리방법에 따르면 신주발행방식으로 주주배정증자(向原股东配售股份)(12조), 일반공모증자(向不特定对象公开发行)(13조), 제3자 배정증자(向特定对象非公开发行)(3조)가 있는데, 주주총회에서 주주배정을 결의하여야 기존주주들이 신주를 배정받을 수 있으므로, 기존 주주에게 신주인수권이 있다고 보기 어렵다.

한국 상법의 경우, 주주는 그가 가진 주식 수에 따라서 신주의 배정을 받을 권리가 있다고 명시하고 있다(418조 1항). 다만, 정관이 정한 바에 따라, 신기술의

---

20) 2021년 3월 기준으로 사법해석(4) 15조를 인용한 이익배당청구 소송에서 원고가 기타 주주에게 주주권 남용 사실이 있음을 증명함으로써 승소한 판결을 찾아볼 수 없었다.

21) 李翠英与云南纺织(集团)股份有限公司新增资本认购纠纷案((2015)昆民五终字第33号), 黄辉玲与湖南张家界天门山旅游股份有限公司新增资本认购纠纷、买卖合同纠纷案((2019)湘0802民初59号).

22) 기존 주주에게 신주를 배정할 경우 주식평등의 원칙에 따라 주식수에 따라 배정하여야 한다.

23) 上市公司证券发行管理办法(2006년 제정, 2008년, 2020년 개정).

도입, 재무구조의 개선 등 회사의 경영상 목적을 달성하기 위하여 필요한 경우 제3자에게 신주를 배정할 수 있다(418조 2항). 상장회사의 경우 「자본시장과 금융투자업에 관한 법률」(자본시장법)에 따라서 일반공모증자의 방식을 채택할 할 수 있다(165조의 6 1항 3호).

3) 잔여재산분배청구권

중국 회사법에 따르면 회사가 청산 시 회사 재산으로 청산비용, 종업원 임금, 사회보험료 및 법정보상금을 각기 지불하고, 미납 세금을 납부하며 회사의 채무를 상환한 후의 잔여재산은 주주가 보유한 주식비율(유한회사는 주주의 출자비율에 따라 배당)에 따라 분배한다(186조 2항).

한국 상법에도 같은 규정을 두고 있다. 즉, 잔여재산은 각 주주가 가진 주식 수에 따라 주주에게 분배하여야 한다(538조).[24]

4) 반대주주의 주식매수청구권

반대주주의 주식매수청구권(股份回购请求权)은 합병과 분할을 위한 주주총회 결의의 경우에만 인정된다(142조 1항 4호). 주식양도의 자유가 있기 때문에 주주총회 결의에 반대하는 주주의 주식매수청구권을 제한적으로 인정한 것으로 보인다.

유한회사의 경우 사원총회에서 배당가능이익이 있음에도 5년간 사원에게 배당을 하지 않기로 결의하거나, 중요재산(主要财产)을 양도하기로 결의한 경우, 회사정관의 영업기간이 만료되었거나 또는 정관이 규정한 해산사유가 발생하였는데 사원총회 회의에서 정관을 수정하여 회사가 계속 존속하도록 결의한 경우 등에도 인정하고 있다(74조 1항 1호, 2호). 한편 최고인민법원은 재심사건(再审案件)에서 유한회사의 경우 정관이나 합의에 의한 지분매수청구권의 취득을 긍정한 바 있다.[25]

5) 주식양도권

주주는 소지한 주식을 "법에 따라 양도"(依法转让)할 수 있다(137조). 이에 대하여 본절 제5항(주식의 양도)에서 설명하기로 하겠다.

---

24) 등기질권자는 회사로부터 잔여재산의 분배에 따른 금전의 지급을 받아 다른 채권자에 우선하여 자기채권의 변제에 충당할 수 있다(340조 1항).

25) 沛县舜天房地产开发有限公司与叶宇文股权转让案纠纷申请再审案((2009)民申字第453号).

유한회사의 경우 지분을 사원 이외의 자에게 양도하기 위해서는 사원 과반수의 동의를 얻어야 한다(71조 2항).

나. 공익권: 단독주주권

공익권이란 자익권을 확보하기 위한 권리로서 회사의 경영에 참여하고 감독하는 권리를 말한다.

공익권은 다시 주주가 단독으로 행사할 수 있는 단독주주권(单独股东权)과 일정 수의 주식을 보유한 주주만이 행사할 수 있는 소수주주권(少数股东权)으로 나눌 수 있다.

1) 주주총회의 의결권

의결권(表决权)이란 주주가 주주총회 권한사항에 대하여 주주총회에 출석하여 결의에 참가할 수 있는 권리이다. 주주총회의 권한사항에 대하여는 제5장 제2절 제1항(주주총회)을 참고하기 바란다.

이사의 경우 근면의무(勤勉义务)가 있어서(147조) 이사회의 출석이 의무지만, 주주에게 주주총회에의 출석의무가 있는 것은 아니다. 주주총회의 결의는 상정된 의안에 대한 주주의 의결권행사, 즉 표결을 요소로 하는 회사의 기관으로서 주주총회의 의사표시이다.

주주는 주식 1주에 1개의 의결권을 갖는다(103조 1항). 주주는 대리인을 통해서 의결권을 행사할 수 있는데(106조), 유한회사의 경우 대리인에 대한 규정이 없다.

2) 주주총회 또는 이사회 결의에 대한 하자의 소 제기권

주주는 주주총회 결의에 하자가 있거나 이사회 결의에 하자가 있는 경우, 그 하자를 다투는 소를 제기할 수 있다(22조, 사법해석(4) 4조). 주주총회 결의와 이사회 결의에 대한 하자의 소의 종류와 그 사유도 동일하다.

회사법에서 결의취소(决议撤销)의 소에 대하여 규정하고 있지만(22조 2항), 주주총회 결의무효(决议无效)에 대하여 그 사유만 규정하고 있다(22조 1항). 사법해석(4)에서 결의무효 또는 결의유효(决议有效) 확인의 소, 결의부존재(决议不存在) 확인의 소와 결의불발효상태(未形成有效决议) 확인의 소에 대하여 규정하고 있다(1조, 4조, 5조). 주주총회 결의 하자의 소에 대하여는 제5장 제2절 제1항(주주총회)을 참고하기 바란다.

3) 알권리(知情权)

가) 질의권 및 건의권

주주총회에서 이사, 감사, 고급관리인원(高级管理人员)에게 총회의 참석을 요청한 경우, 이사, 감사, 고급관리인원은 총회에 참석하여 주주의 질의(质询)에 응답하여야 한다(150조 1항).

한국 상법에는 이에 대한 규정은 없지만 회의체의 일반원칙상 "의안과 관련성"이 있는 범위 내에서 주주의 질문권과 이사의 설명의무는 당연히 인정된다.[26]

그런데 중국의 경우 주주는 회사의 경영에 대해 건의(建议)하거나 질의할 권한을 가진다(97조). 이에 대하여 주주가 주주총회 밖에서 건의 또는 질의할 수 있는지에 대하여 다툼이 있고, 그 상대방에 법정대표자 외에 이사, 감사, 고급관리인원이 포함되는지가 명확하지 않기 때문에 실효성이 떨어진다는 비판이 있다.[27]

나) 정보열람권(查阅权)

주주는 정관, 주주명부(股东名册), 주주총회 회의록(会议记录), 이사회 회의결의서(会议决议), 감사회 회의결의서, 회사채 부본(公司债券存根), 재무회계보고서(财务会计报告)[28]를 열람(查阅)할 권한을 가진다(97조).

이사회와 감사회의 경우 주주총회와 달리 회의록이 아니라 회의결의서라고 되어 있다. 회사의 비치자료에 이사회와 감사회의 회의록[29]이 있는 것에 비추어 보면(96조), 이사회와 감사회의 경우 회의록뿐만 아니라 관련 회의자료도 열람의 대상이 되는 것으로 해석된다.

유한회사의 경우 사원명부와 회사채 부본은 열람 대상이 아니다(33조 1항).[30]

---

26) 김건식 등, 전게서, 304면.

27) 郑云瑞, 전게서, 126−127면.

28) 재무회계보고서는 결산을 위한 정기주주총회 소집일 20일 전에 본사에 비치하여 주주들이 열람하게 하여야 하고, 공개모집 방식으로 설립된 주식회사는 재무회계보고서를 공고(公告)하여야 한다(165조 2항).

29) 이사회는 의사회의 결정(决定)에 대하여 회의록(会议记录)을 작성하여야 하고(112조 2항), 감사회는 감사회의 결정에 대하여 회의록(会议记录)을 작성하여야 한다(119조 4항).

30) 회사가 발행하는 사채는 증권법의 발행조건에 부합하여야 하는데(153조 2항), 증권법에 따르면 주식회사만 공개발행형식으로 사채를 발생할 수 있도록 규정하고 있다(16조). 실무상 유한회사가 발행하는 "중소기업집합채권"(中小企业集合债券)은 회사법상 사채로 보기 어렵다.

실무적으로 사원명부가 비치되어 있지 않더라도 유한회사의 주주가 일반적으로 등기기관에 등록되어 있고, 유한회사에서 회사채 발행이 제한되므로, 이러한 권리가 부여되지 않더라도 문제되지 않는다. 주식회사는 위 서류를 등사(复制)할 권리가 없지만 유한회사의 경우 등사할 권리가 있다(33조 1항).

다) 회계장부열람청구권

주식회사의 경우 회계장부열람청구권(会计账簿查阅权)에 대한 규정이 없지만, 유한회사의 경우 사원은 서면으로 목적을 설명(说明)하여 회계장부의 열람을 청구할 수 있다(33조 2항). 실무적으로 주식회사의 정관에 주주가 회계장부를 열람할 수 있다고 약정한 경우, 법원은 이를 인정한다.[31]

한국 상법에 따르면, 발행주식의 총수의 3% 이상에 해당하는 주식을 가진 주주는 이유를 붙인 서면으로 회계의 장부와 서류의 열람 또는 등사를 청구할 수 있다(466조 1항).

회계장부열람권에 관한 자세한 설명은 제7장 제2절 Ⅵ 주주(사원)의 회계장부열람권(查阅权)에 맡기기로 한다.

라) 검사인선임청구권

중국의 경우 주주에게 검사인선임 청구권(检查人选任请求权)을 인정하지 않아 정보열람권의 실효성이 떨어진다는 비판이 있다.[32]

한국 상법에 따르면, 회사 또는 발행주식총수의 1% 이상에 해당하는 주식을 가진 주주는 총회의 소집절차나 결의방법의 적법성을 조사하기 위하여 총회 전에 법원에 검사인의 선임을 청구할 수 있고(367조 2항), 회사의 업무집행에 관하여 부정행위 또는 법령이나 정관에 위반한 중대한 사실이 있음을 의심할 사유가 있는 때에는 발행주식의 총수의 3% 이상에 해당하는 주식을 가진 주주는 회사의 업무와 재산상태를 조사하게 하기 위하여 법원에 검사인의 선임을 청구할 수 있다(467조 1항).

---

31) 예컨대 北京赢鼎教育科技股份有限公司与北京约瑟投资有限公司股东知情权纠纷案((2020)京01民终7539号).

32) 郑云瑞, 전게서, 125-126면.

다. 공익권: 소수주주권

1) 주주총회 관련

가) 주총소집청구권

주주총회는 이사회가 소집하고 이사장이 주최한다. 이사장이 직무를 수행할 수 없거나 수행하지 않을 경우 부이사장이 주재하고, 부이사장이 직무를 수행할 수 없거나 수행하지 않을 경우 과반수의 이사가 공동으로 선출한 한 명의 이사가 주최한다. 이사회가 주주총회를 소집하는 직무를 수행할 수 없거나 수행하지 않을 경우, 감사회가 적시에 소집 주최하여야 하고, 감사회가 소집 주재하지 않을 경우, 연속 90일 이상 단독 또는 공동으로 회사의 10% 이상의 주식을 보유한 주주가 임시주주총회를 소집하고 주최할 수 있다(101조).

한국 비상장회사의 경우 발행주식총수의 3% 이상의 주식을 가진 주주가 행사할 수 있다(상법 366조 1항).

나) 주주제안권

단독 또는 공동으로 발행주식총수의 3% 이상의 주식을 가진 주주는 주주총회 소집 10일 전에 이사회에 의제(议题)와 의안(决议事项)을 서면으로 명확히 하여 제안할 수 있다(102조 2항). 이를 주주제안권(股东提案权)이라 한다. 이사회는 제안 수령후 2일 내에 기타 주주에게 통지하고, 해당 임시제안을 주주총회에 제출하여 심의토록 한다. 임시제안의 내용은 주주총회의 직권 범위에 포함되어야 하며, 명확한 의제와 구체적인 결의사항이어야 한다(102조 2항).

한국 비상장회사의 경우 "의결권 없는 주식을 제외"한 발행주식총수의 3% 이상의 주식을 가진 주주는 이사에게 주주총회일의 6주 전에 서면 또는 전자문서로 의제 또는 의안을 제안할 수 있다(상법 363조의2 1항).

다) 집중투표청구권

주주총회에서 이사 또는 감사를 선임할 경우 정관 또는 주주총회 결의로 집중투표를 시행할 수 있다(105조 1항). 집중투표제와 관련한 자세한 부분은 제5장 제2절 Ⅳ. 주주의 의결권 부분을 참고하기 바란다.

한국의 경우 집중투표청구권은 소수주주권이지만, 중국의 경우는 그렇지 않다. 즉, 한국 비상장회사의 경우 2인 이상의 이사의 선임을 목적으로 하는 총회의 소집이 있는 경우, "의결권 없는 주식을 제외"한 발행주식총수의 3% 이상의 주식을 가진 주주는 정관에서 달리 정하는 경우를 제외하고는 회사에 대하여 집중투표(累积投票)의 방법으로 이사를 선임할 것을 청구할 수 있다(상법 382조의2 1항).

2) 이사 등의 책임추궁: 대표소송제기권

가) 연속하여 180일 이상 단독(单独) 또는 공동(合计)으로 발행주식총수의 1% 이상의 주식을 가진(持有) 주주는 서면 형식으로 감사회에 이사 또는 고급관리인원에 대하여 인민법원에 소를 제기하도록 청구할 수 있다(151조 1항).[33]

감사회가 주주의 서면청구를 받은 후 소 제기를 거절(拒绝)하거나, 청구를 받은 날(收到请求之日)로부터 30일 내에 소를 제기하지 않거나, 또는 긴급한 상황(情况紧急)이 발생하여 즉시 소를 제기하지 않으면 회사의 이익에 돌이킬 수 없는 손해(难以弥补的损害)가 초래되는 경우, 위 주주는 회사의 이익을 위해 자기 명의로 직접 인민법원에 소를 제기할 수 있다(151조 2항). 이를 주주의 파생소송(派生诉讼 또는 代表诉讼)이라 한다.

한국의 경우 비상장회사의 경우 발행주식총수의 1% 이상의 주식을 가진 주주가 대표소송을 제기할 수 있다(상법 403조 1항).

나) 주주가 대표소송을 제기하는 경우, 회사를 소송에 참가하도록 하여 제3자 소송참가(第三人参加诉讼) 형식으로 진행하여야 한다(사법해석(4) 24조 1항).

다) 주주가 위 대표소송에서 승소하면, 그 이익은 회사에 귀속되고, 회사는 주주가 지출한 소송비용 중 합리적인 비용(合理费用)을 부담한다(사법해석(4) 25조, 26조).

3) 회사 종료(公司终止): 해산판결청구권

회사가 경영에 엄중한 어려움(严重困难)이 있고, 계속 존속할 경우 주주의 이익에 중대한 손해(重大损失)가 발생할 상황에서, 다른 방법으로 문제해결이 불가능한 경우, "의결권 없는 주식을 제외"한 발행주식총수의 10% 이상의 주식을 가진 주주는 인민법원에 해산을 청구하는 소를 제기할 수 있다(182조). 이는 회사가 교착상태에 처해 있어 내부 결정을 할 수 없거나 상당히 지연됨으로써 회사의 정

---

33) 이사, 고급관리인원을 상대로 소를 제기하는 경우에는 감사회 주석이 회사를 대표하고, 감사를 상대로 소송을 제기하는 경우에는 이사장이 회사를 대표한다(사법해석(4) 23조 1항).

상적인 운영에 영향주는 경우 주주에게 부여한 해결방법의 하나이다. 단, "경영과정에서 큰 어려움"이 어느 정도여야 하는지, 이러한 상태의 존속 기간이 얼마여야 하는지에 대해 일관된 기준이 없기 때문에 실무적으로 인정받기 어렵고, 소송기간이 긴 등 원인으로 인해 효율적으로 적용되지는 않고 있다.

한국의 경우 발행주식총수의 10% 이상의 주식을 가진 주주가 법원에 회사의 해산을 청구할 수 있다(520조 1항).

3. 주식평등의 원칙

가. 개   설

주주는 회사에 대한 관계에서 그가 가지고 있는 주식수에 비례하여 평등한 취급을 받아야 한다는 원칙을 말한다. 중국 회사법은 한국 상법과 달리 주식평등의 원칙을 명문으로 규정하고 있다. 즉, 주식의 발행은 공평·공정의 원칙에 의하며 동일한 주식은 동일한 권리를 가진다(126조 1항).

주식평등의 원칙은, ① 회사와 주주 사이에 적용되는 원칙으로 주주 간이나 주주와 제3자 사이에는 적용되지 않고, ② 동일한 종류의 주식 사이에 적용되는 원칙이다.

나. 내   용

1) 이익배당에 관한 166조 4항, 잔여재산분배에 관한 186조 2항, 의결권에 관한 103조 1항 등의 규정은 주식평등의 원칙을 구현한 것이라고 할 수 있다.

2) 중국 회사법상 주주에게 신주인수권이 인정되지 않지만, 기존 주주에게 신주를 배정할 경우 주식평등의 원칙에 따라 주식 수에 따라 배정하여야 한다.

다. 예   외

1) 법률이 정하는 경우에는 주식평등의 원칙에 대한 예외가 인정된다. 회사법상 인정되는 주식평등의 원칙의 예외로는 ① 종류주식(种类股)(131조), ② 각종 소수주주권, ③ 정관의 규정에 의한 이익배당(166조 4항) 등이 있다.[34] 한국 상법

---

34) 중국 유한회사의 경우 전체 사원의 사전 약정으로, 출자비율과 달리 이익배당을 하거나 증자를 함에 있어서 출자비율과 달리 지분을 배정할 수 있다(34조). 그리고 사원총회에서 사원이 출자비율에 따라 의결권을 행사하지만, 정관에 별도의 규정이 있는 경우 그렇지 않다(42조).

상 인정되는 주식평등의 원칙의 예외로는 ① 종류주식(344조), ② 각종 소수주주
권, ③ 감사 선임 시의 의결권제한(409조), ④ 단주처리방법(443조) 등이다.

　　2) 정관의 규정이나 주주총회의 결의로는 그 예외를 인정될 수 없다.[35] 중국
은 정관에 의하여 주식비율과 달리 이익배당을 할 수 있는데(166조 4항),[36] 이것
은 정관에 의한 제한이 아니라 법률에 의한 제한으로 보아야 한다.

II. 주주의 의무

1. 출자의무

　　주식회사 발기설립의 경우 분할납입제[37]를 채택하고 있어서, 발기인은 정관
에 규정한 바에 따라 출자의무를 이행할 의무가 있다(81조 5호, 83조 1항). 즉, 발기
인은 회사성립 후 주주가 되고, 그 이후에는 주주의 지위에서 정관에 따른 출자
의무를 부담한다.[38]

　　모집설립의 경우 한국 주식회사 설립과 마찬가지로 전액납입제(全部缴纳制)를
채택하고 있어서,[39] 출자의무는 발기인 또는 주식인수인의 의무이지 주주의 의무
가 아니다. 다만, 회사의 성립 후 주주가 예외적으로 출자의무를 부담할 수 있다.
즉, 발기인 또는 주식인수인이 출자의무를 이행하지 않았음에도 설립등기가 마쳐
진 경우, 발기인 또는 주식인수인은 주주가 되고, ① 당해 주주가 인수계약에 따
른 납입의무를 부담한다. ② 이때 발기인은 위 주주와 연대책임을 진다(사법해석
(3) 13조 1항, 3항). 전자는 인수계약에 근거한 계약위반책임(违约责任)이고, 후자는

---

35) 일본 최고법원은 경영권 방어와 관련하여 주주평등의 원칙에 반하여 특정 주주에게 차별적
　　취급을 허용한 판결이 있다(불독소스 사건).
36) 한국 상법에서는 유한회사의 경우 "이익의 배당은 정관에 다른 정함이 없는 경우 외에는 각
　　사원의 출자좌수에 따라 하여야 한다"고 규정하고 있다(580조).
37) 분할납입제와 전액납입제에 대하여는 제3장 제1절 제1항(자본제도) 참조.
38) 한국 유한회사의 사원은 그가 인수한 출자에 대한 출자의무를 부담한다(553조). 다만, 주주
　　와 달리 사원은 예외적으로 회사설립시(550조, 551조), 증자시(593조), 조직변경시(607조)
　　출자가 납입되지 않거나 재산의 실제가액이 평가액에 현저히 미달하는 경우에는 그 부족액
　　을 연대하여 납입할 책임을 진다. 이를 사원의 출자전보책임이라고 한다.
39) 금전출자와 현물출자를 이행한 후 출자검사기관의 검사를 받고(89조 1항, 「회사등록자본등
　　기관리규정」 9조 2항), 그 검사증명서(验资证明)를 설립등기 시에 제출하여야 한다(92조 1
　　항 4호).

회사법상 자본충실책임이다.

2. 법령 및 정관 준수의무

주주는 법률, 행정법규 및 정관[40]을 준수하여야 한다(20조 1항).[41] 회사법에서는 특히, 허위출자(虛假出資) 및 출자금불법회수(抽逃出資)에 대하여 벌칙 조항을 두고 있다. 즉, 회사의 발기인, 주주가 허위출자한 경우, 회사등기기관은 그 시정을 명하고, 허위출자 금액의 5% 이상 15% 이하의 벌금(罰款)을 부과한다(199조).

회사의 발기인, 주주가 회사성립 후 출자금불법회수(抽逃出資)한 경우, 회사등기기관이 그 시정을 명하고, 유용한 금액의 5% 이상 15% 이하의 벌금을 부과한다(200조).

3. 신의성실의무

가. 개설: 충실의무와의 관계

민법전에 따르면 민사주체의 민사활동은 신의성실의 원칙(誠信原則)을 준수하여야 하는데(7조), 주주도 이에 따라 신의성실의무(誠信义务)를 부담한다.[42] 신의성실의무에 위반한 권리의 행사를 권리남용이라고 한다. 회사법은 권리남용과 관련하여 ① 주주의 권리남용 금지, ② 지배주주(控股股东)의 지위남용 금지, ③ 법인격남용 금지에 대하여 규정하고 있다.

한편, 이사, 감사, 고급관리인원은 회사에 대해 충실의무(忠实义务)와 근면의무(勤勉义务)를 부담하는데(147조), 신의성실의무와 충실의무는 구별되므로, 주주가 충실의무를 부담한다고 볼 수 없다.

나. 주주의 권리남용 금지

주주가 권리를 남용하여 회사 또는 다른 주주의 이익을 침해해서는 안되고 (20조 1항), 주주가 주주의 권리를 남용(濫用股东权利)하여 회사와 다른 주주에게 손실을 끼쳤을 경우, 법에 따라 배상책임(赔偿责任)을 진다(20조 2항).

---

40) 정관은 회사, 주주, 이사, 감사, 고급관리인원에 대하여 구속력을 갖는다(11조).
41) 이사, 감사, 고급관리인원은 법률 행정법규 및 정관을 준수하여야 한다(147조).
42) 「상장회사 지배구조 준칙」에서, 지배주주(控股股东)는 회사 및 주주에 대하여 신의성실의무를 부담한다고 명시하고 있다(19조).

구체적으로는, 회사가 주주에게 담보를 제공하기 위한 주주총회에서 당해 주주는 의결권이 없는데(16조 3항), 당해 주주가 표결에 참가하여 담보를 취득한 경우 또한 주주가 정보열람청구권을 행사하여 취득한 회사의 정보를 남용한 경우 등이 이에 해당한다.[43]

다. 지배주주의 지위남용 금지

지배주주(控股股东)는 관련관계(关联关系)[44]를 이용하여 회사에 손해를 끼쳐서는 안되고, 이를 위반하여 회사에 손해를 입힌 경우 배상책임(赔偿责任)을 진다(21조). 관련관계의 이용방법에는 자기거래 또는 회사기회 유용이 있지만 이에 한하지 않는다. 이와 관련하여 자세한 내용은 제10장 제3절 Ⅵ주주의 권리 남용 금지 부분에 맡기기로 한다.

실제지배자(实际控制人),[45] 이사, 감사, 고급관리인원도 지배주주와 동일한 의무를 부담한다(21조 1항).

라. 법인격남용 금지

주주는 법인의 독립지위 및 주주의 유한책임 제도를 남용하여 회사채권자의 이익을 침해해서는 안되는데(20조 1항), 주주가 법인의 독립지위 및 주주의 유한책임 제도를 남용하여, 회사채무를 면탈(逃避债务)하거나, 회사채권자의 이익에 엄중한 손해(严重损失)를 입혔을 경우, 주주는 회사채무에 대해 연대책임을 진다(20조 3항). 이와 관련하여 제10장 제3절 Ⅳ와 Ⅴ부분을 참고하기 바란다.

한편, 1인유한회사에 대하여는 별도의 규정을 두고 있다. 즉, 1인유한회사의 경우 사원은 회사재산의 독립성을 증명하지 못하는 경우, 회사채무에 대해 연대책임을 부담하는데(63조), 이 규정도 법인격부인에 대한 규정이다.

---

43) 安建, 中华人民共和国公司法解释, 法律出版社(2013), 45-46면.
44) 관련관계(关联关系)란 회사의 지배주주, 실제지배자(实际控制人), 이사, 감사, 고급관리인원이 직접 또는 간접적으로 통제하는 기업과의 관계이거나, 회사의 이익을 이전할 가능성이 있는 기타의 관계를 말한다. 단, 국가가 지분을 통제하는 기업 간에 단지 국가의 지분통제를 받는 이유만으로는 관련관계(关联关系)가 있는 것으로 간주하지 않는다(216조 4호). 关联关系를 특수관계로 번역할 수도 있다.
45) 실제지배자란 회사의 주주가 아니지만, 투자관계, 계약 또는 기타 방식으로 실질적으로 회사를 지배하는 자를 말한다(216조 3호).

4. 지배주주의 청산의무

회사가 합병 또는 분할 외의 사유로 해산하는 경우, 해산사유가 발생한 날로부터 15일 이내에 청산조(清算组)를 구성하여 청산을 시작하여야 하는데(183조 1항), 주식회사의 청산조는 이사 또는 주주총회에서 확정한 인원으로 구성된다(183조 2항).

「최고인민법원의 회사법 적용에 있어서 약간의 문제에 관한 규정(2)」(사법해석(2))[46]에 따르면, 주식회사의 이사 또는 지배주주(控股股东)가 법정기간 내에 청산조를 결성하여 청산을 개시하지 않음으로써 회사재산의 감가(贬值), 유실, 훼손 또는 멸실(灭失)이 발생한 경우, 채권자는 그들에게 "그로 인한 손실의 범위 내에서" 회사채무에 대한 연대책임을 주장할 수 있다(18조 1항).

제3항 주주의 확정

Ⅰ. 주식의 취득시기와 출자의무의 이행

1. 개   설

발기인 또는 주식인수인은 회사성립과 동시에 주주가 된다. 주식회사의 성립시기는 회사등기기관으로부터 영업집조(营业执照)를 발급받은 날이다(7조 1항).

2. 주주의 자격과 출자불이행 또는 출자하자와의 관계

주식인수인이 인수계약에 따른 출자의무를 이행하지 않는 경우 주주의 자격에 어떠한 영향을 미치는가? 주주 자격의 근거는 주식인데, 중국 민법전에 따르면 출자의무와 주식취득은 동시이행관계에 있다고 볼 수 있고(66조, 민법전 525조), 이에 따라 출자의무를 이행하여야 주식을 취득하고 나아가 주주가 된다는 견해가 있다.[47]

---

46) 最高人民法院关于适用《中华人民共和国公司法》若干问题的规定(二)(2008년 제정, 2014년, 2020년 개정).

47) 范健 · 王建文, 公司法(第四版), 法律出版社(2015), 281면.

발기설립의 경우 정관에 발기인이 인수하는 주식수(认购的股份数)와 출자기일을 기재하여야 하는데(81조 5호), 설립등기 시에 모든 발기인의 출자기일이 도래하지 않은 경우, 주식회사는 성립하였지만 주주가 없는 상황이 발생할 수 있다. 따라서 주식인수계약의 체결로 주식인수인의 지위를 취득하고, 회사성립과 동시에 정관에 기재한 주식의 수만큼 주식을 취득하면서 주주가 된다고 보아야 할 것이다.48)

한편, 모집설립의 경우에는 회사설립 전에 출자의무를 이행하여야 하는데(80조 2항, 85조), 출자의무를 이행하여야 설립등기가 가능하다(회사등기관리조례 21조 3항). 설립등기 후 출자에 하자가 있더라도 이미 취득한 주식의 효력에는 영향이 없다.

주주가 출자의무를 완전히 이행하지 않거나 출자금불법회수(抽逃出资)한 경우, 주식회사는 정관 또는 이사회의 결의에 의하여, 해당 주주의 이익배당청구권(利润分配请求权), 잔여재산분배청구권(剩余财产分配请求权) 등 주주의 권리를 합리적인 범위 내에서 제한할 수 있다(사법해석(3) 16조).

3. 신주발행의 경우

주식회사가 신주를 발행하는 경우 언제 주주가 되는지에 대하여 명문의 규정이 없다.

유한회사의 경우 정관에 사원의 출자액을 기재하므로(25조 1항 5호), 특별한 약정이 없는 한, 회사가 사원총회에서 신주발행 및 정관변경을 결의하고(43조 2항 단서), 신주인수계약을 체결하는 시점에 사원이 확정된다.

II. 타인 명의의 주식의 인수

실질적으로 주식 자금을 출연하였지만 형식상 주주로 나타나지 않은 자를 익명주주(隐名股东)라 한다. 한국에서는 강학상 실질주주라 한다. 주식회사의 경우 주식(股份)은 주권(股票)의 형식을 취하고, 주권은 주식을 소유하고 있음을 증명하는 증빙(凭证)으로서(125조 2항), 비록 비설권증권이지만 그 증권의 소지에 의하여

---

48) 郑云瑞, 전게서, 109면.

거래가 이루어지고 있으므로 익명주주의 문제는 거의 발생하지 않는다.[49]

그러나 유한회사의 경우 주권이 없고, 익명주주의 문제가 많이 발생한다. 이에 따라 사법해석(3)에서 유한회사의 익명주주에 대하여 특별한 규정을 두고 있다. 이에 대하여는 후술하기로 한다.

제4항 주권과 주주명부

I. 주권

1. 개설

회사의 주식(股份)은 주권(股票)의 형식을 취한다. 주권은 주주가 주식을 소지하고 있음을 증명하는 유가증권이다(125조 2항). 주식회사 성립 후 지체없이 주주에게 주권을 교부(交付)하여야 한다(132조). 이러한 회사의 의무에 상응하여 주주는 주권교부청구권을 갖는다.

회사성립 이전에는 주주에게 주권을 교부하지 못한다(132조). 주식이 존재하지 않은 시점에 발행된 주권은 무효이다(비설권증권성). 주식의 양도는 주권의 양도의 형식을 취하나(139조, 140조), 기명주권의 경우 회사에 대한 권리의 행사에 주권의 소지가 반드시 필요한 것은 아니다(130조).

2. 주권의 기재사항

주권은 요식증권이다. 이에 따라 다음 각 호의 주요사항이 명기되어야 한다(128조 1항). ① 회사명칭, ② 회사의 설립일자, ③ 주권의 종류, 액면금액 및 주식의 총수,[50] ④ 주권의 번호 등이다.

주권은 법정대표자가 서명하고 회사가 날인한다(128조 2항). 발기인의 주권에는 "발기인 주권(发起人股票)"이라는 문구(字样)가 표시되어 있어야 한다(128조 3항).

---

49) 范健·王建文, 전게서, 266면; 郑云瑞, 전게서, 108면.

50) 주권은 발행단위에 따라 1개의 주식을 표창하는 단일주권과 복수의 주식을 표창하는 병합주권으로 나눌 수 있는데, 주권에 주식의 총수를 기재한 것으로 보아 병합주권을 발행하는 것이 가능하다.

3. 주권의 종류

주권에는 기명주권과 무기명주권이 있다. 회사가 발기인, 법인에게 발행하는 주권은 기명주권이여야 하고, 주권에는 발기인의 성명 또는 법인의 상호를 기재하여야 하고, 별도의 명칭이나 대표자의 성명을 기재하여서는 안 된다(129조). 실무적으로 주식의 공개발행의 경우(증권법 9조) 대부분 무기명주권을 발행한다고 한다. 무기명주식은 정관에서 정한 바에 따라 기명주식으로 전환할 수 있다.[51]

기명주권의 경우 회사에 대한 권리행사에 주권의 소지를 주주명부의 기재로 대체할 수 있으나, 무기명주권의 경우 주주명부에 주주의 이름이 없으므로 권리의 행사에 주권의 소지가 필요하다. 즉, 무기명주권 소지자(持有人)가 주주총회에 출석할 때는 회의소집(会议召开)하기 5일 전부터 주주총회가 폐회될 때까지 주권을 회사에 보관(交存于公司)시켜야 한다(102조 4항).

4. 주식의 전자등록 및 주권의 불소지

중국 회사법에는 주식의 전자등록에 대한 규정은 없다. 한국 상법에 따르면, 회사는 주권을 발행하는 대신 정관으로 정하는 바에 따라 전자등록기관의 전자등록부에 주식을 등록할 수 있다(356조의2 1항).

중국 회사법에는 주권불소지에 대한 규정은 없다. 한국 상법에 따르면, 주주는 정관에 다른 정함이 있는 경우를 제외하고는 그 주식에 대하여 주권의 소지를 하지 아니하겠다는 뜻을 회사에 신고할 수 있다(358조의2 1항).

5. 주권의 분실과 재발행

주주가 주권을 분실한 경우 공시최고(公示催告) 절차를 거쳐서 재발급을 받아야 한다(「민사소송법」 208조).

II. 주주명부

주주명부는 회사가 법에 따라 주주 및 그 소유 주식을 기재한 명부를 말한

---

51) 范健·王建文, 전게서, 314면.

다.52) 주주의 기본상황을 요해하고 주주의 권익을 보장하기 위해 회사에 주주명부를 비치할 것을 요구한다(96조).

1. 개　　설

회사가 기명주권을 발행할 경우, 주주명부를 비치하고 다음 각호의 사항을 기재하여야 한다(130조 1항). ① 주주의 성명 또는 명칭, 주소, ② 각 주주가 소지(所持)한 주식의 수, ③ 각 주주가 소지(所持)한 주권의 번호, ④ 각 주주가 그 주식을 취득한 일자 등이다. 유한회사의 경우 주권이 없기 때문에 출자증명서(出资证明书)의 번호를 기재한다(32조 1항 3호).

회사가 무기명주권을 발행할 경우, 회사는 그 주권의 수, 번호 및 발행일자를 기재하여야 한다(130조 2항).

2. 주주명부 기재의 효력

회사법은 주주명부의 효력에 대한 규정을 두고 있지 않지만, 일반적으로 추정력과 면책력이 인정된다. 즉, 주주명부에 기재된 자는 회사에 대한 관계에서 주주로 추정되기 때문에 주권을 소지 않고 권리행사를 할 수 있고, 회사는 주주명부에 기재된 주소로 주주총회의 소집을 통지하면 면책된다.53) 따라서 주식양수인이 회사에 대하여 주주로서 권리 주장을 하기 위해서는 주주명부의 명의를 변경할 필요가 있다(139조 2항). 다만, 주주명부의 기재는 회사에 대하여 권리를 주장하기 위하여 필요한 것으로, 주식양수인이 주주명부의 명의를 변경하지 않더라도 주주의 자격을 잃는 것이 아니다.

3. 주주명부의 폐쇄

주주명부의 폐쇄라 함은 회사가 주주권을 행사할 수 있는 주주를 확정하기 위해 일정한 시기에 주주명부의 기재를 정지하는 것을 말한다.54) 주주총회를 소집하기 전의 20일 이내 또는 회사가 주식배당금을 배분하기로 결정한 기준일 전의 5일 이내에 주주명부의 변경등기를 진행할 수 없다(139조 2항). 주주명부를 폐

---

52) 施天涛, 公司法论(第四版), 法律出版社(2018), 248면.
53) 郑云瑞, 전게서, 101-102면.
54) 赵旭东主编(2015), 전게서, 261면, 施天涛, 전게서, 251면.

쇄하는 기간 동안 주주명부에 기재된 주주만 주주권을 행사할 수 있고, 그 기간 동안 지분권 변동계약이 체결되더라도 주주명부에 변경사항을 기재할 수 없다. 이는 주주 권리를 행사할 수 있는 권리자를 확인하고,[55] 특정 시기에 주식 또는 지분을 취득한 자가 주주권을 행사하는 것을 방지하기 위함이다.

4. 주주명부의 공개

회사는 주주명부를 회사에 비치하여야 하고 주주는 이를 열람할 권리가 있다 (97조).

제5항   주식의 양도

I. 개   설

주주는 보유한 주식(股份)을 "법에 따라 양도"(依法轉让)할 수 있다(137조). "법에 따라 양도"한다는 것은 ① 법에 의하여 주식양도가 제한될 수 있지만, ② 법이 아닌 정관 등에 의한 주식양도의 제한은 허용되지 않는다는 것을 의미한다.[56]

물적회사인 주식회사의 경우 주주의 개성이 중요하지 않기 때문에 주식양도의 자유가 인정되지만, 유한회사의 경우 폐쇄성이 있으므로, 사원이 그 지분(股权)을 제3자에게 양도하는 것을 제한하고 있다(71조 2항).

II. 주식양도의 방법

1. 양도방법에 대한 규제

회사법 138조는 "주주가 주식을 양도(转让)하는 경우, 법에 따라 설립된 증권거래소에서 진행하거나 국무원이 규정한 기타의 방식으로 진행하여야 한다"고 규정하고 있다.

---

55) 주주가 권리를 행사하는 과정에서 지분권 변동이 발생할 수 있으므로 일정한 기간 내에 주주명부의 기재를 정지시켜 주주권의 행사자를 확정하려는 것이다.
56) 安建, 전게서, 215면.

가. 상장회사

상장회사의 경우 1990년에 개설된 상해증권거래소 또는 1991년에 개설된 심천증권거래소에서 상장주권이 거래된다(144조). 투자자가 증권회사에 위탁하여 증권거래를 하기 위해서는 증권등기결산기구(证券登记结算机构)에서 증권계좌(证券账户) 개설을 신청하여야 한다(증권법 157조 1항, 106조). 중앙예탁기구인 증권등록결제기구는 증권회사의 명의가 아닌 투자자 명의로 투자자증권계좌를 개설한다(증권법 157조 1항). 증권등록결제기구가 발행회사에게 증권소유자명부(证券持有人名册)를 제공한다(증권법 151조 1항). 상장주권의 양도의 경우 증권등록결제기구가 거래결과에 근거하여 증권회사 고객을 위하여 증권의 등록명의 변경절차(登记过户手续)를 수행한다(증권법 108조).

한국의 경우 먼저 투자자가 주권을 금융투자업자(예탁자)에 예탁하면 예탁자가 투자자계좌부를 작성하고(「자본시장법」 310조), 예탁자는 다시 중앙예탁기구인 예탁결제원에 예탁하면 예탁결제원은 예탁자계좌부를 작성한다(「자본시장법」 309조). 예탁결제원은 예탁증권에 대하여 자기 명의로 명의개서 또는 등록을 청구할 수 있는데(「자본시장법」 314조 2항), 발행회사의 요청이 있는 경우, 실질주주명부를 작성한다(「자본시장법」 315조 3항). 상장주권의 양도의 경우 투자자계좌부 또는 예탁자계좌부에 증권의 양도를 목적으로 계좌 간 대체의 기재를 한 경우 증권의 교부가 있었던 것으로 본다(「자본시장법」 311조 2항).

나. 비상장 공개회사

비상장 공개회사(非上市公众公司)의 주권의 양도는 증권법(37조)과 「비상장 공개회사 감독관리방법」(4장)의 적용을 받는다. 비상장 공개회사를 등록회사(挂牌公司)라고도 한다(「중소기업주식 매매시스템 유한회사 관리 잠정시행방법」[57] 3조).

비상장공개회사의 주권양도와 관련 규정으로는 「국무원의 전국중소기업주식 매매시스템 관련 문제에 관한 결정」[58] 및 「전국중소기업 주식매매시스템 업무규칙(시행)」[59]과 「전국중소기업 주식매매시스템 투자자적격성 관리세칙」,[60] 「전

---

[57] 全国中小企业股份转让系统有限责任公司管理暂行办法(2013년 제정, 2017년 개정).

[58] 国务院关于全国中小企业股份转让系统有关问题的决定(2013년 제정).

[59] 全国中小企业股份转让系统业务规则(试行)(2013년 제정, 2014년 개정).

[60] 全国中小企业股份转让系统投资者适当性管理细则(2013년 제정, 2014년, 2017년 개정).

국중소기업 주식매매시스템 주권등록조건 적용 기본표준 가이드」,[61] 「비상장공개회사 감독관리 가이드」,[62] 「비상장공개회사 정보공개 내용과 격식 준칙」,[63] 「비상장공개회사 인수관리방법」[64] 및 「전국중소기업 주식매매시스템 등록회사 주식환매 실시세칙」,[65] 「전국중소기업 주권등록업무 가이드라인」[66] 등이 있다.

다. 비상장 비공개회사

비상장회사의 주식양도는 국무원이 규정한 기타의 방식으로 진행하여야 하는데(138조), 국무원은 비상장비공개회사의 주권의 양도방식에 대한 규정을 제정한 바 없다. 이에 따라 비상장비공개회사의 경우 주식양도를 할 수 없다는 견해가 있을 수 있으나, 138조는 주식양도의 자유를 전제로 한 규정으로 보아 국무원이 주식양도 방식에 대하여 규정한 바 없으므로 회사법의 규정한 바에 따라 양도할 수 있다고 본다.

2. 주권의 양도방식 강제

증권거래소 및 주식거래시스템 밖에서 주식을 양도하는 경우 반드시 주권(股票)을 통해야 한다. 이하에서 기명주권과 무기명주권으로 나누어서 살펴보기로 한다.

가. 기명주권의 주식양도: 배서와 명의개서

기명주권(记名股票)부 주식은 주주가 배서(背书)의 방식 또는 법률, 행정법규가 규정한 기타 방식으로 양도한다(139조 1항). 법령이 정한 기타의 방식이란 상장회사와 공개회사의 경우 주권의 배서 방식이 아닌 중앙예탁기구의 계좌부의 기재를 변경하는 방식, 즉, 대체결제(划拨交割)을 채택한 것을 말한다.[67]

---

61) 全国中小企业股份转让系统股票挂牌条件适用基本标准指引(2013년 제정, 2017년 개정, 2020년 개정).
62) 非上市公众公司监管指引(2013년 제정, 2020년 개정).
63) 非上市公众公司信息披露内容与格式准则(2013년 제정, 2020년 개정).
64) 非上市公众公司收购管理办法(2014년 제정, 2020년 개정).
65) 全国中小企业股份转让系统挂牌公司回购股份实施细则(2018년 제정, 2021년 개정).
66) 全国中小企业股份转让系统股票挂牌业务操作指南(2013년 제정, 2014년 개정, 2014년 2차 개정, 2015년 개정, 2017년 개정, 2020년 개정).
67) 安建, 전게서, 219면.

양수인이 회사에 주주로서 권리행사를 하기 위해서는 주주명부의 명의를 변경하여야 한다. 양수인의 명의개서(股东名册变更登记) 청구가 있으면, 회사는 양수인의 성명 또는 명칭, 주소를 주주명부에 기재한다(139조 1항). 주주총회 소집일(会议召开) 이전(前) 20일 이내 또는 회사가 배당금을 분배(分配股利)하기로 결정한 기준일 이전 5일 이내에는 주주명부의 명의를 변경할 수 없다(139조 2항).

나. 무기명주권의 주식양도

무기명주권(无记名股票)부 주식의 양도는 주주가 법에 의하여 설립된 증권거래소에서 주권(股票)을 양수인에게 교부하면 즉시 양도의 효력을 발생한다(140조).

Ⅲ. 주식양도의 제한

1. 인적 제한

가. 발 기 인

발기인이 회사 성립일로부터 1년 내에는 보유 주식을 양도하지 못한다(141조 1항).

회사가 주식을 공개발행(公开发行)[68]하기 전에 보유한 주식은, 회사의 주권이 증권거래소에 상장되어 거래되기 시작한 날로부터 1년 내에는 양도할 수 없다(141조 1항). 회사법 조문은 발기인으로 한정하지 않으나 조문의 체계적 해석에 비추어 보아 발기인으로 한정하여 해석하는 것이 타당하다. 발기인 이외의 자가 공개발행 전에 취득한 주식에 대해서는 주권이 상장된 이후 일정기간 동안 거래를 제한할 정당한 이유가 없기 때문이다.

나. 이사, 감사, 고급관리인원[69]

이사, 감사, 고급관리인원은 임기중 보유 주식의 25%를 초과하여 양도할 수 없다. 이사 등은 회사 주권이 상장된 날로부터 1년 내에는 보유 주식을 양도할 수

---

68) 「증권법」에 따르면 다음 각 경우에 공개발행으로 본다(9조). ① 불특정인을 대상으로 증권을 발행하는 경우, ② 합계 200명을 초과하여 특정인을 대상에게 증권을 발행하는 경우, ③ 법률, 행정법규에서 규정한 기타 발행하는 경우 등이다.
69) 이사 등은 보유하고 있는 당해 회사의 주식과 그 변동사항을 회사에 신고하여야 한다(141조 2항).

없다. 이사 등은 퇴직(离职)한 후 반년 내에는 보유 주식을 양도할 수 없다(141조 2항).

추가적으로 정관에서 이사, 감사, 고급관리인원이 보유한 주식 양도에 관한 제한을 규정할 수 있다.

2. 자기주식의 취득 제한

가. 자기주식의 예외적 취득

1) 회사는 자기주식(本公司股份)을 취득(收购)할 수 없다(142조 1항). 단, 다음 각 호의 하나일 경우 예외로 한다. ① 회사의 등록자본금을 감소하기 위하여 취득하는 경우, ② 당해 회사의 주식을 소유(持有)한 다른 회사와 합병하면서 취득하는 경우, ③ 회사의 직공(职工)에게 상여(奖励)로서 주식을 지급하기 주식을 취득하는 경우, ④ 합병 또는 분할을 위한 주주총회 결의에 반대한 주주가 주식매수청구권(股份回购请求权)을 행사하여, 이에 따라 주식을 취득하는 경우 등이다.

2) 회사가 직공(职工)에게 상여로서 주식을 교부하기 위한 목적으로 자기주식을 취득하기 위하여는 그 취득재원이 회사의 당기순이익(当年税后利润)이어야 하고, 발행주식총수의 5%를 초과할 수 없으며, 주주총회의 결의를 거쳐야 한다(142조 2항). 취득한 자기주식은 1년 내에 직공에게 양도(转让)하여야 한다(142조 3항).

나. 자기주식의 소각 및 처분

회사가 등록자본금을 감소하기 위하여 취득하는 경우 취득일로부터 10일 내에 소각(注销)하여야 한다(142조 2항).

회사가 당해 회사의 주식을 보유한 다른 회사와 합병하면서 취득하는 경우 또한 주주의 주식매수청구권(股份回购请求权) 행사에 의하여 취득한 경우, 취득일로부터 6개월 내에 소각(注销)하거나 양도(转让)하여야 한다(142조 2항).

회사가 직공에게 주식을 상여(奖励)로서 지급하기 위하여 취득한 경우, 1년 이내에 직공에게 지급(转让)하여야 한다(142조 3항).

다. 자기주식의 지위

자기주식은 의결권이 없고(103조 1항), 이익배당(分配利润)을 받을 수 없고(166조 6항), 회사는 자기주식을 질권의 목적물(标的)로 하지 못한다(142조 4항).

제2절 유한회사의 지분과 사원

제1항 개   설

사원이 회사와의 관계에서 갖는 권리의무의 총체 또는 그 기초되는 사원의 지위를 지분(股权)이라고 한다. 중국 회사법의 경우 정관에 출자 1좌의 금액을 기재할 필요가 없고, 등록자본금과 사원의 출자액(出资额)만 기재하면 되므로(25조 1항 3호, 5호), 단일지분주의를 채택하고 있다.

한국 상법의 경우 정관에 자본금의 총액과 출자 1좌의 금액, 각 사원의 출자좌수를 기재하여야 하고(543조 2항 2호, 3호, 4호), 사원의 지분이 그 출자좌수에 따른다는 점(554조)에서 복수지분주의를 채택하였다.[70]

제2항 사원의 지위: 권리와 의무

I. 사원의 권리(股东权利)

여기에서는 주식회사의 주주의 권리와 차이나는 부분만 설명하기로 한다.

1. 자익권(自益权)

가. 이익배당청구권

회사는 배당가능이익[71]을 사원이 납입(实缴)한 출자비율(出资比例)에 따라 이익배당을 하는데(166조 4항, 34조), 이를 사원의 이익배당청구권(分红权)이라 한다. 다만, 전체 사원의 약정에 의하여, 출자비율에 따른 이익배당을 하지 않을 수 있다(34조 단서).

주식회사와 마찬가지로, 법률의 규정을 위반하고, 사원의 권리를 남용하여

---

70) 김건식 등, 전게서, 954면.
71) 회사는 당기순이익에서 10%를 법정준비금으로 공제해야 하고(법정준비금의 적립액이 등록자본금의 50% 이상일 경우 적립을 요하지 않음), 결손금과 법정준비금을 공제한 나머지가 배당가능이익이다(166조 1항, 4항).

회사로 하여금 이익배당을 못하게 함으로써, 다른 사원에게 손해를 입힌 경우, 그 다른 사원은 인민법원에 회사를 피고로 하여 이익배당을 청구할 수 있다(사법해석 (4) 15조 단서).

나. 신지분인수권

사원은 주식회사의 주주와 달리, 자본금 증자 시 납입(实缴)한 출자비율에 따라 우선적으로 지분을 인수할 수 있는 권리가 있는데(34조), 이를 사원의 신지분 인수권(优先认缴出资权)이라고 한다. 다만, 전체 사원의 약정에 의하여, 출자비율에 따른 신지분인수권을 부여하지 않을 수 있다(34조 단서).

실무적으로 일부 사원이 신지분인수권을 포기할 경우, 기타 사원이 해당 포기한 부분에 대해 제3자보다 우선하는 인수권을 보유하게 있는지가 문제 되는데, 이에 대해 법원에서 상반된 판단을 내린 적이 있다. 텐진시 고급인민법원은 유한 회사의 지분 양도에 관해 사원에게 동의권과 우선권을 부여하는 목적은 유한회사의 인합성(人合性)을 존중하고 회사 사원의 지분비율과 이에 상응하는 권리를 유지하기 위함이므로, 회사의 기존 사원이 전부 증자를 인수할 수 없을 경우에만 사원 이외의 제3자가 회사에 증자할 수 있다[72]고 본다. 그러나 최고인민법원은 신지분인수권은 사원이 자기의 출자비율이 증자로 인해 희석되는 것을 방지하기 위함이지 신규 투자자의 투자를 배제하려는 것이 아니므로, 기존 사원이 기타 사원이 포기한 신지분인수권에 해당한 출자액에 대해 우선권을 주장할 수 없다고 본다.[73]

다. 잔여재산분배청구권

청산 후 잔여재산은 사원의 출자비율(出资比例)에 따라 배당하는데(186조 2항), 이를 사원의 잔여재산분배청구권(剩余财产分配请求权)이라 한다. 주식회사의 경우 주식비율(股份比例)에 따라 배당한다(186조 2항).

---

72) 聂梅英诉天津信息港电子商务有限公司等公司决议侵害股东权案((2006)津高民二终字第0076号).

73) 贵州捷安投资有限公司与贵阳黔峰生物制品有限责任公司等新增资本认购纠纷申请再审案(2010)民申字第1275号).

라. 지분양도권과 우선매수권

1) 사원의 지분양도

사원 상호간의 지분양도(股权转让)는 자유롭지만(71조 1항), 사원이 지분을 사원 이외의 자에게 양도하기 위해서는 사원 과반수의 동의를 얻어야 한다(71조 2항). 정관에 지분 양도와 관련하여 달리 규정할 수 있다(71조 4항).

2) 사원 과반수 동의절차

사원이 사원 이외의 자에게 지분을 양도하고자 할 경우, 다른 사원에게 지분양도 사항을 서면 또는 기타의 방식으로 통지하여 동의를 구해야 한다(71조 2항). 기타의 방식이란 수신확인(确认收悉)이 가능한 합리적인 방식을 의미한다(사법해석 (4) 17조).

다른 사원이 서면통지 등을 받은 날로부터 30일 내에 회신(答复)하지 않은 경우 동의한 것으로 간주된다(71조 2항). 사원 과반수가 양도에 동의하지 않는 경우, 동의하지 않은 사원은 양도하려는 지분을 매수하여야 하고, 매수하지 않는 경우 양도에 동의한 것으로 간주된다(71조 2항).

3) 지분양도의 경우 다른 사원의 우선매수권

사원 과반수의 동의를 얻어 양도하는 지분에 대하여, 다른 사원은 동등한 조건(同等条件)으로 우선적으로 매수할 수 있는 우선매수권을 가진다(71조 3항). 동등한 조건이란, 지분의 수량, 가격, 지급방식 및 기간 등을 종합적으로 고려하여 판단한다(사법해석(4) 18조). 다른 사원이 우선매수권을 행사할 수 있는 기간(行使期间)은, 정관에 규정하지 않은 한, 지분양도 통지일로부터 30일이다(71조 2항, 사법해석(4) 19조).

두 명 이상의 사원이 우선인수권을 행사하는 경우, 협상(协商)에 의하여 정하고, 협상이 되지 않는 경우 출자비율(出资比例)에 따라 우선인수권을 행사한다(71조 3항).

4) 강제집행의 경우 다른 사원의 우선매수권

인민법원이 강제집행(强制执行) 절차에 따라 사원의 지분을 양도하는 경우, 전체 사원에게 통지(通知)하여야 하며, 다른 사원은 동일한 조건으로 우선인수권을 행사할 수 있다. 다른 사원이 인민법원의 통지일로부터 20일 내에 우선매수권을 행사하지 않은 경우, 우선매수권을 포기(放弃)한 것으로 간주된다(72조).

마. 반대사원의 지분매수청구권

1) 개   설

주식회사의 경우 합병과 분할을 위한 주주총회 결의의 경우에만 반대주주의 주식매수청구권(股份回购请求权)이 인정된다(142조 1항 4호). 유한회사는 그 폐쇄성을 고려하여 다양하게 지분매수청구권(股权回购请求权)을 인정하고 있다.

2) 사   유

아래 상황의 하나에 해당될 경우, 사원총회 결의에서 반대한 사원은 회사에 대하여 합리적인 가격으로 그 지분을 매수할 것을 청구할 수 있다(74조 1항).

> 가. 회사가 연속하여 5년간 이익(盈利)이 있음에도 연속하여 5년간 사원에게 이익배당(分配利润)을 하지 않은 경우
>
> 나. 회사가 합병, 분할하거나 중요자산(主要财产)을 처분한 경우. 참고로, 주식 회사의 경우 중요자산 처분의 경우 사원에게 주식매수청구권을 인정하지 않고 있다.
>
> 다. 정관의 영업기간이 만료되었거나 규정한 해산사유가 발생하였음에도 사 원총회에서 정관을 변경하여 회사계속(公司存续)을 결의한 경우

3) 절   차

사원총회의 결의일(决议通过之日)로부터 60일 내에 사원과 회사 사이에 지분 매매에 관한 협의(收购协议)가 이루어지지 않을 경우, 사원은 사원총회 결의일로 부터 90일 내에 인민법원에 소를 제기할 수 있다(74조 2항). 지분매수청구권을 행사하기 위해, 회사에 이익배당을 하지 않기로 하는 사원총회 결의를 했고 해당 결의에서 사원이 반대한 것을 전제조건으로 하는지에 관해, 실무적으로 74조 규정을 확대 적용하여 사원총회를 실제로 소집하지 않더라도 인정해주고 있다.[74]

---

74) 상해시 중급인민법원은 회사법 75조에 의할 때 대주주와 회사가 소극적으로 비협조적으로 환매청구를 한 소수주주의 권리구제에 어려움을 줄 경우, 사원총회를 실제로 소집하지 않았지만 "5년 연속 이익배당을 하지 않고" "연속 5년 이익이 있는" 조건을 만족하였다면 사원의 주식매수청구권 행사 조건이 이미 성립한 것으로 볼 수 있다고 한다(上海建维工贸有限

학계에서도 지분매수청구권의 전제조건이 사원이 사원총회에서 이익배당을 하지 않은 결정에 대해 반대하였는지, 사원총회에서 이익배당을 하지 않기로 최종 결의하였는지 및 이의가 있는 사원이 결의 과정에서 반대표를 던졌는지가 핵심문제가 아니라고 지적하고 있다.[75]

2. 공익권(公益权): 단독사원권

가. 사원총회 관련

1) 의 결 권

사원총회는 사원이 출자비율에 따라 의결권(表决权)을 행사한다. 단, 정관에 별도의 규정이 있는 경우는 예외로 한다(42조). 이에 대한 자세한 내용은 제5장 회사의 기관구조의 사원총회 부분을 참고하길 바란다.

2) 사원총회에서 질의권

사원총회에서 이사, 감사, 고급관리인원으로 하여금 회의에 참석하도록 요청한 경우, 이사, 감사, 고급관리인원은 회의에 참석하여 사원의 질의(质询)에 응답하여야 한다(150조 1항). 주주는 회사의 경영에 대해 건의하거나 질의할 권한을 가지는데(97조), 사원에 대하여는 이러한 규정이 없다.

3) 사원총회 또는 이사회 결의하자의 소 제기

주식회사에서 주주총회 또는 이사회 결의하자의 소와 같다. 주주총회 결의하자의 소에 대하여는 제5장 제2절 제1항(주주총회)을 참고하기 바란다.

나. 알권리(知情权)

사원의 알권리는 당사자들의 약정에 의해 배제될 수 없다. 회사의 정관, 사원 간의 협의 등으로 실질적으로 사원들의 회사 문서자료에 대한 열람 및 등사권을 박탈한 경우에도, 회사는 이를 이유로 사원들의 열람 또는 복제 청구를 거부할 수 없다(사법해석(4) 8조).[76]

公司诉上海尊蓝山餐饮有限公司股份收购请求权纠纷案((2010)沪二中民四(商)终字第1406号)).

75) 王军, 전게서, 354면. 陈昌、沈璇敏, 股份收购请求权案件的调解思路与方法, 上海法院网(2009) 재인용.

76) 예컨대 彭天文与南京商畅网络科技有限公司股东知情权纠纷案((2020)苏01民终11010号).

1) 자료 열람 및 등사청구권

가) 대   상

사원은 정관, 사원총회 회의록(会议记录), 이사회 회의결의서(会议决议), 감사회 회의결의서(会议决议), 재무회계보고서(财务会计报告)를 열람(査阅())하고 등사(复制)할 권한을 가진다(33조 1항).

이사회와 감사회의 경우 사원총회와 달리 회의록이 아니라 회의결의서라고 되어 있어, 회의록77)뿐만 아니라 관련 회의자료도 열람 및 등사의 대상이 된다고 해석된다.

주식회사의 경우 주주명부의 열람을 청구할 수 있는데(97조), 유한회사의 경우 사원의 성명 또는 명칭을 회사등기기관에 등기하여야 하기 때문에(32조 3항) 그 대상에서 제외한 것으로 보인다.

나) 작성 또는 보존의무 불이행

유한회사는 사원명부(32조 1항) 외의 다른 문서의 경우 비치(置备)하여야 한다는 규정이 없다. 그러나 사법해석(4)에 따르면, 이사, 고급관리인원 등이 위 문서(文件材料)를 작성(制作) 또는 보존(保存)하지 못하여, 열람 및 등사를 청구한 사원에게 손해를 입힌 경우, 사원은 작성 또는 보존의무가 있는(负有) 이사 또는 고급관리인원 등에게 손해배상을 청구할 수 있다(12조).

2) 회계장부열람청구권

사원은 서면으로 목적(目的)을 설명(说明)하여 회계장부의 열람(査阅)을 청구(要求)할 수 있다(33조 2항). 재무회계보고서 등과 달리 "열람"할 권리가 있다고만 규정하고 있고, 등사할 수 있는지에 대해서는 언급이 없다. 실무적으로 회사 정관에 사원의 회계장부 "등사"권에 대한 규정이 없는 경우, 인민법원은 사원의 회계장부에 대한 등사권을 승인하지 않는다.78) 회계장부열람권에 관한 자세한 설명은 제7장 제2절 VI 주주(사원)의 회계장부열람권(査阅权)에 맡기기로 한다.

---

77) 이사회는 의사회의 결정(决定)에 대하여 회의록(会议记录)을 작성하여야 하고(48조 2항), 감사회는 감사회의 결정(决定)에 대하여 회의록(会议记录)을 작성하여야 한다(55조 4항).

78) 예컨대 李淑君、吳湘、孙杰、王国兴诉江苏佳德置业发展有限公司股东知情权纠纷案(中华人民共和国最高人民法院公报, 2011年第8期).

3. 공익권(公益权): 소수사원권

가. 사원총회 소집청구권

이사회를 설치한 경우, 이사회가 사원총회를 소집하고 이사장이 주최한다. 이사장이 직무를 수행할 수 없거나 수행하지 않는 경우는 부이사장이 주최하고, 부이사장이 직무를 수행할 수 없거나 수행하지 않는 경우는 과반수의 이사가 공동으로 선출한 한 명의 이사가 주최한다. 이사회가 설치되지 않은 경우, 집행이사가 사원총회를 소집하고 주최한다. 이사회 또는 집행이사가 사원총회의 소집 직무를 수행할 수 없거나 수행하지 않는 경우, 감사회 또는 감사회가 설립되지 않은 회사의 감사가 회의를 소집 주최한다. 감사회 또는 감사가 회의를 소집 주최하지 않을 경우, 10% 이상의 의결권을 가진 사원이 임시사원총회를 소집하고 주최할 수 있다(40조).

나. 해산판결청구권

10% 이상의 의결권을 대표하는 사원은 인민법원에 해산을 청구하는 소를 제기할 수 있다(182조). 해산사유는 주식회사와 동일하다.

II. 사원의 의무

1. 출자의무

사원은 정관에 규정한 바에 따라 출자액(出資額)을 시기에 맞게 납부하여야 하는데(28조 1항), 회사설립 후에는 회사에 출자의무를 부담한다.

사원이 정관에 규정한 바에 따라 출자금을 납입하지 않는 경우, 회사에 대하여 출자를 이행하여야 하는 외에, 기한에 맞게 출자금을 완납한 사원에 대하여 계약위반책임(违约责任)을 부담한다(28조 2항). 사원이 실제 출자한 가액이 회사정관에 규정된 가액보다 현저히 낮을 경우, 그 출자 사원은 차액을 추가 납부해야 하고, 회사설립 시의 기타 사원은 이에 대해 연대책임을 져야 한다(30조). 정관 위반을 계약위반 책임으로 구성한 것은 정관의 계약적 성질을 나타내는 것이다.

사원이 허위 출자하는 등 출자에 하자가 있는 경우 행정기관의 시정 명령 및 허위 출자금의 5-15% 벌금이 부과될 수 있다(199조). 단, 사원의 출자금의 미완납, 부실 출자 또는 허위 출자로 인해 사원 신분이 부인되지는 않는다. 이는 형식상 유효 원칙을 취한 것으로 회사 행위의 지속성과 유효성을 유지하고 거래 안전의 목적을 달성하기 위함이다.[79]

2. 법령 및 정관 준수의무

사원은 법률, 행정법규 및 정관[80]을 준수하여야 한다(20조 1항). 가장납입 금지, 출자금불법회수(抽逃出資) 등 주식회사 주주에 대한 설명과 동일하다.

3. 신의성실의무

권리남용 금지, 지배사원의 지위남용금지, 법인격남용 금지 등은 주식회사 주주에 대한 설명과 동일하다.

4. 청산의무

회사가 합병 또는 분할 외의 사유로 해산하는 경우, 해산사유가 발생한 날로부터 15일 이내에 청산조(淸算組)를 구성하여 청산을 시작하여야 하는데(183조 전문), 유한회사의 청산조는 사원으로 구성된다(183조 후문).

사법해석(2)에 따르면, 유한회사의 사원이 법정기간 내에 청산조를 결성하여 청산을 개시하지 않음으로써 회사재산의 감가(貶值), 유실, 훼손 또는 멸실(灭失)이 발생한 경우, 채권자는 그들에게 "그로 인한 손실의 범위 내에서" 회사채무에 대한 연대책임을 주장할 수 있다(18조 1항).

---

79) 施天涛, 전게서, 243면.
80) 정관은 회사, 사원, 이사, 감사, 고급관리인원에 대하여 구속력을 갖는다(11조).

제3항 사원의 확정

Ⅰ. 지분의 취득

1. 정관의 기재

유한회사 정관에 사원의 성명 또는 명칭을 기재하여야 한다(25조 1항 4호).[81] 따라서 회사설립신청 시에 정관을 제출하는데(회사등기관리조례 20조 2항), 회사 성립과 동시에 사원이 확정된다. 사법해석(3)에서도 당사자 사이에 지분 귀속에 다툼이 있는 경우 출자를 인수(认缴出资)한 사실을 입증하면 된다고 규정하고 있다(22조 1호).

2. 출자의무의 불이행과 사원의 지위

가. 계약위반책임

사원의 지위, 즉 지분의 취득은 정관의 기재에 근거한 것으로 출자의무의 이행과는 직접적인 관련이 없다. 사원이 정관에 규정한 바에 따라 출자금을 납입하지 않는 경우, 회사에 대하여 출자를 이행하여야 하는 외에, 기한에 맞게 출자금을 완납한 사원에 대하여 계약위반책임(违约责任)을 부담한다(28조 2항).

나. 출자의무 불이행 사원의 권리 제한

회사는 배당가능이익을 사원이 납입(实缴)한 출자비율(出资比例)에 따라 이익배당하고(166조 4항, 34조), 자본금 증가 시 실제 납입한 출자비율에 따라 우선적으로 출자를 인수할 수 있다(34조). 다만, 전체 사원의 약정에 의하여, 위 비율과 달리 이익배당 또는 우선출자인수권을 부여할 수 있다(34조 단서).

사원이 출자의무를 완전히 이행하지 않거나 불법으로 출자를 회수한 경우, 회사는 정관 또는 이사회의 결의에 의하여, 해당 사원의 이익배당청구권, 신지분인수권, 잔여재산분배청구권 등 사원의 권리에 대하여 합리적인 범위 내에서 제한할 수 있다(사법해석(3) 16조).

---

81) 주식회사와 달리 인수계약을 체결하지 않고 정관에 출자방식, 출자액 및 출자기간을 기재함으로써 인수가 이루어진다(25조 5호).

다. 출자의무 불이행 사원의 지분 양도

1) 사원이 출자의무의 전부 또는 일부를 이행하지 않은 상태에서 지분을 양도하고 양수인이 그 사실을 알거나 알 수 있었던 경우, 회사가 출자의무를 불이행한 사원에게 출자의무의 이행을 청구하면서, 양수인에게 출자의무에 대한 연대책임을 추궁할 수 있다(사법해석(3) 18조 1항).

2) 회사의 채권자가 회사의 재산으로 채무를 전부 변제받을 수 없는 경우, 출자의무를 불이행한 사원에게 그 불이행한 원금 및 그 이자(本息)의 범위 내에서 보충적으로 이행할 것을 청구할 수 있는데(사법해석(3) 13조 2항), 양수인에게 연대책임을 추궁할 수 있다(사법해석(3) 18조 1항).

3) 양수인이 회사 또는 회사 채권자에게 연대책임을 부담한 경우, 출자의무를 불이행한 사원에게 구상권을 행사할 수 있다(사법해석(3) 18조 2항).

3. 증자의 경우

유한회사의 경우 정관에 사원의 출자액을 기재하므로(25조 1항 5호), 특별한 약정이 없는 한, 회사가 사원총회에서 지분발행 및 정관변경을 결의하고(43조 2항 단서), 지분인수계약을 체결하는 시점에 사원이 확정된다.

II. 타인명의의 지분인수의 경우

1. 명의신탁 약정이 있는 경우

가. 양자 상호간의 관계

실제출자자(实际出资人)와 명의출자자(名义出资人) 사이에 실제출자자가 출자하고 투자권익(投资权益)을 향유하고, 명의출자자를 명의사원(名义股东)으로 한다는 약정, 즉 명의신탁 약정이 있는 경우, 그러한 약정은 유효하다(사법해석(3) 24조 1항).

양자 상호간에는 실제출자자의 권리가 우선한다(사법해석(3) 24조 2항). 이에 따라 명의출자자는 주주명부, 회사등기기관의 등기를 이유로 실제출자자의 권리를 부정할 수 없다(사법해석(3) 24조 2항).

나. 명의변경 절차

실제출자자가 정관(25조) 및 사원명부(32조 1항)상 기재의 변경과 출자증명서 (31조)의 발급을 청구하거나 회사등기부(32조 3항)상 사원의 성명 또는 명칭의 변경을 청구하기 위해서는, 사원 과반수의 동의가 있어야 한다(사법해석(3) 24조 3항).

다. 명의사원의 처분의 효력

명의사원이 지분을 양도하는 경우 양수인은 선의취득의 규정에 의하여 보호받는다(사법해석(3) 25조 1항). 선의취득의 요건은 다음과 같다(민법전 311조). ① 양수인은 당해 재산을 양수받을 때 선의여야 하고, ② 합리적인 가격으로 양도되며, ③ 양도하는 재산에 등기가 필요한 경우 등기를 경료하여야 한다.[82] 사원이 변경되면, 회사등기기관에 변경등기를 하여야 하나(32조 3항), 위 등기는 후술한 바와 같이 지분이전의 성립요건으로 요구되는 등기는 아니다.

양수인이 지분을 선의취득(善意取得)하는 경우, 실제출자자는 명의사원에게 손해배상을 청구할 수 있다(사법해석(3) 25조 2항).

2. 무단도용의 경우

타인의 명의를 도용(冒用)하여 출자하고 명의자를 회사등기기관에 사원으로 등기한 경우, 타인명의를 도용한 자(冒名登记行为人)가 사원으로서 책임을 부담한다(사법해석(3) 28조). 이에 따라 회사, 다른 사원 또는 회사채권자가 출자의무 불이행을 이유로 피도용자(被冒名登记为股东)에게 책임을 추궁할 수 없다(사법해석(3) 28조).

제4항 사원명부와 등기

I. 개   설

사원의 자격은 사원과 회사의 관계에서는 사원명부를 기준으로 판단하고, 회

---

82) 등기기관에 사원으로 등기되어 있는 사원이 명의주주인지, 처분권이 있는지 여부에 대해 확인이 되지 않은 상태에서 직접 선의취득제도를 적용함에 대해 비판 의견이 있다(施天涛, 전게서, 246면)

사 이외의 제3자의 관계에서는 회사등기기관의 등기를 기준으로 판단한다. 그러나 사원명부와 등기는 모두 창설적 효력은 없다.

II. 사원명부

회사는 사원명부에 ① 사원의 성명 또는 명칭 및 주소, ② 사원의 출자액, ③ 출자증명서 번호를 기재해야 한다(32조 1항). 사원명부에 기재된 사원은 사원명부에 의거하여 사원의 권리를 행사할 수 있다(32조 2항). 사원명부의 효력은 주주명부와 유사하다.

사원이 출자의무를 이행하거나 합법적으로 지분을 승계받았음에도 불구하고 회사가 사원명부에 사원로 기재하지 않은 경우, 사원은 자신을 주주명부에 사원으로 기재하도록 청구(要求)할 권리가 있고, 회사가 이에 응하지 않으면, 회사를 상대로 소를 제기할 수 있다(사법해석(3) 21조). 사원은 이 경우 ① 법에 의해 회사에 출자하거나 출자금을 인수(认缴)하였고, 법률법규의 강제 규정에 위반되지 않았거나, ② 회사 지분권을 양수했거나 다른 형식으로 승계하였으며 법률법규의 강제 규정에 위반되지 않았음을 증명해야 한다(사법해석(3) 22조).

III. 회사등기기관의 등기

회사는 사원의 성명 또는 명칭을 회사등기기관에 등기하여야 한다(32조 3항, 「회사등기관리조례」 20조 2항 4호), 사원이 변경되는 경우 변경등기를 하여야 하고, 변경등기하지 않은 사항은 제3자에게 대항(对抗)할 수 없다(32조 3항).

주식회사의 경우 발기인의 성명 또는 명칭만 등기사항이다(「회사등기관리조례」 21조 2항 4호).

제5항　지분의 양도

I. 개　　설

유한회사의 지분양도는 주식회사와 달리 양도의 자유보다는 양도 규제의 측면이 강하게 반영되고 있다. 사원간의 지분양도에는 특별한 제한이 없고, 사원 이외의 제3자에게 양도하는 경우에는 제한을 두고 있다. 그 외 특수한 유한회사, 즉 국유독자회사나 외상투자기업의 경우에도 제한을 두고 있다.

II. 양도의 방법

1. 지분의 양도

사원 상호간의 지분양도는 자유롭지만(71조 1항), 사원이 지분을 사원 이외의 자에게 양도하기 위해서는 사원 과반수의 동의를 얻어야 한다(71조 2항). 정관에 지분 양도와 관련하여 달리 규정할 수 있다(71조 4항).

지분양도의 효력발생시기는 특정한 양수인이 양도계약에 따라 대금을 완납한 날이다. 즉, 정관 및 사원명부의 변경, 변경등기는 지분양도의 유효를 전제로 한다.

2. 출자증명서 발행, 정관 및 사원명부의 변경

사원이 지분을 양도한 후, 회사는 기존 사원의 출자증명서를 말소하고 새로운 사원에게 출자증명서를 발행해야 한다(73조).

또한 회사는 정관 및 사원명부의 관련 기재사항을 수정해야 한다. 정관 수정시 사원총회의 결의가 필요없다(73조).

3. 등기의 변경

회사는 사원 변경일로부터 30일 내에 변경등기를 신청하여야 한다(「회사등기관리조례」 34조 1항). 변경등기를 한 경우 제3자에게 대항(対抗)할 수 있다(32조 3항).

III. 지분의 이중양도

사원이 자신의 지분을 양수인에게 양도하였으나 회사등기기관에 자신 명의로 등기되어 있음을 기화로 자신의 지분을 제3자에게 처분하여 제3자가 위 지분을 선의취득한 경우, 양수인은 사원에게 손해배상을 청구할 수 있다(사법해석(3) 27조 1항, 2항, 민법전 311조 1항).

이사, 고급관리인원 또는 실제지배자(实际控制人)가 지체없이(及时) 변경등기를 경료하지 않은 것에 귀책사유(过错)가 있는 경우, 그에 상응하는 책임을 부담한다. 이 경우 양수인에게도 과실이 있는 과실상계를 한다(사법해석(3) 27조 2항).

제5장 │ 회사의 기관구조

제1절 개 설

회사는 독립된 권리주체로서 그 설립 목적을 수행하기 위해서 일정한 조직이 필요한데, 이러한 조직 중 대내외적으로 구속력 있는 의사표시를 할 수 있는 조직을 기관(机构)이라 한다.

회사의 설립근거 법률에 의하여 필수적으로 설치하여야 하는 기관을 필수기관(必设机构) 또는 법정기관(法定机构)이라고 하고, 정관(章程)에 의하여 설치할 수 있도록 하는 기관을 임의기관이라 한다. 중국 회사의 필수기관으로 주식회사의 경우 주주총회(股东大会), 이사회(董事会)와 경리(经理), 감사회(监事会)가 있고, 유한회사의 경우 사원총회(股东会), 이사회와 감사회[1]가 있다. 경리는 유한회사에서는 임의기관이다. 경리는 이사의 자격을 요하지 않고 이사회에서 선임된다는 점에서 한국의 집행임원과 유사하다. 다만, 한국의 경우 대표집행임원은 대표권을 갖지만(상법 408조의5), 중국의 경우 이사장, 집행이사, 경리 중에서 대표자를 선임한다(13조).

회사의 업무에 관한 의사결정을 하는 기관을 "의사결정기관"(决策机构)이라고 하고, 의사집행기관의 결정을 집행하는 기관을 업무집행기관(业务执行机构)이라고 한다. 회사의 기관은 각 나라의 법률전통 및 경제상황에 따라 다르지만, 주식회사의 경우 소유와 경영의 분리 원칙(所有权和经营权分离原则)에 따라 출자자인 주주로 구성된 주주총회와 주주총회에서 선임된 이사(董事)로 구성된 이사회가 의사결정기관이고, 주주총회와 이사회의 결의사항을 집행하는 경리가 업무집행기관이다.

의사결정과 업무집행은 상대적인 개념이다. 즉, 이사회는 주주총회의 관점에서는 업무집행기관이고,[2] 경리의 관점에서는 의사결정기관으로 볼 수 있다. 회사는 계속기업(going concern)으로 일상적으로 업무를 집행하여야 하는데, 이사회는 회의체 기관으로 상시 소집되는 것이 아니므로 경리가 일상적인 업무를 집행한다. 이에 경리의 관점에서 이사회를 의사결정기관으로 설명하겠다. 주주총회와

---

1) 후술하는 바와 같이 중국 회사법에 따르면 소규모 유한회사의 경우 이사회와 감사회 대신, 집행이사와 감사 1-2명만을 둘 수 있다(50조, 51조 1항).
2) 후술하는 바와 같이 중국 회사법은 이사회는 주주총회의 결의를 집행(执行)한다고 규정하고 있다(제46조 제2호).

이사회가 경리의 관점에서 보면 모두 의사결정기관인데, 회사지배구조상 주주총회가 이사회에 비해 우위에 있으므로, 주주총회를 최고의사결정기관(最高決策机构)3)이라 하고, 이사회를 업무결정기관(业务决策机构)이라 하겠다.

중국주식회사의 지배구조에서 주주총회, 이사회, 경리 순으로 상하의 위계관계에 있다. 상급기관은 하급기관에 대하여 감독권을 갖는다. 특히 이사회는 업무집행기관인 경리를 감독할 의무가 있는데, 미국의 경우 이사회 외에 별도의 업무감독기관을 두고 있지 않으나, 중국과 한국의 경우 독립된 업무집행감독기관을 두고 있다. 중국의 경우 감사회(監事会)4)와 한국의 경우 감사가 이에 해당한다.

중국 회사법의 경우 주주총회, 이사회, 감사회, 경리의 권한에 대하여는 유한회사에서 먼저 규정한 후 주식회사에 준용하고 있고, 실무적으로도 유한회사의 수가 주식회사에 비하여 압도적으로 많다. 따라서 유한회사의 기관구조(组织结构)를 먼저 설명하는 것이 유용하다고 생각될 수 있다. 그러나 이념적으로 유한회사의 기관구조는 주식회사의 기관구조를 전제로 하고 있고, 주식회사의 기관구조를 먼저 검토한 후 유한회사에서 그 차이점을 살펴보는 것이 유한회사 기관구조의 특수성을 명확히 이해할 수 있다고 생각되어, 주식회사의 기관구조를 먼저 살펴보기로 하겠다.

제2절   주식회사의 기관구조

제1항   주주총회

I. 지   위

1. 최고의사결정기관

회사법에 따르면 주주총회는 회사의 권력기관(权力机构)이다(98조).5) 여기에

---

3) 후술하는 바와 같이 중국에서는 이를 권력기관이라고 한다.
4) 감사회는 이사회와 마찬가지로 회의체 기관이다. 따라서 감사가 회의체를 구성하지 않고 복수인 경우와 구별된다.
5) 사원총회의 경우에도 유한회사의 권력기관이다(제36조).

서 권력기관이란 최고의사결정기관을 의미한다.

중국 회사법에 따르면, 이사회는 주주총회에 책임을 지며(108조 4항, 46조), 주주총회의 결의(決议)를 집행(执行)하고 주주총회에 업무를 보고할 의무가 있다(46조 1호, 2호). 이에 따르면 이사회는 주주총회의 하위기관으로, 주주총회가 명실공히 회사의 최고의사결정기관이다.

한국의 경우 주주총회의 권한 사항이 제한되어 있을 뿐 아니라(361조 1항), 이사회에 지시할 수 없고, 이사회가 일단 결의한 사항을 번복할 수 없다는 점에서 주주총회의 최고기관성에는 한계가 있다.6)

2. 필수적 기관

주주총회는 주식회사의 필수적인 기관이다. 유한회사의 경우 국유독자회사의 경우 사원총회가 없는데, 주식회사의 경우 이러한 예외가 없으므로 반드시 설치하여야 한다.

3. 전체주주로 구성된 회의체 기관

주주총회는 전체주주(全体股东)로 구성된다(98조). 주주총회에는 회사의 기관이라는 의미(기관으로서의 주주총회)와 주주총회의 권한 행사를 위하여 개최한 구체적인 회의라는 의미(회의로서의 주주총회)를 아울러 갖고 있다.7) 중국 회사법에 따르면 「회의로서의 주주총회」에 이사장(董事长)이 참석하여야 하고(101조 1항), 감사(监事)도 출석할 수 있지만(118조 1항, 54조 1항), 이들이 주주총회의 구성원이 되는 것은 아니다.

한국의 경우 의결권 없는 주주가 「회의로서의 주주총회」의 구성원이 되는지에 대하여 대립이 있으나, 의결권 없는 주주는 소집통지대상에서 제외하는 상법규정(상법 363조 7항)과 원만한 총회진행의 필요성을 고려하여 부정하는 견해와 의결권 없는 주주도 주주총회결의 하자를 다투는 소의 원고적격이 있다는 이유로 긍정하는 견해가 대립8)한다.

---

6) 김건식 등, 회사법(제4판), 박영사(2020), 284-285면.
7) 중국에서는 전자를 股东大会라 하고, 후자를 股东大会会议라 한다.
8) 김건식 등(제4판), 전게서, 283면.

II. 주주총회의 권한

1. 법정권한 사항

가. 일반규정(99조, 37조 1항)

중국 회사법에서는 주주총회의 권한은 유한회사의 사원총회의 권한을 준용하고 있는데(99조, 37조 1항), 이에 따르면 주주총회는 다음의 권한을 행사한다.

---

1. 회사의 경영방침(经营方针)과 투자계획(投资计划)을 결정
2. 직공대표(职工代表)[9]가 아닌 이사·감사를 선임(选举), 경질(更换)하고, 이사·감사의 보수(报酬) 관련 사항을 결정
3. 이사회 보고를 심의비준(审议批准)
4. 감사회 또는 감사의 보고를 심의비준(审议批准)
5. 회계연도의 재무예산안(财务预算方案)과 결산안(决算方案)을 심의비준(审议批准)
6. 이익배당안(利润分配方案)과 결손금보전안(弥补亏损方案)을 심의비준(审议批准)
7. 등록자본금의 증자 또는 감자를 결의
8. 회사채(公司债券) 발행을 결의
9. 회사의 합병(合并)과 분할(分立), 해산(解散), 청산(清算) 또는 조직변경(公司形式变更)에 관하여 결의
10. 정관의 개정(修改)
11. 정관에서 규정한 기타 직권(职权)

한국 주주총회는 상법 또는 정관에 정하는 사항에 한하여 결의할 수 있다(상법 361조). 상법에서 규정한 주주총회의 권한사항으로는 ① 이사와 감사의 선임(382조 1항, 409조 1항)과 해임(385조 1항, 415조), 그들에 대한 보수의 결정(388조, 415조), ② 결산재무제표의 승인(449조 1항), ③ 회사의 근본적 변경에 관한 사항(중요한 영업의 양도, 합병 및 분할, 정관변경 등) 등이 있다.

한국 주주총회의 권한과 비교해보면, 위 제1호, 제5호(재무예산안), 제7호, 제8

---

9) 주주총회에서 선임된 대표를 주주대표(股东代表)라 하고, 직공대회 또는 직공대표대회에서 선임된 대표를 직공대표(职工代表)라 한다.

호의 사항을 주주총회의 권한으로 한 것이 특징이다.

나. 회사 경영에 관한 사전 통제

회사의 경영방침(经营方针)과 투자계획(投资计划)에 대하여도 주주총회의 결의(99조, 37조 1항 1호)가 필요하고, 이사회는 이에 근거하여 구체적인 경영계획(经营计划)과 투자방안(投资方案)을 작성하여 결의(108조 4항, 46조 3호)하여야 한다. 또한 주주총회는 이사회가 작성한 재무예산안(财务预算方案)에 대하여도 승인한다. 재무예산안은 이사회가 작성한다(108조 4항, 46조 4호).

한국의 경우 정관에 규정하지 않는 한, 주주총회가 투자계획에 대하여 결정하거나 재무예산안에 대하여 승인할 권한이 없다. 다만 지방직영기업의 경우 관리자가 지방직영기업의 사업운영계획 및 예산안을 작성하여 지방자치단체의 장에게 제출하여야 하고(지방공기업법 제9조), 이 중 예산안에 대하여는 지방의회의 승인이 필요하다(지방자치법 제127조).

다. 기관구성 및 감독(보수)에 관한 권한

1) 기관구성

직공대표가 아닌 이사, 감사를 선임 및 해임할 수 있고,(99조, 37조 1항 2호) 이사회에 정관이 정하는 바에 따라 직공대표를 둘 수 있다(108조 2항). 그리고 감사회에는 직공대표를 두어야 하는데, 그 비율은 3분의 1보다 적어서는 안 되며, 구체적 비율은 정관에서 정한다(117조 2항). 이 경우 직공대표는 직공대표대회(职工代表大会), 직공대회(职工大会) 또는 기타 형식으로 주주가 아닌 직공이 선출하므로(117조 2항), 주주총회의 권한은 그 범위 내에서 제한된다. 직공대표대회는 직공이 선출한 대표자로 구성된 조직인데, 기업민주관리규정에 따르면, 회사는 직공대표대회를 구성할 지 또는 직공대회를 구성할 지를 선택할 수 있고, 직공대표대회를 구성할 경우 전체 직공 수의 5%보다 적거나, 30인보다 적어서는 안된다(8조).

한국의 경우 감사의 선임 시 의결권 없는 주식을 제외한 발생주식총수의 3%를 초과한 주식에 대하여 의결권이 없으나 중국의 경우 그러한 제한이 없다. 다만, 한국의 경우 이사 및 감사의 해임의 경우 주주총회 특별결의가 필요하나(상법 385조, 415조), 중국의 경우 주주총회의 보통결의로 가능하다.

2) 기관감독

전술한 바와 같이 회사지배구조상 주주총회와 이사회는 상하관계에 있고, 이에 따라 주주총회는 이사회의 업무를 감독할 권한이 있다. 즉, 주주총회는 이사회의 보고를 심사한다(37조 1항 3호).

중국의 경우 주주총회에서 경영방침과 투자계획을 정하고 이에 따라 이사회에서 구체적인 경영계획과 투자방안을 작성하여 집행하므로(108조 4항, 46조 4호), 이사회는 경영계획이나 투자방안의 집행에 대하여 주주총회에 보고할 의무가 있다. 주주총회가 승인한 재무예산안에 따른 결산안을 이사회는 주주총회에 보고하여야 하고, 주주총회는 결산안에 대한 심사비준권이 있다. 이에 대하여는 후술하기로 한다.

한편, 주주총회는 이사회의 업무를 감사하기 위하여 감사회 또는 감사를 두고 있는데, 이에 따라 주주총회는 감사회 또는 감사의 보고를 심사한다(37조 1항 4호).

3) 이사 및 감사의 보수

이사 및 감사의 보수 관련 사항을 결정할 수 있다(99조, 37조 1항 2호). 주주총회가 이사회를 감독하는 하나의 방법으로 볼 수 있다. 중국에서 주주총회의 결의에 근거하지 않은 보수 약정은 무효라는 것이 통설이다. 한국의 경우에도 이사 및 감사의 보수는 주주총회에서 정한다(상법 388조, 415조).

한편, 중국의 경우 주식회사는 정기적으로 주주에게 이사 및 감사뿐만 아니라 고급관리인원[10]의 보수에 대하여도 공개하여야 한다(116조). 유한회사의 경우에는 이러한 공개에 관한 규정이 없다.

라. 결산 및 배당에 관한 권한

주주총회에서 결산안(決算方案)을 승인하고, 이익배당안(利潤分配方案)과 결손금보전안(弥补亏損方案)에 대하여 결의한다(99조. 37조 1항 5호, 6호). 회계법[11]에 따

---

10) 고급관리인원이란 경리, 부경리, 재무책임자, 상장회사의 이사회비서 및 정관에서 규정한 기타 직원이다(216조 1호). 이사회비서는 주주총회와 이사회를 준비하고, 문서보관 및 주주명부 관리를 책임지며, 정보공시 관련 사무 등을 처리한다(123조).
11) 会计法(1985년 제정, 1993년, 1999년, 2017년 개정).

르면 회계연도는 1월 1일부터 12월 31일까지이고(11조), 회사법에 따르면 회사는 회계연도가 끝날 때 재무회계보고서(財務会计报告)를 작성하여 회계사로부터 회계감사를 받아야 한다(164조). 위 결산안에 대한 승인은 위 회계감사를 받은 재무회계보고서를 승인하는 방식에 의한다.

그런데 회계법에 근거하여 제정된 기업회계준칙 제30호의 재무제표보고(財務報表列报)에 따르면, 재무제표는 대차대조표(资产负债表), 손익계산서, 현금흐름표(现金流量表), 자본변동표, 주석(附注) 등으로 구성되어 있고(기업회계준칙 제30호의 재무제표보고 2조), 자본변동표에 이익배당에 대한 내용이 포함되어 있다(36조 3호). 따라서 결산안 승인에 이익배당안에 대한 결의가 있다고 볼 수 있으나, 실무적으로 이익배당안을 결산안 승인에 앞서 독립된 안건으로 결의하고 있다. 이에 따라 주주총회에서 이익배당안이 수정되면, 재무회계보고서의 이익배당 부분도 수정하여야 한다.[12]

한국의 경우 이익배당은 원칙적으로 주주총회[13]로 정하는데(상법 462조 2항), 재무제표의 승인도 원칙적으로 주주총회[14]의 권한이다(상법 449조 1항). 재무제표에 자본변동표나 이익잉여금 처분계산서 또는 결손금 처리계산서가 포함되어 있으므로(상법 시행령 14조 1항), 재무제표의 승인에 이익배당안 또는 결손금보전안에 대한 승인이 포함되었다고 볼 수 있으나, 실무상 이익배당안의 경우 독립된 의안으로 처리하고 있다. 결손금보전안의 경우 독립된 의안으로 처리하고 있지 않으나,[15] 결손금보전안으로 자본금을 감소하는 경우에는 독립된 의안으로 주주총회의 결의가 있어야 한다(상법 438조 2항[16]).

---

12) 회사가 보전하지 못한 결손액(亏损)이 실제 납입한 자본금 총액의 3분의 1에 달하는 경우 임시주주총회를 소집하여야 한다(100조 2호).
13) 중국에 없는 중간배당의 경우 이사회가 중간배당을 결의한다(462조의3).
14) 다음의 각호의 요건을 충족하는 경우, 정관으로 정하는 바에 따라 이사회의 결의로 승인할 수 있다(449조의2 1항). 1. 재무제표가 법령 또는 정관에 따라 회사의 재무상태 및 경영성과를 적정하게 표시하고 있다는 외부감사인의 의견이 있을 것. 2. 감사(감사위원회 설치회사의 경우 감사위원을 말함) 전원의 동의가 있을 것.
15) 결손금처리계산서를 재무상태의 보충정보로서 주석으로 공시하고 있는데(일반기업회계기준 2.89조), 미처리결손금, 결손금처리액, 차기이월미처리결손금으로 구분하여 표시하면 된다(실무지침 2.16조).
16) 통상의 자본금감소의 경우 주주총회의 특별결의가 있어야 하지만, 결손금 보전을 위한 자본금의 감소는 주주총회 보통결의로 한다.

마. 기업재무에 관한 사항: 신주 또는 사채의 발행

1) 신주발행

제3장에서 설명한 바와 같이 확정자본금제를 채택하여 신주발행의 경우에도 주주총회의 결의가 필요하다.

중국은 수권자본제도를 채택하지 않고 있기 때문에 신주를 발행하기 위해서는 이사회의 결의(108조 4항, 46조 6호)와 주주총회의 결의(99조, 37조 1항 7호)가 있어야 한다. 한편, 등록자본금의 증자 및 감자의 결의는 출석한 주주의 3분의 2 이상의 찬성이 있어야 하는데(103조 2항 단서), 신주발행은 등록자본금의 증가를 초래하므로 주주총회의 특별결의가 있어야 한다.

유한회사의 경우 사원에게 원칙적으로 신지분인수권(优先认缴出资权)이 인정되나(34조)[17], 주식회사의 경우 신주인수권(新股优先认购权)에 대한 규정이 없어서 이사회와 주주총회의 결의에 따라 제3자에게 신주를 배정하는 것이 가능하다.

2) 회사채 발행

회사채를 발행하기 위해서는 이사회 결의(108조 4항, 46조 6호)와 주주총회의 결의(99조, 37조 1항 8호)가 있어야 한다.

한국의 경우 원칙적으로 이사회의 결의로 사채를 발행할 수 있지만(상법 469조 1항), 주주 이외의 자에게 전환사채(상법 513조 3항) 또는 신주인수권부 사채(상법 516조의2 4항)를 발행하기 위해서는 주주총회 특별결의가 있어야 한다.

바. 회사의 근본적 변경에 관한 사항: 정관 변경 및 합병 등

정관의 변경, 합병, 분할, 해산, 청산, 조직변경 등의 경우 주주총회 결의가 있어야 하는데(99조, 37조 1항 9호, 10호), 청산의 경우를 제외하고는 특별결의에 의하여야 한다(103조 2항 단서).

중국 회사법에서 청산의 경우에도 주주총회의 결의가 있어야 한다고 규정하고 있으나(99조, 37조 1항 9호), 청산을 위하여는 우선 해산을 하여야 하므로(183조), 해산결의 외에 별도의 청산결의는 필요 없다고 할 것이다. 한국의 경우에도 해산결의 외에 별도의 청산 결의는 필요 없다(상법 531조 1항).

---

17) 단, 사원들이 별도의 약정이 있는 경우는 제외된다(34조 단서).

한국의 경우 간이합병과 소규모합병(상법 527조의2, 527조의3), 간이분할과 소규모분할(상법 530조의11 2항)에 대한 규정이 있지만, 중국에는 이러한 규정이 없다.

2. 정관에 의한 권한 확대

가. 개별규정

1) 투자 및 담보제공(16조, 104조)

회사가 다른 회사에 투자하거나 타인에게 담보를 제공할 경우, 정관이 정하는 바에 따라 이사회 또는 주주총회의 결의를 거쳐야 한다(16조 1항 1문). 따라서 정관에서 위 사항에 대한 의결기관을 정하여야 한다.[18] 그리고 정관에서 투자, 담보 총액에 관한 제한이나 개별 투자, 담보 금액에 관한 제한에 관하여 규정할 수 있다(16조 1항 2문).

다만, 회사가 주주 또는 실제지배인(实际控制人)에게 담보를 제공하는 경우, 반드시 주주총회의 결의를 거쳐야 한다(16조 2항). 이 경우 주주 또는 실제지배인은 위 결의에 의결권(表决权)을 행사할 수 없다(16조 3항). 이에 대하여는 제6장의 자기거래와 관계자거래를 참고하기 바란다.

한국 상법에 따르면, 자기거래의 경우 이사 3분의 2 이상의 수로써 이사회의 승인을 받아야 한다(398조, 542조의9). 자기거래에는 담보제공 외에도 객관적으로 이해상충이 있는 거래도 포함되고, 자기거래의 상대방이 이사인 경우뿐만 아니라 의결권 없는 주식을 제외한 발행주식총수의 10% 이상의 주식을 소유하거나 이사·집행임원·감사의 선임과 해임 등 회사의 주요 경영사항에 대하여 사실상의 영향력을 행사하는 주주 및 그의 배우자와 직계 존속·비속인 경우도 자기거래에 해당한다.

2) 회계사사무소의 선임 또는 해임

회사의 회계감사(审计) 업무를 수행하는 회계사사무소(会计师事务所)를 선임 또는 해임하는 경우, 정관의 규정에 따라 주주총회 또는 이사회 결의에 의해야

---

18) 회사법과 정관에서 회사가 중대한 자산을 양도·양수하거나 외부에 담보를 제공하는 등의 사안에 대하여 주주총회의 결의를 거치도록 규정한 경우, 이사회는 적시에 주주총회를 소집하여 주주총회가 위 사항에 대해 결의하여야 한다(104조).

한다(169조 1항).

한국의 경우 정관에 특별한 규정이 없는 경우 대표이사가 선임하나, 상장회사의 경우 감사위원회가 선정하거나 감사위원회가 없는 경우 감사인선임위원회의 승인을 받아 감사를 선정한다(외부감사법 제10조).

나. 상법상 이사회 권한 사항을 정관으로 주주총회 권한으로 할 수 있는지?

중국 회사법은 주주총회의 권한을 열거한 후 정관에 의한 주주총회 권한의 확대가능성을 열어 놓고 있다. 즉, 주주총회는 정관에 규정한 기타 직권을 행사할 수 있다(99조, 37조 1항 11호). 그렇다면 중국에서 정관으로 이사회의 권한사항을 주주총회의 권한사항으로 변경할 수 있는가? 즉, 회사법에 따르면 이사회에서 경리(经理)를 선임 또는 해임할 수 있는데 정관으로 경리의 선임 또는 해임을 주주총회의 결의사항으로 할 수 있는가? 주주총회의 최고권력기관성을 중시하다면 가능하다고 볼 수 있을 것이고, 실무적으로도 기관의 권한분배에 관한 37조, 46조, 99조, 108조 4항을 효력 강행규정으로 보지 않아,[19] 이를 위반하더라도 통상 그 효력이 부인되지는 않는다. 그러나, 정관의 수정, 합병 등 회사법에서 반드시 주주총회의 특별결의를 거쳐야 한다는 규정은 효력 강행규정으로 이를 위반하여 해당 사항들은 이사회의 권한으로 약정할 경우 무효이다.[20]

한국의 경우 주주총회는 본법 또는 정관에 정하는 사항에 한하여 결의할 수 있다고 규정하고 있는데(상법 361조), 주주총회의 소집과 같이 성질상 불가능한 것을 제외하고 정관으로 이사회의 권한사항을 주주총회 권한사항으로 정할 수 있는지에 대하여 견해가 대립한다. 정관자치를 존중한다는 입장에서 이사회를 사실상 형해화시키는 정도가 아니라면 허용된다고 볼 것이다.[21] 판례는 자기거래와 관련하여 방론으로 주주총회의 권한 확대를 긍정하였다.[22]

---

19) 袁敏、潘晖损害公司利益责任纠纷案((2017)最高法民申1794号).
20) 徐丽霞与安顺绿洲报业宾馆有限公司、第三人贵州黔中报业发展有限公司公司决议效力确认纠纷上诉案((2015)黔高民商终字第61号).
21) 김건식 등(제4판), 전게서, 287면.
22) 이사와 회사 사이의 이익상반거래에 대한 승인은 (ⅰ) 주주 전원의 동의가 있다거나 (ⅱ) 그 승인이 정관에 주주총회의 권한사항으로 정해져 있다는 등의 특별한 사정이 없는 한 이사회의 전결사항이라 할 것이므로, 이사회의 승인을 받지 못한 이익상반거래에 대하여 아무런 승인 권한이 없는 주주총회에서 사후적으로 추인 결의를 하였다 하여 그 거래가 유효하게 될 수는 없다(대법원 2007.5.10. 선고 2005다4284 판결).

III. 주주총회의 종류와 소집

1. 주주총회의 종류

가. 정기주주총회

주주총회는 그 소집시기에 따라 '정기주주총회'(定期股東大会, 정기총회)와 '임시주주총회'(临時股東大会, 임시총회)가 있다(100조). 정기총회는 법령 또는 정관의 규정에 따라 일정한 시기에 반드시 개최되어야 하는 주주총회로서 주된 업무는 결산안(決算方案)의 승인이다(99조, 37조 1항 5호, 165조 2항). 중국의 회계연도는 양력 1월 1일부터 12월 31일이고(회계법 11조), 정기총회는 최소한 1년에 1회 소집하여야 한다(100조). 한국의 경우 연 2회 이상의 결산기를 정한 때에는 매기에 정기총회를 소집하여야 한다(상법 365조 2항).

결산기 종료 후 어느 시기까지 정기총회를 개최하여야 하는지에 대하여 회사법에는 규정이 없는데, 중국「기업소득세법」[23]에 따르면 결산기 종료일로부터 5개월 내에 세무기관에 기업소득세 납세신고서를 제출하여야 하므로(54조 3항), 결산기 종료일로부터 5개월 이내에 정기총회를 개최하여야 할 것이다. 주식회사의 정관에 "정기주주총회는 결산기 종료일로부터 6개월 이내에 소집한다"[24]는 규정을 두는 것이 일반적이다.

한국의 경우 납세의무가 있는 내국법인은 각 사업연도의 종료일이 속하는 달의 말일부터 3개월 이내에 그 사업연도의 소득에 대한 법인세의 과세표준과 세액을 납세지 관할 세무서장에게 신고하여야 하므로(법인세법 60조 1항), 결산기 종료일로부터 3개월 이내에 정기총회를 개최한다.

나. 임시주주총회

임시총회는 필요한 경우에 개최되지만, 중국의 경우 반드시 임시총회를 소집하여야 하는 경우를 법정하고 있다. 즉, 다음 각 호에 해당하는 상황이 발생한 경

---

23) 企業所得稅法(2007년 제정, 2018년 개정).
24) 상장회사의 경우 이에 대하여 명확한 규정을 두고 있다. 즉, 연간주주총회(즉 정기주주총회)는 직전 회계연도 종료후로부터 6개월 이내에 개최해야 한다(「상장회사 주주총회 규칙」 4조 1항).

우에는 2개월 내에 임시총회를 소집하여야 한다(100조).

1) 이사회가 필요하다고 인정할 경우(4호)

주주총회의 소집권한은 원칙적으로 이사회에 있다(101조 1항). 따라서 이사회가 필요하다고 인정하는 경우 언제든지 임시총회를 소집할 수 있으므로, 아래 각 사유는 그 필요한 경우를 예시한 것으로 볼 수 있다. 그리고 이사회가 필요하다고 인정되는 경우 반드시 그 사유가 발생한 날로부터 2개월 내에 임시총회를 소집하여야 한다.

유한회사의 경우 3분의 1 이상의 이사는 이사회 또는 집행이사(执行董事)에게 임시총회의 소집을 청구할 수 있다(39조 2항). 주주총회의 경우 이러한 규정이 없으므로 이사회의 결의가 있어야 한다. 이사회의 소집권자에 대하여는 후술하기로 한다.

2) 이사의 수가 법정 인원수보다 적거나 정관이 규정한 인원수의 3분의 2에 미달할 경우(1호)

회사법에 따르면 이사의 수는 5명 내지 19명이므로(108조 1항), 이사의 수가 4명 이하가 되거나 정관에서 규정한 이사의 수가 19명인 경우 12명($19 \times 2/3 = 12.6$) 이하로 되는 경우에는 새로운 이사선임을 위한 임시총회를 소집하여야 한다.

유한회사의 경우 이사의 수는 3명 내지 13명인데(44조 1항), 이러한 규정이 없다.

3) 회사가 보전하지 못한 결손금이 실제 납입된 자본금의 3분의 1 이상인 경우(2호)

법정준비금으로 결손을 보전할 수 있는데(166조 2항), 법정준비금 전액으로 결손을 보전할 수 없는 상태를 자본잠식이라고 한다. 통상 정기총회에서 결산안과 결손금보전안(弥补亏損方案)을 승인하면 결손금이 확정되는데(99조, 37조 6호), 그 결손금이 납입된 자본금의 3분의 1 이상인 경우, 즉 자본잠식의 규모가 자본금의 3분의 1 이상인 경우, 그로부터 2월 내에 임시총회를 소집하여 야 한다.[25] 유한회사에는 이러한 규정이 없다.

---

25) 결손금이 납입된 자본금의 3분의 1 이상인 경우, 반드시 증자, 감자, 영업중단 등 조치를 취해야 하는 것은 아니다.

4) 단독 또는 공동(合計)으로 회사주식을 10% 이상 소지하고 있는 주주가 임시총회의 소집을 청구할 경우(3호)

소수주주의 임시총회 소집청구권을 규정한 것이다. 원칙적으로 이사회가 주주총회를 소집하는데(101조 1항), 이사회가 주주총회를 소집할 수 없거나 소집하지 않는 경우 감사회가 즉시 주주총회를 소집한다(101조 2항). 소수주주의 청구일로부터 2개월 내에 이사회 또는 감사회가 주주총회를 소집하지 않을 경우, 계속하여 90일 이상 단독 또는 공동(合計)으로 회사의 발행주식총수의 10% 이상의 주식을 보유한 소수주주는 직접 주주총회를 소집하고 주재할 수 있다(101조 2항).

한국의 경우 발행주식총수의 3% 이상에 해당하는 주식을 가진 주주는 주주총회의 소집을 청구할 수 있는데(상법 366조 1항), 이사회가 위 청구가 있은 후 지체 없이 총회소집의 절차를 밟지 아니한 때에는 청구한 주주는 법원의 허가를 받아 총회를 소집할 수 있다. 이 경우 주주총회의 의장은 법원이 이해관계인의 청구나 직권으로 선임할 수 있다(상법 366조 2항).

중국 유한회사의 경우에도 10% 이상 의결권을 가진 사원에게 임시총회 소집청구권을 인정하고 있다(39조 2항).

5) 감사회가 임시총회의 소집을 청구할 경우(5호)

감사회는 독립하여 이사회에 임시총회의 소집을 청구할 수 있다. 이사회가 임시총회를 소집하지 않는 경우, 직접 감사회가 주주총회를 소집하고 주재한다(118조 1항, 53조 4호).

상장회사의 경우 이에 대하여 상세한 규정을 두고 있다. 즉, 감사회가 이사회에 주주총회 소집을 청구하면, 이사회는 10일 이내에 그 동의 여부에 대하여 결정하여야 한다(「상장회사 주주총회 규칙」 8조 1항). 이사회가 부동의하거나 10일 이내에 이사회를 소집하지 않는 경우, 감사회는 단독으로 주주총회를 소집하고, 주재할 수 있다(위 규칙 8조 3항).

한국의 경우 감사 또는 감사위원회는 회의의 목적사항과 소집의 이유를 기재한 서면을 이사회에 제출하여 임시총회의 소집을 청구할 수 있다(상법 412조의3 1항, 415조의2 7항). 이사회가 위 청구가 있은 후 지체 없이 총회소집의 절차를 밟지 아니한 때에는 청구한 주주는 법원의 허가를 받아 총회를 소집할 수 있다. 이 경우 주주총회의 의장은 법원이 이해관계인의 청구나 직권으로 선임할 수 있다(상법 412조의3 2항, 366조 2항).

　6) 정관에서 규정한 기타 상황이 발생한 경우(제6호)

정관에서 임시총회의 소집사유를 추가할 수 있다.

2. 주주총회의 소집

가. 소집의 절차와 방식

1) 주주에 대한 통지 또는 공고

정기총회의 경우 회의소집일(会议召开) 20일 전에 각 주주들에게 통지하여야 하고, 임시총회의 경우 회의소집일 15일 전에 각 주주들에게 통지(通知)되어야 한다(102조 1항). 특히 무기명 주권(无记名股票)을 발행하는 경우, 회의소집일 30일 전에 공고(公告)하여야 한다(102조 1항).

한국의 경우 주주총회를 소집할 때에는 주주총회일의 2주 전에 각 주주에게 서면으로 통지를 발송하거나 각 주주의 동의를 받아 전자문서로 통지를 발송할 수 있다(상법 363조 1항).

2) 통지의 방식

중국 회사법은 소집통지에서 발송주의를 채택하고 있지만 통지의 방식에 대하여 규정하고 있지 않다. 따라서 서면 이외의 이메일 또는 통신녹음 등의 방법이 가능하다고 볼 수 있으나, 주주에게 통지한 사실에 대한 증명은 회사가 부담한다고 할 것이다.

3) 통지의 내용

주주에게 ① 그 소집 시간(时间)과 장소(地点), ② 심의사항(审议事项)을 통지하여야 한다(102조 1항).

한국의 경우 심의사항을 의제와 의안으로 구별하여, 합병(상법 522조 2항), 정관변경(433조 2항), 자본감소(438조) 등의 경우를 제외하고는 원칙적으로 의제만 통지하면 된다.

주주총회에서는 주주에게 통지되지 않은 사항(通知中未列明的事项)에 대하여 결의할 수 없다(102조 3항). 이를 위반한 경우에는 주주총회결의 취소사유가 된다(22조 2항). 한국의 경우에도 주주총회결의 취소사유가 된다(376조).

4) 의결권 없는 주식

한국의 경우 의결권 없는 주주에게는 원칙적으로 통지할 필요가 없다(363조 7항). 중국의 경우에는 이러한 규정이 없다.

중국 회사법 131조 및 「국무원의 우선주 시범운영에 관한 지도의견」에 근거하여 중국 증권감독관리위원회가 제정한 「우선주 시범 관리방법」에 따르면 상장회사와 비상장공개회사의 경우 우선주를 발행할 수 있는데, 원칙적으로 의결권이 없으므로 예외적으로 의결권이 있는 경우를 제외하고는 주주총회 소집통지를 할 필요가 없다고 규정하고 있다(10조 1항).

나. 주주제안

단독 또는 공동(合计)으로 회사의 3% 이상의 주식을 보유한 소수주주는 주주총회 소집일(会议召开) 10일 전에 이사회에 서면으로 주주총회의 심의사항으로 제안할 수 있다(102조 2항). 이를 주주제안권(股东提案权)이라 한다. 주주제안이 적법하기 위해서는 주주제안의 내용이 주주총회의 권한 범위 내에 있어야 하고, 의제가 명확(明确议题)하고, 결의사항이 구체적(具体决议事项)이어야 한다(102조 2항). 소수주주는 이사회에 이익배당안을 제안할 수 있을 것이다(사법해석(4) 15조).

한국의 경우 의결권 없는 주식을 제외한 발행주식총수의 3% 이상에 해당하는 주식을 가진 주주는 이사에게 주주총회일의 6주 전에 서면 또는 전자문서로 의제 또는 의안을 제안을 할 수 있다(상법 363조의2 1항, 2항). 즉, 의제만의 제안도 가능하다. 그러나 이사회는 주주제안의 내용이 ① 법령 또는 정관을 위반하는 경우26)와 ② 그 밖에 대통령령으로 정하는 경우에는 거부할 수 있다(363조의2 3항).

Ⅳ. 주주의 의결권

1. 1주 1의결권의 원칙

주식 1주에 1개의 의결권을 갖는다(103조 1항). 위 규정은 강행규정으로 정관에 의하여도 달리 정할 수 없다.

---

26) 주주총회 권한 밖의 사항은 법령에 위반하는 것으로 거부될 것이다.

주식회사와 달리 유한회사의 경우, 사원은 원칙적으로 출자비율에 따라 의결권을 갖지만, 정관에 의결권에 관하여 별도의 규정을 둘 수 있다(42조). 이에 따라 정관의 규정으로 1지분에 복수의 의견권을 부여할 수 있다. 유한회사의 폐쇄성을 고려한 조항이라 할 수 있다.[27]

2. 의결권의 제한

가. 전면적 제한

자기주식(本公司股份)은 의결권이 없다(103조 1항 단서). 한국의 경우도 자기주식은 의결권이 없다(상법 369조 2항). 중국 회사법은 자회사의 모회사 주식의 취득이나 상호주의 의결권에 관한 규정을 두고 있지 않다. 이에 따라 주식회사의 이사들이 자회사의 모회사의 주식 또는 상호주를 통하여 자신의 주주총회에서 자신들을 이사로 선임하게 함으로써 자신들의 경영권을 영구화할 위험이 있다.

한국은 자회사의 모회사 주식 취득을 금지하고 있으며(상법 342조의2), 또한 상호주의 의결권도 제한하고 있다. 즉, 회사, 모회사 및 자회사 또는 자회사가 다른 회사의 발행주식의 총수의 10분의 1을 초과하는 주식을 가지고 있는 경우 그 다른 회사가 가지고 있는 회사 또는 모회사의 주식은 의결권이 없다(상법 369조 3항).

나. 특정한 사안에 따른 제한

중국 회사법에 따르면, 회사가 회사의 주주 또는 실제지배인(实际控制人)에게 담보를 제공하는 경우 주주총회의 결의를 거쳐야 하는데(16조 2항), 이 경우 주주 또는 실제지배인의 지배하에 있는 주주는 주주총회에서 의결권을 행사할 수 없다(16조 3항). 그러나 주주가 안건과 관련관계에 있는 경우 당해 주주의 의결권을 제한하는 일반규정은 없다. 다만, 실제지배인주주는 권리를 남용하여 회사 또는 다른 주주에게 손해를 끼쳐서는 안되고(20조 1항), 특히 회사의 실제지배인은 관련관계를 이용하여 회사에 손해를 끼쳐서는 안되고(21조), 이에 따라 안건과 이해관계가 있는 주주가 의결권을 행사함으로써 회사 또는 주주에게 손해를 끼친 경우 손해배상을 부담한다. 관련관계의 개념에 대하여는 제6장 제3절에서 상술하기

---

27) 施天涛, 전게서, 346-346면.

로 한다.

상장회사의 경우 관련관계에 있는 주주의 의결권에 대한 규정을 두고 있다. 즉, 주주가 안건과 관련관계에 있는 경우 자신의 의결권을 행사할 수 없고, 이 경우 출석주주의 수에서도 제외된다(「상장회사 주주총회 규칙」 31조 1항). 관련관계가 있는 주주는 다른 주주를 대리하여 의결권을 행사할 수도 없다고 할 것이다(회사법 124조[28] 유추적용).

한국의 경우 특별이해관계인은 의결권을 행사할 수 없는데(상법 368조 3항), 특별이해관계인은 대리의 방식으로도 의결권을 행사할 수 없다. 또한 본인은 특별이해관계가 없더라도 특별이해관계 있는 자를 대리인으로 지정할 수 없다(통설).

한편 한국의 경우 감사 선임에 있어서 의결권 없는 주식을 제외한 발행주식 총수의 3%를 초과하는 주식을 가진 주주는 그 초과하는 주식에 대하여 의결권을 행사하지 못한다(상법 409조 2항). 중국 회사법에는 이러한 규정이 없다.

3. 의결권의 행사

가. 의결권의 행사: 주주명부의 기재

이사의 경우 근면의무(勤勉义务)가 있어서(147조) 이사회의 출석이 의무지만, 주주에게 출석의무가 있는 것은 아니다. 그리고 주주는 의결권을 자신의 판단하에 자유롭게 행사할 수 있다.

유한회사의 사원의 경우 사원명부에 의거하여 사원의 권리를 행사할 수 있다는 규정을 두고 있으나(32조 2항), 주식회사의 경우에는 그러한 규정이 없다. 주식회사의 경우 주권(股票)은 주주가 주식을 소유하고 있음을 증명하는 증거이지만(126조 2항), 회사에 대한 관계에서는 유한회사와 동일하게 주주명부에 의거하여 주주의 권리를 행사할 수 있다고 할 것이다. 「상장회사 주주총회 규칙」에 따르면, 주주는 주권이 아니라 주식장부카드, 신분증 또는 그의 신분을 증명할 유효한 증표를 지참하고 주주총회에 출석하여야 하고(24조), 소집인과 변호사는 증권등기결제기구(证券登记结算机构)가 제공한 주주명부에 근거하여 주주 자격의 적법성을 검사한다(25조).

---

28) 회사법에 따르면 상장회사의 이사는 안건과 관련관계에 있는 경우 이사회에서 의결권을 행사할 수 없고, 또한 다른 이사를 대리하여 의결권을 행사할 수 없다(124조).

주식회사가 무기명주권을 발행한 경우, 무기명주권의 소지자는 주주총회에 참석하기 위해서는 주주총회 회의소집일(会议召开) 5일 전부터 주주총회가 폐회될 때까지 주권을 회사에 보관(交存于公司)시켜야 한다(회사법 102조 4항).

나. 의결권의 대리행사

주주는 직접 의결권을 행사할 수 있으나 대리인을 통하여 의결권을 행사할 수 있다. 중국 민법전에 따르면 원칙적으로 서면 또는 구두로 대리권을 위임할 수 있으나(165조), 의결권은 반드시 서면으로 위임하여야 한다. 즉, 주주는 대리인에게 의결권을 위임할 수 있는데, 이 경우 대리인은 회사에 수권위임장(授权委托书)을 제출하고 그 수권범위 내에서 의결권을 행사하여야 한다(106조). 또한 회사법상 대리인의 자격에는 제한이 없으므로 대리인은 주주일 필요는 없다.

다. 의결권 불통일행사

중국 회사법에서는 의결권의 불통일행사에 대하여 규정하고 있지 않다. 그러나 주주는 권리를 남용하여 회사와 다른 주주에게 손해를 끼쳤을 경우, 그 손해를 배상할 책임이 있다(20조 3호). 이에 따라 주주의 의결권 불통일행사는 허용되지만, 회사 및 주주에게 손해를 끼치지 않아야 한다고 해석한다.[29] 한편, 의결권의 대리행사와 의결권의 불통일행사는 다른 차원의 문제이다. 즉, 대리인이 여러 주주의 의결권을 위임받아 행사하는 경우에도 주주(본인)를 기준으로 보면 의결권을 불통일행사하는 것이 아니다.

한국의 경우 주주가 2 이상의 의결권을 가지고 있는 때에는 이를 통일하지 아니하고 행사할 수 있는데, 이 경우 주주총회일의 3일전에 회사에 대하여 서면 또는 전자문서로 그 뜻과 이유를 통지하여야 한다. 이에 대하여 회사는, 주주가 주식의 신탁을 인수하였거나 기타 타인을 위하여 주식을 가지고 있는 경우 외에는, 주주의 의결권의 불통일행사를 거부할 수 있다(상법 제368조의2).

라. 현장투표, 서면투표 및 전자투표

중국 회사법에서는 서면투표나 전자투표 등에 대하여는 규정하지 않고 있다. 다만, 상장회사의 경우 「상장회사 주주총회 규칙」에서 현장(现场), 인터넷(网络)

---

29) 李建伟, 전게서, 290면.

또는 기타 표결방식(表決方式)을 선택할 수 있도록 하였다(35조).

한국 상법에서는 이에 대한 규정을 두고 있다. 즉, 주주는 정관이 정한 바에 따라 총회에 출석하지 아니하고 서면에 의하여 의결권을 행사할 수 있다(368조의3 1항). 또한, 회사는 이사회의 결의로 주주가 총회에 출석하지 아니하고 전자적 방법으로 의결권을 행사할 수 있음을 정할 수 있다(368조의4 1항).

마. 집중투표제

주주총회에서 이사 또는 감사 선임의 경우, 정관의 규정 또는 주주총회의 결의에 따라 집중투표제(累积投票制)를 시행할 수 있다(105조 1항, 2항). 정관에 명문으로 인정해야만 제도를 시행할 수 있는 경우를 opt-in방식이라고 하는데, 중국은 opt-in방식을 채택하고 있다. 다만, 상장회사의 경우에는 지배주주(控股股东)가 보유한 주식비율이 30% 이상인 상장회사는 집중투표제를 실행해야 하고, 정관에 그 제도의 실시세칙을 규정해야 한다(「상장회사 지배구조준칙」 17조).

2인 이상의 이사 선임에 있어서 집중투표제를 채택하지 않는 경우 주주총회에서 개별 후보자 별로 이사 선임 의안을 상정하여 결의하게 되는데, 이러한 경우 지배주주의 의사가 그대로 반영이 되어 소수주주가 추천한 이사가 선임될 가능성이 없다. 그러나 집중투표제를 채택하는 경우 이사 선임 의제에 대하여 모든 후보자를 대상으로 한번에 표결하므로 소수주주가 추천한 이사가 선임될 가능성이 있다. 예를 들면, 의결권 있는 발행주식 총수가 100주인데 A가 74주, B가 26주를 보유하고 있는 상황에서 회사가 이사 3명을 선임하고자 하는 경우, A는 222개(74×3)의 의결권을 갖고, B는 78개(26×3)의 의결권을 갖는다. A가 甲, 乙, 丙 3인을 후보로 추천하였고 B는 丁 1인만 후보로 추천한 경우, 丁은 B로부터 78개의 찬성표를 얻게 되므로, 甲, 乙, 丙이 모두 이사로 선임되기 위하여는 237개(79×3)의 찬성표가 있어야 한다. 그런데 A는 222개의 의결권만 있으므로 2명만 선임할 수 있다. 이사 1명을 선임하는데 필요한 주식 수를 수식으로 표현하면 다음과 같다.[30]

---

30) 김건식 등(제4판), 전게서, 362면.

$$X=T(N+1)+1$$

    X: 이사 1명을 선임하는데 필요한 주식 수

    T: 의결권 있는 발행주식 총수

    N: 선임하는 이사 수

한국의 경우 소수주주가 집중투표의 방법으로 이사를 선임할 것을 청구할 수 있는데, opt-out방식을 채택하고 있다. 즉, 정관에 집중투표 배제 조항이 없는 경우, 2인 이상의 이사의 선임을 목적으로 하는 총회의 소집이 있는 때에 의결권 없는 주식을 제외한 발행주식총수의 3% 이상에 해당하는 주식을 가진 주주는 회사에 대하여 주주총회일의 7일 전까지 서면 또는 전자문서로 집중투표의 방법으로 이사를 선임할 것을 청구할 수 있다(상법 382조 1항, 2항).

V. 주주총회의 의사와 결의

1. 주주총회의 의사(议事)

주주총회는 이사회가 소집하고 이사장이 주재(主持)한다. 이사장이 직무를 수행할 수 없거나 수행하지 않을 경우 부이사장이 주재한다. 부이사장이 직무를 수행할 수 없거나 수행하지 않을 경우 과반수의 이사가 공동으로 선출한 한 명의 이사가 주재한다(101조 1항). 전술한 바와 같이 감사회가 소집하거나 소수주주가 소집한 경우 감사회 또는 소수주주가 주주총회를 주재한다(101조 1항).

한국의 경우, 주주총회에는 의사진행을 맡을 의장이 있어야 한다(상법 366조의2 2항). 보통 정관에 대표이사가 의장이 되는 것으로 정하고 있으나, 정관에서 정함이 없을 때에는 총회에서 선임한다(366조의2 1항). 정관에 정해진 의장을 총회의 보통결의로 불신임하고 새로 선임할 수 있다(통설).

2. 주주의 질문권

주주총회에서 이사, 감사, 고급관리인원(高级管理人员)의 참석을 요청한 경우, 이사, 감사, 고급관리인원은 주주총회에 참석하여 주주의 질의(质询)에 응답하여야 한다(150조 1항). 이를 주주의 질문권(股东质询权)이라고 한다.

한국법에서는 주주의 질문권이나 이사 등의 설명의무에 관한 규정은 없으나,

회의체의 일반원칙상 당연히 인정된다.31) 따라서 질문의 기회를 전혀 주지 않거나 설명을 부당하게 거절한 경우, 결의방법의 하자를 이유로 결의취소의 소를 제기할 수 있다.

3. 주주총회의 결의

가. 결의와 표결

주주총회의 결의는 주주총회의 결의사항(決议事项)에 대한 주주의 의결권행사, 즉 표결을 요소로 하는 회사의 기관으로서 주주총회의 의사표시이다. 결의는 가결(적극결의)과 부결(소극결의)로 나눌 수 있다.

나. 표결의 방법

중국 회사법과 한국 상법에서는 주주총회의 표결방법에 대한 규정이 없다. 따라서 서면에 의한 표결, 거수, 기립, 기타 찬성 또는 반대한 주주가 누구인지 드러날 수 있는 방법이면 가능하다. 다만, 찬성주식의 수를 계산할 때에는 의결권을 행사한 주주의 보유주식 수를 파악해야 하므로, 비밀투표는 원칙적으로 허용되지 않는다.32)

다. 결의요건

1) 보통결의와 특별결의

주주총회의 결의는 주주총회에 출석한 주주 의결권의 과반수로 한다(103조 2항 본문). 이를 보통결의라 한다. 한편, 정관의 변경 등은 주주총회에 출석한 주주 의결권의 3분의 2 이상의 수로 한다(103조 2항 단서). 이를 특별결의라 한다.

중국도 한국법과 동일하게 의사정족수에 대한 요건은 없다. 다만, 한국법은 최소결의요건을 추가하고 있다. 즉, 보통결의는 출석한 주주의 의결권의 과반수와 발행주식총수의 4분의 1 이상의 수로 한다(368조 1항). 특별결의는 출석한 주주의 의결권의 3분의 2 이상의 수와 발행주식총수의 3분의 1 이상의 수로 한다(434조).

---

31) 김건식 등(제4판), 전게서, 323면.
32) 김건식 등(제4판), 전게서, 325-326면.

2) 보통결의 사항과 특별결의 사항

주주총회 결의사항 중 특별결의 사항이 아닌 것은 보통결의 사항이다. 특별결의 사항은 정관의 변경, 등록자본금의 증가 및 감소를 결의하거나, 합병, 분할(分立), 해산 또는 조직변경(公司形式变更)이다(103조 2항 단서).

한국의 경우 수권자본제를 채택하고 있어서 등록자본금의 증가, 즉 증자의 경우 정관에 특별한 규정이 없는 한, 이사회의 결의에 의한다. 중국의 경우 확정자본금제를 채택하여 주식회사 정관에 등록자본금을 기재하도록 규정하고 있어 (81조 4호), 등록자본금의 증가[33] 또는 감소는 정관변경을 초래하므로 주주총회의 특별결의가 필요하다. 자본금 감소는 회사재산의 환급이 일어나는지 여부에 따라 형식적 감자와 실질적 감자로 나눌 수 있는데, 형식적 감자란 회사의 순재산이 자본금과 법정준비금의 합계액애 미달하여 결손이 발생한 경우에 결손을 보전하는 방법으로 자본금을 감소하는 것을 말한다. 이 경우 순전히 회계상 조작만 있을 뿐이고 회사재산의 외부유출은 발생하지 않으므로 무상감자라 한다.[34] 한국의 경우 결손 보전을 위한 자본금 감소의 경우 보통결의로 가능하지만(상법 438조 2항),[35] 중국의 경우 등록자본금이 정관의 기재사항이므로 주주총회 특별결의가 필요하다.

4. 주주총회 결의 하자에 관한 소

가. 개   설

주주총회의 결의에 절차상 내용상 하자가 있는 경우 그 효력이 부인될 수 있는데, 중국 회사법에서는 주주총회 결의취소(撤销决议)의 소와 주주총회 결의무효확인(决议无效确认)의 소에 대하여 규정하고 있고, 사법해석(4)에서 주주총회 결의불성립확인(决议不成立确认)의 소의 소송형태를 인정하고 있다. 결의취소의 소는 형성의 소이지만, 나머지는 확인의 소이다.

---

33) 한국 상법과 달리 주주에게 신주인수권(新股优先认购权)이 없기 때문에 증자의 경우 특별결의에 의하도록 함으로써 소액주주를 보호한다는 의미도 있다.

34) 김건식 등(제4판), 전게서, 888면.

35) 결손을 보전하는 방법으로 자본금의 감소 외에 법정준비금을 감소시키는 방법도 있다(상법 제460조). 법정준비금의 감소는 대차대조표상 기재변경이므로 재무제표의 확정권한을 갖는 주주총회가 결정한다.

한국 상법에서는 결의불성립확인 대신에 결의부존재확인이라는 용어를 사용하고 있으며, 또한 부당결의의 취소 또는 변경의 소(381조)도 규정하고 있다.

나. 주주총회결의 취소의 소

1) 당사자 적격

형성의 소에서는 당사자적격이 제한된다. 사법해석(4)에 따르면 소제기 시(起訴時)의 주주가 원고자격(原告資格)을 갖고(2조), 다른 주주는 제1심 소송계속 중 소송참가를 신청할 수 있다(3조 2항). 한국의 경우 다른 주주가 제소기간(주총결의일로부터 2월) 내에 소송참가를 하는 경우 공동소송참가가 되고(「민사소송법」 83조) 제소기간 이후에는 소송참가를 하는 경우 공동소송적 보조참가가 되는데(「민사소송법」 78조), 공동소송참가의 경우 항소심까지 참가신청을 할 수 있고, 공동소송적 보조참가의 경우 상고심에서도 참가신청을 할 수 있다.

「최고인민법원의 민사소송법 적용에 관한 해석」에 따르면, 원고가 소송계속 중 원고적격의 근거가 되는 권리를 제3자에게 양도하더라도 원고적격(訴訟主體資格和訴訟地位)에는 영향이 없다(249조 1항). 참고로 한국의 경우 주주가 결의취소의 소를 제기하였는데 소송계속 중 주식 전부를 제3자에게 양도한 경우, 법원은 원고적격의 상실을 이유로 결의취소의 소를 각하한다. 이 경우 양수인이 소가 각하되기 전에 「민사소송법」 제81조에 따라 참가승계하거나(2000다42786), 원고(양도인)는 소송계속법원에 양수인으로 하여금 소송을 인수할 것을 신청할 수 있다(「민사소송법」 제82조).

원고는 회사를 피고로 하여 결의취소의 소를 제기하여야 한다(「최고인민법원의 민사소송법 적용에 관한 해석」 3조 1항).

2) 취소사유

주주총회의 결의가 소집절차(召集程序), 표결방식(表決方式) 등에 있어서 법률, 행정법규를 위반하였거나, 결의내용(決議內容)이 정관을 위반하였을 경우 취소사유가 있다(22조 2항).

3) 제소기간

주주는 결의일(決議作出之日)로부터 60일 내에 인민법원에 취소의 소를 제기하여야 한다(22조 2항).

4) 담보제공

인민법원은 회사의 청구에 따라 주주에게 상당한 담보제공(提供相应担保)을 청구(要求)할 수 있다(22조 3호).

한국의 경우에도 주주가 이사 또는 감사가 아닌 한, 법원은 회사의 청구에 의하여 상당한 담보를 제공할 것을 명할 수 있다(상법 377조 1항).

5) 결의취소판결의 효력

가) 소급효와 선의의 제3자 보호

사법해석(4)에서는 주주총회 결의 취소판결에 소급효(溯及力)가 있는 것을 전제로, 선의의 제3자를 보호하는 규정을 두고 있다. 즉, 주주총회의 결의가 취소되었다고 하더라도 주주총회 결의에 근거한 회사와 선의(善意)의 제3자 간의 민사법률관계(民事法律关系)에는 영향이 없다(6조).

나) 변경등기의 취소

회사가 주주총회의 결의에 따라 이미 변경등기(变更登记)를 마친 사항에 대해 인민법원이 해당 결의의 취소를 선고한 경우, 회사는 회사등기기관에 변경등기의 취소(撤销)를 신청하여야 한다(22조 4항).

6) 재량기각

사법해석(4)에 따르면 소집절차, 표결방식의 하자가 경미하고, 또한 결의에 실질적 영향을 미치지 않은 경우 청구를 기각할 수 있다(4조 단서). 이를 법원의 재량기각이라고 하는데, 한국 상법에도 유사한 규정이 있다. 즉, 결의취소의 소가 제기된 경우에 결의의 내용, 회사의 현황과 제반사정을 참작하여 그 취소가 부적당하다고 인정한 때에는 법원은 그 청구를 기각할 수 있다(379조).

다. 주주총회결의 무효확인의 소

1) 당사자 적격

사법해석(4)에 따르면, 주주, 이사, 감사 등이 원고적격을 갖는다고 규정하고 있다(1조). 사법해석 초안에서는 주주총회의 결의에 직접적인 이해관계(直接利害关系)가 있는 고급관리인원(高级管理人员), 직공(职工), 채권자 등에게도 명시적으로 원고적격을 긍정하였는데 삭제되었다.

원고는 회사를 피고로 하여 제기하여야 한다(3조).

2) 무효사유

회사의 주주총회의 결의내용(決議內容)이 법률, 행정법규를 위반하였을 경우 그 결의는 무효(无效)이다(22조 1항). 1993년 회사법에서는 법률, 행정법규 위반 외에 주주의 합법적인 이익의 침해를 요구하였다(111조).[36] 또한 사법해석(4) 초안에서는 다음의 경우 무효사유가 있다고 본다(6조). ① 주주가 주주의 권리를 남용(濫用股东权利)하여 주주총회의 결의를 가결(通过决议)시켜, 회사 또는 다른 주주의 이익에 손해를 끼친 경우, ② 과도한 이익배당(过度分配利润)을 결의한 경우, ③ 중대하게 부당(重大不当)한 관계자거래(关联交易) 등을 통하여 회사채권자의 권리에 손해를 끼친 경우이다. 그러나 주주가 원고인 경우에도 결의무효확인의 소는 공익권에 근거한 소이므로 주주의 이익 침해를 요건으로 하는 것은 타당하지 않다.

3) 결의무효확인 판결의 효력

결의 취소판결의 효력과 같다. 즉, 소급효가 있지만, 선의의 제3자는 보호된다(사법해석(4) 6조).

라. 주주총회결의 불성립(決議不成立)확인의 소

1) 당사자 적격

원고적격은 결의무효확인의 소와 동일하다(사법해석(4) 1조). 또한 원고는 회사를 피고로 하여야 한다(사법해석(4) 3조).

2) 사 유

사법해석(4)에 자세하게 규정하고 있다(5조). 즉, ① 회사가 주주총회를 소집하지 않은 경우, 다만, 정관에 의하여 주주총회 소집 없이 직접결정(直接作出决定)하는 것이 가능하고 또한 전체주주가 결의서(决定文件)에 서명하고 날인한 경우에는 예외로 한다.[37] ② 주주총회에서 결의사항(决议事项)에 대하여 표결하지 않은

---

36) 주주총회의 결의가 법률, 행정법규를 위반하였거나 주주의 합법적인 권익을 침해한 경우, 주주는 인민법원에 해당 위법행위와 권리침해행위를 중단하도록 청구(要求)하는 소송을 제기할 수 있다.

37) 유한회사의 경우 회사법 제37조 제2항에서 예외를 규정하고 있다.

경우, ③ 주주총회에 출석한 의결권의 수가 정관에 규정된 의사정족수[38]에 미치지 못하는 경우, ④ 표결결과(表決結果)가 회사법 또는 정관에 규정된 의결정족수에 미치지 못하는 경우, ⑤ 결의의 불성립을 초래하는 기타의 경우(其他情形)이다.

3) 결의불성립확인 판결의 효력

결의 취소판결의 효력과 같다. 즉, 소급효가 있지만, 선의의 제3자는 보호된다(사법해석(4) 6조).

제2항   경영조직: 이사회와 경리

Ⅰ. 개   설

주식회사의 경영조직의 형태는 각국의 입법상황에 따라 차이가 있지만 이사회는 반드시 설치되어 있다. 또한 이사회는 회의체 기관으로 상시 소집되는 것이 아니므로 회사의 일상적인 업무를 집행할 기관, 즉 업무집행기관이 필요하다.[39] 중국의 경우 경리(经理), 한국의 경우 대표이사 또는 집행임원이 업무집행기관에 해당한다. 이사회의 중요한 업무 중 하나는 업무집행기관을 감독하는 것이다. 중국은 업무집행권과 대표권을 분리하여 업무집행권을 갖는 경리가 반드시 대표권을 가지는 것은 아니다(13조).

Ⅱ. 이 사 회

1. 이사회의 지위

가. 주주총회 중심주의인가 이사회 중심주의인가?

이사회는 법률과 정관에서 규정한 권한과 주주총회에서 수권한 권한을 행사한다. 이사회와 주주총회와의 관계에 대한 설명으로 주주총회 중심주의와 이사회 중심주의가 있다. 전자는 주주총회의 최고기관성을 긍정하고 주주총회에서 선임

---

38) 전술한 바와 같이 회사법에는 주주총회의 보통결의와 특별결의에 대한 의사정족수에 대한 규정이 없다.

39) 이사회는 주주총회의 결의를 집행한다는 점에서 주주총회와의 관계에서는 업무집행기관에 해당한다고 볼 수 있다(108조 4항, 46조 2호).

한 이사로 구성된 이사회의 권한은 주주총회에서 파생된 것이라는 입장이다. 이에 따르면 이사회의 권한을 규정한 법률은 임의규정이고, 주주총회는 이사회의 권한사항에 대하여 결의할 수 있다고 한다. 후자에 따르면 이사회의 권한은 주주총회로부터 파생된 것이 아니라 회사의 권한이 기능적으로 분배된 것으로, 주주총회는 법률과 정관에 규정한 권한만 갖고 이사회가 회사의 잔여권한을 갖는다는 입장이다. 이에 따르면 이사회의 권한을 규정한 법률은 강행규정이고, 주주총회는 이사회의 권한사항에 대하여 결의할 수 없다고 한다.

중국 주식회사의 경우 주주총회에서 회사의 기본적인 사항을 결정하고 이사회가 주주총회가 결정한 범위 내에서 업무를 결정한다는 측면에서 주주총회 중심주의를 채택하였다고 볼 수 있다. 중국 회사법이 여전히 "주주총회 중심주의"를 취하고 있는 이유는 1993년 헌법에서 사회주의 시장경제를 채택하고, 같은 해 회사법을 제정하면서 국유기업을 회사법상 회사로 조직을 변경하는 과정에서 국유지분(国有股权)을 보호하기 위한 것으로 보인다.

나. 상법상 상설기관인가?

중국 회사법 교과서에서는 주주총회는 비상설기관이지만 이사회를 회사법상 상설기관으로 소개하고 있다.[40] 그 이유는 주주총회의 주주와 달리 이사의 경우 임기가 있고, 이사회는 회사의 일상적인 업무에 대하여 결정하며, 이사회의 소집이 주주총회보다 빈번하다는 것이다. 특히, 상장회사의 경우 이사회 비서(秘书)가 있어서(123조) 이사회의 일상적인 사무를 처리한다. 사견으로 회사의 일상적인 업무를 처리하는 기관은 이사회가 아니라 경리라고 생각한다.

2. 이사회의 권한

가. 개   설

중국 회사법에서는 주식회사의 이사회의 권한은 유한회사의 이사회의 권한을 준용하고 있는데(108조 4항, 46조), 이에 따르면 이사회는 다음의 권한을 행사한다.

---

40) 李建伟, 전게서, 298면; 赵旭东主编(2006), 전게서, 293면; 郑云瑞, 전게서 380면 등.

1. 주주총회를 소집하고, 주주총회에 업무(工作)를 보고(报告)
2. 주주총회의 결의를 집행(执行)
3. 경영계획(经营计划)과 투자방안(投资方案)을 결정(决定)
4. 1년(年度) 재무예산안(财务预算方案)과 결산안(决算方案)을 작성(制订)
5. 이익배당안(利润分配方案)과 결손금보전안(弥补亏损方案)을 작성(制订)
6. 등록자본금의 증자 또는 감자의 방안(方案)을 작성(制订)
7. 회사의 합병과 분할, 해산 및 조직변경(变更公司形式)의 방안(方案)을 작성(制订)
8. 회사내부관리기구(公司内部管理机构)의 설치를 결정(决定)
9. 경리(经理)의 선임·해임 및 그 보수(报酬)에 관한 사항을 결정하고, 경리의 추천(提名)에 의하여 회사 부경리, 재무책임자(财务负责人)를 선임 또는 해임하며 그 보수와 관련한 사항을 결정
10. 회사의 기본관리제도(公司的基本管理制度)를 제정(制定)
11. 정관에 규정된 기타 직권

나. 주주총회 결의의 집행(2호) 및 경리의 업무집행에 대한 감독

이사회는 업무집행에 관한 포괄적인 의사결정권한이 있는 것이 아니라, 주주총회의 결의를 집행(执行)하기 위한 범위 내에서만 의사결정권한이 있다(46조 2호). 이에 따라 주주총회에서 회사의 경영방침(经营方针)과 투자계획(投资计划)에 대하여 결정하면, 이사회는 이에 근거하여 구체적인 경영계획(经营计划)과 투자방안(投资方案)을 작성하고(108조 4항, 46조 3호), 경리는 이에 기초하여 업무를 집행한다. 또한 주주총회는 재무예산안(财务预算方案)을 승인하면, 이사회와 경리는 이에 구속되어 업무를 집행한다.

한국 상법에 따르면 이사회는 상법 또는 정관에서 주주총회의 권한으로 규정한 사항을 제외한 회사의 업무에 관하여 포괄적인 의사결정권한이 있다(393조 1항).

회사법에서는 명시적으로 규정되어 있지 않으나 이사회의 권한 중 중요한 권한의 하나가 이사회 결의에 따른 경리의 업무집행을 감독하는 권한이다. 경리의 선임 및 해임은 이를 전제로 한 것으로 볼 수 있다. 회사법에서는 이사장(董事长)이 이사회 결의의 실시상황(实施情况)을 감사(检查)한다고 규정하고 있다(109조 2항).

다. 회사 내부관리기구의 설치 및 기본관리제도의 제정(9호, 10호)

이사회는, 회사법과 정관의 규정에 반하지 않는 범위 내에서, 회사의 업무집행의 효율을 위하여 재무부, 총무인사부 등 내부관리기구를 설치할 수 있고(8호), 내부관리기구(內部管理机构)에 대한 기본관리제도(基本管理制度)를 제정할 수 있다(10호). 후술하는 바와 같이, 상장회사에서 위원회의 설치근거 법령은 회사법이 아니라 「상장회사 지배구조 준칙」이다. 즉, 상장회사 이사회는 주주총회의 결의에 따라 전략, 감사(审计), 추천(提名), 보수 및 평가(考核) 등 전문위원회(专门委员会)를 설치할 수 있다(52조).

라. 주주총회와 관련된 권한

1) 주주총회의 소집 및 업무보고(1호)

이사회가 원칙적으로 주주총회를 소집한다(101조 1항). 이사회는 일정한 경우 반드시 임시주주총회를 소집하여야 한다(100조).

주주총회는 이사회의 업무보고를 심의비준(审议批准)할 권한이 있는데(37조 3호), 이사회는 주주총회에 업무를 보고하여야 한다. 한국 상법상 이사회는 주주총회에 업무를 보고할 의무는 없다.

2) 주주총회의 결의사항 작성

가) 재무예산안과 결산안 작성(4호)

주주총회에서 회계연도의 재무예산안과 결산안을 결의하는데(37조 5호), 이사회에서 재무예산안과 결산안을 작성한다.

나) 회사의 이익배당안 또는 결손보전안의 작성(5호)

주주총회에서 이익배당안 또는 결손보전안에 대하여 결의하는데(37조 6호), 이사회에서 이익배당안 또는 결손보전안을 작성한다.

다) 회사 등록자본금의 증자 또는 감자방안의 제정(6호)

주주총회에서 등록자본금의 증자 또는 감자를 결의하는데(37조 7호), 이사회에서 증자안 또는 감자안을 작성한다.

라) 회사의 합병과 분할, 해산 및 조직변경안 작성(7호)

주주총회에서 합병, 분할, 해산, 조직변경에 대하여 결의하는데(37조 9호), 이사회에서 합병, 분할, 해산 및 조직변경안을 작성한다.

마. 경리와 관련된 권한

1) 경리의 선임 및 해임, 그 보수에 관한 사항(9호)

주식회사의 경우 경리는 필수적 업무집행기관이므로, 이사회에서 반드시 경리를 선임하여야 한다. 이사회는 이사 중에서 경리를 선임할 수 있다(114조).

2) 경리의 추천에 따른 부경리, 재무책임자를 선임 및 해임, 그 보수에 관한 사항
(9호)

부경리는 필수기관이 아니지만, 경영상 필요하다고 판단될 경우 경리의 추천(提名)에 의하여 이사회에서 선임하게 된다. 한편, 회사는 회계책임자(会计主管人员)[41]를 선임하거나 국무원의 감독기관의 승인을 얻어서 기장대리회사(代理记账机构)에 기장을 위탁하여야 하므로(회계법 36조, 「기장대리관리방법」[42] 3조), 회사가 기장대리회사에게 기장을 위탁하지 않는 경우 재무책임자(财务负责人)를 선임하여야 한다.

바. 기타 정관에서 정하는 권한

1) 개별규정(16조, 169조)

회사가 다른 회사에 투자하거나 타인에게 담보를 제공할 경우, 정관이 정하는 바에 따라 이사회 또는 주주총회의 결의를 거쳐야 한다(16조 1항 1문). 따라서 정관에서 이사회를 위 사항에 대한 의결기관으로 정할 수 있다.

회사가 회사의 회계감사 업무를 수행하는 회계사사무소(会计师事务所)를 선임(聘用) 또는 해임(解聘)하는 경우, 정관의 규정에 따라 주주총회 또는 이사회 결의에 의한다(169조 1항).

2) 정관에 의한 이사회 권한 확대

2005년 회사법을 개정하면서, 이사회는 정관이 규정하는 기타의 권한을 행사한다는 규정을 추가하였다(37조 1항 11호). 정관에 의한 이사회의 권한 확대는 경

---

41) 재무책임자가 되기 위해서는 회계사 자격이 있고, 나아가 다른 전문자격이 있거나 3년 이상의 회계업무 경력이 있어야 한다.

42) 代理记账管理办法(2016년 제정, 2019년 개정).

리의 권한을 제한하기 위한 것이다.

2. 이사회의 구성

가. 이사의 수와 자격

한국 상법에 따르면 주식회사의 이사회는 원칙적으로 3인 이상의 이사로 구성된다(383조 1항). 중국 회사법에 따르면 주식회사의 이사회는 5인 이상 19인 이하의 이사로 구성된다(108조 1항). 이사는 회사의 기관이 아니고 이사회의 구성원 지위만을 갖는다.

이사가 자연인이어야 하는지에 대하여 회사법에 명시적인 규정이 없으나, 「상장회사정관지침」[43]에 따르면, 이사는 자연인이어야 한다(95조 1항).

나. 이사의 선임과 임기

주주총회에서 직공대표(职工代表)가 아닌 이사를 선임한다(회사법 99조, 37조 1항 2호). 이사회의 구성원 중 회사의 직공대표를 둘 수 있다. 이사회의 직공대표는 직공대표대회, 직공대회 또는 기타 형식을 통해 직공에 의해 민주적으로 선출되어야 한다(108조 2항). 직공대표는 종업원의 경영참가의 한 형태로 볼 수 있는데, 사회주의 시장경제를 반영하는 제도이다. 직공대표를 선임하기 위해서는 정관에 근거규정이 있어야 한다(81조 6호). 참고로, 둘 이상의 국유기업(国有企业) 또는 둘 이상의 국유투자주체(国有投资主体)가 투자하여 설립한 유한회사의 경우에는 이사회 구성원 중 반드시 직공대표가 있어야 한다(44조 2항).

이사의 임기는 정관에서 규정할 수 있으나, 매 임기는 3년을 초과할 수 없다(108조 3항, 45조 1항). 과거 임기 중에 이사의 사임, 심지어 전체 이사가 동시에 사임함으로 인하여 여러 가지 문제가 발생하였기 때문에, 개정 회사법은 이사의 임기가 만료(届满)되었으나 적시(及时)에 이사를 선임하지 않았거나 이사가 임기 내에 사임(辞职)한 결과 이사의 수가 법정원수(法定人数)에 미달하게 된 경우, 새로 선임된 이사가 취임(就任)하기 전까지 원래의 이사(原董事)가 여전히 법률, 행정법규 및 정관의 규정에 따라 이사의 직무(职务)를 이행하여야 한다고 규정하고 있다(108조 3항, 45조 2항).

---

43) 上市公司章程指引(1997년 제정, 2006년, 2014년, 2016년, 2019년 개정).

2005년 개정 전 회사법에서는 정당한 이유가 없이 주주총회에서 이사를 해임할 수 없다고 규정하였으나(115조 2항, 47조),[44] 현행 회사법에서는 그 부분을 삭제하여 정당한 이유가 없더라도 그 임기만료 전에 주주총회의 보통결의로 이사를 해임할 수 있다(99조, 37조 1항 2호). 다만, 정당한 이유 없이 해임된 이사는 회사에 보상을 청구할 수 있다(「최고인민법원의 회사법 적용에 있어서 약간의 문제에 관한 규정(5)」(사법해석(5))[45] 3조). 한국 상법에 따르면 주주총회의 특별결의로 이사를 해임할 수 있으나, 정당한 이유없이 그 임기만료 전에 해임된 이사는 회사에 손해배상을 청구할 수 있다(385조 1항).

다. 이사회의 조직: 이사장

이사회는 이사장(董事長) 1명을 두어야 하고, 부이사장을 둘 수 있다. 이사장과 부이사장은 이사회 전체 이사의 과반수로 선출한다(회사법 109조 1항). 이사는 이사회의 구성원에 불과하지만, 이사장은 회사의 기관이라 할 수 있다. 다만, 이사회의 표결에서 다른 이사와 동등한 지위를 갖는다.

2005년 개정 전 회사법에는 이사장이 회사의 법정대표자(法定代表人)였지만(113조 3항), 현행 회사법에서는 정관에서 이사장 또는 경리 중에서 정한다(13조). 이사장이 법정대표자가 아닌 경우에는 ① 주주총회 및 이사회의 소집 및 주재(主持)에 대한 권한을 갖고(101조 1항, 109조 2항), ② 이사회 결의의 실시상황(實施情況)을 감사(檢查)하는 권한을 갖는다(109조 2항). 이에 따라 이사회가 경리의 업무집행을 감독할 때 이사장의 명의로 하게 될 것이다. 한편 한국 상법에 따르면, 이사는 대표이사로 하여금 다른 이사 또는 피용자의 업무에 관하여 이사회에 보고할 것을 청구(要求)할 수 있다(393조 3항).

3. 이사회의 소집권자와 소집절차

가. 소집권자

이사회는 정기이사회와 임시이사회가 있다. 정기이사회는 매년 적어도 2회 이사회를 소집(召开)하여야 하는데(110조 1항), 이사장이 소집한다(109조 2항). 만약 이사장이 이사회를 소집하지 않은 경우에는 부이사장이 소집하고, 부이사장

---

44) 董事在任期屆滿前, 股東會不得無故解除其職務。

45) 最高人民法院关于适用《中华人民共和国公司法》若干问题的规定(五)(2019년 제정, 2020년 개정).

이 소집하지 않는 경우에는 과반수 이사가 선임한 이사가 이사회를 소집한다 (109조 2항).

임시이사회는 ① 10분의 1 이상의 의결권을 대표하는 주주, ② 3분의 1 이상의 이사 또는 ③ 감사회가소집을 청구(提议)할 수 있다. 이사장은 청구일(接到提议)로부터 10일 이내에 이사회를 소집하여야 한다(110조 2항).

나. 이사회의 소집통지

정기이사회는 이사회소집일(会议召开) 10일 전에 전체 이사, 감사에게 통지하여야 한다(110조 1항). 통지방법으로는 서면에 한하지 않고 구두나 기타의 방법도 가능하다. 임시이사회의 경우, 정관에 특별한 규정이 없으면, 이사회가 이사회 소집을 결의하면서 통지기한(通知时限)과 통지방법(通知方式)을 정할 수 있다(110조 3항).

회사법은 통지내용에 대하여는 특별한 규정을 두고 있지 않으나, 일반적으로는 소집일시와 장소, 의제(议题) 등을 통지하여야 한다. 「상장회사정관지침」에 따르면, 소집일시와 장소, 의제와 사유(事由) 등을 통지하여야 한다. 주주총회의 경우 통지에 명시하지 않은 사항(事项)에 대하여는 결의할 수 없는데(102조 3항), 이사회의 경우 이러한 규정이 없다. 한국 판례에 따르면, 이사회 소집통지를 할 때에는, 회사의 정관에 이사들에게 회의의 목적사항을 함께 통지하도록 정하고 있거나 회의의 목적사항을 함께 통지하지 아니하면 이사회에서의 심의·의결에 현저한 지장을 초래하는 등의 특별한 사정이 없는 한, 주주총회 소집통지의 경우와 달리 회의의 목적사항을 함께 통지할 필요는 없다(2009다35033).

4. 이사회의 의사(议事)와 결의(决议)

이사회[46]는 소집권자가 주재(主持)한다(109조 2항). 이사회에는 이사 본인(本人)이 출석하여야 한다. 이사가 사정(因故)이 있어서 이사회에 출석할 수 없는 경우 다른 이사에게 출석을 서면으로 위임(书面委托)할 수 있는데, 위임장(委托书)에는 수권범위(授权范围)를 명시하여야 한다(112조 1항). 위 규정은 주식회사에만 해당하는 규정으로 유한회사의 경우에는 적용될 수 없다.[47] 한국 판례에 따르면,

---

46) 중국에서는 기관으로서의 이사회를 董事会라 하고, 회의로서의 이사회를 董事会会议라고 한다.
47) 施天涛, 전게서, 367면.

이사회는 주주총회의 경우와는 달리 대리인에 의한 출석은 인정되지 않으므로 다른 이사에게 의결권을 위임하는 것도 허용되지 않는다(80다2441).

이사회는 과반수 이사가 출석하여야 개최할 수 있고, 이사 1인 1표제(一人一票)를 실시(实行)하는데, 전체 이사의 과반수로 가결(通过)한다(111조).

5. 이사회의 의사록

이사회는 이사회의 결의사항에 대한 회의록(会议记录)을 작성하여야 하며, 이사회에 출석한 이사는 그 회의록에 서명(签名)하여야 한다(112조 2항). 의사록을 작성하고 이사들이 서명하는 이유는 의사정족수와 의결정족수 등 이사회 결의의 절차적 적법성을 확인할 수 있고, 주주는 이사회 의사록을 열람할 권리가 있는데(97조) 이를 통하여 이사에 대한 책임추궁에 활용될 수 있다.

6. 이사회결의의 하자

이사회 결의의 하자에 대하여는 주주총회 결의의 하자와 같이 다루고 있다(22조).[48]

III. 경 리

1. 경리의 지위

경리(经理)는 이사회의 감독하에서 회사의 일상적인 생산경영관리에 종사하는 회사의 업무집행기관이다. 경리는 이사회에 대하여 책임을 진다(113조 2항, 49조 1항).

회사법 규정만 본다면 이사회가 회사의 경영계획과 투자방안을 결정하면(46조 3호)[49] 경리가 이를 집행하고(49조 1항 2호), 또한 이사회는 언제든지 경리를 해임할 수 있으므로, 경리의 권한이 이사회의 권한보다 강하다고 할 수 없다.[50] 즉,

---

48) 한국 상법에서는 이사회의 결의하자에 대한 명문의 규정이 없기 때문에 민법에 의하여 처리하여, 원칙적으로 법률상 당연무효라고 본다. 정찬형, 상법강의(상) 제9판, 박영사(2006), 842면.

49) 이 권한은 미국에서는 CEO가 행사하는데, 중국 회사법에서는 이사회의 권한으로 규정하고 있으므로 경리의 권한의 강화에는 한계가 있다고 할 것이다. 赵旭东主编(2006), 전게서, 404면.

50) 赵旭东主编(2006), 전게서, 400, 404면.

경리는 이사회의 통제를 받는 하위 집행기관이다.[51]

이사는 경리를 겸임할 수 있는데(114조), 현재 상당수의 주식회사가 이사장과 경리가 겸임하는 경우가 많다고 한다. 이에 따라 대규모 회사의 경우 실질적으로 "경리 중심주의" 현상이 발생하는 경우가 많다고 한다.[52]

2. 경리의 권한

가. 개   설

주식회사의 경리의 권한은 유한회사의 경리의 권한을 준용하고 있다(113조 2항, 49조 1항).

---

1. 회사의 생산경영관리업무(生产经营管理)를 주관(主持)하며, 이사회 결의를 집행 (组织实施)
2. 회사의 1년(年度) 경영계획(经营计划)과 투자방안(投资方案)을 집행(组织实施)
3. 회사의 내부관리기구(内部管理机构) 설치방안에 대한 초안작성(拟订)
4. 회사의 기본관리제도(基本管理制度)에 대한 초안작성(拟订)
5. 회사의 구체적 규정(具体规章)을 제정(制定)
6. 회사의 부경리, 재무책임자(财务负责人)를 선임(聘任) 또는 해임(解聘)할 것을 건의(提请)
7. 이사회가 선임 또는 해임하여야 할 인원을 제외한 기타 관리책임자(负责管理人员)를 선임(聘任) 또는 해임(解聘)에 대한 결정(决定)
8. 이사회가 부여(授予)한 기타 직권(职权)을 행사

나. 업무집행권한

1) 이사회 결의의 집행

가) 경리는 이사회의 결의를 집행(组织实施)하여야 하는데(1호), 특히 이사회가 결의한 경영계획과 투자방안(46조 3호)을 집행(组织实施)하여야 한다(2호).

---

51) 경리와 관리조직을 총칭하여 "집행조직"이라고 하는 경우, 경리는 집행조직의 정점에 위치한다. 그리고 이사회와 집행조직을 총칭하여 경영조직이라 할 수 있다.
52) 李建伟, 전게서, 300면

나) 이사회는 결의를 하면서 경리에게 권한을 위임할 수 있는데, 경리는 이에 따른 권한을 행사할 있다(8호). 그러나 이사회는 자신의 권한을 경리에게 포괄적으로 위임할 수 없다고 할 것이다.

2) 생산경영관리업무 주관(1호)

경리는 회사의 업무집행기관으로서 이사회의 수권이 없더라도, 회사의 통상적인 생산경영관리업무를 주관(主持)한다.

3) 인사에 관한 사항(7호)

경리가 부경리 및 재무책임자(财务负责人)의 선임 또는 해임을 건의(提请)하면 (7호), 이사회에서 선임 또는 해임한다.

경리는 업무를 수행함에 있어서 필요한 경우, 고급관리인원(216조 1호)을 제외한 관리책임자(负责管理人员) 등 업무집행조직을 구성할 권한이 있다.

4) 구체적인 규정을 제정(5호)

경리는 업무집행을 함에 있어서 필요한 경우 구체적인 규정(规章)을 제정할 수 있다.

다. 이사회와 관련된 권한

1) 이사회 결의사항의 작성

가) 이사회는 내부관리기구 설치 및 기본관리제도를 제정할 수 있는데, 경리는 내부관리기구 설치안 및 기본관리제도에 대한 초안을 작성한다(3호, 4호).

나) 경리가 부경리 및 재무책임자(财务负责人)의 선임 또는 해임을 건의(提请)하면(7호), 이사회에서 선임 또는 해임한다.

2) 이사회의 배석권

경리는 이사회에 배석(列席)할 수 있다(49조 3항).

라. 정관의 규정에 의한 제한

이사회의 경우 정관에서 이사회의 법정 권한 이외에 다른 권한을 부여할 수 있도록 규정하고 있는데 반하여 경리의 경우에는 정관에 경리의 권한에 대하여 다른 규정을 둘 수 있다고 규정하고 있다(49조 2항). 따라서 이 규정은 경리의 권한을 확장하기 위한 것이 아니라 제한하기 위한 것이다. 이에 따라 경리에게 대표권이 부여된 경우, 회사법에 따르면 회사의 중요한 재산을 처분함에 있어서 이사회의 결의는 필요 없으나, 정관에서 중요한 재산의 처분에 이사회의 결의를 얻도록 규정할 수 있다.

3. 경리의 선임과 해임

경리는 이사회가 선임(聘任)하고 해임(解聘)한다(113조).

IV. 대표기관

2005년 개정 전 회사법에는 이사장이 회사의 법정대표자(法定代表人)였지만(113조 3항), 현행 회사법에서는 정관에서 이사장 또는 경리53) 중에서 정한다(13조). 법정대표자는 법에 따라 이를 등기(登记)하여야 한다(13조).

만약 이사장이 법정대표자가 되는 경우 대내적 업무집행(对内执行)과 대외적 대표(对外代表)가 분리되는 현상이 발생한다. 이 경우 경리가 직접 대외적 행위를 하기 위해서는 이사장으로 권한을 위임받아서 이사장 명의(대행)로 또는 대리의 형식으로 대외적 행위를 하여야 할 것이다. 이 경우 미국의 임원(officer)과 유사한 지위를 갖는다. 만약 대내적 업무집행권을 갖는 경리(经理)가 법정대표자가 되는 경우는 경리는 한국의 대표집행임원의 지위와 유사하게 된다.

한국 상법에서는 대표이사의 회사의 대내적 업무집행권에 대한 규정이 없다. 이에 따라 대내적 업무집행에 대해서는 회사의 자체에 맡겨졌다는 견해54)와 대표권은 업무집행권을 전제로 하므로 대표이사는 원칙적으로 포괄적인 업무집행권과 대표권을 가지고 있다는 견해가 대립한다.55)

---

53) 유한회사의 경우 집행이사(执行董事)도 법정대표자가 될 수 있다(13조).
54) 김건식 등(제4판), 전게서, 353면.
55) 이철송, 전게서, 681면; 정찬형, 상법강의(상)(제17판), 박영사(2014), 938면; 최기원, 신회사법론(제14대정판), 박영사(2013), 631면.

제3항 감 사 회

I. 개   설

소유와 경영의 분리 원칙을 채택하고 있는 주식회사에서, 주주 등 이해관계
자의 이익을 보호하기 위하여 경영조직의 건전한 경영을 유도할 필요가 있다. 주
주총회에서 선임한 독립된 기관에서 업무집행기관의 업무를 감사할 수 있지만,
이사회가 자체적으로 내부통제시스템의 구축하여 업무집행기관의 업무를 감독할
수 있다. 주주총회의 권한이 강한 경우에는 전자의 방식을, 이사회의 권한이 강한
경우에는 후자의 방식을 채택할 가능성이 높다.

중국 회사법상 감사회(監事会)는 3명 이상의 감사로 구성되는 필수적인 회의
체 기관으로, (ⅰ) 주주총회 중심주의를 반영하여 주주총회에서 선임된 주주대표
(股東代表)와 (ⅱ) 사회주의 시장경제를 반영하여 회사의 직공대표대회(職工代表大
会), 직공대회(職工大会) 등에서 선임된 직공대표(職工代表)로 구성된다(117조). 감사
회에 노동자가 참여한다는 점에서는 독일의 공동결정제도와 닮은 점이 있다.

II. 구   성

감사회는 3명 이상의 감사로 구성된다(117조 1항).

1. 주주대표와 직공대표

감사회는 주주대표와 직공대표로 구성되며, 그 중 직공대표의 비율은 3분의
1보다 적어서는 안되는데, 구체적인 비율은 정관에서 정한다(117조 1항).

감사의 임기는 3년이고, 연임(连任)할 수 있다(117조 5항, 52조 1항). 감사의 임
기 만료(屆滿) 후 적시(及时)에 감사를 선임하지 않았거나 감사가 임기 중 사직(辞
职)한 결과 감사의 수가 법정원수(法定人数)에 미달하게 된 경우, 새로운 감사가
취임(就任)하기 전까지 원래의 감사(原監事)가 법률·행정법규 및 정관의 규정에
따라 감사의 직무(职务)를 수행한다(117조 5항, 52조 2항).

한국 상법에 따르면, 감사의 임기는 취임 후 3년 내에 최종의 결산기에 관한

정기총회의 종결 시까지이다(410조).

이사와 고급관리인원은 감사를 겸임(兼任)하지 못한다(117조 4항). 한국 상법에 따르면, 감사는 회사 및 자회사의 이사 또는 지배인 기타의 사용인의 직무를 겸하지 못한다(411조).

2. 주석과 부주석

감사회는 주석(主席) 1명을 두어야 하고, 부주석을 둘 수 있다. 감사회 주석과 부주석은 전체 감사의 과반수로 선출한다(117조 3항). 감사회가 설치된 경우 감사는 감사회의 구성원에 불과하지만, 감사회 주석은 회사의 기관이라고 할 수 있다.

감사회 주석은 감사회를 소집하고 주재(主持)한다. 감사회 주석이 직무를 수행할 수 없거나 수행하지 않을 경우 부주석이 감사회를 소집하고 주재한다. 부주석이 직무를 수행할 수 없거나 수행하지 않을 경우, 과반수의 감사가 공동으로 선출한 한 명의 감사가 감사회를 소집하고 주재한다(117조 3항).

III. 권   한

1. 개   설

중국 회사법에서는 감사회의 권한은 유한회사의 감사회의 권한을 준용하고 있는데(118조 1항, 53조), 이에 따르면 감사회는 다음의 권한을 행사한다.

---

1. 회사의 재무(公司财务)를 감사(检查)
2. 이사, 고급관리인원의 직무집행(职务执行)을 감독(监督)[56]하고, 법률·행정법규 또는 정관 또는 주주총회 결의(决议)를 위반한 이사, 고급관리인원에 대해 파면(罢免)을 건의(建议)
3. 이사, 경리의 행위가 회사의 이익에 손해를 초래할 때, 이사, 경리에게 그 시정을 청구(要求予以纠正)
4. 임시주주총회의 소집을 청구(提议召开); 이사회가 본 법의 규정에 따라 주주총

---

56) 한국의 경우 감독은 상부기관이 하부기관을 감독하는 것을 말하고, 대등기관 사이에는 감사라는 용어를 사용하지만, 중국에서는 회계의 경우에는 감사(检查), 업무의 경우에는 감독(监督)이라는 용어를 사용하고 있다.

> 회를 소집하고 주재(主持)하지 않을 경우, 주주총회를 소집하고 주재
> 5. 주주총회에 심의사항 제출(提出提案)
> 6. 본 법 151조 규정에 따라, 이사 및 고급관리인원에 대한 소를 제기(提起诉讼)
> 7. 정관이 규정한 기타 직권(职权)을 행사

2. 직무집행에 대한 적법성 및 타당성 감사(제2호, 제3호)

감사회는 이사 및 고급관리인원의 직무집행을 감독(監督)한다(2호). 여기에서 위법성 감사 외에 타당성 감사도 포함되는지가 문제된다. 1993년 회사법에서는 이사 및 경리가 직무집행시 법령 또는 정관에 위반되는지에 대하여 감독(監督)한다고 하여(54조 2호), 적법성 감사에 한정함을 분명히 하였는데, 2005년 개정하면서 직무집행을 감독(監督)한다고 하고 있어, 타당성 감사도 포함되는지에 대하여 다툼이 있다. 상장회사의 경우 감사회는 이사, 경리 및 기타 고급관리인원의 직무수행의 적법성(合法合規性)에 대하여 감사한다(「상장회사 지배구조준칙」 59조). 즉, 타당성 감사는 포함되지 않는다.

한국의 경우 이사회 중심주의를 취하고 있어, 이사회가 업무집행에 대한 타당성 감독을 하고, 감사는 명문의 규정이 있는 경우(상법 413조,[57] 447조의4 2항 5호,[58] 8호[59])를 제외하고는 적법성 감사에 한정된다.

3. 재무감사: 내부감사

감사회는 회사의 재무(公司财务)를 감사(检查)할 수 있는데(1호), 필요한 경우 회사의 비용으로 회계사사무소(会计师事务所)를 선임(聘请)할 수 있다(54조 2항). 감사회가 선임한다는 점에서, 주주총회 또는 이사회에서 회계감사(审计业务)를 위하여 선임(聘用)하는 회계사사무소(会计师事务所)와는 그 성질이 다르다(169조).

---

57) 감사는 이사가 주주총회에 제출할 의안 및 서류를 조사하여 법령 또는 정관에 위반하거나 현저하게 부당한 사항이 있는지의 여부에 관하여 주주총회에 그 의견을 진술하여야 한다.

58) 감사보고서에는 대차대조표 또는 손익계산서의 작성에 관한 회계방침의 변경이 타당한지 여부와 그 이유를 적어야 한다.

59) 감사보고서에는 이익잉여금의 처분 또는 결손금의 처리가 회사의 재무상태나 그 밖의 사정에 비추어 현저하게 부당한 경우에는 그 뜻을 적어야 한다.

4. 기   타

가. 조사 및 자료수집권

감사회는 회사의 경영상황(经营情况)에 이상이 있음을 발견하면, 조사(调查)를 진행할 수 있다(54조 2항). 그리고 이사, 고급관리인원은 감사회에 사실대로(如实) 상황(情况)을 설명하고 관련 자료(资料)를 제공하여야 한다(150조 2항).

나. 이사 또는 고급관리인원의 파면 건의(2호)

이사 또는 고급관리인원이 법률, 행정법규 또는 정관에 위반한 행위를 한 경우, 이사회에 파면(罢免)을 건의(建议)할 수 있다.

다. 손해행위 유지청구권(호)

이사, 고급관리인원의 행위가 회사에 손해를 초래할 경우, 당사자에게 그 시정을 청구(要求予以纠正)할 수 있다(3호).

한국의 경우 위법성과 회복할 수 없는 손해가 생길 염려가 있어야 한다. 즉, 이사가 법령 또는 정관에 위반한 행위를 하여 이로 인하여 회사에 회복할 수 없는 손해가 생길 염려가 있는 경우에는 감사 또는 발행주식총수의 1% 이상에 해당하는 주식을 가진 주주는 회사를 위하여 이사에 대하여 그 행위를 유지할 것을 청구할 수 있다(상법 402조).

라. 주주총회에 관한 권한

1) 임시주주총회 소집 청구(4호)

감사회는 이사회에 임시주주총회의 소집을 청구할 수 있고, 이사회가 주주총회를 소집하지 않는 경우, 직접 주주총회를 소집하고 주재(主持)할 수 있다.

한국 상법상 감사는 회의의 목적사항과 소집의 이유를 기재한 서면을 이사회에 제출하여 임시총회의 소집을 청구할 수 있으나, 이사회가 지체 없이 총회 소집절차를 밟지 않은 경우, 법원의 허가를 받아 감사가 총회를 소집할 수 있고, 이 경우 주주총회의 의장은 법원이 직권으로 선임할 수 있다(412조의3).

2) 주주총회에 심의사항 제출(5호)

한국 상법상 감사는 주주총회에 심의사항을 제출(提出提案)할 수 없다.

마. 이사회에 관한 권한

감사회는 이사회에 임의이사회(临时会议)의 소집(召开)을 청구(提议)할 수 있다 (110조 2항).

바. 이사 등에 대한 소제기(6호)

이사, 고급관리인원이 회사에 손해배상책임을 부담하여야 할 상황이 발생한 경우, 연속하여 180일 이상 단독 또는 공동(合计)으로 발행주식총수의 1% 이상 보유한 주주는 서면으로 감사회에 인민법원에 소를 제기할 것을 청구할 수 있다 (151조 1항).

감사회가 주주의 서면청구를 받은 후 소제기를 거절(拒绝)하거나, 청구를 받은 날로부터 30일 이내에 소를 제기하지 않거나, 또는 긴급한 상황(情况紧急)이 발생하여 즉시(立即) 소를 제기하지 않으면 회사에 돌이킬 수 없는 손해(难以弥补的损害)가 발생하는 경우, 위 주주는 회사의 이익을 위해 자기 명의로 직접 인민법원에 소를 제기할 수 있다(151조 2항).

5. 정관이 규정한 기타의 직권 행사

회사는 자신의 상황과 감사회의 수요에 맞추어 정관으로 감사회의 권한을 확장할 수 있다.

Ⅳ. 감사회의 의사(议事)

감사회 주석(主席)은 감사회[60]를 소집하고 주재(主持)한다. 감사회 주석이 직무를 수행할 수 없거나 수행하지 않을 경우 부주석이 감사회를 소집하고 주재한다. 부주석이 직무를 수행할 수 없거나 수행하지 않을 경우, 과반수의 감사가 공동으로 선출한 한 명의 감사가 감사회를 소집하고 주재한다(117조 3항).

감사회는 매 6개월마다 적어도 한 차례 개최(召开)되어야 하고, 감사는 임시 감사회(临时会议)의 소집을 청구(提议)할 수 있다(119조 1항). 감사회의 의사방식(议

---

60) 중국에서 기관으로서의 주주총회(股东大会)와 회의로서의 주주총회(股东大会会议)를 구별하고 있는 것처럼, 기관으로서의 감사회를 监事会라 하고, 회의로서의 감사회를 监事会会议라 하고 있다.

事方式)과 결의절차(表決程序)는 회사법에 규정이 있는 사항을 제외하고는 정관으로 규정한다(119조 2항).

감사회 결의는 과반수로 가결(通过)한다. 감사회는 의사결정 사항을 회의록(会议记录)으로 작성하여야 하며, 감사회에 출석한 감사는 회의록에 서명하여야 한다(119조 3항, 4항).

제4항　상장회사 특별규정

Ⅰ. 개　　설

상장회사란 주식이 증권거래소에 상장되어 거래되는 주식회사를 말하는데 (120조). 회사법 제4장 5절에 상장회사에 대한 특별규정을 두고 있다. 상장회사에는 증권감독관리위원회(证券监督管理委员会)와 국가경제무역위원회(国家经济贸易委员会)[61]가 제정한 「상장회사 지배구조준칙」, 재정부(财政部)가 증권감독관리위원회, 국가심계서(审计署), 은행업감독관리위원회(银行业监督管理委员会), 보험감독관리위원회(保险监督管理委员会)와 공동으로 제정한 「기업내부통제 기본규범」,[62] 증권감독관리위원회가 제정한 「상장회사주주총회규칙」, 증권감독관리위원회가 제정한 「상장회사 독립이사제도 건립에 관한 지도의견」과 「상장회사정관지침」, 「상장회사 정보공시 관리방법」[63] 등이 적용된다.

국가경제무역위원회와 재정부, 국가심계서는 모두 국무원 조직부분(国务院组成部门)이고, 증권감독관리위원회, 은행감독관리위원회, 보험감독관리위원회는 국무원 직속 사업단위(国务院直属事业单位)[64]이다. 국무원 산하 조직이 제정한 규범을 부문규장(部门规章)이라고 한다. 중국 「행정소송법」에서는 인민법원의 행정사건심리는 법률, 행정법규, 지방성법규를 근거(依据)로 하고(63조 1항), 국무원의 각

---

61) 2003년 제10차 전국인민대표대회 제1차 회의에서 폐지되고, 상무부(商务部)가 설치되었다.

62) 企业内部控制基本规范(2008년 제정).

63) 上市公司信息披露管理办法(2007년 제정, 2021년 개정).

64) 민법전 87조 2항에 따르면 사업단위(事业单位)와 사회단체(社会团体)는 법인이 될 수 있는데, 사업단위는 정부가 공익목적을 위하여 국유자산을 이용하여 설립한 비영리조직을 가리키고, 사회단체는 중국 공민(公民)의 결사의 자유에 근거하여 자발적으로 조직된 비영리단체로 「사회단체등기관리조례」(社会团体登记管理条例, 1989년 제정, 1998년, 2016년 개정)에 따라 등기하여야 한다.

부와 위원회의 규장과 인민정부의 규장을 참조(参照)한다고 규정하고 있다(63조 3항). 이에 따라 규장의 재판규범성을 부정하는 것이 일반적이지만, 증권감독관리위원회가 제정한 규장은 상장심사 및 감독의 기준이 되므로 상장회사에 대하여 실질적으로 구속력이 있다. 즉, 「상장회사 주주총회 규칙」에 따르면, 상장회사가 본 규칙이 규정한 기간 내에 주주총회를 소집하지 않는 경우, 당해 회사의 상장 및 거래의 중지를 명할 수 있고(47조), 이사, 감사 또는 이사회 비서가 법률, 행정법규, 본 규칙 또는 정관의 규정을 위반하는 경우, 증권감독관리위원회와 그 파견기관은 그 시정을 명하고, 정상이 중하거나 시정하지 않는 경우 증권감독관리위원회가 관련자에게 증권시장 진입을 금지[65]할 수 있다(49조).

한국의 경우 상법 제4장 주식회사의 제13절에 상장회사에 대한 특례를 규정하면서 상장회사의 지배구조에 대하여 특별한 규율을 하고 있다.

II. 지배주주의 신의성실의무와 상장회사의 독립성

1. 신의성실의무

지배주주(控股股东)와 실제지배인(实际控制人)은 회사 및 다른 주주에 대하여 신의성실의무(诚信义务)를 부담한다 이에 따라 지배주주와 실제지배인은 지배권(控制权)을 이용하여 상장회사와 다른 주주의 합법적인 권익을 침해할 수 없고, 지배적 지위(控制地位)를 이용하여 불법적 이익(非法利益)을 취득할 수 없다(「상장회사 지배구조 준칙」 63조).

2. 상장회사 운영의 독립성

상장회사의 업무는 지배주주와 실제지배인으로부터 독립하여야 한다(「상장회사 지배구조 준칙」 73조 2항).

상장회사의 이사회, 감사회 및 기타 내부기관(内部机构)은 지배주주 실제지배인으로부터 독립적으로 운영되어야 한다. 지배주주와 실제지배인은 상장회사과 상하관계에 있는 것이 아니다. 지배주주와 실제지배인은 법률과 법규, 정관의 규

---

65) 금지의 내용에 대하여는 「증권시장진입금지규정」(证券市场禁入规定, 2006년 제정, 2015년 개정, 2021년 재제정)에 자세히 규정하고 있다.

정에 위반하여 상장회사의 경영에 간섭(干涉)할 수 없고, 상장쇠사의 경영의 독립성에 영향(影响)을 미칠 수 없다(위 준칙 72조).

III. 주주총회

1. 주주총회 결의사항 추가

상장회사의 경우 1년 내에 중요한 자산을 매수 또는 매각하거나 담보금액이 자산총액의 30%를 초과할 경우 주주총회 특별결의가 필요하다. 즉, 주주총회에 출석한 주주의 의결권의 3분의 2 이상의 찬성이 있어야 한다(121조).

2. 정기주주총회 개최시기 명시

회사법에 따르면 정기 주주총회는 최소한 1년에 1회 소집하여야 한다고 규정하고 있지만(100조), 그 개최시기에 대한 제한이 없다. 「상장회사 주주총회 규칙」에서는 결산 후 6개월 내에 개최하여야 한다고 규정하고 있다(4조). 그러나 중국 기업소득세법[66]에서는 사업연도 종료일로부터 5개월 내에 기업소득세를 신고하도록 규정하고 있는데(54조 2항), 이 때 재무회계보고서를 제출하여야 하므로(54조 3항), 결산 후 5개월 내에 정기주주총회를 개최하여야 한다. 주주총회의 경우, 정기총회일 20일 전까지 재무회계보고서를 본사에 비치(置备)하여 주주들이 열람(查阅)할 수 있도록 해야 한다(165조 2항).

한국의 경우 법인세법에서 사업연도 종료일이 속하는 달의 말일로부터 3개월 이내에 법인세를 세무서장에게 신고하여야 한다고 규정하고 있어서(60조 1항), 법인세 납부를 위하여 결산 후 3개월 이내에 정기주주총회를 개최하고 있다.[67]

3. 주주총회의 소집

가. 주주총회 소집청구권의 확대

회사법에 따르면 이사회가 주주총회를 소집하는 직무를 수행할 수 없거나 수

---

[66] 企业所得税法(2007년 제정, 2017년 개정, 2018년 개정).

[67] 중국 기업소득세법에 따르면, 매월 또는 매 분기 종료일로부터 15일 이내에 세액을 예납하여야 하고, 사업연도 종료일로부터 5개월 내에 기업소득세를 신고하여야 하는데, 이 때 재무회계보고서를 제출하여야 한다고 규정하고 있다(54조).

행하지 않은 경우, 감사회가 소집 및 주재할 수 있고, 감사회가 그 직부를 수행할 수 없거나 수행하지 않는 경우 소수주주가 주주총회를 소집 및 주재할 수 있다(101조 2항). 그런데 직무수행을 할 수 없거나 수행하지 않는 경우는 불확실한 개념이다. 이에 따라 「상장회사 주주총회 규칙」에서 구체적인 절차를 규정하고 있다.

독립이사가 이사회에 주주총회 소집을 청구(提议)하는 경우, 이사회는 10일 이내에 동의 여부에 대하여 결정하여야 한다(「상장회사 주주총회 규칙」 7조 1항). 이사회가 주주총회 소집에 동의하는 경우 그 결의일로부터 5일 이내에 주주총회 소집통지를 발송하여야 하고, 부동의하는 경우 그 이유를 설명하고 공고하여야 한다(위 규칙 7조 2항). 이사회가 10일 이내에 동의 여부를 위한 이사회를 소집하지 않는 경우 처리방안에 대한 규정이 없는데, 중국 회사법에 따르면 이사는 이사회 소집을 청구할 권한이 없고, 3분의 1 이상의 이사가 이사회 소집을 청구할 수 있다(110조 2항). 한국 상법상 각 이사는 단독으로 이사회를 소집할 권한이 있다(390조 1항).

감사회는 이사회에 주주총회 소집을 청구(提议)할 수 있는데(100조 5호, 110조 2항), 위 규칙에서 이에 대하여 상세하게 규정하고 있다. 즉, 감사회가 이사회에 주주총회 소집을 청구(提议)하면, 이사회는 10일 이내에 그 동의 여부에 대하여 결정하여야 한다(위 규칙 8조 1항). 이사회가 부동의하거나 10일 이내에 이사회를 소집하지 않는 경우, 감사회는 단독으로 주주총회를 소집하고, 주재할 수 있다(위 규칙 8조 3항).

단독 또는 공동(合计)으로 10% 이상의 주식을 소유한 주주가 이사회에 주주총회 소집을 청구(请求)하면, 이사회는 10일 이내에 그 동의 여부에 대하여 결정하여야 한다(위 규칙 9조 1항). 이사회가 부동의하거나 10일 이내에 이사회를 소집하지 않는 경우, 위 주주는 감사회에 주주총회 소집을 청구할 수 있고(위 규칙 9조 4항), 감사회에 주주총회를 소집하지 않는 경우, 위 주주는 단독으로 주주총회를 소집하고, 주재할 수 있다(위 규칙 9조 5항).

나. 통지의 방법

주주총회의 통지에는 심의사항(提案)의 구체적인 내용과 주주가 심의사항에 대하여 합리적인 판단을 하는데 필요한 모든 자료(资料) 또는 설명(解释)을 충분

(充分)하고 완전(完整)하게 제공(披露)하여야 한다(「상장회사 주주총회 규칙」16조).

「상장회사 독립이사제도 건립에 관한 지도의견」6조 1항에 근거하여 독립이사가 자신의 의견을 표명하여야 하는 사항의 경우에는, 독립이사의 의견과 이유를 공개하여야 한다(위 규칙 16조).

다. 이사 및 감사 선임시 정보공개

주주총회에서 이사, 감사를 선임하는 경우, 주주총회 소집통지에 최소한 다음의 사항이 포함되어야 한다(위 규칙 17조 1항). ① 교육배경, 업무경력, 겸직 등 인적상황, ② 상장회사, 그 지배주주 또는 실제지배인과의 관련관계(关联关系)가 존재하는지 여부, ③ 상장회사의 지분보유량, ④ 증권감독관리위원회 및 기타 관련부서의 처벌이나 증권거래소의 징계를 받은 사실 여부 등이다.

한국 상법에 따르면, 상장회사가 이사·감사의 선임에 관한 사항을 목적으로 하는 주주총회를 소집통지 또는 공고하는 경우에는 이사·감사 후보자의 성명, 약력, 추천인, 그 밖에 대통령령으로 정하는 후보자에 관한 사항을 통지하거나 공고하여야 한다(542조의4 2항). 대통령으로 정하는 후보자에 관한 사항이란 ① 후보자와 최대주주와의 관계, ② 후보자와 해당 회사와의 최근 3년간의 거래 내역을 말한다(「상법 시행령」31조 3항).

라. 의결권행사 방식의 다양화

「상장회사 지배구조 준칙」에 따르면 상장회사는 주주와의 원활한 소통 채널을 구축해 회사의 중대 사안에 대한 주주의 이해와 의사결정의 참여, 감독 등 권리를 보장해야 한다(9조), 상장회사는 현대 정보통신기술 수단의 사용을 포함한 다양한 방식과 경로를 통하여 주주의 주주총회 출석률을 제고하여야 한다(8조). 이에 따라 「상장회사 주주총회 규칙」에서 현장(現場)과 인터넷(网络)을 결합하는 (相结合) 방식으로 개최하도록 하였다(15조 1항).

마. 의결권 대리행사의 권유

상장회사의 이사회, 독립이사(独立董事) 또는 관련 조건에 부합되는 주주는 다른 주주에게 의결권 대리행사를 권유할 수 있다. 의결권의 대리행사의 권유는 무상으로 행해져야 하고 상대방에게 충분한 정보를 제공해야 한다(「상장회사 지배구조 준칙」16조).

한국 「자본시장법」에 따르면, 권유자는 피권유자에게 위임장 용지와 참고서
류를 교부하여야 하고, 위임장 용지는 주주총회의 각 의제에 대하여 피권유자가
찬반을 명기할 수 있도록 하여야 한다(152조 1항, 4항).

4. 관련관계인의 의결권 행사의 제한

중국 회사법에서는 주주총회에서 관련관계인(关联关系人)의 의결권 행사를 제
한하는 일반규정은 없지만, 「상장회사 주식회사 규칙」에서 관련관계인의 의결권
행사를 제한하고 있다. 즉, 주주총회의 심의사항(审议事项)과 관련관계(关联关系)가
있는 주주는 의결권 행사를 회피(回避)하여야 하며, 그의 의결권은 주주총회에 출
석한 의결권의 총수(总数)에 산입(计入)하지 않는다(31조). 참고로 상장회사의 이사
는 관련관계가 있는 기업에 관한 사항에 대하여 의결권 없다(회사법 124조)

5. 주주총회의 의사(议事)

가. 주주총회는 이사장이 주재한다. 이사장이 직무를 이행할 수 없거나 직무
를 이행하지 않을 경우 부이사장이 주재하고, 부이사장이 직무를 이행할 수 없거
나 직무를 이행하지 않을 경우 과반수 이사가 공동으로 추천한 1명의 이사가 주
주총회를 주재한다(회사법 101조 1항, 「상장회사 주식회사 규칙」 27조 1항).

나. 정기주주총회에서 이사회 및 감사회가 1년간의 업무를 보고할 때(108조 4
항, 46조),[68] 독립이사도 업무를 보고하여야 한다(위 규칙 28조). 이사, 감사, 이사
회 비서는 주주총회에 출석하여야 하고, 경리와 고급관리인원은 배석(列席)하여야
한다(위 규칙 26조). 그리고 이사, 감사, 고급관리인원은 주주의 질문(质询)에 대하
여 설명하여야 한다(위 규칙 29조).

다. 주주총회에서 심의사항(审议事项)과 관련관계(关联关系) 없는 주주대표 2명
을 추천하고(위 규칙 37조 1항), 주주총회 표결 시 변호사, 주주대표(股东代表), 감사
대표(监事代表)가 공동으로 계표(计票)와 검표(监票)에 참가하여야 한다(위 규칙 37조
2항). 인터넷(网络) 또는 기타 표결방식(表决方式)으로 투표한 경우, 주주나 그 대리
인은 관련 투표시스템(投票系统)을 통하여 자신의 투표결과를 조회(查验)할 권리가
있다(위 규칙 37조 3항). 감사대표는 감사회 주석 또는 부주석 등을 의미한다(회사

---

68) 회사법에서 감사회의 경우 정기총회에서 업무를 보고하여야 한다는 명시적인 규정은 없다.

법 117조 3항).

6. 변호사 선임 및 법률의견서의 공시

상장회사는 주주총회 소집시 변호사를 선임하여야 하는데(「상장회사 주식회사 규칙」 5조), 이사회가 주주총회 소집을 결정하면서 변호사 선임을 결의하면 된다. 그리고 변호사는 다음 사항에 대한 법률의견서(法律意见)를 제출하고, 상장회사는 그 법률의견서를 공시한다(위 규칙 5조). ① 주주총회의 소집 및 통지 절차가 법률, 행정법규, 본 규칙 및 정관의 규정에 부합한지 여부, ② 주주총회 참석자 또는 소집인의 적법 여부, ③ 주주총회의 의사절차 및 의결결과가 법적으로 유효한지 여부, ④ 상장회사의 청구(要求)에 따른 기타 문제들에 대한 법률의견 등이다. 소집인(召集人)과 변호사는 증권등기결제기구(证券登记结算机构)이 제공한 주주명부에 근거하여 주주 자격의 합법성(合法性)을 검사(验证)하고, 주주의 성명 또는 명칭 및 그가 소지한 의결권의 수를 등기하여야 한다(위 규칙 25조).

Ⅳ. 이 사 회

1. 이사회 비서(秘书)

상장회사의 경우 이사회의 비서가 주주총회와 이사회의 준비, 서류보관 및 주주자료의 관리를 책임지고, 정보공개사무 등의 업무를 수행한다(123조).

이사회 비서의 자격 및 권한, 의무 등에 대하여는 여기에 대하여는 「상해증권거래소 상장규칙」[69]에서 자세하게 규정하고 있다. 이에 따르면 상해증권거래소에 상장된 회사의 비서가 되기 위해서는 상해증권거래소에서 발부하는 "이사회비서교육 자격증서"(董事会秘书培训合格证书)를 취득하여야 한다(3.2.4조).

2. 독립이사: 감독기능의 강화

가. 독립이사의 정의

상장회사에는 독립이사(独立董事)를 두어야 한다(122조). 독립이사는 회사에서

---

[69] 上海证券交易所股票上市规则(1998년 제정, 2000년, 2001년, 2002년, 2004년, 2006년, 2008년, 2012년, 2013년, 2014년, 2018년, 2019년, 2020년 개정).

이사 이외의 직무를 담당하지 않고, 상장회사 및 주요 주주와 그의 독립적이고
객관적인 판단을 방해할 수 있는 관계가 없는 이사를 말한다(「상장회사 독립이사제
도 건립에 관한 지도의견」 1조 1항). 독립이사는 상장회사의 전문위원회 위원을 제외
한 기타 직무의 겸직이 금지된다(「상장회사 지배구조준칙」 34조). 이사회 내에 독립
이사를 두는 것은 이사회의 감독기능을 강화한 것이다.

독립이사란 다음의 조건을 갖추어야 한다(「상장회사 독립이사제도 건립에 관한
지도의견」 2조). ① 법률, 행정법규 및 관련 규정에 근거하여 상장회사 독립이사를
담당할 자격을 구비할 것, ② 본 지도의견이 정한 독립성을 갖출 것, ③ 상장회사
운영의 기본지식을 갖고, 관련 법률, 행정법규, 규장 및 규칙을 숙지하고 있을 것,
④ 5년 이상 법률, 경제 또는 기타 독립이사의 직무수행에 필요한 경험을 갖출
것, ⑤ 정관이 정하는 기타 조건 등이다. 본 지도의견이 정한 독립성이란 독립이
사의 결격사유가 없는 것을 의미한다. 다음의 경우에는 독립이사가 될 수 없다(지
도의견 3조). ① 상장회사 또는 그의 산하기업(附屬企業)의 임직원 및 그의 직계친
족(배우자, 부모, 자녀를 의미함) 또는 주요 사회관계(형제자매, 장인과 장모, 사위와 며
느리, 배우자의 형제자매를 의미함)에 있는 자, ② 직접 또는 간접으로 상장회사 발
행주식총수의 1% 이상을 보유한 자연인주주 및 그의 직계친족 또는 상장회사 발
행주식 보유순위 10위 이내의 주주 중 자연인주주 및 그의 직계친족에 해당하는
자, ③ 직접 또는 간접으로 상장회사 발행주식총수의 5% 이상을 보유한 기업주주
또는 상장회사 발행주식 보유순위 5위 이내의 기업주주의 임직원 및 그의 직계친
족에 해당하는 자, ④ 최근 1년 내에 전 3항에서 열거한 경우에 해당한 경우에 해
당하는 자, ⑤ 상장회사 및 그의 산하기업(附屬企業)에 재무, 법률, 자문 등 서비스
를 제공한 자, ⑥ 정관이 규정한 기타의 자, ⑦ 증권감독관리위원회에서 정한 기
타의 자 등이다.

한국 상법에서도 이와 유사한 규정을 두고 있고(362조 3항),[70] 상장회사의

---

70) 사외이사가 다음 각 호의 어느 하나에 해당하는 경우에는 그 직을 상실한다(382조 3항). ①
회사의 상무에 종사하는 이사·집행임원 및 피용자 또는 최근 2년 이내에 회사의 상무에 종
사한 이사·감사·집행임원 및 피용자, ② 최대주주가 자연인인 경우 본인과 그 배우자 및
직계 존속·비속, ③ 최대주주가 법인인 경우 그 법인의 이사·감사·집행임원 및 피용자,
④ 이사·감사·집행임원의 배우자 및 직계 존속·비속, ⑤ 회사의 모회사 또는 자회사의 이
사·감사·집행임원 및 피용자, ⑥ 회사와 거래관계 등 중요한 이해관계에 있는 법인의 이
사·감사·집행임원 및 피용자, ⑦ 회사의 이사·집행임원 및 피용자가 이사·집행임원으로

경우에 사외이사의 자격에 대하여 추가적인 규정을 두고 있다(542조의8 2항 참조).

나. 이사회 또는 위원회에서 독립이사의 구성

상장회사의 이사회에서 독립이사가 3분의 1 이상이어야 한다(지도의견 1조 3 항). 또한 상장회사에 보수(薪酬)위원회, 회계감사(審計)위원회, 후보추천(提名)위원 회 등을 설치할 경우, 독립이사는 위원 중 2분의 1 이상이어야 한다(지도의견 5조 4항).

한국 상법에 따르면, 상장회사는 자산 규모 등을 고려하여 대통령령71)으로 정하는 경우를 제외하고는 이사 총수의 4분의 1 이상을 사외이사로 하여야 한다. 다만, 최근 사업연도 말 현재의 자산총액이 2조원 이상인 상장회사의 경우 사외 이사는 3명 이상으로 하되, 이사 총수의 과반수가 되도록 하여야 한다(542조의8 1 항). 한국 상법에서는 감사위원회의 경우에도 사외이사에 대하여 특별한 규정을 두고 있다(542조의11 2항).

다. 독립이사의 선임 및 해임에 있어서 특칙

상장회사 발행주식 총수의 1% 이상을 보유한 주주는 독립이사 후보를 추천 할 수 있다(지도의견 4조 1항). 추천인은 독립이사의 자격과 독립성에 대하여 의견 을 표명하여야 하고, 후보자는 본인과 상장회사 간의 그 독립성에 영향을 미치는

있는 다른 회사의 이사·감사·집행임원 및 피용자 등이다.

71) 상법 제542조의8 제1항 본문에서 "대통령령으로 정하는 경우"란 다음 각 호의 어느 하나에 해당하는 경우를 말한다.
  1. 「벤처기업육성에 관한 특별조치법」에 따른 벤처기업 중 최근 사업연도 말 현재의 자산 총액이 1천억원 미만으로서 코스닥시장 또는 코넥스시장에 상장된 주권을 발행한 벤처 기업인 경우
  2. 「채무자 회생 및 파산에 관한 법률」에 따른 회생절차가 개시되었거나 파산선고를 받은 상장회사인 경우
  3. 유가증권시장, 코스닥시장 또는 코넥스시장에 주권을 신규로 상장한 상장회사(신규상장 후 최초로 소집되는 정기주주총회 전날까지만 해당한다)인 경우. 다만, 유가증권시장에 상장된 주권을 발행한 회사로서 사외이사를 선임하여야 하는 회사가 코스닥시장 또는 코넥스시장에 상장된 주권을 발행한 회사로 되는 경우 또는 코스닥시장 또는 코넥스시 장에 상장된 주권을 발행한 회사로서 사외이사를 선임하여야 하는 회사가 유가증권시장 에 상장된 주권을 발행한 회사로 되는 경우에는 그러하지 아니하다.
  4. 「부동산투자회사법」에 따른 기업구조조정 부동산투자회사인 경우
  5. 해산을 결의한 상장회사인 경우

관계가 없다는 점을 공개적으로 선언하여야 한다(지도의견 4조 2항). 이사회는 주주총회 소집 전에 독립이사 후보자의 관련 내용을 공시하고(지도의견 4조 2항), 증권감독관리위원회, 상장회사 소재지 증권감독관리위원회 파견기관, 증권거래소에 독립이사 후보자의 관련 서류를 제출하여야 한다(지도의견 4조 3항).

독립이사는 연임은 가능하지만 6년[72]을 초과할 수 없다(지도의견 4조 4항). 상장회사는 임기만료 전에 독립이사를 정당한 이유 없이 해임할 수 없다(지도의견 4조 5항).[73] 독립이사가 연속하여 3회 자발적으로 이사회에 출석하지 않는 경우, 이사회는 주주총회에 해임을 청구한다(지도의견 4조 5항).[74]

라. 독립이사의 권한

독립이사는 회사법상 이사의 권한 외에 다음과 같은 특수한 권한을 갖는다(지도의견 5조 1항). ① 중대한 관계자거래(重大关联交易)(거래금액이 300만 위앤 이상 또는 순자산액의 5% 이상에 달하는 경우)의 경우, 독립이사가 승인한 후 이사회에 안건으로 제출하여야 한다. ② 이사회에 회계사사무소(会计师事务所)의 선임 또는 해임을 청구할 수 있다. ③ 이사회에 임시주주총회 소집을 청구할 수 있다. ④ 이사회의 소집을 청구할 수 있다.[75] ⑤ 독립적으로 외부회계감시기관 및 자문기구를 선임할 수 있다. ⑥ 주주총회 개최 전에 공개적으로 주주에게 의결권의 대리행사를 권유할 수 있다.

독립이사가 복수인 경우 2분의 1 이상의 동의를 얻어서 위의 권한을 행사할 수 있다(지도의견 5조 2항).

마. 독립이사의 직무

독립이사는 다음의 사항에 대하여 이사회 또는 주주총회에 독립적 의견을 표명하여야 한다(지도의견 6조 1항). ① 이사를 추천 또는 임면하는 경우, ② 고급관

---

72) 「상장회사정관지침」에 따르면 독립이사 아닌 이사의 경우 연임이 가능하고, 그 임기에 제한이 없다(96조 1항).

73) 「상장회사정관지침」에 따르면 독립이사 아닌 이사의 경우에도 정당한 사유가 없는 한 해임할 수 없다(96조 1항).

74) 「상장회사정관지침」에 따르면 독립이사 아닌 이사의 경우 연속하여 2회 자발적으로 이사회에 출석하지 않으면서 다른 이사에게 출석을 위임하지 않은 경우, 이사회는 주주총회에 해임을 청구하여야 한다(99조).

75) 회사법에 따르면 3분의 1 이상의 이사가 이사회의 소집을 청구할 수 있다(110조 2항).

리인원을 선임 및 해임하는 경우, ③ 이사, 고급관리인원이 보수, ④ 주주, 실제지배인 및 기타 관련기업(关联企业)이 상장회사에 대하여 300만원(元) 이상 또는 순자산액의 5% 이상의 채무를 발생시키거나 상장회사가 효과적인 채무회수 조치를 채택하지 않는 경우, ⑤ 중소주주의 권익에 손해가 발생할 수 있다고 독립이사가 판단되는 사항, ⑥ 정관이 규정하는 기타 사항 등이다.

3. 이사회 내 전문위원회 제도

가. 위원회의 설치

상장회사에서 위원회의 설치근거 법령은 회사법이 아니라 「상장회사 지배구조준칙」이다. 즉, 상장회사 이사회는 회계감사위원회(审计委员会)를 반드시 두어야 하고, 전략, 회계감사(审计), 후보추천(提名), 보수 및 평가(考核) 등 전문위원회(专门委员会)를 설치할 수 있다(38조).

한국 「상법」에 따르면 이사회는 정관에 정한 바에 따라 위원회를 설치할 수 있는데(393조의2 1항), 자산총액 2조원 이상인 상장회사의 경우 "사외이사 후보추천위원회"(542조의8 4항), 감사위원회(542조의11 1항) 등을 반드시 두어야 한다.

나. 위원회의 구성

전문위원회는 전부 이사로 구성되고, 그 중 회계감사위원회, 후보추천위원회, 급여 및 평가위원회의 경우 독립이사가 다수이면서 위원회의 소집권자여야 하고, 회계감사위원회의 경우 독립이사가 전부 회계전문가여야 한다(「상장회사 지배구조준칙」 38조).

한국 「회사법」에 따르면 위원회는 2명 이상의 이사로 구성되며(393조의2 3항), 반드시 사외이사로 구성될 것을 요하지 않는다. 다만, 감사위원회는 3인 이상의 이사로 구성되며 이 가운데 3분의 2 이상은 사외이사여야 한다(415조의2 2항). 자산총액 2조원 이상인 상장회사의 "사외이사 후보추천위원회"의 경우 사외이사가 위원의 과반수가 되어야 한다(542조의8 4항). 자산총액 2조원 이상인 상장회사의 감사위원회의 경우 사외이사가 감사위원회의 대표여야 하고, 위원의 3분의 2 이상이어야 하며, 감사위원 중 1명은 회계 또는 재무전문가여야 한다(542조의11 2항, 415조의2 2항). 이사회가 위원회의 선임과 해임하지만(393조의2 2항 3호), 자산총액 2조원 이상인 상장회사의 감사위원회의 경우 주주총회가 감사위원을 선임하거나

해임한다(542조의12 1항).[76]

다. 위원회 결의의 효력

전문위원회는 이사회에 대하여 책임지고, 전문위원회의 결의는 최종적인 것이 아니고, 이사회에 제출되어 이사회의 심의를 거쳐서 결정된다(「상장회사 지배구조준칙」 38조).

한국 「상법」에 따르면, 위원회의 결의는 이사회의 결의와 같은 효력이 있으나, 이사회는 위원회가 결의한 사항에 대하여 다시 결의할 수 있다(393조의2 4항). 이에 따라 위원회는 결의된 사항을 각 이사에게 통지하여야 하고, 이사는 이사회의 소집을 청구(要求)할 수 있다(393조의2 4항). 그러나 감사위원회의 경우 이사회가 위원회의 결의를 번복할 수 없다(415조의2 6항). 감사위원회의 독립성과 감사의 실효성을 확보하기 위함이다.

4. 내부통제시스템의 구축

내부통제(內部控制)란 이사회, 감사회, 경리층[77] 및 전체 임직원이 참가하여 내부통제의 목표를 실현하는 과정인데(「기업내부통제기본규범」 3조 1항), 내부통제 목표란 기업경영의 적법성(合法合規性), 자산의 안전, 재무보고 및 관련 정보의 진실성을 합리적으로 보장하고, 경영의 효율성을 제고하며, 기업의 발전전략 실현을 촉진하는 것이다(3조 2항).[78]

이사회가 내부통제시스템의 구축을 책임지고, 감사회가 이사회의 내부통제시스템의 구축 및 경리층의 실시에 대하여 감사하며, 경리층이 내부통제시스템의 일상적인 운영을 책임진다(「기업내부통제기본규범」 12조). 내부통제에는 내부환경,

---

76) 상법상 기관구성의 법리에 따르면 감사위원은 이사회에서 선임하는 것이 원칙이다. 그러나 감사선임 시 주주총회에서 대주주의 의결권이 제한되는 반면 감사위원 선임 시 이사회에서는 이러한 견제장치가 없으므로, 자산총액 2조원 이상인 상장회사의 경우 주주총회를 선임기관으로 규정한 것이다.

77) 회사의 업무집행조직으로 경리와 관리층으로 구성되어 있다.

78) 2013년에 개정된 COSO(Committee Of Sponsoring Organization of the Treadway Commission) 보고서에 따르면 내부통제(internal control)의 한 부분에 해당한다. 즉, 내부통제(internal control)는 이사회·경영진 및 임직원에 의하여 시행되고, 운영(operations)·보고(reporting)·컴플라이언스(compliance) 등의 목표 달성에 합리적 확신(reasonable assurance)을 제공하기 위하여 설계된 과정(process)을 의미한다.

위험평가, 통제활동, 정보와 소통, 내부감독이 포함되어야 한다(「기업내부통제기본규범」 5조).[79]

한국 상법에 따르면, 최근 사업연도 말 현재의 자산총액이 5천억원 이상인 상장회사의 경우 법령을 준수하고 회사경영을 적정하게 하기 위하여 임직원이 그 직무를 수행할 때 따라야 할 준법통제에 관한 기준 및 절차("준법통제기준")를 마련하여야 한다(542조의13 1항). 그리고 준법통제기준의 준수에 관한 업무를 담당하는 "준법지원인"을 1명 이상 두어야 하는데, 이사회의 결의를 거쳐 임기 3년의 준법지원인의 임면하고, 준법지원인은 상근으로 하며 준법통제기준의 준수여부를 점검하여 그 결과를 이사회에 보고한다(542조의13 2항, 3항, 4항).[80] 그리고 「주식회사의 외부감사에 관한 법률」에 따르면, 회사(주권상장법인이 아닌 회사로서 직전 사업연도 말의 자산총액이 1천억원 미만인 회사는 제외)는 신뢰할 수 있는 회계정보의 작성과 공시를 위하여 내부회계관리규정과 이를 관리·운영하는 "내부회계관리제도"를 갖추어야 한다. 회사의 대표자는 내부회계관리제도의 관리·운영을 책임지며, 이를 담당하는 상근이사(담당하는 이사가 없는 경우에는 해당 이사의 업무를 집행하는 자) 1명을 "내부회계관리자"로 지정하여야 한다(2조의2 1항, 3항).

5. 이사회의 운영

가. 이사회의 통지

이사장이 이사회의 소집통지를 하면서 이사들에게 충분한 자료를 제공하여야 한다. 만약 2명 이상의 독립이사가 자료가 불충분하거나 논증이 명확하지 않다는 이유로 연명으로 이사회의 연기 또는 당해 안건에 대한 심리연기를 청구한 경우, 이사회는 채택하여야 하고, 이를 공시하여야 한다(「상장회사 지배구조 준칙」 31조).

---

79) COSO 보고서에 따르면 내부통제는 통제환경(control environment), 위험평가(risk assessment), 통제활동(control activities), 정보와 소통(information and communication), 감시활동(monitoring activities) 등 5가지 요소로 구성되어 있다.

80) 다만, 다른 법률에 따라 내부통제기준 및 준법감시인을 두어야 하는 상장회사의 경우 준법지원인을 둘 필요가 없다(상법 시행령 39조 단서).

나. 이사회의 의사

상장회사는 반드시 이사회의 의사규칙(议事规则)을 제정하여 주주총회의 비준(批准)을 받아야 하며, 정관에 포함시키거나 정관의 부속서류로 첨부해야 한다(위준칙 29조).

상장회사의 이사는 관련관계가 있는 기업에 관한 사항에 대하여 의결권 없다(회사법 124조).

V. 감 사 회

1. 개   설

중국의 경우 상장회사의 경우 감사회와 회계감사위원회(审计委员会)는 필수기관이다.

2018년 전에 감사회는 주주에 대하여 책임을 지고, 회사 및 주주의 합법적인 권익을 보호한다(「상장회사 지배구조준칙」 59)고 규정하였으나, 2018년 개정 후 해당 내용을 삭제하였다. 회계감사위원회는 이사회의 하부조직으로 이사회에 대하여 책임을 진다(「상장회사 지배구조준칙」 38조).

한국 상법에 따르면 감사위원회를 설치할 경우 감사를 둘 수 없다(415조의2 1항).

2. 감사회의 권한

감사회는 회사재무와 이사, 경리 및 기타 고급관리인원의 직무수행의 적법성(合法合规性)에 대하여 감사한다(「상장회사 지배구조준칙」 47조). 즉, 타당성 감사는 포함되지 않는다. 참고로, 회계감사위원회의 주요권한은 다음과 같다(「상장회사 지배구조준칙」 39). ① 외부회계감사(外部审计) 업무(工作)의 감독 및 평가, 외부회계감사기관(外部审计机构)의 선임 또는 변경을 제안(提议), ② 회사의 내부회계감사(内部审计) 업무(工作) 감독(监督), 내부회계감사(内部审计)와 외부회계감사(外部审计) 간의 조율(协调)을 담당(负责), ③ 회사의 재무정보(财务信息) 및 그 공개(披露)에 대한 심의(审核), ④ 회사의 내부통제제도(内控制度)의 감독 및 평가(审查), ⑤ 법률법규, 정관과 이사회에서 수권한 기타 사항을 책임지는 등이다.

감사회는 이사, 경리 및 기타 고급관리인원, 내부 및 외부의 회계감사담당자

(审计人员)로 하여금 감사회의 출석을 청구(要求)하고 관련 질문에 대답할 것을 청구(要求)할 수 있다(「상장회사 지배구조준칙」 48조).

이사, 고급관리인원이 법률, 행정법규 또는 정관을 위반한 사실을 알게 되면, 감사회는 이사회 또는 주주총회에 이 사실을 보고(报告)하거나 직접 증권감독관리위원회 및 그 산하기구(派出机构), 증권거래소 또는 기타 부서에 보고(报告)할 수 있다(「상장회사 지배구조준칙」 50조).

3. 감사의 자격과 알권리

회사법에서는 감사의 자격에 대한 규정이 없으나, 상장회사의 경우 감사는 법률, 회계 등 분야의 전문지식 또는 실무경험(工作经验)을 갖추어야 한다(「상장회사 지배구조준칙」 64조).

상장회사는 감사의 알권리(知情权)를 보장하기 위한 조치를 취해야 하고, 감사의 정상적인 직무(职责) 수행에 필요한 협조(协助)를 하여야 하며, 어떠한 자도 간섭, 방해할 수 없다. 감사가 직무(职责) 수행시 합리적인 비용은 회사가 부담한다(「상장회사 지배구조준칙」 61조).

제3절 유한회사의 기관구조

제1항 개   설

중국 회사법상 유한회사의 사회총회(股东会), 이사회, 감사회, 감사회 주석(主席)은 필수기관이고, 경리(经理)는 임의기관이다. 유한회사의 기관구조는 주식회사에 비교할 때 정관에 의한 자치를 많이 허용하고 있다. 이하에서는 주식회사와 차이가 있는 부분만 설명하기로 하겠다.

제2항   사원총회

Ⅰ. 사원총회의 지위와 권한

1. 사원총회의 지위

사원총회는 전체 사원(股东)들로 구성되며 유한회사의 최고권력기구이다(37조). 이사회와 감사회는 유한회사의 규모에 따라 설치하지 않을 수 있으나, 사원총회는 반드시 조직되어야 한다. 단, 1인 유한회사나 국유독자회사의 경우에는 사원총회가 없다(61조, 66조).

2. 사원총회의 권한

사원총회의 권한과 주주총회의 권한은 같다. 즉, 회사법에서는 사원총회의 권한을 먼저 규정한 후(37조), 이를 주주총회의 권한에 준용하고 있다(99조).

Ⅱ. 사원총회의 종류

사원총회에는 정기총회(定期会议)와 임시총회(临时会议)가 있다(39조 1항).

주식회사의 경우 1년에 1회 정기총회를 개최하여야 한다는 규정이 있지만(100조), 유한회사의 경우 "정관의 규정"에 따라 정기총회를 소집할 수 있다(39조). 이에 따라 정관의 규정에 따라 1년에 2회 이상 정기총회를 소집할 수 있다. 사원총회에서 결산안을 승인하여야 하므로(37조 1항 5호), 1년에 한번은 결산을 위한 정기총회를 개최하여야 한다. 그리고 유한회사는 정관이 규정한 기한 내에 각 사원에게 재무회계보고서(财务会计报告)를 송달하여야 하는데(165조 1항), 위 재무회계보고서는 결산을 위한 것이므로 정기총회 전에 송달되어야 할 것이다. 참고로 주주총회의 경우, 정기총회일 20일 전까지 재무회계보고서를 본사에 비치(置备)하여 주주들이 열람(查阅)할 수 있도록 해야 한다(165조 2항).

주식회사의 경우 임시총회를 반드시 소집하여야 할 사유를 규정하고 있지만(100조 각호), 유한회사의 경우 임시총회를 소집하여야 할 사유는 규정하지 않고 임시총회의 소집권자를 규정하고 있다. 즉, 임시총회는 10% 이상의 의결권(表决

权)을 대표하는 소수사원, 3분의 1 이상의 이사, 감사회 또는 감사회가 설치되지 않은 회사의 감사가 임시총회의 소집을 청구(提议)할 수 있다(39조 2항). 후술하는 바와 같이 이사회가 사원총회의 원칙적인 소집권자이므로 이사회에 청구하여야 할 것이다.

III. 사원총회의 소집

1. 소집권자

유한회사에 이사회가 설치된 경우 이사회가 사원총회를 소집하고 이사장이 주재하고, 이사회가 설치되지 않은 경우 집행이사(执行董事)가 사원총회를 소집하고 주재한다(40조 1항, 2항). 이사회 또는 집행이사가 사원총회를 소집할 수 없거나 소집하지 않는 경우 감사회 또는 감사회가 설립되지 않은 경우 감사가 사원총회를 소집하고 주재하며, 감사회 또는 감사가 사원총회를 소집할 수 없거나 소집하지 않는 경우 10% 이상의 의결권을 대표하는 소수사원이 스스로 사원총회를 소집하고 주재한다(40조 3항).

주주총회의 경우 연속 90일 이상 단독 또는 공동(合计)으로 10% 이상 주식을 보유한 소수주주가 주주총회를 소집하고 주재할 수 있는데, 사원총회의 경우 90일 이상의 요건이 없다. 그런데 위 10% 이상의 의결권을 대표하는 소수사원에 단독이 아니라 공동(合计)으로 10% 이상 의결권을 보유한 경우도 포함되는지 문제된다. 소수사원 보호의 입장에서 공동으로 보유한 경우도 포함한다고 본다.[81] 또한, 10% 이상의 소수사원이 복수인 경우 누가 사원총회를 소집하고 주재할 수 있는지가 문제될 수 있는데, 먼저 소집통지를 한 소수사원이 우선한다고 할 것이다.

한국의 경우 주주총회의 소집은 원칙적으로 이사회가 결정하지만(362조), 실제 주주에 대한 소집의 통지는 대표이사가 맡는다(389조 3항, 209조). 한편, 발행주식총수의 3% 이상에 해당하는 지분을 가진 사원은 회의의 목적사항과 소집의 이유를 적은 서면을 이사회에 제출하여 임시총회의 소집을 청구할 수 있고, 위 청구가 있은 후 지체없이 총회소집의 절차를 밟지 아니한 때에는 청구한 사원은 법

---

81) 李建伟, 전게서, 296면.

원의 허가를 얻어 총회를 소집할 수 있다(572조 1항, 비송사건절차법 80조). 이 경우 주주총회의 의장은 법원이 이해관계인의 청구나 직권으로 선임할 수 있다(572조 3항, 366조 2항).

2. 소집통지

사원총회의 경우 회의소집일 15일 전까지 전체 사원에게 소집통지(召开通知)를 하여야 한다. 다만, 정관에 별도의 규정이 있거나 전체 사원의 별도 약정이 있는 경우는 예외로 한다(41조 1항). 주식회사와 달리 정관에 의한 소집통지일의 변경을 허용하고 있다.

주주총회의 경우 주주에게 그 소집 시간과 장소, 심의사항(审议事项)을 통지하여야 하고(102조 1항), 주주총회에서 주주에게 통지되지 않는 사항(通知中未列明的事项)에 대하여 결의할 수 없다(102조 3항). 사원총회의 경우 통지되지 않은 사항에 대한 의결을 금지하는 규정은 없지만, 사원총회결의 취소사유가 된다고 할 것이다(22조 2항). 이에 따라 사원총회의 경우에도 그 소집 시간과 장소, 심의사항을 통지하여야 할 것이다.

Ⅳ. 사원의 의결권

1. 정관자치와 의결권

사원총회는 사원이 출자비율(出资比例)에 따라 의결권(表决权)을 행사한다. 단, 정관에 별도의 규정이 있는 경우는 예외로 한다(42조).[82] 유한회사가 원칙적으로 물적회사이지만, 주식회사에 비하여 인적인 요소가 강하므로 정관에 별도의 규정으로 정할 수 있도록 하였다. 이에 따라 주식회사에서 채택하고 있는 1주 1의결권의 원칙(193조 1항)을 정관에 의하여 채택하지 않을 수 있다.

다만, 원시정관에서 인정한 의결권을 사후에 정관변경을 통하여 제한 또는 배제하는 것은, 당해 사원의 동의가 없는 한, 문제가 있다. 왜냐하면 정관변경의

---

[82] 한국 상법은 유한회사의 경우 "각 사원은 출자 1좌마다 1개의 의결권을 가진다. 그러나 정관으로 의결권의 수에 관하여 다른 정함을 할 수 있다"고 규정하고 있다(575조). 중국 주식회사의 경우 "주주는 주주총회에 출석할 때 소지한 주식 1주에 의결권 1표를 갖는다"고 규정하고 있다(회사법 103조 1항).

경우 사원에게 지분매수청구권을 인정되지 않아(74조), 소수사원의 권리가 침해되기 때문이다.

한국 상법에서는 유한회사의 경우 "각 사원은 출자 1좌마다 1개의 의결권을 가진다. 그러나 정관으로 의결권의 수에 관하여 다른 정함을 할 수 있다"고 규정하고 있다(575조).

2. 의결권의 대리행사

주식회사의 경우 주주가 대리인을 통하여 의결권을 행사할 수 있다(106조). 유한회사의 경우 특별한 규정을 두고 있지 않으나, 정관에 의하여 대리인의 자격을 사원으로 한정하는 경우가 많다고 한다.[83]

V. 사원총회의 의사와 결의

1. 사원총회의 의사(议事)

이사회가 사원총회를 소집한 경우 이사장이 사원총회를 주재(主持)하고, 이사장이 직무를 수행할 수 없거나 수행하지 않는 경우 부이사장이 주재하며, 부이사장이 직무를 수행할 수 없거나 수행하지 않는 경우에는 과반수의 이사가 공동으로 선정한 한명의 이사가 주재한다(40조 1항). 그 외의 경우 사원총회의 소집권자가 사원총회를 주재한다. 사원총회의 소집권자에 대하여는 전술하였다.

사원총회의 의사방식(议事方式)은 회사법에 규정이 있는 경우를 제외하고는 정관에 따른다(43조 1항).

2. 사원총회의 결의방법

사원총회의 결의는 보통결의와 특별결의로 나눌 수 있는데, 사원총회의 결의절차(表决程序)는 회사법에 규정이 있는 경우를 제외하고는 정관에서 정할 수 있다(43조 1항).

사원총회의 보통결의 사항은 특별결의 사항이 아닌 사항인데, 회사법에 보통결의 요건에 대하여 규정하고 있지 않으므로,[84] 정관으로 보통결의 요건을 탄력

---

83) 李建伟, 전게서, 297면.
84) 주식회사의 경우 보통결의는 주주총회에 출석한 주주 의결권의 과반수로 의결한다(103조 2항).

적으로 정할 수 있으나(43조 1항), 정관에 특별한 규정이 없는 경우 다수결의 원칙에 따라야 할 것이다.

사원총회의 특별결의 사항 중 정관의 변경(修改), 등록자본금의 증자 또는 감자, 회사의 합병, 분할(分立), 해산 또는 조직변경(变更公司形式)의 경우에는 반드시 총사원의 의결권의 3분의 2 이상의 찬성이 있어야 한다(43조 2항). 따라서 정관으로도 결의요건을 달리 정할 수 없다. 주주총회의 경우 특별결의에 출석한 주주의 3분의 2 이상의 찬성이면 되지만, 사원총회의 경우 총사원의 3분의 2 이상의 찬성이 필요하다. 회사는 정관으로 특별결의 사항을 추가할 수 있는데, 이 경우에는 결의요건을 달리 정할 수 있다고 본다(43조 1항, 25조).

한국 유한회사의 경우 "사원총회의 결의는 정관 또는 본법에 다른 규정이 있는 경우 외에는 총사원의 의결권의 과반수를 가지는 사원이 출석하고, 그 의결권의 과반수로써 하여야 한다"고 의사정족수를 규정하고 있고(574조), 특별결의의 경우 "총사원의 반수 이상이며, 총사원의 의결권의 4분의 3 이상을 가진 자의 동의로 한다"고 규정하여(576조), 중국보다 엄격하다.

3. 사원총회의 의사록

주주총회의 의사록의 경우 주재자(主持人)와 출석한 이사들이 이에 서명하지만(107조), 사원총회의 의사록의 경우 출석한 사원이 서명한다(41조 2항). 그리고 주주총회 의사록은 주주가 열람할 권리가 있지만(97조), 사원총회 의사록의 경우 사원이 열람하고 등사(复制)할 권리가 있다(33조 1항). 단, 정관에 규정이 있는 경우 주식회사의 주주도 주주총회 의사록을 등사(复制)할 수 있다고 할 것이다.

제3항   경영조직: 이사회와 경리

I. 이 사 회

1. 이사회의 지위

유한회사에서 이사회의 지위는 주식회사에서 이사회의 지위와 유사하다. 즉, 이사회는 필수적 회의체 기관이다(44조). 다만, 사원총수가 적거나(股东人数较少)

규모가 작은(規模较小) 유한회사에서는 집행이사(执行董事)85)를 두고, 이사회를 설치하지 않을 수 있다(50조).

사원총회의 결의를 집행한다는 점에서 업무집행기관이지만 경리에게 업무집행을 위임하고 감독한다는 점에서 의사결정기관 및 업무감독기관이다.

2. 이사회의 권한

유한회사의 이사회의 권한과 주주총회의 이사회의 권한은 같다. 즉, 회사법에서는 유한회사의 의사회의 권한을 먼저 규정한 후(46조), 이를 주주총회에 준용하고 있다(108조 4항).

3. 이사회의 구성

가. 이사의 수와 선임

유한회사 이사회는 3인 이상 13인 이하의 이사로 구성된다(44조 1항). 주식회사 이사회는 5인 이상 19인 이하의 이사로 구성된다(108조 1항). 이사는 이사회의 구성원의 지위만 갖고 있기 때문에, 유한회사의 기관이 아니다.

나. 선임과 임기

사원총회에서 직공대표(职工代表)가 아닌 이사를 선임한다(37조 1항 2호). 이사회 구성원 중 회사의 직공대표를 둘 수 있으나, 둘 이상의 국유기업(国有企业) 또는 둘 이상의 국유투자주체(国有投资主体)가 투자하여 설립한 유한회사에는 그 이사회 구성원 중 반드시 회사의 직공대표(职工代表)가 있어야 한다(44조 2항). 이사회의 직공대표는 직공대표대회(职工代表大会), 직공대회(职工大会) 또는 기타 형식을 통해 직공들의 민주선거로 선출되어야 한다(44조 2항).

이사의 임기는 주식회사의 이사의 임기와 같다(45조).

다. 이사회의 조직: 이사장

이사회에는 이사장 1명을 두어야 하고, 부이사장을 둘 수 있다. 이사장과 부이사장의 선출방식(产生办法)에 관해서는 정관으로 규정한다(44조 3항). 주식회사

---

85) 한국 상법의 집행임원과는 다른 개념이다. 집행이사는 주주총회에서 선임하지만, 집행임원은 이사회에서 선임한다.

의 경우 전체 이사의 과반수로 선출한다(109조 1항).

이사장과 부이사장의 직무는 주식회사와 동일하다(47조).

주식회사의 경우 이사는 경리를 겸임(兼任)할 수 있다는 규정이 있지만(114조), 유한회사에는 집행이사가 겸임할 수 있다고만 한다(50조 1항).

4. 이사회의 소집권자과 소집절차

가. 소집권자

이사회는 이사장이 소집하고 주재(主持)한다(47조). 이사장이 직무를 수행할 수 없거나(不能履行) 수행하지 않을 경우(不履行) 부이사장이 이사회를 소집하고, 부이사장이 직무를 수행할 수 없거나 수행하지 않을 경우, 과반수의 이사가 공동으로 선출한 한 명의 이사가 이사회를 소집하고 주재한다(47조). 2005년 개정되기 전 회사법에서는 ① 이사장이 특수한 원인(特殊原因)으로 직무를 수행할 수 없는 경우(不能履行), ② 이사장이 지명한 부이사장 또는 다른 이사가 이사회를 소집할 수 있다고 규정하고 있었는데(48조), 이사장이 고의로 이사회를 소집하지 않는 경우를 대비하기 위하여 위와 같이 수정하였다.

나. 이사회 소집절차

회사법에서는 유한회사의 이사회의 소집절차에 대하여는 특별한 규정을 두고 있지 않다.

5. 이사회의 의사(议事)와 결의

이사회 소집권자가 이사회를 주재(主持)한다(47조).

이사 1인 1표제(一人一票)를 실시하는데(48조 3항), 이사회의 의사방식(议事方式)과 결의절차(表决程序)는 회사법이 규정한 사항을 제외하고는 정관으로 정한다(48조 1항). 주식회사의 경우 이사회는 과반수 이사가 출석하여야 개최될 수 있고, 이사회의 결의는 반드시 전체 이사의 과반수로 의결하여야 한다(111조 1항).

이사회는 이사회의 결의사항에 대하여 회의록(会议记录)을 작성하여야 하며, 이사회에 출석한 이사는 그 회의록에 서명(签名)하여야 한다(48조 2항).

이사회 결의의 하자에 대하여는 사원총회 결의의 하자와 같이 다루고 있다(22조).

II. 경리(经理)

1. 경리의 지위와 권한

가. 유한회사에서는 경리를 설치할 것인가에 관해 정관을 통하여 자율적으로 정할 수 있다(49조). 유한회사의 경리는 필요기관이 아니지만, 주식회사는 경리를 반드시 두어야 한다(114조).

나. 유한회사의 경리의 권한은 주식회사의 경리의 권한과 같다(49조).

2. 경리의 선임과 해임

유한회사의 경리는 주식회사와 마찬가지로 이사회가 선임(聘任) 또는 해임(解聘)한다(49조 1항).

III. 대표기관

2005년 개정 전 회사법에는 이사장이 회사의 법정대표자였지만(45조 4항), 현재는 정관에서 이사장, 집행이사(执行董事) 또는 경리 중에서 정하고, 법에 따라 이를 등기(登记)하여야 한다(13조).

제4항   감사회와 감사회 주석(主席)

I. 감사회의 지위와 권한

감사회는 반드시 설치하여야 하는 감독기관이지만(52조), 사원총수가 적거나 (股东人数较少) 규모가 작은(规模较小) 유한회사에서는 1명 내지 2명의 감사를 두고, 감사회를 설치하지 않을 수 있다(52조 1항).

유한회사의 감사회의 권한은 주식회사의 감사회의 권한과 같다(53조).

II. 감사회의 구성

감사회는 3인 이상의 감사로 구성된다(51조 1항).

1. 주주대표와 직공대표

감사회는 주주대표(股东代表)와 직공대표(职工代表)로 구성되는 점은 주식회사와 동일하다(51조 2항). 즉, 직공대표의 비율은 3분의 1보다 적어서는 안되는데, 구체적인 비율은 정관에서 정한다(51조 2항).

감사의 임기도 주식회사와 동일하다. 즉, 감사의 임기는 3년이고, 연임할 수 있다(117조 5항, 52조 1항). 감사의 임기 만료(届满) 후 적시에(及时) 새로운 감사를 선임하지 않았거나 감사가 임기 중 사직(辞职)한 결과 감사의 수가 법정원수(法定人数)에 미달하게 된 경우, 새로운 감사가 취임(就任)하기 전까지 원래의 감사(原监事)가 여전히 법률, 행정법규 및 정관의 규정에 따라 감사의 직무(职务)를 수행한다(117조 5항, 52조 2항).

2. 감사회의 주석

감사회에는 1명의 주석(主席)을 두어야 하는데, 전체 감사의 과반수로 선출한다(51조 3항).

감사회 주석은 감사회를 소집하고 주재(主持)할 권한이 있는데(51조 3항), 기타 권한은 일반 감사와 동일하다.

감사회 주석이 직무를 수행할 수 없거나 수행하지 않을 경우 과반수의 감사가 공동으로 선출한 한 명의 감사가 감사회를 소집하고 주재한다(51조 3항).

III. 감사회의 소집과 의사

감사회는 매년 최소한 1회 개최(召开)되어야 하며, 감사는 임시 감사회(临时会议)를 소집을 청구(提议)할 수 있다(55조 1항). 주식회사의 경우에는 매 6개월마다 적어도 한 차례 개최되어야 한다(119조 1항).

감사회의 결의는 과반수로 의결한다(55조 3항). 감사회는 결의사항을 의사록(会议记录)으로 작성하여야 하며, 감사회에 출석한 감사는 회의록에 서명(签名)하여야 한다(55조 4항).

Ⅳ. 감시비용

감사회 및 감사회가 설치되지 않은 회사의 감사가 직권을 수행하는데 필요한 비용은 회사가 부담한다(56조).[86]

제5항   1인유한회사(一人有限责任公司)

Ⅰ. 개   설

1인유한회사라 함은 하나의 자연인 또는 하나의 법인을 사원으로 하는 유한회사를 말한다(57조 2항). 1인 유한회사는 사원 간의 지분양도를 통하여 사후적으로 발생할 수 있지만, 2005년 회사법을 개정하면서 1인 사원에 의한 유한회사 설립을 인정하고 지배구조 등에 특별한 규정을 두는 한편, 1인 사원이 회사재산과 개인재산을 혼용함으로써 채권자의 이익을 해치는 것을 방지하기 위하여 특별한 규정을 두고 있다.

Ⅱ. 설립 및 공시

자연인 및 법인은 1인유한회사를 설립할 수 있는데, 자연인이 설립한 1인유한회사를 설립한 경우 그 1인유한회사는 새로이 1인유한회사를 설립할 수 없다(58조).

회사법에 정관은 사원이 제정한다고 규정하고 있는데(60조), 원시정관은 사원이 될 자가 제정한다고 해석하여야 할 것이다.

1인유한회사는 설립등기 시에 자연인 단독으로 또는 법인 단독으로 출자한 회사임을 명시하고, 영업집조에 이를 기재하여야 한다(59조).

---

86) 상장회사의 감사회는 필요할 경우 변호사사무소, 회계사사무소 등의 전문기관의 보조를 받을 수 있고, 이로 인하여 발생되는 비용은 회사가 부담하여야 한다(상장회사정관가이드라인 144조 7호).

III. 지배구조

1. 사원총회

1인유한회사에는 사원총회를 설립하지 않는다(61조). 사원이 회사법 37조 1항에 규정한 사원총회의 권한사항을 결정하는 경우, 서면의 형식(书面形式)으로 하여야 하며, 사원이 위 서면에 서명한 후 회사에 비치(置备)하여야 한다(61조).

회사는 매 회계연도가 끝날 때 재무회계보고서(财务会计报告)를 작성하고 "법에 따라" 회계사사무소(会计师事务所)의 회계감사(审计)를 받아야 한다(164조 1항). 따라서 회사는 반드시 재무회계보고서를 작성해야 하지만, 법이 강제하지 않는 한 반드시 회계사사무소의 회계감사를 받을 필요는 없다. 그런데 회사법에 따르면 1인 유한책임회사는 매 회계연도 종료시에 재무회계보고서를 작성하여 회계사사무소의 회계감사를 받아야 한다(62조).[87]

2. 경영조직: 이사회와 경리

가. 이사회와 경리

이사회와 경리에 대하여 특별한 규정이 없으므로 회사법의 규정이 적용된다. 이에 따라 사원은 이사회를 설치하지 않고 집행이사(执行董事)를 둘 수 있다(50조 1항).

유한회사의 경우 경리는 필수기관이 아니지만 경리를 둘 수는 있다(49조 1항). 이사회가 경리를 선임하여야 하나 이사회가 없으므로 집행이사가 경리를 선임하게 되는데(49조 1항), 집행이사가 경리를 겸할 수 있다(50조 1항).

나. 회사대표

1인유한회사의 회사대표는 정관에서 집행이사(执行董事) 또는 경리 중에서 정한다(13조).

---

87) 安建, 전게서, 107-108면.

3. 감사회 또는 감사

감사회에 대하여 특별한 규정이 없으므로, 감사회를 설치하거나 1-2명의 감사를 선임할 수 있다(51조 1항).

Ⅳ. 채권자의 보호: 유한책임의 제한

1인유한회사의 사원은 회사의 자산이 사원 자신의 자산과 별개임을 증명하지 못할 경우, 회사 채무에 대해 연대책임을 진다(63조).

제6항 국유독자회사(国有独资公司)

Ⅰ. 개   설

국유독자회사(国有独资公司)라 함은 국가가 단독으로 출자하거나, 국무원 또는 지방인민정부로부터 권한을 위임받은 그 지역 국유자산감독관리기관(国有资产监督管理机构)이 출자하여 설립한 유한회사를 말한다(64조 2항).

국유독자회사는 국가출자기업(国家出资企业) 중 하나인데, 국가출자기업에는 국가에서 출자한 국유독자기업(国有独资企业),[88] 국유독자회사(国有独资公司), 국유자본지배회사(国有资本控股公司), 국유자본참가회사(国有资本参股公司)가 있다(「기업국유자산법」[89] 5조). 이에 따라 회사법 외에 「기업국유자산법」 및 관련 규정이 국유독자회사에 함께 적용된다.

Ⅱ. 설   립

국민경제의 명맥과 국가안전에 관계되는 대형 국가출자기업과 중요 기초시설과 중요 자연자원 등 영역의 국가출자기업은 국무원이 국가를 대표하여 출자업무를 수행하고, 기타의 국가출자기업은 지방인민정부가 국가를 대표하여 출자업무를 수행한다(「기업국유자산법」 4조 2항). 국무원 직속 특설기관(国务院直属特设机

---

88) 전민소유제공업기업법에 따른 전민소유제공업기업이 이에 해당한다.
89) 企业国有资产法(2008년 제정).

構)으로서 국유자산감독관리위원회(国有资产监督管理委员会)가 설치되어 있다.

국유독자회사의 정관은 국유자산감독관리기관이 작성하거나, 이사회가 초안을 작성하여 국유자산감독관리기관의 비준(批准)을 받는다(회사법 65조, 「기업국유자산법」 12조 2항). 국유회사설립 전에는 이사회가 없으므로 국유자산감독관리기관이 원시정관을 제정한다.

사원이 현물출자(非货币财产出资)하는 경우 그 출자에 대하여 평가(估价)하여야 하는데(27조 2항), 국가가 국유독자회사를 설립하는 경우 자산평가기관에 위탁하여 자산을 평가하여야 한다(「기업국유자산법」 48조). 국가가 출자하는 자산에 대한 평가는 「국유자산평가관리방법」[90]과 그 실시세칙,[91] 「국유자산평가관리 약간의 문제에 관한 규정」[92]에서 정한 바에 따른다.

III. 지배구조

1. 사원권의 행사

국유독자회사는 사원총회를 설치하지 않고 국유자산감독관리기관이 사원총회의 직권을 행사한다(66조 1항).

국유자산감독관리기관은 이사회에 그 권한의 일부를 위임할 수 있지만, 회사의 합병, 분할(分立), 해산, 등록자본금의 증자 또는 감자, 회사채(公司债券)의 발행의 경우에는 반드시 국유자산감독관리기관이 결정하여야 한다(66조 1항).

중요한 국유독자회사(重要的国有独资公司)의 합병, 분할(分立), 해산, 파산(破产) 신청의 경우에는 국유자산감독관리기관의 심사(审核) 후, 해당지역 인민정부에 보고하여 비준(批准)을 받아야 한다(66조 1항). 중요한 국유독자회사는 국무원의 규정에 따라 확정(确定)하는데(66조 2항), 국무원은 이에 대한 규정을 제정하지 않고 있다.

---

90) 国有资产评估管理办法(1991년 제정, 2020년 개정).
91) 国有资产评估管理办法施行细则(1992년 제정).
92) 国有资产评估管理若干问题的规定(2001년 제정).

2. 이 사 회

가. 구성 및 임기

이사회의 이사 중 반드시 회사의 직공대표(職工代表)가 포함되어야 한다(67조 1항).

이사회의 직공대표가 아닌 이사는 국유자산감독관리기관이 선임하고(67조 2항), 직공대표인 이사는 회사의 직공대표대회에서 선임한다(67조 2항).

이사회는 이사장 1명을 두어야 하며, 부이사장을 둘 수 있다. 이사장, 부이사장은 국유자산감독관리기관이 선임한 이사 중에서 지정한다(67조 3항).

이사의 임기는 매 기마다 3년을 초과할 수 없다(67조 1항).

나. 권   한

이사회의 권한은 유한회사의 이사회 권한(46조)과 국유자산감독관리기관이 위임한 권한(66조)을 행사한다.

3. 경   리

국유독자회사의 경리는 이사회가 선임하고 해임한다(68조 1항). 국유자산감독관리기관의 동의를 받은 후이사가 경리를 겸임(兼任)할 수 있다(68조 2항).

경리의 권한은 유한회사의 경리 권한과 같다(68조 1항, 49조).

4. 감 사 회

가. 구   성

국유독자회사의 감사회의 감사는 5인보다 적어서는 안 된다. 그중 직공대표(職工代表)의 비율이 3분의 1보다 적어서는 안 되는데, 구체적인 비율은 정관에서 정한다(70조 1항).

직공대표가 아닌 감사는 국유자산감독관리기관이 선임한다. 직공대표인 감사는 직공대표대회의 선거로 선출한다.

감사회 주석(主席)은 국유자산감독관리기관이 선임한 감사에서 지정한다(70조 2항).

나. 권   한

감사회의 권한은 유한회사 감사회의 일부 권한93)과 국무원의 기타 규정에서 정하는 권한이 있다(53조 1항에서 3항, 70조 3항).

5. 겸직금지

국유독자회사의 이사장, 부이사장, 이사, 고급관리인원은 국유자산감독관리 기관의 동의를 받은 후 다른 유한회사와 주식회사 또는 기타 경제조직에서 겸직(兼職)할 수 있다.

---

93) ① 회사의 재무(公司财务)를 감사(检查), ② 이사, 고급관리인원의 직무집행(职务执行)을 감독(监督)하고, 법률·행정법규 또는 정관 또는 주주총회 결의(决议)를 위반한 이사, 고급관리인원에 대해 파면(罢免)을 건의(建议), ③ 이사, 경리의 행위가 회사의 이익에 손해를 초래할 때, 이사, 경리에게 그 시정을 청구(要求予以纠正).

제6장 임원의 의무와 책임

제1절 서   설

Ⅰ. 충실의무, 근면의무, 성신의무

회사경영에 관여하는 경영자와 주주의 이익은 항상 일치하는 것이 아니다. 경영자와 주주 사이의 이익충돌에서 발생하는 이른바 대리비용(代理成本)을 최소화하기 위하여 동원되는 법적 수단은 실로 다양하다. 영미법에서 형성된 이사의 신인의무(fiduciary duty)는 그 대표적인 예라고 할 수 있다. 중국도 2005년 개정 회사법에서 영미법상 이사의 신인의무와 유사한 개념을 도입하였다. 회사법은 "이사, 감사, 고급관리인원1)(이하 "임원"으로 총칭)은 법률, 행정법규 및 회사 정관을 준수하여야 하며, 회사에 대해 충실의무(忠实义务)와 근면의무(勤勉义务)를 부담한 다"고 규정하고 있다(147조 1항).2) 학계에서는 회사법이 명시한 법령준수의무, 충 실의무, 근면의무를 포괄하는 개념으로 신의성실의무(诚信义务)라는 용어를 사용 하기도 한다.3) 성신의무는 영미법상 신인의무에 상응한다고 보는 견해가 일반적 이다. 회사법은 근면의무와 충실의무를 채택하면서도 그것을 구체적으로 정의하 고 있지 않다. 그러나 규정의 구체적 내용은 선진 자본주의국가에서 인정되는 주 의의무와 충실의무와 크게 다르지 않다. 즉 근면의무는 주의의무에 상응하는 것4) 으로서 적극적으로 회사와 주주 이익의 극대화를 추진할 의무라고 한다면 충실의 무는 다른 나라에서와 마찬가지로 임원이 사익을 회사이익보다 우선하지 않을 의 무라고 할 수 있다. 따라서 이 책에서도 생소한 성신의무란 용어 대신 우리 학계 에서 더 익숙한 신인의무란 용어를 사용하기로 한다.

II. 신인의무의 법적 근거

우리 상법과 달리 중국 회사법은 임원과 회사 사이의 관계에 관한 규정이 없 다. 그러나 우리나라에서와 마찬가지로 그 법률관계를 위임계약(민법전 919조)으 로 보는 견해가 일반적이다. 다만 2001년 신탁법이 제정된 후에는 임원의 성신의 무의 근거를 수탁자의 수탁의무(신탁법 25조)5)에서 찾는 견해도 존재한다.6) 그러

---

1) 고급관리인원은 회사의 경리·부경리·재무책임자·상장회사의 이사회비서와 회사정관에서 규정한 기타 인원을 말한다(회사법 216조 1항).
2) 회사법에 신인의무가 도입되기 이전부터 「상장회사지배구조준칙」은 "이사는 회사와 전체 주주의 최대이익에 따라, 충실·성실·근면하게 업무를 이행하여야 한다"고 규정하고 있었 다(33조). 또한 증감회의 「상장회사정관지침」은 이사의 충실의무와 근면의무에 대한 규정 을 두고 있다(97조, 98조).
3) 刘俊海, 전게서, 624면. 또는 信义义务, 受信义务, 信托义务라는 용어도 사용되고 있다.
4) 학자들의 일반적인 견해이다. Xingxing Li, Activist Investors and under−Enforced Fiduciary Duties: A Reflection on China's Takeover Regulation in the Aftermath of the Baoneng/Vanke Takeover, 19 Houston Business and Tax Law Journal 167, 204 (2019).
5) 신탁법 제25조는 "수탁자는 신탁문서의 규정을 준수하고 수익자의 최대이익을 위하여 신탁 사무를 처리하지 않으면 아니 된다(1항). 수탁자가 신탁재산을 관리할 때에는 직무에 충실 하고 성실, 신용, 신중, 유효하게 관리할 의무를 이행하지 않으면 아니 된다(2항)."
6) 刘俊海, 전게서, 625면.

나 수임인의 선관주의의무나 수탁자의 수탁의무는 모두 추상적 개념으로 구성되고 있으므로 어느 쪽을 택하든 해석에 큰 차이는 없다.

Ⅲ. 신인의무의 적용 사례[7]

중국에서 실제로 신인의무의 적용이 문제된 판례는 수가 매우 적다. 신인의무 위반을 이유로 이사나 고급관리임원의 법적 책임을 묻는 소송은 드물고 특히 상장회사나 주식회사에 관한 소송은 한층 드물다.[8] 이들 소송은 형사제재나 행정제재를 전후하여 제기되는 것이 보통이고 법관은 임원의 잘못에 대해서 독자적으로 판단하기보다는 검찰이나 규제당국의 판단을 따르는 것이 보통이다. 현실적으로 정부가 문제 삼지 않음에도 불구하고 법원이 임원의 행동에 대해서 신인의무 위반을 이유로 손해배상책임을 인정할 가능성은 매우 낮다. 또한 신인의무를 위반한 임원에 대한 공적제재도 비교적 약하기 때문에 임원이 신인의무를 준수할 인센티브는 상대적으로 그리 크지 않다.

제2절 충실의무

Ⅰ. 회사법규정

1. 기본규정

회사법은 임원에게 충실의무를 부과하면서도 그에 대한 정의는 두고 있지 않다. 그러나 학자들은 일반적으로 임원이 회사이익보다 자신의 사익을 앞세우는 것을 금하는 소극적 의무로 이해하고 있다.[9] 회사법은 임원이 "직권을 이용하여 뇌물을 받거나 기타 불법 수입을 얻을 수 없고 회사재산을 불법적으로 차지할 수 없다(不得侵占)"고 규정하고 있다(147조 2항). 이는 임원이 자신의 회사지위를 이용하여 사익을 추구할 수 없음을 분명히 선언한 것으로 충실의무의 내용을 일부 구

---

7) 이곳의 서술은 Li, 위의 논문, 205-209면에 의존한 것이다.
8) 2010년에서 2017년 사이에 상장회사 임원의 신인의무위반에 관한 소송은 12건에 불과하다.
9) 施天涛, 전게서,, 434면.

체화한 것으로 볼 것이다.

2. 구체적 예시규정

나아가 회사법은 이사와 고급관리인원과 같이 업무집행을 담당하는 임원에 대해서 금지되는 행위유형을 구체적으로 제시하고 있다(148조 1항). 회사법은 의무의 주체로 이사와 고급관리인원만을 들고 있으나 감사도 포함되는 것으로 본다.[10] 그 금지규정에 위반하여 취득한 수익은 회사에 귀속된다(148조 2항). 회사법에서 금지하는 행위유형은 다음과 같다.

① 회사 자금 유용(挪用)
② 회사의 자금으로 그 개인의 명의 또는 기타 개인의 명의로 예금통장을 개설하여 비축하는 행위
③ 정관의 규정을 위반하여 주주총회(사원총회) 또는 이사회의 동의 없이 회사 자금을 타인에게 대출하거나 또는 회사 재산을 타인에게 담보 목적물로 제공하는 행위
④ 정관의 규정을 위반하거나 주주총회(사원총회)의 동의 없이 당해 회사와 계약을 맺거나 거래를 진행하는 행위
⑤ 주주총회(사원총회)의 동의 없이, 직무상의 편의를 이용하여 회사에 속하는 사업기회(商業机会)를 자기 또는 타인을 위하여 차지하며, 재직 중인 회사와 동종의 사업을 스스로 경영하거나 타인을 위하여 경영하는 행위
⑥ 타인과 회사와의 거래에서 수수료를 받아 사취하는 행위
⑦ 자의적으로(擅自) 회사 비밀을 누설하는 행위
⑧ 회사에 대한 충실의무를 위반하는 기타 행위

위 ①과 ②는 회사자금의 횡령에 상응하는 행위로 충실의무 위반 중 가장 원초적인 유형에 해당한다. ③은 신용공여행위로 그 자체만으로 반드시 충실의무 위반이라고 볼 수는 없을 것이다. 오히려 의미는 신용공여행위에 주주총회(사원총회)나 이사회의 동의를 요한다는 점에서 찾을 수 있을 것이다.

---

10) 치俊海, 전게서, 626면.

④는 자기거래(自我交易)를 말하며 주주총회(사원총회)의 동의를 요한다는 점에 주목할 필요가 있다. 자기거래에 대해서는 뒤에 상세히 살펴보기로 한다.

⑤는 우리 상법상 경업금지(竞业禁止)(397조) 내지 회사기회유용(侵夺公司机会)(397조의2)에 상응하는 유형이다. "회사와 동종의 업무를 스스로 경영"하는 것은 경업에 해당한다고 볼 수 있고 "회사의 사업기회"를 차지하는 것은 회사기회유용에 해당한다고 볼 것이다. 주주총회(사원총회)의 동의를 얻는 경우에는 경업이나 회사기회유용이 가능하다.

⑥은 회사와 거래하는 제3자로부터 돈을 받는다는 점에서 뇌물(회사법 147조 2항)과 유사하지만 제3자가 뇌물 제공의 의사 없이 당해 임원이 브로커라고 믿고 수수료 조로 자금을 제공한 경우가 이에 해당한다.[11]

⑦은 임원이 회사 기밀을 접하는 기회가 많은 점을 고려하여 특별히 규정한 것이고 ⑧은 포괄적 행위유형으로 위에 열거한 행위가 충실의무에 위반하는 행위유형을 예시한 것이란 점을 명시한 것이다. 따라서 회사법상으로는 회사법이 구체적으로 명시하지 않은 행위유형도 충실의무위반으로 판단될 여지가 있다. 그러나 법원은 아직 ⑧의 적용에 소극적인 것으로 판단된다. 실제로 법원에서 문제되는 충실의무위반은 대부분 앞서 제시한 구체적 행위유형에 관한 것이라고 한다.[12]

3. 기타 규정

회사법은 회사가 임원에게 직접 또는 자회사를 통해서 대출하는 것을 금지하고 있다(115조). 그러므로 임원이 회사로부터 차입한 자금으로 회사주식을 매입하는 것은 허용되지 않는다. 또한 회사법은 임원이 과도한 보수를 받는 것을 견제하기 위하여 회사로 하여금 임원이 받는 보수의 상황을 주주에게 공시하도록 하고 있다(116조).

---

11) Wang Jiangyu, Company Law in China (Edward Elgar 2014)(Wang), 205.

12) Lou Jianbo, Ordinary Corporate Conduct Standard vs. Business Judgment Rule, in Fleischer et.al. (eds.), German and Asian Perspectives on Company Law (Mohr Siebeck 2016), 96.

II. 자기거래(自我交易)

1. 의   의

전술한 바와 같이 회사법은 이사와 고급관리인원이 정관을 위반하거나 주주총회(사원총회)의 동의(同意) 없이 회사와 거래하는 것을 금하고 있다(148조 1항 4호). 행위주체에는 전술한 바와 같이 감사는 물론이고 이사, 감사, 고급관리인원의 배우자나 자녀도 포함된다.[13] 그러나 지배주주나 관련회사(关联公司)와의 거래와 같은 이른바 관계자거래(关联交易)에 대해서는 회사법상 동의요건이 적용되지 않는다. 관계자거래에 대해서는 후술한다.

2. 동의요건

우리 상법과 달리 중국 회사법은 동의의 주체를 이사회가 아닌 주주총회(사원총회)로 정하고 있다.[14] 따라서 이사회는 정관에 달리 정함이 없는 한 동의의 주체가 될 수 없다.

주주총회의 동의가 의미를 갖기 위해서는 주주에게 사전에 충분한 정보가 제공될 필요가 있다. 회사법은 명시하고 있지 않지만 임원은 이익충돌의 상황과 거래의 조건에 관한 정보를 주주에게 제공할 의무가 있다.[15]

회사법은 우리 상법과 달리 특별이해관계 있는 주주의 의결권을 제한하는 규정을 두고 있지 않다.[16] 다만 회사법은 회사가 주주 또는 실제지배자에게 담보를 제공하는 경우 주주총회에서 당해 주주 또는 실제지배자의 지배하에 있는 주주는 의결권을 갖지 않는다고 규정하고 있다(16조 3항). 이 취지에 따르면 자기거래의 승인결의에서도 당해 임원이 보유한 주식은 의결권이 제한된다고 보아야 할 것이다.[17]

---

13) 刘俊海, 전게서, 628면.
14) 이는 중국 회사법의 주주중심주의를 보여준다.
15) Wang, 206. 다만, 상장회사에 관해서는 자기거래를 포함한 관계자거래에 관한 광범위한 공시 의무를 부과하고 있는데, 이에 대해서는 "IV. 기타의 규제 5. 거래소의 자율규제"에서 후술한다.
16) 상장회사 이사에 대해서는 관련관계 있는 이사의 의결권을 제한하는 규정(124조)이 있지만 주주총회에 준용하는 규정은 없다.
17) "IV. 기타의 규제 5. 거래소의 자율규제"에서 후술하는 거래소규정에 의하여, 상장회사 실무에서는 회사의 거래 상대방인 주주뿐만 아니라 그 주주와 관련관계(관련관계에서 "II.

법문의 반대해석상 동의요건을 충족하면 당해 거래는 유효한 것으로 본다.[18]

3. 공정성 요건

우리 상법과 달리 회사법은 공정성을 명시적으로 요구하고 있지 않다. 따라서 문리해석에 의하면 주주총회(사원총회) 동의만 받으면 공정하지 않은 자기거래도 유효하다는 결론이 나올 수도 있다.[19]

4. 위반 효과

정관에 위반하거나 주주총회(사원총회) 동의를 받지 않은 임원의 자기거래는 무효로 본다. 이는 거래의 공정성을 입증한 경우에도 마찬가지이다. 자기거래가 무효인 경우 당해 임원은 거래를 통해서 취득한 회사재산을 반환해야 한다. 또한 위법한 자기거래로 인하여 얻은 이익은 회사에 귀속시켜야 한다(148조 2항). 그 밖의 책임에 대해서는 후술한다.

제3절   관계자거래(关联交易)[20]

Ⅰ. 의   의

전술한 자기거래는 임원과의 거래만을 가리킨다. 그러나 실제로는 회사가 임원 이외의 관계자와 거래하는 경우도 많다. 이런 거래를 일반적으로 전술한 바와 같이 관계자거래라고 부른다. 관계자거래는 특히 기업집단에서 계열회사 사이의 거래의 형태로 행해지는 경우가 많다. 우리 상법과 달리 회사법은 관계자거래에

지배주주의 관련관계 이용. 3. 관련관계 참조)에 있는 주주들, 회사의 거래 상대방인 이사뿐만 아니라 그 이사와 관련관계에 있는 주주들의 의결권을 배제하는 관행이 이미 확립되어 있다. 예컨대, 2014년 江准汽车의 江汽集团 흡수합병 사례, 2012년 中国医药의 天方药业 흡수합병 사례, 2010년 广汽集团의 广汽长丰 흡수합병 사례, 2010년 中国交建의 路桥建设 흡수합병 사례, 2010년 友谊股份의 百联股份 흡수합병 사례 등 다수.

18) 刘俊海, 전게서, 628면.

19) Wang, 207.

20) 이 부분의 서술은 김건식, 중국의 기업집단과 관계자거래, 중국법연구 31집(2017.8) 103면 이하에 크게 의존하였다.

대한 직접적인 규정은 두고 있지 않다.[21] 그러나 관계자거래에 적용할 수 있는 규정이 없는 것은 아니다. 가장 대표적인 것은 다음 항에서 살펴볼 21조이다. 21조 외에도 관계자거래와 관련하여 활용할 여지가 있는 규정이 전혀 없는 것은 아니다. 회사법은 자산의 담보제공이나 매매와 관련하여 주주총회 승인 등 절차적 요건을 부과하는 규정을 두고 있다(16조, 121조). 이들 구체적 규정에 대해서는 뒤에 따로 살펴보기로 하고 이 곳에서는 21조에 대한 설명에 앞서 관계자거래 규제의 기초를 이루는 몇 가지 규정에 대해서 간단히 언급하기로 한다.

---

21) 이에 따라 회사법만으로는 관계자거래의 의미 또는 범위를 정확히 확정하기가 쉽지 않다. 다만, 회사법 216조 4호, 행정법규로서의 증권감독관리위원회의 상장회사정관가이드라인 192조, 「상해증권거래소 상장회사 관계자거래 실시 가이드라인」 12조와 「심천증권거래소 주권상장규칙」 10.1.1.를 종합하면, 관계자거래란 회사와 이사, 감사, 고급관리인원, 지배주주, 실제지배자, 이들이 직·간접적으로 통제하는 기업 간의 거래로 이해된다.

　회사법의 하위 법령이라고 보기는 어렵지만, 중국의 기업의 재무제표 작성에 있어서 기준의 하나인 「기업회계준칙 제36호－관계자 공개」(중국내 모든 기업에 적용되는 「기업회계준칙」은 기본준칙과 구체준칙으로 구분되는데, 「기업회계준칙 제36호－관계자 공개」는 구체준칙의 하나이고 2006년 2월에 발포되고 2007년 1월 1일부터 시행하였다. 「기업회계준칙」은 중국의 모든 기업에 적용되나, 「중소기업기구분기준규정」에 해당되는 소형기업은 보다 간이한 小企業會計准則를 적용할 수도 있다)에서 관계자거래, 관계자를 구체화하고 있는데 즉, 관계자거래를 "관계자 간의 자원, 노무 또는 의무를 이전하는 행위를 의미하며 이는 대가를 치르는지 여부를 불문한다"고 정의한다(「기업회계준칙 제36호－관계자 공개」 7조). 관계자는 일반적 정의를 두지 않고 예시를 하고 있는데, ① 그 기업의 모회사, ② 그 기업의 자회사, ③ 그 기업과 동일한 모회사가 지배하는 기타 기업, ④ 그 기업에 대해 공동으로 지배하는 투자자, ⑤ 그 기업에 중대한 영향을 미치는 투자자, ⑥ 그 기업의 합영기업, ⑦ 그 기업의 공동 경영 기업, ⑧ 그 기업의 주요 투자사업자 개인 및 그 관계가 밀접한 가정 구성원(주요 투자자 개인이라 함은 한 기업을 지배 또는 공동으로 지배할 수 있거나 한 기업에 중대한 영향을 미칠 수 있는 개인 투자자를 의미한다), ⑨ 그 기업 혹은 그 모회사의 핵심 관리 인원 및 그 관계가 밀접한 가족 구성원(핵심 관리인원이라 함은 기업 활동을 계획하고 지휘·통제하는 권한이 있고 이를 책임지는 인원을 의미한다. 주요 투자자인 개인이나 핵심 관리인원과 관계가 밀접한 가족 구성원이라 함은 기업과 거래할 때 해당 개인에게 영향을 줄 수 있거나 해당 개인의 영향을 받을 수 있는 가족 구성원을 의미한다), ⑩ 기업의 주요 투자자 개인, 핵심 관리인원 또는 그와 밀접한 관계가 있는 가족 구성원이 통제, 공동 통제하거나 또는 중대한 영향을 미치는 기타 기업을 관계자라고 한다(「기업회계준칙 제36호－관계자 공개」 4조).

　교과서 단위의 문헌에서 관계자에 대해서 언급한 것도 찾을 수 있다(王军, 전게서, 384－385면). 이 문헌은 관계자를 판단하는 기준으로 "기업의 재무와 경영 결정에서 일방이 직접 또는 간접적으로 또는 공동으로 다른 일방을 지배할 능력이 있거나 중대한 영향을 미칠 수 있는 능력이 있는지"를 든다. 그러면서, "관련관계는 주주, 지배인 또는 관리자와 그들의 지배를 받는 기업 간의 종적인 관계뿐만 아니라 동일한 자의 지분 통제 또는 지배를 받는 여러 기업 간의 횡적인 관계도 포함"된다고 한다.

기업집단의 관계자거래에서 결정적인 역할을 하는 것은 지배주주이다. 지배주주의 행동을 규율할 때 맨 먼저 접하는 물음은 지배주주도 신인의무 같은 일반적인 규범에 구속되는지 여부이다. 전술한 바와 같이 중국 회사법도 2005년 개정에서 영미법상 신인의무와 유사한 개념을 도입하였다. 즉 회사법상 "이사, 감사, 고급관리인원(즉, 임원)은 법률, 행정법규 및 회사 정관을 준수하여야 하며, 회사에 대해 충실의무와 근면의무를 부담한다"(147조 1항).[22] 문제는 신인의무에 관한 147조 1항은 의무의 주체를 임원에 한정하고 있다는 점이다. 따라서 임원이 아닌 지배주주는 일응 신인의무의 구속을 받지 않는다는 해석이 가능할 것이다. 그러나 최근에는 지배주주도 회사 및 다른 주주들에 대해서 신인의무를 부담한다고 보는 견해가 유력하다.[23] 나아가 일부 행정규범에서는 지배주주의 신인의무를 명시한 예도 등장하고 있다.[24] 그러나 경영자 행동을 통제하는 중국 회사법은 아직 지배주주를 언급하지 않는 것이 일반적이다. 예컨대 회사법은 이사와 고급관리인원이 정관을 위반하거나 주주총회(사원총회)의 동의 없이 회사와 거래하는 것을 금하고 있다(148조 1항 4호). 행위주체에는 감사는 물론이고 임원의 배우자나 자녀도 포함된다고 본다.[25] 그러나 지배주주나 계열회사와 같은 관계자거래의 상대방은 대상에서 제외된다.

지배주주에 대한 규제 공백을 메워줄 수 있는 예외적인 규정으로 회사법 20조 1항을 들 수 있다. 20조 1항은 다음과 같이 주주(사원)의 의무를 규정하고 있다: "주주는 법률, 행정법규, 회사정관을 준수하고 주주권을 법에 따라 행사하며 주주권을 남용하여 회사나 다른 주주의 이익을 침해해서는 아니 된다." 주주가 주주권을 남용하여 회사나 다른 주주의 이익을 침해한 경우에는 법에 따라 배상책임을 진다(20조 2항). 그러나 이 조문을 관계자거래에 적용하는 데는 어려움이 있다. 지배주주의 의결권 행사가 개재된 경우에도 의결권 행사자체를 남용으로 볼 수 있는 경우는 제한될 수밖에 없다. 의결권 행사가 결여된 경우라면 "주주권"

---

22) 「상장회사지배구조준칙」은 "이사는 회사와 전체 주주의 최대이익에 따라, 충실·성실·근면하게 업무를 이행하여야 한다"고 규정하고 있다(33조). 또한 증감회의 「상장회사정관지침」은 이사의 충실의무와 근면의무에 대한 규정을 두고 있다(97조, 98조).

23) 刘俊海, 전게서, 340−343면; 赵旭东主編(2015), 전게서, 235−236면; 施天涛, 公司法论(3판 法律出版社, 2013), 397면.

24) 예컨대 「상장회사 지배구조준칙」 19조; 「상장회사기업인수관리방법」 8조 1항.

25) 刘俊海, 전게서, 628면.

남용을 인정하기는 더욱 어려울 것이다.

이처럼 회사법상 일반 규정을 이용해서 관계자거래를 규율하는 데는 한계가 있다. 그리하여 부각되는 것이 회사법 21조이다. 이에 관해서는 항을 바꾸어 설명한다.

II. 지배주주의 관련관계(关联关系) 이용(21조)

1. 회사법 21조

회사법 21조는 회사의 지배주주, 실제지배자, 임원은 그 "관련관계를 이용하여" 회사에 손해를 끼쳐서는 아니 되며 이들 관계자가 회사에 손해를 끼친 경우에는 손해배상책임을 진다고 규정한다.[26]

2. 행위주체: 지배주주와 실제지배자

법문상의 행위주체는 임원 외에 지배주주(사원)와 실제지배자이다. 지배주주(사원)와 실제지배자에 대해서는 216조가 정의하고 있다. 먼저 지배주주(사원)는 ① 보유지분이라는 형식요건이나 ② 영향력이라는 실질요건 중 하나를 충족하면 된다. ① 보유지분 면에서는 그 출자액이 자본총액의 50% 이상인 사원(유한회사의 경우)이나 그 보유주식이 발행주식총수의 50% 이상인 주주(주식회사의 경우)를 말한다. ② 영향력 면에서는 보유한 의결권이 주주총회(사원총회) 결의에 중대한 영향을 미치는 주주(사원)를 말한다(216조 2호). 한편 "실제지배자"란 회사의 주주(사원)가 아니지만, 투자관계, 계약 또는 기타 방법에 의하여 실질적으로 회사를 지배하는 자로(216조 3호) 주주가 아니라는 점에서 지배주주와는 구별된다. 이처럼 법문상 행위주체인 지배주주나 실질적 지배자가 실질에 따라 결정된다는 점에서 21조는 관계자거래에 폭넓게 적용될 수 있다.

3. 관련관계

이들 관계자는 "관련관계"를 이용하여 손해를 끼쳐서는 아니된다(21조 1항).

---

26) 사법해석(3)은 주주가 관계자거래를 통해서 출자를 회수함으로써 회사이익을 침해한 경우에는 회사나 주주 등에 의한 청구를 지지한다고 선언하고 있다(12조).

여기서 말하는 관련관계란 회사의 지배주주, 실제지배자, 임원 등과 그가 직·간접적으로 통제하는 기업의 관계이거나, 회사의 이익을 이전할 가능성이 있는 기타의 관계를 말한다(216조 4호).[27] 기타의 관계는 넓게 해석될 수 있다.[28]

4. 회사의 손해와 구제수단

법문이 주목하는 것은 회사의 손해이다. 20조에서와는 달리 주주의 손해는 포함되지 않는다. 회사의 손해라고 하고 있으므로 손해배상청구권을 갖는 것은 회사이다. 그러나 실제로 회사가 손해배상청구권을 행사하기를 기대하기는 어렵다. 따라서 회사의 주주가 대신 손해배상청구권을 행사할 수 있는지 여부가 중요할 것이다.

회사법 21조는 회사의 지배주주, 실제지배자, 임원은 그 "관련관계를 이용하여" 회사에 손해를 끼쳐서는 아니 되며 이들 관계자가 회사에 손해를 끼친 경우에는 손해배상책임을 진다고 규정하고 있다.[29] 사법해석(5)는 법원이 그 거래가 공시, 주주총회 승인 등 법률, 행정법규, 정관이 정한 절차를 이행했다는 피고의 항변은 받아들이지 않는다는 점, 그리고 회사가 제소하지 않는 경우에는 주주가 151조에 따른 대표소송을 제기할 수 있다는 점을 밝히고 있다(사법해석(5) 1조).

5. 부정당 관계자거래의 효과

회사법 21조를 위반하여 부정당한 관계자거래를 할 경우, 관계자거래계약의 효력이 당연히 부정되는가? 이에 대해 학계에 주류관점이 없고 실무적으로 법원도 통일적인 판단이 없다. 최고인민법원은 지분양도분쟁사안에서 회사법 21조에

---

27) 다만 국가가 지분을 통제하는 기업 간에 단지 국가의 지분통제를 받는 이유만으로는 관련관계가 있는 것으로 간주하지 않는다.

28) 인민법원은 친족 관계 역시 관련관계에 해당한다고 한다. 최고인민법원은 "회사법에서 말하는 관계회사는 회사 주주의 상호 교차뿐만 아니라 회사가 공동으로 제3자에 의해 직간접적으로 지배되거나 주주간, 회사의 실제지배자 간의 직계 혈족, 인척, 공동 투자 등 이익이 이전될 수 있는 기타 관계도 포함된다"고 하였고(上海欧宝生物科技有限公司诉辽宁特莱维置业发展有限公司企业借贷纠纷案((2015)民二终字第324号), 인민법원은 "회사 이익의 이전을 초래할 가능성이 있는 기타 관계에는 회사의 고급관리인원이 기타 기업의 주주와 신분상 관계가 있는 경우도 포함된다"고 하면서 회사와 회사의 부총경리의 배우자가 지배하는 회사 간에도 관련관계가 있다고 판단하였다(2010)卢民二(商)初字第690号).

29) 사법해석(3)은 주주가 관계자거래를 통해서 출자회수함으로써 회사이익을 침해한 경우에는 회사나 주주 등에 의한 청구를 지지한다고 선언하고 있다(12조).

의할 때 회사의 지배주주, 실제지배자, 이사, 감사 및 고급관리인원이 관련관계를 이용하여 회사 이익에 손해를 끼친 경우 그 법률효과는 배상책임을 지는 것이지 관계자거래행위가 무효가 되는 것이 아니고 나아가 관계자거래계약도 당연하게 무효가 된다고 판단할 수 없다고 한 바 있다.[30] 그러나 부동산임대계약분쟁사안에서 최고인민법원은 2심법원이 회사법 21조가 효력성 강제 규정이고, 이를 위반한 관계자거래계약이 무효가 된다고 판시한 것에 대해, 효력성 강제 규정에 대해 현재 통일적인 규정이 없으므로, 2심법원에서 회사법 21조 규정을 효력성 강제 규정으로 보는 자체가 법률 적용에 확실히 오류가 있는 것으로 볼 수 없다고 하면서 재심신청을 기각하였다.[31] 이와 유사하게 매매계약분쟁사안에서 최고인민법원은 1심법원이 회사법 3조, 20조 및 21조의 강제성 규정에 위반하여 관련관계를 이용하여 회사 이익에 손해를 미친 행위와 주주와 실제지배자의 권리 남용행위에 해당하므로 관계자거래계약이 무효하다는 판단에 오류가 없다고 하면서 기각하고 1심판결을 유지하였다.[32]

사법해석(5) 1조: 관계자거래로 회사의 이익에 손해를 끼치고, 원고회사가 민법전 84조, 회사법 21조의 규정을 근거로 지배주주, 실제지배자, 이사, 감사, 고급관리인원에게 발생한 손해에 따른 배상청구를 제기한 후, 피고가 해당 거래가 정보공개, 주주회 또는 주주총회의 승인을 취득하였다는 등 법률, 행정법규 또는 회사정관에 규정된 절차를 이미 이행하였다는 이유로 항변할 경우 인민법원은 이를 지지하지 아니한다.

회사가 소송을 제기하지 않은 경우, 회사법 151조 1항의 규정에 부합하는 주주는 회사법 151조 2항, 3항의 규정에 근거하여 인민법원에 소송을 제기할 수 있다.

관계자거래자가 회사의 관계자거래를 추진하는 과정에서 관계자거래 사실을 고지하고 주주회/주주총회 절차를 거쳤다는 이유만으로 회사 이익에 손해를 끼친 관계자거래를 정당화할 수 없다. 최고인민법원 2정 책임자의 설명에 의하면 동

---

30) 济南玉清制水有限公司, 山东尚志投资咨询有限公司与济南玉清制水有限公司, 山东尚志投资咨询有限公司股权转让纠纷案((2016)最高法民申724号).

31) 新疆信润发商贸有限公司房屋租赁合同纠纷案((2016)最高法民申3029号).

32) 周飞与陶明, 中住佳展地产(徐州)有限公司等买卖合同纠纷案((2014)民二终字第259号).

조항을 둔 이유는 실무적으로 관계자거래자가 회사에 대한 영향과 지위를 이용하여 상기 법적 절차가 유명무실화됨으로써, 절차의 사전 예방작용이 의미가 없게 되는 경우를 방지하기 위함이다. 상기 사법해석은 회사법과 결부하여 관계자거래에 정당성이 있는지를 판단하고, 정당한 관계자거래를 유지하고 부정당한 관계자거래를 규제함에 중요한 의미가 있다.

> 사법해석(5) 2조: 관계자거래에 무효, 취소 가능 또는 회사에 효력이 발생하지 않는 경우가 존재하나, 회사가 계약상대방을 상대로 기소하지 않을 경우, 회사법 151조 1항의 요건을 충족하는 주주는 회사법 151조 2항, 3항의 규정에 근거하여 인민법원에 소송을 제기할 수 있다.

최고인민법원 제2정의 책임자의 설명에 의하면 관계자거래의 경우 행위자가 회사를 지배하거나 의사결정에 중대한 영향을 미칠 수 있어 회사가 현실적으로 배상책임을 주장하기 어렵기 때문에 주주의 대표소송(즉 파생소송)을 제기할 권리를 명확히 하고 중소주주에게 관계자의 책임을 물어 회사와 자신의 이익을 보호할 수 있도록 하기 위함이다. 이를 위해 상기 사법해석은 실제로 주주 대표소송의 적용범위를 확대시켰다. 주주대표소송의 전제는 이사, 고급관리인원 또는 제3자가 회사 이익을 침해하였음에도 불구하고 회사가 소권을 태만한 것이다. 다만, 상기 사법해석은 주주의 대표소송의 권리를 관계자거래계약의 무효와 취소분쟁까지 확대시켰다.

현재 중국 법률체계 하에서 계약에 무효 또는 취소의 경우가 존재할 경우 회사는 관련 규정에 근거하여 계약 무효 확인소송이나 계약 취소청구를 직접 해야 한다. 그러나 관계자거래계약은 일반적인 계약과 달리 관계자가 관련관계를 통해 성사시키는 거래로서, 관계자가 회사를 통제하거나 의사결정에 중대한 영향을 미치기 때문에 회사가 주동적으로 계약의 무효 또는 취소를 청구할 것을 기대하기 어렵다. 따라서 관련자거래에서 주주들에게 구제받을 권리를 부여할 필요가 있는바, 회사가 관련 거래를 취소하지 않을 경우, 조건에 부합하는 주주(즉 유한책임회사의 주주와 주식회사의 연속 180일 이상 단독 또는 합계로 회사 주식을 1% 이상 보유한 주주)는 법률 규정에 근거하여 주주대표소송을 제기하여 회사의 이익을 보호하며, 나아가 주주 자신의 이익을 보호할 수 있다.

일부 사건33)에서 법원은 사법해석(5) 1조와 2조를 인용하면서 주주가 회사를 대표하여 소송을 제기할 권리가 있음을 인정하면서 원고인 주주의 소송주체 적격성을 승인한 바 있다.

관계자거래에 무효, 취소 가능 또는 회사에 효력이 발생하지 않는 경우가 존재하나, 회사가 계약상대방을 상대로 기소하지 않을 경우 주주는 직접 소를 제기할 수 있는 것이 아니고, 우선 감사회 또는 감사회를 설치하지 않은 감사에게 회사의 명의로 소송을 제기할 것을 청구(要求)하고, 감사가 부적절한 경우 이사회 또는 이사회를 설치하지 않은 집행 이사에게 요청해야 한다. 상기 인원들이 전부 거절하거나 청구를 받은 날로부터 30일 내로 소를 제기하지 않거나 또는 상황이 긴급하여 즉시 소송을 제기하지 않으면 회사에게 보전할 수 없는 손해를 끼칠 경우에만 주주가 대표소송을 할 수 있다(151조 2항). 계약무효 확인의 소에서 인민법원은 "주주대표소송에서 선행절차 즉 주주가 회사 관련기관에 소권을 행사하도록 제기하고 회사가 이를 거절하거나 태만한 경우에만 적격 주주가 소를 제기할 수 있다", "이러한 선행절차는 법적 강제성 의무로 상황이 긴급하여 즉시 소송을 제기하지 않으면 회사에 보전할 수 없는 손해를 끼치는 경우에만 면제된다"고 하면서 주주가 감사회를 두지 않은 감사에게 서면으로 소를 제기할 것을 청구하지 않았고, 상기 선행절차의 면제상황이 존재함도 증명할 수 없으므로 주주의 회사 계약무효청구를 기각하였다.34) 다른 계약무효의 소에서 최고인민법원은 원고가 회사의 지배주주로서 상황이 긴급하고 즉시 소를 제기하지 않으면 회사 이익에 보전할 수 없는 손해를 끼칠 경우 자기의 명의로 직접 소송을 제기할 수 있으나, 이를 증명하지 못했다는 이유로 원고의 소송청구를 기각한 바 있다.35)

만약 이러한 침해가 주주의 이익에 직접 영향을 줄 경우 회사법 152조를 적용하여 법률, 행정법규 또는 회사 정관을 위반한 이사, 고급관리인원을 상대로 주주가 직접 소송을 제기할 수도 있다. 회사법에서는 파생소송을 제기할 수 있는 주주의 적격 요건에 대해 명시하였으나 기타 조건과 절차에 대해 구체적으로 규정하지 않았고 사법해석(4)의 23−26조에서 파생소송 절차에 대해 보다 구체적

---

33) 张学兵, 刘放荣公司关联交易损害责任纠纷案((2020)黔26民终113号).

34) 刘锋, 沧州汇金科技有限公司确认合同无效纠纷案((2020)冀01民终9230号).

35) 中海外华卫节能环保技术有限公司, 内蒙古中海外控股有限公司确认合同无效纠纷案((2020)最高法民申2263号).

으로 규정하여 이를 보완하였다. 여기서 파생소송에 대해 더 구체적으로 다루지 않기로 한다.

III. 회사내부의 승인절차

1. 주주총회 승인

전술한 바와 같이 중국 회사법상 주주총회 동의의 대상이 되는 자기거래의 주체는 이사와 고급관리인원으로 지배주주나 계열회사와의 관계자거래는 그 대상에 포함되지 않는다(148조 1항 4호). 그러므로 일반적인 관계자거래는 회사법상 주주총회 승인을 요하지 않는다. 다만 특정 유형의 거래에 대해서 주주총회 승인을 요하는 경우가 있다. 회사법상 회사가 주주나 실제지배자를 위해서 담보를 제공하는 경우에는 주주총회의 결의를 받아야 한다(16조 1항 2문). 이처럼 담보제공을 특별히 규율하는 것은 그것이 워낙 많이 일어나서 문제가 되었다는 사실을 고려하면 이해할 수 없는 것도 아니다. 그러나 이익충돌의 소지가 있다는 점에서는 관계자거래는 담보제공거래와 차이가 없다는 점에서 문제가 있다고 할 것이다.

또한 회사법상 회사가 1년 내에 구입 또는 처분하는 중대자산 또는 담보금액이 자산총액 30%를 넘는 경우에는 주주총회에서 출석주주 의결권 2/3 이상의 동의를 받아야 한다(121조). 이상의 유형에 속하는 관계자거래는 당연히 주주총회 승인을 받아야 한다.

전술한 바와 같이 회사법상 일반적인 관계자거래에 대한 주주총회의 사전승인은 필요하지 않다. 그러나 상장회사의 경우에는 후술하는 거래소규정에 의한 내부승인절차가 마련되어 있다. 상장회사가 아닌 경우에도 내부승인절차를 두는 것은 가능하다. 회사법상 주주총회의 권한은 정관으로 확장할 수 있으므로(99조, 37조 1항) 정관으로 주주총회 권한사항에 관계자거래를 포함시킨다면 주주총회의 권한사항으로 할 수 있다. 후술하는 거래소 규정에서 보는 바와 같이 주주총회 승인을 요하는 관계자거래는 어느 정도 규모에 달한 것에 한정할 필요가 있을 것이다. 주주총회 승인사항으로 하는 경우에 상대방이 되는 지배주주나 계열회사의 지배주주가 의결권을 행사할 수 있는지에 대해서는 의문이 있다.[36] 전술한 담보

---

36) 그럼에도 불구하고 아래 "IV. 기타의 규제 5. 거래소의 자율규제"에서 후술하는 거래소규정

제공거래에 대해서는 당해 주주나 실제지배자의 지배 하의 주주는 의결권을 행사할 수 없음을 명시한 규정이 있다(16조 3항).

2. 이사회 승인

회사법은 이사회 권한사항을 정하면서 관계자거래를 포함시키고 있지 않다(108조 4항 46조). 그러나 이사회 권한사항도 정관으로 확장하는 것이 가능하므로(46조 11항) 정관에 관계자거래를 포함시킨 경우에는 이사회 승인을 거쳐야 할 것이다.[37]

Ⅳ. 기타의 법적 규제

1. 상장회사 지배구조준칙

전술한 바와 같이 중국 회사법상 관계자거래에 대한 규제는 미흡한 것이 사실이다. 중국에서 관계자거래 규제에 관해서는 회사법보다 행정규제의 역할이 더 크다. 특기할 것은 자본시장 규제기관인 증감회의 역할이다. 증감회는 상장회사의 관계자거래에 관하여 다방면의 규제를 마련하고 있다.[38] 먼저 2002년 증감회가 국가경제무역위원회와 함께 공포한 「상장회사지배구조준칙」은 관계자거래에 관한 다음과 같은 몇 가지 원칙규정을 두고 있다.[39]

먼저 계약체결과 관련하여 제12조는 다음과 같이 규정하고 있다. "상장회사와 관계자 간의 관계자거래는 서면계약으로 체결해야 한다. 계약체결은 평등, 자율, 등가, 유상의 원칙에 따라야 하고 계약 내용은 명확하고 구체적이어야 한다. 회사는 계약의 체결, 변경, 종결, 이행 정황 등의 사항을 관련규정에 따라 공시하여야 한다."

에 의하여, 상장회사 실무에서는 이들의 의결권을 배제하는 관행이 이미 확립되어 있다. 예 컨대, 2014년 江淮汽车의 江汽集团 흡수합병 사례, 2012년 中国医药의 天方药业 흡수합병 사례, 2010년 广汽集团의 广汽长丰 흡수합병 사례, 2010년 中国交建의 路桥建设 흡수합병 사례, 2010년 友谊股份의 百联股份 흡수합병 사례 등 다수.

37) 아래 "Ⅳ. 기타의 규제 5. 거래소의 자율규제"에서 후술하는 거래소규정에서는 관계자거래에 대해서 이사회 승인을 전제하고 있다.

38) 증감회는 비상장이지만 주주 수가 200명 이상인 비상장공개회사의 관계자거래에 대해서는 별도의 원칙 규정을 두고 있다(「비상장공개회사 감독관리방법」 13조).

39) 「상장회사 지배구조준칙」 12조 내지 14조.

관계자거래의 가격결정기준과 공시 등 핵심사항에 대해서 제13조는 다음과 같이 규정하고 있다. "상장회사는 관계자가 구매와 판매업무 채널을 독점하는 방식으로 회사의 경영에 간여하고 회사이익을 침해하는 것을 방지하는 효과적인 조치를 취해야 한다. 관계자거래는 상업적 원칙(商业原则)을 준수하고 관계자거래의 가격은 원칙적으로 시장 독립 제3자 가격(市场独立第三方价格)이나 비용청구기준을 벗어나서는 아니 된다. 회사는 관계자거래의 가격결정 근거를 충분히 공시해야 한다."[40] 가격결정에 관한 보다 구체적인 기준은 후술하는 거래소규정에서 제시하고 있다.

2. 증감회의 공시관련 규정

관계자거래의 공시에 관해서는 증감회가 공포한 일련의 규정에서 보다 상세한 규정을 두고 있다. 가장 중요한 것은 "공모발행증권의 회사정보공시내용 및 양식준칙 제2호 - 연차보고의 내용 및 양식"[41]으로서 일정규모 이상의 관계자거래에 대한 공시를 요구하고 있다(40조). 그 밖에 「상장회사 정보공시 관리방법」에도 관계자거래 공시에 관한 일련의 규정(48조, 59조, 63조, 71조 3항)이 있고 「기업공개와 주식상장관리방법」[42]도 관계자거래의 공시와 대가의 공정성에 대한 원칙 조항을 두고 있다(25조).[43]

3. 기업회계기준

관계자거래에 대한 공시는 기업회계에서도 요구되고 있다. 관계자거래에 대한 공시요구가 시작된 것은 이미 2000년 무렵부터이다. 그러나 본격적으로 공시가 강제된 것은 재무부가 2007년 IFRS를 기초로 마련한 「기업회계준칙」의 시행과

---

40) 「상장회사 지배구조준칙」은 또한 상장회사로 하여금 관계자거래를 통한 회사자산유용을 막는 예방조치를 취할 것을 명하고 있다(14조).
41) 公开发行证券的公司信息披露内容与格式准则第2号 - 年度报告的内容与格式(1994년 제정, 1995년, 1997년, 1998년, 1998년, 2001년, 2003년, 2004년, 2005년, 2007. 2012년, 2014년, 2015년, 2016년, 2017년 개정).
42) 首次公开发行股票并上市管理办法(2006년 제정, 2015년, 2018년, 2020년 개정).
43) 한편 "공모발행증권의 회사정보공시내용 및 양식준칙 제1호 - 투자설명서"(公开发行证券的公司信息披露内容与格式准则第1号 - 招股说明书, 2001년 제정, 2003년, 2015년 개정)도 공모발행 전 일정기간 동안의 관계자거래에 관한 규정을 두고 있다(55조 - 57조).

때를 같이 한다. 「기업회계준칙 제36호」는 관계자거래의 공시에 관해서 12개의 조문을 두고 있다. 그 개요는 다음과 같다. 첫째, 관계자를 폭넓게 정의하고 있다 (3조, 4조). 둘째, 모든 관계자거래를 재무제표에 공시해야 하지만(2조) 거래의 합계액만을 공시해도 무방하다(11조). 셋째, 공시사항에는 관계자거래의 거래규모, 미결제항목의 금액 및 조건, 가격결정정책 등이 포함된다(10조).

「기업회계준칙」에 의한 공시는 상장회사가 아닌 회사에게도 적용된다는 점에서 의의가 있다. 그러나 공시가 즉시 이루어지는 것이 아니라 재무제표에 표시될 뿐이고 그 내용도 구체적이지 못하다는 점에서 관계자거래의 공정성을 확보하는 수단으로는 한계가 있다.

4. 관계자거래에서의 독립이사 역할

증감회는 2001년 「상장회사 독립이사 건립에 관한 지도의견」(지도의")을 공포하여 상장회사로 하여금 이사회 정원의 1/3 이상을 2명 이상의 독립이사(独立董事)로 선임하도록 하였다(1조 3항). 지도의견은 상장회사로 하여금 독립이사에게 일정한 권한을 부여하도록 하고 있는바 그 중에는 관계자거래에 대한 승인권이 포함되고 있다. 즉 거래총액이 3백만원(元)이나 최근 회사 순자산가치의 5%를 넘는 중대한 관계자거래에 대해서 이사회 동의에 앞서 독립이사의 승인을 받도록 규정하고 있다(지도의견 5조 1항 1호1).[44] 독립이사는 판단을 내리기 전에 직접 독립적 재무전문가")에게 자문을 구할 수 있다.[45] 다만 독립이사의 승인은 1/2 이상의 동의로 충분하기 때문에(지도의견 5조 2항) 독립이사가 두 명인 경우 한 명의 동의만 얻으면 된다. 그러나 실제 상장회사들의 관계자거래 공시자료에 의하면, 독립이사의 승인이 거부되는 경우는 찾기 어렵다.

---

[44] 이처럼 관계자거래에서 독립이사를 활용하는 발상은 홍콩 상장규칙에서 얻은 것으로 추측된다. 홍콩 상장규칙에 따르면 관계자거래는 주주총회 승인을 얻어야 하며(14A.36) 승인에 앞서 독립이사로 구성된 독립이사위원회의 검토를 거쳐야 한다. 위원회는 독립재무전문가의 자문을 받아 주주에 대해서 다음 사항에 대한 의견을 밝혀야 한다(14A.40).
  – 관계자거래의 조건이 공정하고 합리적인지 여부
  – 관계자거래가 통상의 상업상의 조건보다 못하지 않고 상장회사 집단의 보통의 일상적인 업무집행에 따른 것인지 여부
  – 관계자거래가 회사와 주주전체의 이익에 부합하는지 여부
  – 관계자거래에 대한 표결방향
[45] 그 비용은 물론 회사가 부담한다.

V. 증권거래소의 자율규제

1. 증권거래소 관련규정

실제로 중국에서 상장회사의 관계자거래에 대한 상세한 규제는 상해증권거래소(上海证券交易所)와 심천증권거래소(深圳证券交易所)의 규정에서 찾아볼 수 있다. 2004년 상해증권거래소와 심천증권거래소가 공동발표한 증권상장규칙[46]은 관계자거래에 관해서 상세한 규정을 담고 있다(10장). 관계자거래에 관하여 보다 상세한 사항은 상해증권거래소가 2011년 제정한「상장회사 관계자거래 실시지침」[47](지침)에 담겨 있다. 상장규칙보다는 지침의 규정이 훨씬 자세하므로 이곳에서는 후자를 중심으로 설명하기로 한다.

2. 상장회사 관계자거래실시지침의 개요

지침은 63개 조문으로 이루어져 있으며 상장규칙에 따른 공시와 아울러 전술한 증감회의 각종 규정에 따른 공시를 이행하는데 필요한 지침을 담고 있다.[48] 지침에 따르면 상장회사 이사회는 관계자거래 통제를 위하여 회계감사위원회(审计委员会)나 관계자거래통제위원회(关联交易控制委员会)를 두어야 한다(3조 1항).[49]

지침은 적용대상인 관계자거래와 관련하여 관계자(关联人)와 거래의 범위를 폭넓고 상세하게 정의하고 있다(7조-12조). 상장회사 임원 등 관계자는 자신과 회사 사이의 "관련관계"를 회사에 고지해야 하고 회사는 이들 관계자에 관한 정보를 파악하여 관리 보고해야 한다(13조-17조).

3. 3가지 유형의 관계자거래

지침은 관계자거래의 유형에 따라 절차를 달리 정하고 있다.

첫째, 상장회사와 자연인 관계자(关联自然人) 사이의 3십만원(元) 이상의 거래

---

46) 上海证券交易所股票上市规则, 深圳证券交易所股票上市规则(1998년 제정, 2000년, 2001년, 2002년, 2004년, 2006년, 2008년, 2012년, 2014년, 2018년, 2019년, 2020년 개정).
47) 上海证券交易所上市公司关联交易实施指引(2011년 제정).
48) 지침을 위반한 경우에는 상장규칙에 따른 제재를 가할 수 있다(지침 6조).
49) 여기서 말하는 회계감사위원회는 이사로 구성된 이사회소위원회로서 감사회와는 별개의 기관이다.

는 즉시 공시하여야 한다(18조).

둘째, 상장회사와 법인 관계자(失联法人) 사이의 3백만원(元) 이상이고 회사 순자산 0.5%에 달하는 거래도 즉시 공시의 대상이다(19조).

셋째, 관계자를 위해서 담보를 제공하거나 3천만원(元) 이상이고 회사 순자산 5% 이상의 중대한 관계자거래를 하는 경우에는 공시 외에 이사회와 주주총회에서 심의를 받아야 한다(20조). 중대한 거래의 경우 증권업자가 작성한 거래의 감사나 평가의 보고서를 제출해야 한다(20조 1호). 다만 후술하는 일상경영에 관한 관계자거래, 즉 일상거래의 경우에는 그러하지 아니하다. 관계자거래에서 중요한 것은 세 번째 유형이므로 이하에서는 이를 중심으로 설명한다.

4. 절   차

상장회사가 중대한 관계자거래를 하고자 하는 경우에는 독립이사의 사전승인을 받고 이사회 심의를 거쳐야 한다(25조 1항).[50] 회계감사위원회[51]는 당해 관계자거래에 대해서 검토한 후 의견서를 이사회에 제출하고 감사회에 보고해야 한다(25조 2항).[52] 회계감사위원회도 재무전문가 의견을 구할 수 있다.

관계자인 이사는 이사회 결의 시에 의결권이 없다(26조 1항).[53] 이사회는 비관

---

50) 독립이사는 재무전문가 의견을 판단에 참고할 수 있다.
51) 관계자거래위원회를 둔 경우에는 관계자거래위원회.
52) 관계자거래통제위원회에 대해서는 따로 규정이 존재한다(제29조).
53) 회사법 124조도 상장회사의 이사가 관련관계가 있는 사항에 대한 의결권을 제한하고 있다. 동 조문은 상장회사의 관계자거래에 대한 특별 규정으로 상장회사의 이사가 이사회 회의의 결의사항에 언급된 기업과 관련관계가 있는 경우에만 적용할 수 있다. 또한 본 조문이 방지하고자 하는 것이 관련관계를 이용함으로써 회사 이익을 해하는 것, 즉 관련관계가 있는 기업이 회사와 불공정한 거래를 하는 것을 방지하려는 것이다. 이러한 불공정성은 절차 공정의 방식, 즉 이사가 관련관계가 있는 기업과의 이사회결의에 참석하는 것을 금지함으로써 관련관계가 없는 이사만으로 해당 결의를 진행토록 하는 것이다. 만약 관련관계가 없는 이사가 법적 정족수에 미달한 경우 주주총회에서 심의한다.
　회사법 124조를 위반하여 의결할 경우 해당 결의가 당연하게 무효되는지? 회사법 124조와 같은 의결권 회피제도는 관련관계가 있는 이사가 결의함으로써 회사 이익에 손해를 끼치는 것을 방지하기 위함이므로 만약 관련 이사가 의결에 참가한 경우, 해당 이사의 의결표를 제외할 때 여전히 관련 결의가 통과되는지를 보아야 할 것이다. 「상장회사정관지침」 79조의 "주주총회에서 관계자거래와 관련된 사항을 심의할 때 관련 주주는 투표에 참여하지 말아야 하며, 그가 대표하는 의결권이 있는 주식수도 유효한 의결권 총수에 산입시키지 말아야 한다"는 규정을 볼 때도 그러하다. 실무적으로 관련 이사가 관계자거래에 관한 이사회 회의에 참석하고 의결하더라도 관련관계가 없는 이사가 전부 동의한 경우 이사회 결의

계자 이사 과반수의 출석으로 개최하며 이들 이사의 과반수 동의로 결의한다.[54] 회계감사위원회 및 이사회와 별도로 감사회도 관계자거래에 대한 심의와 공시 등에 대한 감독을 수행하며 연차보고에서 의견을 발표해야 한다(28조).

또한 중대한 관계자거래에 대해서는 주주총회 승인도 필요하다(20조). 관계자인 주주는 의결권이 없으므로 나머지 주주가 반대하면 거래가 무산될 여지가 있다.

5. 가격결정

관계자거래의 핵심은 가격결정에 있다. 지침은 가격결정에 대해서 상세한 규정을 두고 있다. 지침은 가격결정이 적정해야 하고 다음 원칙을 따라야 한다고 규정하고 있다(31조).

① 정부가 정한 가격은 그 가격을 직접 적용한다.
② 정부가 지도하는 가격이 있는 경우 정부지도의 범위 내에서 합리적으로 정한 가격을 따른다.
③ 정부가 정하거나 지도하는 가격이 없는 경우 비교가능한 독립당사자 시장가격이나 요금표준이 있는 경우에는 그 가격이나 표준을 우선 참고하여 가격을 정할 수 있다.
④ 비교가능한 독립당사자 시장가격이 없는 경우에는 관계자와 독립된 제3자 사이에 발생한 비관계자 거래가격을 참고하여 결정할 수 있다.
⑤ 독립당사자의 시장가격이나 참고할만한 독립된 비관계자거래가격이 없는 경우에는 합리적으로 구성된 가격에 의거하여 가격을 결정하며 구성가격은 합리적인 비용에 합리적인 이윤을 가한 것으로 한다.

에 대해 영향주지 않는다(예컨대 中国科学院沈阳科学仪器股份有限公司(830852)의 2020년 1월 9일자 관계자거래에 대해 회피하지 않고 의결함에 관한 설명, 河南亚佳特绿建科技股份有限公司(872469)의 2018년 5월 16일자 관계자거래에 대해 회피하지 않고 의결함에 관한 설명, 上海谦玛网络科技股份有限公司(870565)의 2017년 10월 10일자 관계자거래에 대해 회피하지 않고 의결함에 관한 설명). 한편, 실무적으로 회사법 124조를 적용하여 이사회 결의의 무효를 인정한 판례를 찾아볼 수 없었다.

54) 비관계자 이사의 수가 3인에 미달하는 경우에는 주주총회에서 결의한다(26조 2항). 관계자인 주주는 의결권이 없다(27조).

위 ③-⑤의 경우에는 거래의 상황을 고려하여 실비정산법(成本加成法),[55] 재판매가격법(再销售价格法),[56] 비교가능한 비통제가격방식(可比非受控价格法),[57] 거래순이윤율 방식(交易净利润法),[58] 이윤분할법(利润分割法)[59] 등을 채용할 수 있다(32조). 상장회사가 이상의 방식으로 가격을 결정할 수 없는 경우에는 가격의 결정원칙과 방법을 공시하고 그 가격결정의 적정성을 설명해야 한다(33조).

6. 외부기관의 감시

중대한 관계자거래는 사전에 증권업무기관으로부터 해당 거래의 가격의 적정성에 관한 회계감사 또는 평가를 받아야 한다(20조 1항). 증권법은 증권업무기관을 회계사사무소, 변호사사무소, 증권감독위원회의 인가를 받은 증권투자자문업자, 증권감독위원회에 등록한 증권업무종사업자로 다소 추상적으로 정의하고 있는데(증권법 160조 2항), 상장회사의 공시자료들에 의하면 관련자거래의 평가는 대부분 자산평가기관, 회계사사무소나 증권투자자문회사가 담당하고 있는 것으로 보인다.[60]

한편, 독립이사, 회계감사위원회(또는 관계자거래통제위원회)는 독립된 재무고문으로 하여금 관계자거래에 관한 보고서를 작성하게 하고 이를 이사회 심의에 제출할 수 있다(25조 1항). 비록 거래소 규칙은 독립재무고문에 의한 보고서 작성을 강제하지는 않지만,[61] 실무상으로는 예외 없이 독립재무고문으로 하여금 보고

---

55) 관계자거래에서 발생하는 합리적인 원가에 비관계자거래에서의 이익을 가산하는 가격결정 방법이다.

56) 관계자에게 구입한 상품을 다시 비관계자에 판매하는 가격에서 비교가능한 비관계자거래에서의 이익을 차감한 금액을 관계자로부터 구입한 상품의 공정한 거래가격으로 정하는 방법이다.

57) 비관계자와 사이에 행하는 관계자거래와 같거나 유사한 업무활동에서 수취하는 가격으로 정한다.

58) 비관계자거래의 이익수준과 비교가능한 지표로 관계자거래의 순이익을 확정하는 방법이다.

59) 상장회사와 그 관계자 사이에서 관계자거래의 합병이익에 대한 공헌에 따라 각자 배당받을 이익금액을 계산하는 방법이다.

60) 예컨대, 浙江金利华电气股份有限公司(300069)의 2021년 2월 10일자 공고에 의하면 동 회사가 자체 보유 부동산을 회사 이사에게 양도하는 관계자거래에서 天津中联资产评估有限责任公司라는 자산평가기관에서 양도 부동산에 대해 평가하였다. 江苏永鼎股份有限公司(600105)의 2021년 2월 10일자 공고에 의하면 동 회사가 지배주주로부터 빌딩을 구매하는 관계자거래에서 中瑞世联资产评估集团有限公司라는 자산평가기관에서 매각 자산에 대해 평가하였다.

61) 단, 상장회사의 중대자산 구조조정, 상장회사를 인수하는 등 경우에는 법적으로 특별히 독

서를 작성하게 하고 이를 이사회 심의에 제출하는 것이 관행으로 확립되어 있
다.[62] 독립한 재무고문의 자격에 관한 언급은 없는데 공시자료들에 의하면 대
부분 증권투자자문회사, 투자은행이나 회계사사무소가 담당하고 있는 것으로
보인다.[63]

증권업무기관이 위와 같은 감사 또는 평가 결과에 허위사실을 기재되거나 오
인을 유발할 수 있는 진술이 있거나 중대한 누락이 있어 타인에게 손해를 야기한
경우에는, 자신에게 과실이 없다는 것을 입증하지 못하는 한, 해당회사와 함께 연
대하여 그 손해를 배상할 책임을 진다(증권법 163조). 증권업무기관의 위와 같은
감사 또는 평가 결과에 허위사실을 기재된거나 오인을 유발할 수 있는 진술이 있
거나 중대한 누락이 있는 경우 증감회는 이에 대해 시정 명령, 경고를 하거나 업
무소득을 몰수할 수 있다. 동시에 업무소득의 1배 이상 10배 이하의 벌금을 부과
할 수 있다. 업무소득이 없거나 소득이 백만 위안 미만인 경우 백만 위안 이상 천
만 위안 이하의 벌금을 부과할 수 있고 경우가 심각할 경우 증권업무인허가를 잠
시 정지시키거나 취소할 수 있다(증권법 182조). 한편, 허위증명문서제공죄에 해당
한 경우 5년 이하의 유기 징역 또는 구역에 처하는 동시에 벌금을 병과할 수 있

립재무고문의 보고서를 강제한다(상장회사 중대자산 구조조정 관리방법 17조).

62) 예컨대, 江苏中设集团股份有限公司(002883)의 2021년 2월 신주 발행 및 자산매입 관련 관계
자거래에 관해 독립재무고문인 招商证券股份有限公司가 독립재무고문보고서를 제출했고,
山东玉龙黄金股份有限公司(601028)의 2021년 3월의 중대자산 매입 관련 관계자거래에 관해
독립재무고문인 申万宏源证券承销保荐有限责任公司가 보고서를 제출하였으며, 南风化工集
团股份有限公司(000737)의 2021년 2월의 중재자산 치환, 신주발행 및 자산매입 관련 관계자
거래에 관해 독립재무고문인 中德证券有限责任公司에서 보고서를 제출하였다.

63) 실무적으로 대부분 증권투자자문사가 담당하고 있고 투자은행이나 회계사사무소는 상대적
으로 적다. 증권투자자문사인경우 상기 각주 56에 제시한 관련 사례를 제외하고도 深圳市
维业装饰集团股份有限公司(300621)의 2021년 2월의 중재자산 인수 관련 관계자거래에 관해
독립재무고문인 中信证券股份有限公司가 독립재무고문보고서를 제출한 사례 등이 있고, 투
자은행인 경우 河南豫能控股股份有限公司(001896)의 2021년 3월의 신주발행 및 자산매입 관
련 관계자거래에 관해 독립재무고문인 中国国际金融股份有限公司가 독립재무고문보고서를
제출한 사례, 北京昆仑万维科技股份有限公司(300418)의 2020년 12월의 중대자산 인수 관련
관계자거래에 관해 中国国际金融股份有限公司가 독립재무고문보고서를 제출한 사례 등이
있고, 회계사사무소인 경우 新疆同济堂健康产业股份有限公司(600090)의 2020년 의약회사
60%지분 매입 관련 관계자거래에 관해 독립재무고문인 中喜会计师事务所가 독립재무고문
보고서를 제출한 사례, 安徽国风塑业股份有限公司(000859)의 2008년 安徽国风集团有限公司
과의 자산 치환 관련 관계자거래에 관해 독립재무고문인 中勤万信会计师事务所가 독립고문
보고서를 제출한 사례 등이 있다.

고 특정 경우 5년 이상 10년 이하의 유기징역에 처하는 동시에 벌금을 병과할
수 있다.

7. 결정권자의 독립

결정권자의 독립은 3단계에 걸쳐 요구되는데, 핵심은 독립이사에 있다(지도
의견 1조). 독립이사에 관해서는 "제5장 제2절 제4항 IV. 2. 독립이사: 감독기능의
강화"에서 상세히 설명하고 있다.

첫째, 독립이사가 관계자거래에 관한 사전 허가 의견을 표시해야 한다.[64] 독
립이사는 관계자거래의 필요성, 진실 의도, 상장회사에 대한 영향에 대해 신중히
판단해야 하고, 가격책정 근거 및 방법, 평가가치의 공정성, 거래대상의 거래성사
가격과 액면가격 또는 평가가치 간의 관계 등을 주시해야 한다.[65][66] 실무적으로
통상 사전 허가 의견에는 관계자거래의 조건이 공정하고 합리적인지 여부, 관계
자거래가 통상의 상업상의 조건보다 못하지 않고 회사의 통상적인 일상 업무집행
에 따른 것인지 여부, 관계자거래가 회사와 주주 전체(특히 소주주)의 이익에 부합
하는지 여부, 회사의 독립성에 영향주는지 여부 등 내용이 포함된다.[67]

둘째, 상장회사 회계감사회원회(또는 관계자거래통제위원회)는 관계자거래에
대한 심사를 진행하여 서면의견서를 작성한 후 이사회 심의에 제출하고 감사회에
보고해야 한다(25조 2항).[68] 관계자거래통제위원회는 최소 3인 이상의 이사로 구
성되어야 하고, 지배주주에 재직하거나 지배주주가 지명, 추천한 인원은 구성원
이 될 수 없으며, 그 중 독립이사가 다수를 점해야 하고, 독립이사 중 최소한 1

---

64) 「상해증권거래소 상장규칙」 10.2.8.(3),(4), 10.2.9.(2); 「심천증권거래소 상장규칙」 10.2.7.
　　(3),(4), 10.2.8.(2).
65) 지도의견 27조.
66) 상장회사가 관련관계가 있는 재무회사와 관계자거래를 진행하는 경우, 독립이사는 "재무회
　　사의 자격, 관계자거래의 필요성, 공정성 및 상장회사에 대한 영향 등에 대해 의견을 발표
　　하고, 금융서비스계약의 합리성, 리스크평가보고서의 공정성, 리스크처리예안의 충분성 및
　　가행성 등에 대해 의견을 발표해야 한다."(「심천증권거래소 상장회사 정보공시가이드라인
　　제5호 — 거래와 관계자거래」(公开发行证券的公司信息披露内容与格式准则第5号——公司股份
　　变动报告的内容与格式, 1994년 제정, 2005년, 2007년 개정).
67) 예컨대, 中国长城科技集团股份有限公司(000066)의 국유자본금 사전 제공 관련 관계자거래에
　　대한 독립이사의 2021년 2월 8일자 사전 승인 의견, 江苏永鼎股份有限公司(600105)의 빌딩
　　구매관련 관계자거래사항에 대한 독립이사의 2021년 2월 9일자 사전 승인 성명.
68) 지침 3조 2항에 의하면 관계자거래통제위원회 설치는 강제는 아니다.

명은 회계전문가여야 하며, 위원장은 독립이사가 맡아야 한다(29조).

셋째, 관련이사는 관계자거래에 관한 이사회 결의 시 의결권을 행사할 수 없고(29조), 이사회 결의는 재적 비관련이사의 과반수의 찬성을 얻어야만 가결될 수 있다(26조 2항). 관련이사와 비관련이사의 정의는 회사법, 증권법, 증감회의 행정규칙, 상해 및 심천 2개 증권거래소의 자율규칙만으로는 정확, 선명하게 규명하기는 어려운데, 이에 따라 공시사례에 의하면 비관련이사의 범위는 독립이사의 범위에 일치하는 경향이다.[69] 다만, 위에서 설명한 바와 같이 관계자관계란 "회사의 지배주주, 실제지배자, 임원 등과 그가 직·간접적으로 통제하는 기업의 관계이거나, 회사의 이익을 이전할 가능성이 있는 기타의 관계"이기 때문에, 당해 회사의 지배주주, 실제지배자, 다른 이사, 감사, 고급관리인원의 직간접적인 지배를 받거나 지배주주, 실제지배자, 다른 이사, 감사, 고급관리인원을 직간접적으로 지배하는 이사를 관련이사로, 그렇지 않은 이사를 비관련이사로 이해해도 무방해 보이고, 그렇기 때문에 독립이사와 일치하는 경향을 보이는 것 같다. 「심천증권거래소 상장규칙」은 관련이사를 이하와 같이 예시하고 있다:[70] ① 거래상대방인 자, ② 거래상대방에 재직 중인 자, ③ 직간접적으로 그 거래상대방을 지배하는 법인 기타 조직에 재직 중인 자, ④ 거래상대방이 직간접적으로 지배하는 법인 기타 조직에 재직 중인 자, ⑤ 거래상대방에 대한 직간접적인 지배권을 가지고 있는 자, ⑥ 거래상대방, 그 직간접 지배자 또는 그 이사, 감사, 고급관리인원의 배우자, 부모, 배우자의 부모, 형제자매 및 그 배우자, 만 18세에 달한 자녀 및 그 배우자, 배우자의 형제자매, 자녀의 배우자의 부모 등 친밀한 관계의 가족인 자, ⑦ 증감회, 심천증권거래소 또는 상장회사가 인정한 자로서 기타원인으로 인하여 그 독립적인 경영판단에 영향을 끼칠 수 있는 자.[71]

---

69) 예컨대, 浙江诚意药业股份有限公司(603811)의 2017년 8월 28일자 관계자거래 공고에 의할 때, 공동투자자인 이사가 관련이사로 이사회 결의에서 회피하였고, 金科地产集团股份有限公司(000656)의 2017년 10월 30일자 관계자거래 공고에 의할 때 직원대표 이사의 배우자가 회사로부터 부동산을 구매하는 거래에서 해당 직원대표 이사가 이사회 결의에서 회피하였으며, 保定天威保变电气股份有限公司(600550)의 2021년 3월 26일자 관계자거래 공고에 의할 때 회사가 회사의 이사가 법정대표인을 담당하고 있는 전기설비회사로부터 부동산을 매입하는 관계자거래에서 해당 이사가 이사회 결의에서 회피하였다.

70) 「심천증권거래소 상장규칙」 10.2.1. 2항.

71) 福建广生堂药业股份有限公司(300436)의 2020년 7월 관계자거래규칙 14조 2항 역시 「심천증권거래소 상장규칙」과 동일하게 제정하였다.

넷째, 감사회는 관계자거래에 대한 심의, 의결, 공시, 이행 등 상황을 감독하고 정기주주총회에서 의견을 발표해야 한다(28조).

다섯째, 관련주주는 회사합병에 관한 주주총회 결의 시 의결권을 행사할 수 없고(27조), 관련주주 소유의 의결권 있는 주식은 주주총회에 출석한 의결권수에 산입하지 않는다.72) 관련주주와 비관련주주의 정의 역시 회사법, 증권법, 증감회의 행정규칙, 상해 및 심천 2개 증권거래소의 자율규칙만으로는 정확, 선명하게 규명하기는 어렵지만,73) 당해 회사의 지배주주, 실제지배자, 임원의 직간접적인 지배를 받거나 지배주주, 실제지배자, 임원을 직간접적으로 지배하는 주주를 관련주주로, 그렇지 않은 주주를 비관련주주로 이해해도 무방해 보인다.74)

8. 공시사항

관계자거래에 관한 공시를 할 때에는 가격결정정책, 독립이사, 재무전문가, 회계감사위원회 등의 의견, 재무전문가 의견 등을 공시해야 한다(36조 4, 6, 7, 8항).

9. 일상거래에 관한 특칙

일상거래에 관해서도 가격결정정책, 거래가격, 거래의 필요성, 지속성, 관계자와의 거래를 선택한 원인 등의 사항을 공시하여야 한다(38조). 다만 일상거래의 횟수가 많은 경우에는 당해 연도에 발생할 일상거래 총액을 합리적으로 예측하여

---

72) 증감회의 상장회사주주총회규칙 31조.

73) 회사법, 증권법, 증감회의 행정규칙, 상해 및 심천 2개 증권거래소의 자율규칙 어디에도 관련주주와 비관련주주의 정의 조항이 없기 때문이다. 다만, 「심천증권거래소 상장규칙」 10.2.2.는 관련주주를 아래와 같이 예시하고 있다. ① 거래상대방인 자, ② 거래상대방에 대한 직간접적인 지배권을 가지고 있는 자, ③ 거래상대방에게 직간접적으로 지배받는 자, ④ 거래상대방을 직간접적으로 지배하는 자의 직간접적인 지배를 받는 자, ⑤ 거래상대방에 재직중인 자, 직간접적으로 그 거래상대방을 지배하는 법인 기타 조직, 거래상대방이 직간접적으로 지배하는 법인 기타 조직에 재직하는 자, ⑥ 거래상대방 또는 그 관계자와의 사이에서 아직 이행종결되지 않은 주식양도협의 또는 기타협의로 인하여 그 의결권에 제한 또는 영향을 받는 자, ⑦ 증감회 또는 심천증권거래소가 인정하는 자로서 상장회사이익을 그에 기울일 수 있는 법인 또는 자연인.

74) 회사법 216조 4항, 증감회의 「상장회사정관지침」 192조에 의하면, 관련(关联)이란 "회사의 지배주주, 실제지배자, 임원 등의 직간접인 지배하에 있는 기업 사이의 관계, 및 회사의 이익을 이전시킬 수 있는 기타 관계"이기 때문이다.

그 결과를 이사회나 주주총회에 제출하여 심의를 받고 공시해야 한다(44조 1항). 예측범위 내의 일상거래의 경우에는 상장회사는 사업보고서와 반기보고서에 공시해야 하고(44조 2항) 그 범위를 넘는 경우에는 이사회나 주주총회에 새로 제출하여 심의를 거친 후 공시해야 한다(44조 3항).

10. 관계자자산의 고가구매에 관한 특칙

상장회사가 관계자로부터 자산을 장부가 100%를 초과하는 금액으로 구입하는 경우에는 주주총회 승인을 얻고 소정의 규정을 준수해야 한다(48조 이하).

11. 공시 및 절차의 면제

지침은 관계자거래의 방식에 따라 심의와 공시를 면제하는 경우를 규정하고 있다(53조-58조). 상장회사와 관계자 간에 아래 거래를 진행할 경우 관계자거래의 심의절차와 공시의무가 면제된다(53조).

첫째, 상대방이 발행한 주식, 회사채권 또는 기업채권, 전환사채 또는 기타 파생종목을 현금으로 인수한 경우

둘째, 신디케이트(承销团)의 일원으로서 상대방이 공개 발행하는 주식, 회사채권 또는 기업채권, 전환사채 또는 기타 파생종목을 언더라이팅(承销)한 경우

셋째, 상대방의 주주총회 결의에 따라 주식배당금, 이익배당금 또는 보수를 받는 경우

상장회사와 관계자 간에 아래 거래를 진행할 경우, 증권거래소에 관계자거래에 적용되는 심의절차와 공시를 하지 않도록 신청할 수 있다.

첫째, 불특정대상을 대상으로 진행하는 공개입찰, 공개경매 등의 활동에 참여함으로써 발생한 관계자거래(54조 1호)

둘째, 국가가 규정한 가격으로 행하는 일상적 거래(54조 2호)

셋째, 동일 자연인이 상장회사와 기타 법인의 독립이사를 동시에 담임하고 기타 관계자가 존재하지 않은 경우 그 법인과 상장회사 사이의 거래에 대해서는 상장회사가 거래소에 면제를 신청할 수 있다(57조).

넷째, 관계자가 상장회사에 제공하는 자금이 인민은행이 규정하는 대출기준 이율보다 높지 않고 상장회사가 담보를 제공하지 하지 않는 경우(56조 1항)

다섯째, 관계자가 상장회사에 담보를 제공하고, 상장회사가 이에 대해 역담보를 제공하지 않을 경우(56조 2항)

여섯째, 거래가 국가비밀, 영업비밀 또는 증권거래소에서 인정하는 기타 경우에 해당되는 것으로, 공시할 경우 국가의 비밀유지에 관한 법률법규에 위반되거나 회사의 이익을 중대하게 침해할 우려가 있는 경우(58조)

제4절 근면의무

I. 회사법규정

회사법은 임원의 근면의무를 명시하고 있다.[75] 근면의무는 때로는 선관의무 또는 주의의무로 불리기도 한다. 회사법은 근면의무에 대한 정의규정을 두고 있지 않다. 또한 전술한 충실의무의 경우와는 달리 근면의무를 구체화하는 규정도 두고 있지 않다.[76] 다만 회사법은 주주총회(사원총회)가 청구(要求)하는 경우 이사와 고급관리인원은 참석하여 주주(사원)의 질문에 응해야 한다고 규정하고 있다 (150조 1항). 「상장회사지배구조준칙」도 이사가 이사회에 참석하여 의견을 표명할 의무가 있음을 명시하고 있다(35조). 이사회 출석이 근면의무의 기본이라는 점에서 이는 당연한 규정이다. 그밖에 근면의무의 구체적인 내용은 결국 완전히 법원의 해석에 맡겨져 있다.

II. 상장회사정관지침

회사는 정관에서 근면의무를 구체화할 수 있다. 증감회의 「상장회사정관지

---

75) 회사법 외에 사법해석(3)에도 근면의무를 전제한 규정이 있다. 사법해석(3)에 의하면 주주가 증자 시에 출자의무를 이행하지 않은 경우 주주나 채권자는 근면의무를 위반하여 출자의무를 이행시키지 않은 이사나 고급관리인원에 대해서 상응한 책임을 부담할 것을 청구할수 있다(13조 4항).
76) 다만 후술하는 답변 및 정보제공의무(150조)는 그 예외라고 할 수 있다.

침」은 임원의 근면의무에 대하여 구체적으로 규정하고 있다(98조). 그에 따르면 이사는 법률, 행정 법규 및 본 정관을 준수해야 하고 회사에 대해서 다음의 근면 의무를 부담한다.

① 회사의 상업행위가 국가의 법률, 행정 법규 및 각 경제 정책의 요구에 부합하며 상업활동이 영업집조에 규정된 업무범위를 초과하지 않을 것을 보증함으로써 회사에 부여된 권리를 신중하고 진지하며 근면하게 행사해야 한다.

② 모든 주주를 공평하게 대우해야 한다.

③ 회사의 업무와 경영관리상황을 적시에 파악하고 있어야 한다.

④ 회사의 정기 보고서에 대한 서면확인서에 서명해야 한다. 회사의 공시정보가 진실하고 정확하며 완전하다는 점을 보증해야 한다.

⑤ 감사회에 관련 정황 및 자료를 충실하게 제공하고 감사회나 감사의 직권 행사를 방해해서는 아니된다.[77]

⑥ 법률, 행정법규, 부문규칙, 본 정관에 규정된 기타의 근면의무

III. 근면의무에 대한 판례와 경영판단원칙

학설상 근면의무는 대체로 통상의 합리적으로 신중한 사람이 비슷한 지위와 상황에서 기울일 정도의 주의를 기울일 의무로 이해되고 있다.[78] 즉 임원에게 전문가 수준의 주의를 요구하는 것은 아니다. 그러나 법원은 실제로 근면의무의 구체적인 내용을 따지기보다는 사안을 극히 형식적으로 해결하고 있다.[79] 즉 법원은 임원의 행위가 통상적인 권한범위에 속하는 것이기만 하면 그 내용에 대한 판단에 들어가지 않고 원고의 청구를 기각하고 있다.[80] 임원이 판단에 필요한 정보

---

77) ⑤는 회사법 150조 2항의 규정과 같다.

78) 임원의 주관적 능력도 함께 고려해야 한다는 견해로 刘俊海, 전게서, 632−633면.

79) Lou, 94−96(2005년부터 2014년까지 북경소재법원에서 선고된 판결 100여건을 토대로 진행한 연구). Li, 위의 논문, 211.

80) 이사가 회사의 최대이익을 위해서 노력해야 한다는 점을 설시한 판결도 있으나 특별한 사정이 없는 한 이사의 권한범위 내의 행위는 회사이익을 위한 것으로 보고 있다. Lou, 95−96.

를 수집하고 검토하였는지 여부에 대한 고려도 없다. 다만 상장회사 임원에 대해서는 경영판단에 필요한 충분한 자료 수집 의무와 합리적으로 신중한 숙고 의무를 부과하는 거래소 규정이 존재한다.[81]

회사법상 경영판단원칙(商业判断原则)을 명시한 규정은 없다. 그러나 학계와 실무계에서는 법원이 경영판단원칙을 채택해야 한다는 의견이 유력하다. 사법해석으로 경영판단원칙을 도입해야 한다는 견해도 있었으나[82] 아직 그러한 사법해석은 채택된 바 없고 최근 경영판단원칙을 채택한 하급심 판결이 한 건 선고된바 있을 뿐이다.[83] 그러나 전술한 바와 같이 법원이 임원의 근면의무를 적용하는데 소극적인 태도를 유지하는 한 구태여 경영판단원칙을 동원할 필요는 없을 것이다.

제5절   임원의 부수적 의무

회사법은 부수적으로 임원의 의무에 관하여 다음과 같이 일부 구체적인 규정을 두고 있다.

① 대출금지: 주식회사는 직접적으로 또는 자회사를 통해 임원에게 대출을 제공할 수 없다(115조).
② 보수공시: 주식회사는 정기적으로 주주에게 임원이 회사로부터 취득하는 보수 상황을 공개하여야 한다(116조).
③ 답변 및 정보제공의무: 임원은 사원총회 또는 주주총회에서 회의 참석을 요청한 경우에는 회의에 참석하여 주주의 질의에 응답하여야 한다(150조 1항). 또한 감사를 제외한 임원은 감사회(또는 감사회가 설치되지 않은 유한회사의 감사)에게 사실대로 관련상황 및 자료를 제공하여야 하며, 감사회

---

81) 「상해증권거래소 상장회사 이사 선임 및 행위 가이드라인」(上海证券交易所上市公司董事选任与行为指引, 2009년 제정, 2013년 개정) 32조 등.

82) Wang 215.

83) 江苏省宿迁市中级人民法院 2014년 6월 30일 선고 (2013)宿中商初字第0140号(泗阳县塔汇纺织有限公司诉虞剑芬公司利益责任纠纷案).

또는 감사의 직권행사를 방해하지 못한다(150조 2항).

④ 주식양도에 대한 제한(141조 2항): 회사의 임원은 보유하고 있는 당해 회사의 주식과 그 변동사항을 회사에 신고하여야 하며, 임기 중 매년 양도하는 주식은 보유한 주식의 25%를 초과할 수 없다. 보유한 당해 회사의 주식은 회사 주권이 상장된 날로부터 1년 내에는 양도할 수 없다. 상술한 임원은 퇴직 후 반년 이내에는 보유한 당해 회사의 주식을 양도할 수 없다. 회사정관은 임원이 보유한 당해 주식 양도에 관해 기타 제한사항을 규정할 수 있다.

제6절 임원의 책임

Ⅰ. 민사책임

1. 회사에 대한 책임

임원이 직무집행 과정에서 법률, 행정법규, 정관을 위반하여 회사에 손해를 발생시킨 경우에는 그에 대한 배상책임을 진다(149조).[84] 임원이 회사법상 충실의무나 근면의무를 위반하는 것은 법률위반에 해당할 것이다. 임원의 책임이 과실책임인지 아니면 무과실책임인지 여부는 법문상 분명치 않지만 일반 학설과 판례는 과실책임으로 보고 있다.[85] 의무위반행위와 회사의 손해 사이에 인과관계가 존재해야 함은 물론이다.[86] 임원과 회사 사이에는 계약이 존재함에도 불구하고 법원은 임원의 책임을 계약책임이 아니라 불법행위책임으로 파악하고 있다.[87]

이사와 고급관리인원에 대한 회사의 제소권은 원칙적으로 감사회(감사회를 두지 않은 유한회사의 경우 감사)가 갖는다(53조 6호). 회사가 제소하지 않는 경우 주주는 후술하는 주주대표소송(股东派生诉讼)으로 당해 임원의 책임을 추궁할 수 있다

---

84) 손해발생의 우려가 있을 뿐인 경우에는 민사소송법에 따라 위법행위정지(100조)를 청구할 수 있다.

85) 刘俊海, 전게서, 633면; Lou, 92-93.

86) 판례는 의무위반행위와 손해사이에 직접적인 인과관계를 요구하는 것으로 판단된다. Lou, 93.

87) Lou, 92.

(151조).

위반행위가 이사회 결의로 이루어진 경우에는 결의에 참가한 이사는 회사에 대해서 배상책임을 진다(112조 3항). 다만 결의 시에 반대한 사실이 이사회 의사록에 기재된 이사는 책임을 면한다.

2. 주주에 대한 책임

이사나 고급관리인원이 법률, 행정법규나 정관에 위반하여 주주의 이익을 해친 경우 주주에 대해서 직접 책임을 질 수 있다(152조). 다만 회사법은 이들의 채권자에 대한 책임은 규정하고 있지 않다.

3. 기   타

회사법상 임원의 민사책임 감면에 관한 규정은 없다. 이들의 민사책임을 담보하기 위한 보험에 대해서도 회사법에는 아무런 규정이 없다. 다만 「상장회사지배구조준칙」에서는 상장회사가 주주총회 동의를 얻어 이사를 위해 책임보험에 가입할 수 있음을 명시하고 있다(39조).[88] 그러나 실제로 이사책임보험은 그다지 많이 활용되고 있지 않다.[89]

II. 행정책임

중국에서는 행정법규에서 이사의 의무와 책임을 규정하는 경우가 있다. 행정법규는 회사법에 비하여 상세한 규정을 두고 또 그 규정은 빈번하게 개정되는 것이 보통이다. 예컨대 「상장회사지배구조준칙」은 상장회사 이사의 의무에 대한 규정을 두고 있다(33조 내지 39조). 증감회는 벌금이나 정지 또는 금지처분을 부과할 수 있다. 또한 행정규제기관은 아니지만 거래소도 이사의 부적절한 시장행동에 대한 제재규정을 두고 있다.[90]

---

88) 다만 이사가 법률법규와 회사정관의 규정을 위반하여 발생한 책임은 제외한다.
89) 최정연, 중국 주주대표소송제도에 관한 연구(서울대 법학석사학위논문 2013)(이하 최정연), 87면.
90) 예컨대 상해증권거래소 상장회사 이사 선임 및 행위 가이드라인 38조 등.

III. 형사책임

형법은 회사 직원이 그 지위를 이용하여 이익을 대가로 뇌물을 요구하거나 수령한 경우 그 규모에 따라 일정한 형벌에 처하고 뇌물은 압수한다(163조). 회사 임원 등 관계자에 의한 회사재산탈취행위를 근절하기 위해 2006년 형법을 개정하여 상장회사 이익배신적손해죄(169−1조)를 신설하였다. 그에 의하면 상장회사 임원이 회사에 대한 충실의무를 위반하여 일정한 행위를 행하고 회사에 중대한 손실을 초래한 경우를 형사처벌 대상으로 삼고 있다(169−1조 1항). 법에 열거된 행위는 다음과 같다.

① 다른 단위 또는 개인에게 무상으로 자금, 상품, 용역 또는 기타 자산을 제공하는 행위

② 분명하게 불공정한 조건으로 자금, 상품, 용역 또는 기타 자산을 제공하거나 인수하는 행위

③ 분명히 변제능력을 갖추지 못한 단위나 개인에게 자금, 상품, 용역 또는 기타 자산을 제공하는 행위

④ 분명히 변제능력을 갖추지 못한 단위나 개인에게 담보를 제공하거나 정당한 이유 없이 기타의 단위나 개인에게 담보를 제공하는 행위

⑤ 정당한 이유 없이 채권을 포기하거나 채무를 부담하는 행위

⑥ 기타의 방법으로 상장회사의 이익에 손해를 야기하는 행위

지배주주나 실제지배자가 임원에게 위의 행위를 지시한 경우에는 그 지시를 한 자도 마찬가지로 처벌된다(169−1조 2항). 그러나 실제로 이 규정으로 처벌되는 사례는 그렇게 많지 않다고 한다.[91]

---

91) 刘俊海, 전게서, 635−636면.

제7절 주주의 소송

I. 주주대표소송

1. 의   의

전술한 바와 같이 임원이 직무 수행 중에 법령 등을 위반하여 회사의 손실을 초래한 경우에는 배상책임이 있다(149조). 회사법상 유한회사의 사원이나 주식회사의 1% 이상의 보유하는 주주[92]는 일정한 요건을 충족하는 경우에는 회사의 이익을 위해서 자신의 명의로 그 임원에 대해서 직접 소를 제기할 수 있다(151조 2항). 타인이 회사의 합법적인 이익을 침해하여 회사가 손실을 입은 경우에도 위와 같다(151조 3항). 이처럼 주주가 회사를 대표하여 제기하는 소를 주주대표소송(股東派生诉讼)이라 부른다. 주주대표소송은 2005년 개정 회사법에서 처음 도입되었지만 미국이나 일본에서와 같이 많이 활용되고 있지는 않다. 실제 사례는 거의 전적으로 유한회사에 집중되고 있으며[93] 임원의 책임이 인정된 사례도 많지 않다.

2. 당사자적격

가. 원고적격

유한회사의 경우에는 모든 사원이 원고적격을 갖는다. 그러나 주식회사의 경우에는 180일 이상 단독 또는 공동으로 회사 주식의 1% 이상을 보유한 주주만이 원고적격이 있다(151조 1항). 위 180일은 소송제기 시점까지의 만료기간이다(「최고인민법원의 회사법 적용에 있어서 약간의 문제에 관한 규정(1)」(사법해석(1)).[94] 제소 후 보유주식이 1% 미만으로 감소한 경우에는 소를 각하해야 한다고 보는 것이 일반적인 학설·판례의 태도이다.[95] 이러한 주식보유요건은 주식회사 임원에 대한 대표소송을 막는 중요한 요인이라고 할 수 있다.

---

92) 180일 이상 단독 또는 공동으로 1% 이상을 보유할 것을 요한다.
93) 최정연, 19-20면.
94) 最高人民法院关于适用《中华人民共和国公司法》若干问题的规定(一)(2006년 제정).
95) 최정연, 27-28면.

나. 피고적격

피고적격을 갖는 것은 임원(즉, 이사, 고급관리인원, 감사)과 타인이다(151조 1항, 3항). 자회사의 임원을 상대로 하는 소송, 즉 이중대표소송(二重派生诉讼)의 허용여부에 대해서는 별 논의가 없지만 이를 부정한 하급심판례가 있다.[96]

다. 타   인

타인에 대해서는 회사내부자에 한한다는 견해도 있지만 회사의 이익을 침해한 모든 자라고 보는 무제한설이 다수설이다.[97] 타인이 지배주주나 실제지배자인 경우에 특히 실효성을 갖는다.

3. 사전절차

대표소송은 회사의 이익이 침해된 경우에 주주가 회사를 대신하여 회사의 소권을 행사하는 소송이다. 따라서 주주가 먼저 회사의 제소를 촉구하는 절차를 거칠 필요가 있다(151조 1항). 사전절차는 피고가 누구인지에 따라 차이가 있다. 피고가 이사나 고급관리인원인 경우에는 원고적격 있는 주주는 먼저 서면으로 감사회(감사회를 설치하지 않은 유한회사의 경우에는 감사)에게 제소할 것을 청구해야 한다. 피고가 감사인 경우에는[98] 제소청구의 상대방은 이사회(이사회를 설치하지 않은 유한회사의 경우에는 집행이사)가 된다.[99]

다음과 같은 예외적인 경우에는 주주가 바로 자기명의로 제소할 수 있다(151조 2항):

① 제소청구를 받은 기관이 제소를 거절하거나, 청구를 받은 날로부터 30일 이내에 제소하지 않은 경우

---

96) 최정연, 29면. 다만 사법해석(4)의 의견수렴 단계에서는 제151조상 임원은 전액출자자회사의 임원을 포함한다고 하여 제한적으로 이중대표소송의 여지를 인정하는 규정(31조 1항)이 포함되었으나 2017년 9월 시행된 사법해석(4)에서 제외되었다.

97) 최정연, 30-31면.

98) 제151조 제1항은 피고가 타인인 경우에 대해서는 직접 규정하지 않고 있지만 사법해석(4)에서는 타인에 대해서도 감사와 같은 절차가 적용되는 것을 전제하고 있다(23조 2항).

99) 제소청구를 받은 기관이 소를 제기하는 경우에는 원고는 회사가 되고 실제 회사를 대표한 소송진행은 감사회(감사회를 두지 않은 유한회사의 경우에는 감사)나 이사장이나 집행이사가 맡는다(23조).

② 긴급한 상황이 발생하여 즉시 소를 제기하지 않으면 회사의 이익에 돌이킬 수 없는 손실을 초래하게 되는 경우

4. 승소판결의 효과

주주대표소송의 승소로 인한 이익은 원고 주주가 아닌 회사에 귀속된다(사법해석(4) 25조). 주주는 회사의 재산증가로 인한 간접적인 이익을 향유할 뿐이다. 그러므로 거의 대부분 회사에 지배주주가 존재하는 중국에서 대표소송의 실효성은 제한적일 수밖에 없다.

5. 기타 절차법적 검토

가. 관   할

회사법은 주주대표소송의 관할에 대해서 규정하고 있지 않다. 민사소송법은 회사설립, 주주자격확인 등에 관한 분쟁에 대하여 제기된 소송은 회사주소지 법원의 관할에 속한다고 본다(26조).[100] 주주대표소송은 명시적으로 포함된 것은 아니지만 학설과 실무는 모두 회사주소지 법원의 관할에 속한다고 본다.[101]

나. 소송참가

주주가 대표소송을 제기한 경우 회사는 제3자 소송 참가인이 된다(사법해석(4) 24조 1항). 또한 원고적격을 갖춘 다른 주주가 1심 변론종결 전에 소송참가를 신청한 경우 공동원고로 한다(사법해석(4) 24조 2항).

다. 화   해

회사법상 대표소송의 화해에 법원의 승인을 요하는 규정은 없다.[102] 그러나 대표소송의 화해는 중국 민사소송법상 조정절차에 따라 법원의 조정서(97조)를 받아야 하므로 사실상 법원의 승인을 요한다.[103]

---

100) 「민사소송법해석」은 주주명부의 기재, 회사등기의 변경청구 등 기타 회사에 관한 분쟁도 「민사소송법」 26조의 규정에 따라 관할을 정한다고 규정하고 있다(22조).

101) 최정연, 44면.

102) 「민사소송법」은 판결선고 전 원고의 소 취하의 경우에도 법원의 허가를 요하고 있다(145조 1항).

103) 최정연, 55-56면. 사법해석(4)의 의견수렴단계에서는 대표소송의 조정에 주주총회(또는 사원총회)의 승인을 요하는 규정(34조)이 있었으나 채택되지 않았다.

라. 기 판 력

대표소송의 결과 원고주주가 받은 확정판결의 기판력에 대해서 법률에 규정이 없다. 판결의 효력은 승패와 관계없이 원고주주와 피고 임원 사이에서는 물론이고 회사와 다른 주주에 대해서도 미친다고 보는 것이 일반적이다.[104] 사법해석(4)에서 주주가 대표소송을 제기한 경우 회사를 소송 참가인으로 한다고 규정함에 따라(24조 1항) 이제 이 부분에 대한 의문은 해소되었다.

마. 소송비용 및 변호사비용

회사법은 대표소송에서 원고주주의 소송비용 및 변호사비용에 관하여 아무런 규정을 두고 있지 않다. 그러므로 민사소송법상의 일반규정이 적용된다.[105] 소송비용은 사건수리비용, 신청비용, 증인 등의 수당 등을 포함하며(「소송비용납부방법」[106] 6조), 변호사비용은 포함하지 않는다. 소송비용은 패소자 부담이지만(소송비용납입규칙 29조 1항) 변호사비용은 각자 부담이 원칙이다. 그러나 사법해석(4)는 승소한 주주가 소송으로 인하여 지출한 합리적인 비용을 회사가 부담하도록 하고 있다(26조).

II. 주주의 직접소송

1. 의   의

임원의 의무는 회사에 대한 것이고 주주에 대한 것이 아니다. 그러나 회사법은 이사나 고급관리인원에 대한 주주의 손해배상청구를 인정하고 있다(152조). 즉 이사나 고급관리인원이 법률, 행정법규나 정관에 위반하여 주주의 이익에 손해를 끼친 경우, 주주는 직접 그 이사나 고급관리인원을 상대로 소를 제기할 수 있다(152조).

2. 당사자적격

원고적격은 주주에 한한다. 주주의 신분만 있으면 제소할 수 있고, 주식보유

---

104) 최정연, 75-77면.
105) 소송비용에 관해서는 「민사소송법」 제118조와 소송비용납입규칙이 적용된다.
106) 诉讼费用交纳办法(2006년 제정).

기간과 보유주식수량에 대한 제한은 없다. 회사채권자는 원고적격이 없다. 피고 적격을 갖는 것은 이사와 고급관리인원이다.

3. 제소사유

법률, 행정법규 또는 정관의 규정의 위반이다. 임무해태와 관련하여 우리 상법상 이사의 제3자에 대한 책임에서는 이사의 고의 또는 중과실을 요하지만(401조) 중국 회사법에서는 그런 이러한 요건을 요하지 않고 임무해태 사실만으로 책임을 인정하고 있는 것으로 보인다.

제7장 회 계

제1절 서 설

Ⅰ. 회계의 의의

회계(会计)는 크게 재무회계, 세무회계, 관리회계로 나뉜다. 일반적으로 회계라고 할 때에는 재무회계를 가리키고 회사법과 관련하여 문제되는 것도 재무회계이다. 재무회계(財务会计)란 회사가 회사의 재무상태와 경영성과를 주주, 채권자, 투자자 등 회사와 현재 또는 잠재적으로 이해관계를 갖는 자에게 보고하기 위한 재무회계보고서(財务会计报告)를 작성하는데 적용되는 회계를 말한다. 회사의 이해관계자는 재무회계보고서에 기초하여 이익배당 등의 의사결정을 하게 되므로, 재무회계보고서는 객관적인 기준에 따라 작성될 필요가 있다. 이에 따라 중국을 포함한 각국은 재무회계의 신뢰도를 높이기 위하여 법적인 규제를 가하고 있다.

II. 기업회계 관련 법원

중국에서 전국적인 효력을 갖는 법규는 전국인민대표대회 또는 전국인민대표대회 상무위원회에서 제정하는 법률, 국무원에서 제정하는 행정법규, 국무원 산하 기관[1]이 제정하는 국무원부문규장(国务院部门规章)[2]("부문규장")의 순으로 구성된다(입법법[3] 2조). 이에 따라 기업회계 관련 법규도 다층적으로 구성되어 있다.

먼저 법률로는 회사법(제8장), 증권법(79조) 외에 회계법, 「공인회계사법」[4] 등이 있다. 회사법은 "재무회계보고서는 법률, 행정법규와 국무원의 재정부의 규정에 따라 작성되어야 한다"고(164조 2항), 기업회계 관련 법규의 존재를 전제하고 있다. 그리고 증권법은 "상장회사 등은 증권감독관리위원회와 증권거래소가 규정한 내용과 형식에 따라 편제한 정기보고서(定期报告)를 작성하여야 하는데, 반기결산일 후 2월 이내에 중간보고서(中期报告)를, 결산일 후 4월 이내에 연도보고서(年度报告)를 각 송부(报送)하고 공고하여야 한다(79조). 기업회계 관련 기본적인 법률은 회계법이다. 회계법은 회계처리에 관한 원칙적인 규정(제2장 및 제3장)과 회계감독(제4장) 및 벌칙(제5장) 등을 규정하고 있다.

기업회계 관련 행정법규로는 「기업재무회계보고조례」,[5] 「총회계사조례」[6] 등이 있다. 「기업재무회계보고조례」는 기업(회사)이 재무회계보고서를 작성하여 대외적으로 제공할 때 적용되고(2조), 「총회계사조례」는 총회계자의 권한과 지위를 명확히 하여, 총회계사가 경제관리를 강화하고 경제효율을 제고하는 역할을 담당할 목적으로 제정되었다(1조).[7] 총회계사는 기업의 재무관리, 원가관리, 예산관리, 회계처리 및 회계감독 등의 방면의 업무를 주관하고, 기업의 중요한 경제문제의 분석과 결정에 참여한다(제5조). 대형 및 중형의 전민소유제기업[8](全民所有制

---

1) 국무원의 각부와 위원회, 중국인민은행, 심계서(审计署), 행정관리직능을 가진 직속기구(具有行政管理职能的直属机构)가 제정된다(입법법 제80조).
2) 규장(规章)에는 국무원부문규장과 지방정부규장(地方政府规章)이 있다.
3) 立法法(2000년 제정, 2015년 개정).
4) 注册会计师法(1993년 제정, 2014년 개정).
5) 企业财务会计报告条例(2000년 제정).
6) 总会计师条例(1990년 제정, 2011년 개정).
7) 为了确定总会计师的职权和地位，发挥总会计师在加强经济管理、提高经济效益中的作用，制定本条例
8) 국유기업에는 전민소유제기업법(1988년 제정, 2009년 개정)의 적용을 받는 전민소유제기업

大中型企業)의 경우 총회계사를 반드시 선임하여야 한다(2조).

　회계법에 따르면 국무원의 재정부가 전국 회계업무를 주관한다(7조). 재정부가 제정하는 회계관련 부분규정을 크게 회계준칙과 회계제도로 구분할 수 있다. 재정부가 국가통일회계제도(國家統一的会計制度)를 제정한다(8조 1항). (1) 회계준칙으로는 「기업회계준칙」과 「소기업회계준칙」,9) 「정부회계준칙」10) 등이 있다. 기업회계기준은 1992년 재정부가 공포한 「기업회계준칙」에서 출발하였는데, 2006년 「기업회계준칙－기본준칙」을 제정하면서 「기업회계준칙」을 "기본준칙"(基本准則)11)과 "구체준칙"(具体准則)으로 구분하였다(3조). 재정부는 위 「기업회계준칙－기본준칙」을 제정하면서, 이와 함께 "구체준칙"으로 기업회계준칙 제1호에서 38호12)를 제정하였고, 각 구체준칙에 대한 38개의 가이드라인」(应用指南)을 제정하였다. 재정부가 제정한 「재정부의 상장회사 이익잉여금분배에 관한 회계처리규정」13)은 상장회사에도 위 기업회계기준이 적용되면서 실효되었다. 2014년 구체준칙으로 기업회계준칙 제39호에서 제41호를 제정하고, 이에 대한 가이드라인을 제정하였다. 한편 국무원 소속 부처인 증권감독관리위원회는 「증권공개발행 회사의 정보공개 편성규칙 제15호－재무보고의 일반적 규정」14)을 제정하고 있다. (2) 회계제도로는 재정부가 발표한 「기업회계제도」,15) "소「기업회계제도」16) 등이 있다. 「금융기업회계제도」17) 「공업기업회계제도」,18) 「부동산개발기업회계제

과 회사법의 적용을 받는 국유독자회사 등이 있다.

9) 小企業会計准則(2011년 제정).

10) 政府会計准則――基本准則(2016년 제정).

11) 企業会計准則―基本准則(2006년 제정, 2014년 개정).

12) 2006년 재정부가 발표한 38개 회계준칙의 내용은 기업회계준칙 제1호－재고(存货), 기업회계준칙 제2호－장기주식투자(長期股权投资), 기업회계준칙 제3호－투자성 부동산(投资性房地产), 기업회계준칙 제4호－고정자산(固定资产), 기업회계준칙 제5호 생물(생명이 있는 동물과 식물)자산, 기업회계준칙 제6호 무형자산 등이 있다. 이 준칙들은 재정부가 국제회계준칙(International Accounting Standard)에 의거하여 제정한 것이다.

13) 財政部关于上市公司利润分配会計处理规定的通知(1996년 제정, 2008년 실효).

14) 公开发行证劵的公司信息披露编报规则第15号－财务报告的一般规定(2001년 제정, 2007년, 2010년, 2014년 개정).

15) 企業会計制度(2000년 제정).

16) 小企業会計制度(2004년 제정, 2013년 실효). 2011년 제정된 「소기업회계준칙」이 2013년 발효되면서 실효되었다.

17) 金融企業会計制度(1993년, 2001년 개정, 2011년 실효).

18) 工業企業会計制度(1992년 제정, 2015년 실효).

도」¹⁹⁾ 등 업종별회계제도는 점차 폐지되고 있다.

Ⅲ. 기업회계의 적용대상

1985년의 회계법은 적용대상을 제한적으로 열거하고 있었다. 즉 국영기업[20] 사업단위, 국가기관, 사회단체, 군부대에 적용되었다(2조).[21] 1993년 회계법을 개정하면서 기업, 개체공상호(个体工商户)를 추가하면 일반조항으로 "기타조직"(其他组织)을 추가하였다. 1999년 회계법이 개정되면서 회사가 추가되었는데, 중국에서 회사란 법인격이 있는 기업을 의미하므로(회사법 3조 1항), 1999년 개정 전에도 회사는 회계법의 적용을 받았다.[22]

2017년 개정된 현재 회계법 2조는 "국기기관, 사회단체, 회사, 기업, 사업단위 및 기타조직은 반드시 본법에 의하여 회계사무를 처리하여야 한다"고 규정하고 있다.[23] 이에 따라 회계법은 중국 내의 모든 기업과 회사에 적용된다.[24]

한국의 경우 자본금액이 1천만원 미만인 소상인에 대하여는 상업장부에 관한 규정을 적용하지 않는다(회사법 9조, 시행령 2조).

제2절 재무회계보고

I. 의 의

회사는 매 회계연도 종료 시 재무회계보고서(财务会计报告)를 작성해야 한다(164조 1항). 재무회계보고서란 한국 상법상 재무제표(财务报表)에 해당하는 것으로

---

19) 房地产开发企业会计制度(1993년 제정, 2015년 실효).

20) 1993년 헌법에서 국유기업이란 용어를 사용하기 전까지는 국영기업이란 용어를 사용하였다.

21) 国营企业事业单位、国家机构、社会团体、军队办理会计事务, 必须遵守本法.

22) 1993년 12월 29일 전국인민대표대회 상무위원회 제5차 회의에서 회계법을 개정하면서 회사법도 제정하였는데, 회사법의 시행일이 1994년 7월 1일이어서, 회계법에 회사를 추가하지 못한 것으로 보인다.

23) 国家机关、社会团体、公司、企业、事业单位和其他组织(以下统称单位)必须依照本法办理会计事务.

24) 张彪, "我国会计法、会计准则与会计制度的发展及其相互关系", 《审计月刊》, 2007年第9期, 42页.

서 대차대조표(资产负债表), 손익계산서(损益表), 자본변동표(所有者权益变动表), 재무상황설명서(财务状况说明书), 이익잉여금처분계산서(利润分配表) 등이 포함된다.

II. 작　　성

회사는 매 회계연도 종료 시에 재무회계보고서를 작성하여야 한다(163조).

이사회가 결산안을 작성할 권한이 있는데(46조, 108조 4항), 결산안에는 재무회계보고서가 포함되어 있으므로 이사회가 재무회계보고서를 작성할 의무가 있다. 현실적으로는 회사업무를 집행하고 있는 경리가 작성하여 이사회의 승인을 받는 식으로 운영된다. 한국 회사법에 따르면 대표이사가 재무제표를 작성하여 이사회의 승인을 받아야 한다(447조 1항).

회계법에 따르면 회계담당책임자는 회계업무 및 회계자료의 진실성, 완전성에 대하여 책임을 지는데(4조), 회계담당책임자는 회사의 법정대표자 또는 법률, 행정법규가 규정한 회사를 대표하여 권한을 행사는 주요 책임자를 말한다(50조 1항).

재무회계보고서는 회사의 회계장부(会计账簿)를 기초로 작성한다. 회사법은 재무회계보고서의 신뢰도를 높이기 위하여 회사가 법정 회계장부 외에 별도의 회계장부를 작성하는 것을 금하고 있다(171조 1항). 회사법이 회사가 개인 명의의 계좌개설을 금지하는 것(171조 2항)도 같은 맥락으로 이해할 수 있다. 또한 회사가 회계사무소를 선임 또는 해임하는 경우, 정관의 규정에 따라 주주총회(유한회사의 경우 사원총회), 이사회의 결의가 있어야 하다(제169조 1항).

III. 감　　사

재무회계보고서가 전술한 회계규범에 적합하게 작성되었는지 여부는 먼저 회사 내부적으로 "회사재무검사"의 권한이 있는 감사회(또는 감사회가 설치되지 않은 유한회사의 감사)가 심사해야 한다(53조 1호, 118조 1항). 한편 법이 요구하는 경우에는 회계사사무소의 감사를 받아야 한다(164조 1항).[25] 회사법은 회계사사무소

---

25) 주주총회(사원총회)나 이사회가 회계사사무소의 해촉을 의결할 때에는 회계사사무소의 의견진술을 허용하여야 한다(169조 2항).

의 위촉 및 해촉과 관련하여 특별규정을 두고 있다. 회계사사무소의 위촉 및 해촉은 회사정관의 규정에 따라 주주총회(사원총회)나 이사회가 결정한다(169조 1항). 회사는 회계사사무소에 진실하고 완전한 회계증빙자료(会计凭证), 회계장부, 재무회계보고서, 기타 회계자료를 제공하여야 하며, 제공을 거절하거나 은닉 또는 허위로 보고해서는 아니 된다(170조).

Ⅳ. 공 시

유한회사는 회사 정관에서 정한 기간에 따라 각 주주에게 재무회계보고서를 송달해야 한다(165조 1항). 주식회사의 재무회계보고서는 정기주주총회 소집 20일 전에 회사에 비치하여 주주들이 열람할 수 있도록 해야 한다. 또한 주식을 공모한 주식회사는 재무회계보고서를 공고해야 한다(165조 2항).

Ⅴ. 주주총회(사원총회) 승인

우리 상법과는 달리 중국 회사법은 재무회계보고서가 주주총회(사원총회)의 승인사항인지 여부에 대해서는 명시하고 있지 않다. 그러나 회사법상 주주총회의 "회사연도 결산안에 대한 심의비준권"(公司年度决算方案审议, 批准权)(37조 1항 5호, 99조)에는 재무회계보고서 승인도 포함된다고 볼 수 있다. 학설도 일반적으로 주주총회 승인을 요한다고 보고 있다.[26]

Ⅵ. 주주(사원)의 회계장부열람권(查阅权)[27]

1. 회사법규정과 사법해석

회사법상 주주(사원)는 각종의 정보열람권을 갖는다(33조, 97조). 이에 관한 설명은 앞의 주주(사원)의 알권리에 관한 부분에 맡기고 이곳에서는 회계정보관련 열람권만을 살펴본다. 먼저 주주(사원)는 재무회계보고서의 열람권을 갖는다(33조 1항, 97조 1항). 나아가 회사법은 유한회사의 경우 사원의 회계장부 열람권을 명시

---

26) 赵旭东主编(2015), 전게서, 339면.

27) 열람권의 실무에 관한 문헌으로는 Robin Hui Huang, Shareholder Inspection Rights in China: An Empirical Inquiry, 44 Hastings Int'l & Comp. L. Rev. 3-38 (2021).

하고 있다(33조 2항). 한편 2017년 공포된 사법해석(4)는 열람권에 관하여 6개의 조문을 두고 있다.

2. 열람권자

주주(사원)는 보유하는 주식의 수나 보유기간에 무관하게 열람권을 행사할 수 있다. 주주(사원)가 회사법이나 정관규정에 따라 특정 문건의 열람이나 복사를 소로써 청구하는 경우에는 인민법원은 이를 수리해야 한다(사법해석(4) 7조 1항). 제소 시에 주주 지위를 갖지 않은 경우에는 청구할 수 없지만 주식 보유 중에 피해를 입은 자가 그 기간에 관한 문건의 열람이나 복제를 청구하는 것은 허용된다(사법해석(4) 7조 2항).

3. 열람대상

유한회사의 경우 열람대상에 회계장부가 명시적으로 포함되고 있으나(33조 2항) 주식회사의 경우에는 명시적인 규정이 없다. 주식회사는 상장회사인 경우가 많고 그 경우에는 회계정보의 공시가 강제되고 있으므로 실제로 열람권 행사의 필요는 별로 없을 것이라는 견해도 존재하지만[28] 그 타당성에는 의문이 있다.

회계장부의 범위와 관련하여 회계전표 원본이 포함되는지는 분명치 않으나 실무상으로는 그에 대한 열람청구가 인용되는 비율이 상당히 높다.[29]

4. 청구방법과 열람의 허용

회계장부 열람을 원하는 사원은 서면으로 청구하고 목적을 설명해야 한다(33조 2항). 사원의 열람청구목적이 부당하고 회사의 합법적인 이익을 침해할 가능성이 있다고 인정할 합리적인 근거가 있는 경우 회사는 열람을 거절할 수 있다. 이 경우 회사는 서면청구일로부터 15일 내에 그 사원에게 이유를 설명해야 한다. 회사가 열람을 거절하는 경우 주주는 법원에 회사로 하여금 열람을 허용할 것을 청구할 수 있다. 법원이 주주의 열람청구를 인용한 경우에는 판결에 열람, 복사를 허용하는 시간, 장소, 대상 문건의 목록을 명확히 표시해야 한다(사법해석(4) 10조 1항).

---

28) Id. 6.
29) Id. 15. 실제 회계전표원본의 열람을 청구하는 사례도 많지만 그 청구가 인용되는 비율도 60%를 넘는다.

5. 목적의 부당성

문제는 어떤 경우에 회사가 목적의 부당성을 근거로 열람을 거절할 수 있는 가이다. 사법해석(4) 8조는 다음 경우에는 목적의 부당성이 인정된다고 규정하고 있다.

① 사원이 회사의 주요업무와 실질적인 경쟁관계가 있는 업무를 자영하거나 타인을 위해 경영하는 경우. 다만 정관의 별도 규정이나 전체 사원 사이의 별도 약정이 있는 경우는 제외한다;

② 사원이 타인에게 관련 정보를 통보하기 위해 회계장부를 열람함으로써 회사의 합법적 이익에 손해를 가할 우려가 있는 경우;

③ 사원이 회사에 열람청구를 제출한 날 이전 3년 동안 회계장부열람을 통해서 타인에게 관련 정보를 통보함으로써 회사의 합법적인 이익에 손해를 가한 일이 있는 경우;

④ 사원이 부당목적이 있는 기타의 경우.

6. 열람권의 제한

사원의 회계장부열람권은 정관이나 사원간의 합의로 박탈할 수 없고 회사가 그것을 이유로 사원의 열람청구를 거절하더라도 법원은 그것을 지지하지 않는다 (사법해석(4) 9조).

판례 3: 양운송(杨云松) 회계장부 열람권 사건[30]

□ 사실관계

원고는 부동산개발유한회사인 피고의 50% 지분을 인수하였다. 그 후 원고가 피고의 실제 경영상황을 알아보기 위해서 피고에게 재무회계보고서, 사원총회의 사록, 사원총회 결의, 이사회의사록, 회계장부, 계약서, 부동산개발과 관련한 자료 등의 열람과 등사를 서면으로 청구하였다. 피고는 원고의 열람청구가 정당하

---

30) 杨云松与桐乡市万达房地产开发有限公司股东知情权纠纷案((2015)嘉桐商初字第1047号, 浙江省桐乡市人民法院).

지 않다는 이유로 원고의 청구를 거절하였다.

□ 판시

법원은 사원의 열람권에 대한 33조의 전문을 인용한 후에 다음과 같이 설시하였다.

첫째, 피고가 원고의 신분에 대하여 이의가 없기 때문에 원고는 피고 회사의 설립 시부터 사원총회의사록, 이사회결의, 재무회계보고서를 열람하거나 등사할 권리가 있다.

둘째, 원고가 통지서를 발송하였고 피고는 15일 내에 답변하지 않았다. 또한 피고가 법원에 제출한 증거는 원고의 열람에 부당한 목적이 있어 회사의 적법한 이익에 해를 끼친다는 점을 입증할 수 없으므로, 원고가 재무회계장부를 열람할 사유는 정당하고 원고의 청구를 받아들여야 할 것이다.

셋째, 중국 회계법 14조 1항 및 15조 1항은 "회계증빙서류는 원시증빙서류, 기장증빙서류를 포함한다. 회계장부는 심사를 거친 회계증빙서류를 근거로 하고 관련 법률, 행정법규 및 국가 통일 회계제도의 규정과 부합하여야 한다. 회계장부는 총계정원장, 명세장, 일기장과 기타 보조장부를 포함한다"고 규정하고 있다. 원고의 회계장부 열람 청구범위는 앞에서 법률이 정하는 내용을 기준으로 하여야 하고, 그 범위를 초과한 경우에는 받아들이지 않는다.

□ 평석

법원은 회계법 규정을 엄격히 해석하여 회계증빙서류는 회계장부의 구성부분이 아니라고 보고 회계장부를 제외한 계약서, 부동산개발과 관련한 자료 등에 대한 원고의 열람 청구를 인용하지 않았다. 실무상 회계증빙서류의 열람을 어디까지 허락하는가는 담당 판사의 재량에 달려있다. 이 판례와 같이 법원이 회계법 규정을 근거로 열람 청구를 인용하지 않는 경우도 있고, 원고가 회계장부에 기재된 사항에 중대한 의혹을 주장하면 법원이 이에 상응한 회계증빙서류를 열람하도록 허락하는 경우도 있다. 북경시 고급법원과 강소성 고급법원은 심판지도의견31)으로 사원이 열람할 수 있는 회계장부에는 기장증빙서류, 원시증빙서류를 포함한다고 직접 규정함으로써 회계증빙서류의 열람을 일괄적으로 허락하는 경우도 있다.

---

31) 北京市高級人民法院关于審理公司糾紛案件若干問題的指导意見(2008년 제정) 19조,江苏省高級
人民法院关于審理适用公司法案件若干問題的意見(试行)(2003년 제정) 66조 2항..

제3절 이익배당(利益分配)

I. 의 의

중국 회사법은 주주(사원)에게 추상적 이익배당청구권이 있음을 전제로 배당절차에 대하여 규정하고 있으나(166조), 이익배당의 구체적인 방법에 대하여는 규정을 두고 있지 않다. 회사의 자기주식에 대하여는 이익배당을 할 수 없다(166조 6항).

주식회사 정관에 회사의 이익배당방법에 대하여 기재하여야 하는데(81조 9호), 원칙적으로 주식비율에 따라 이익배당을 하여야 하지만 정관에 주식비율에 따라 배정하지 않도록 규정할 수 있다(166조 4항). 즉, 정관에 의하여 이익배당에 관하여 내용이 다른 종류주식을 발행할 수 있다. 또한 정관으로 이윤배당방법으로 금전배당, 현물배당, 주식배당 등을 정할 수 있지만, 정관에 그러한 기재가 없는 경우 주주총회에서 이익배당의 방법을 선택할 수 있다. 상장회사의 경우 통상 금전배당 또는 주식배당이 많이 활용되고 있다.[32]

유한회사의 경우 사원이 납입한 출자비율에 따라 이익배당을 받을 수 있는데, 전체 사원이 동의한 경우 달리 정할 수 있다(34조). 유한회사의 경우 정관에 이윤배당방법에 대하여 기재할 필요가 없으나 정관에 이익배당의 방법을 정할 수 있고, 그러한 기재가 없는 경우 사원총회에서 자유롭게 정할 수 있다(37조 1항 6호).

II. 배당가능이익

주주(사원)에 대한 회사재산의 반환은 선순위권리자인 채권자의 이익을 위협할 수 있으므로 엄격하게 규제할 필요가 있다. 즉, 회사는 배당가능이익의 범위 내에서만 이익배당을 할 수 있다.

회사법은 '당해 연도의 법인세 납부후의 순이익(当年税后利润, 당기순이익)[33]'을

---

32) 王军, 전게서, 173면.
33) 당기순이익에 대하여는 기업회계제도 제7장(106조)에서 자세히 설명하고 있는데, 한국의

기준으로 배당가능이익을 정하고 있다. 즉, 당기순이익에서 다음의 항목을 공제하는 방식으로 배당가능이익을 산출하고 있다(166조).

① 결손보전: 법정준비금(法定公积金)이 전년도 결손을 보전하는데 충분하지 않은 경우 당기순이익으로 결손 보전에 충당한다(166조 2항).

② 법정준비금 적립: 당기순이익으로 결손보전 한 후의 금액의 10%를 법정준비금으로 적립한다. 법정준비금이 등록자본금(注册资本)의 50%에 달한 경우 적립하지 않을 수 있다(166조 1항).

③ 임의준비금 적립: 법정준비금 적립 후 주주총회(사원총회) 결의로 임의준비금(任意公积金)을 적립할 수 있다(166조 3항).

당기순이익 외에 이월이익잉여금이 있는 경우 이것도 배당가능이익에 포함되어야 한다. 회사법은 이월이익잉여금에 대하여 명시적으로 규정하고 있지 않으나 당기순이익으로 이월결손금을 보전하도록 규정하고 있어서 배당가능이익되는 것을 당연히 전제하고 있다.

III. 배당결의와 이행

회사법상 이익배당안은 이사회가 작성하여(46조 5호, 108조 4항) 주주총회(사원총회)의 승인을 한 경우(37조 1항 6호, 99조), 주주(사원)는 회사에 대하여 구체적 이익배당청구권을 취득한다.

정관에서 이익배당의 지급기일을 정할 수 있는데, 그 기간은 주주총회(사원총회)의 결의일로부터 1년을 초과할 수 없다. 만약 주주총회(사원총회)에서 정관의 기간을 초과하여 이익배당의 지급기일을 정한 경우, 주주는 위 결의에 대한 취소(撤销)의 소를 제기할 수 있다(사법해석(5) 4조 2항).

만약 정관에 이익배당의 지급기일을 정하지 않은 때에는 주주총회(사원총회)의 배당결의를 하면서 지급기일을 정할 수 있고, 만약 지급기일을 정하지 않으면 결의일로부터 1년 내에 이익배당을 지급하여야 한다(사법해석(5) 4조 1항).

당기순이익의 개념과 유사하다.

Ⅳ. 위법한 배당

주주총회(사원총회)나 이사회가 전술한 규정에 위반하여 결손을 보전하거나 법정 준비금을 적립하지 않고 주주에게 배당한 경우 주주는 규정에 위반하여 배당받은 이익을 회사에 반환하여야 한다(166조 5항). 그러나 이익배당은 이사회가 주주총회(사원총회)에 제안하여 승인을 받는 방식으로 진행하기 때문에 회사가 적극적으로 주주에 대해서 배당금 반환을 청구할 것을 기대하기는 어렵다.

판례 4: 제남융격의약과기유한공사(济南隆格医药科技有限公司) **회계보고서 관련 사건**[34]

□ 사실관계

A는 B회사의 사원이다. B회사는 설립 후 이익을 배당한 일이 없다. 그 후 A는 보유하고 있던 지분을 B회사의 다른 사원에게 양도하였다. B회사의 다른 사원들은 A에 대한 이익배당을 결의하였지만 B회사는 일부 금액만 지급한 후 나머지 금액의 지급을 거절하였다. 이에 A는 배당금을 지급하라는 소송을 제기하였다. 소송 과정에서 B회사는 A에 대한 이익배당결의의 무효 확인 및 기 지급 배당금의 반환을 구하는 반소를 제기하였다.

□ 판시

회사는 법률, 행정법규 및 국무원 재정주관부처의 규정에 따라 재무회계제도를 두어야 하고, 매 연도 종료 시 재무회계보고를 작성하여 감사를 받아야 하며, 재무회계보고는 이익배당표(즉, 한국의 이익잉여금처분계산서)를 포함하여야 한다. 자본충실원칙을 실시하고 회사의 재무기초를 탄탄히 하며 사원, 채권자, 거래 관계자의 이익을 보호하고 거래안전 및 사회경제질서를 유지하며 사회공중이익을 위해야 한다. 사원총회는 이익배당 결의 시 재무회계보고서를 근거로 하여야 하고, 납세, 결손 충당, 법정준비금과 복지준비금을 적립하여야 한다. 본 사안에서 B회사 사원총회는 2001년 8월 14일 A에 대한 이익배당을 결의하였지만 재무회계보고서를 첨부하지 않았다. 회사 사원들의 일치된 의사표시만으로 회사자산을 처분하는 것은 타당하지 않은 것으로, 회사, 채권자, 회사와 거래한 상대방의 이익을 침해할 가능성이 있다. A는 B회사에 배당금 지급을 청구하면서 기술양도계약, 연합개발계약 등 계약서만 제출하고 관련된 재무제표를 제출하지 않았다. 제출한

---

34) 济南隆格医药科技有限公司与韩某公司盈余分配纠纷二审案((2005)济民二终字第485号, 山东省济南市中级人民法院).

계약서는 B회사의 당시 이익상황을 반영할 수 없다. 따라서 A가 제출한 증거들은 그의 주장을 뒷받침하기 어렵다. 다른 한편, B회사 사원총회는 배당결의를 할 때 필요한 납세 및 준비금 적립 요건을 갖추지 않았으며 이는 회사법 규정에 반하는 것이다. B회사는 납세액과 준비금을 이미 예치하였다고 주장하였으나 관련 증거가 없기에 법원은 그 주장을 받아들이지 않는다. 2001년 6월 16일의 회계감사보고서는 B회사가 별도로 장부를 두고, 자금 은닉, 영업세와 소득세를 과소 납부하였다는 등의 문제를 지적하였다.

법원은 앞의 내용을 종합하여 다음과 같이 판결하였다. 본건 배당결의는 회사법이 규정한 절차에 따라 납세, 준비금과 공익금을 적립 후 잉여금을 분배하지 않았기에 이 배당결의는 근거가 부족하다. 따라서 법원은 원고 A의 청구를 기각하였다.

판례 5: 장익자원노교유한공사(長益資源路桥有限公) 이익배당 사건[35]

□ 사실관계

중국 무한의 A회사는 홍콩의 B회사와 같이 중외합작경영기업인 C회사를 설립하였다. 홍콩 B회사는 A회사, C회사를 상대로 제소하였는데 청구내용은 다음과 같다.

1. C회사가 이익을 배당할 것
2. A회사가 C회사와 연대하여 책임을 질 것
3. A회사와 C회사가 소송비용을 부담할 것

□ 판시

중국 회사법은 "회사의 사원총회는 회사의 이익배당과 결손보전(弥补亏损)을 심사하고 결정한다"(37조 1항 6호), "이사회가 회사의 이익배당안과 결손보전안을 작성한다"(46조 5항), "회사는 결손보전, 법정준비금 적립 및 사원총회의 임의준비금 적립결정 후에 당해연도 세후 이익잉여금을 분배할 수 있다"(166조)고 규정하고 있다. 앞의 규정에 의하면, 유한회사의 이익배당 여부 및 배당금액은 회사 사원총회가 결정하는 사항에 속한다. 사원은 투자자의 지위에서 이익을 배당받을 권리가 있지만, 구체적인 이익배당청구권으로 전환하는 것은 회사에 이익잉여금이 있는지, 사원총회가 법에 의하여 이익배당 결의를 하였는지 등의 요건이 결정

---

35) 长益资源路桥有限公司与武汉华益路桥管理有限公司、武汉公路桥梁建设集团有限公司管辖裁定 ((2015)民四终字第4号, 最高人民法院).

한다. 사원총회가 이익배당을 결의하기 전에 사원은 이익배당청구권을 가질 수 없고, 따라서 그에 상응한 제소권한도 갖지 못한다. 또한, 사원이 직접 법원에 이익배당청구소송을 제기할 법적 근거가 부족하다. 본 건에서 C회사는 A회사, B회사가 "중외합작경영기업법"에 의하여 설립한 유한회사로 앞서 살펴본 회사법 규정을 적용받는다. C회사는 사원총회를 두고 있지 않지만 회사 정관 규정상 이사회가 회사의 최고권력기관이고 회사의 이익배당안을 결정할 권한이 있다. B회사가 C회사에게 이익배당청구소송을 제기하였지만 이와 관련된 이사회결의서를 제출하지 않았기에 B회사의 주장은 법적 근거가 부족하다. B회사의 소송청구는 민사소송의 수리범위에 속하지 않는다.

판례 6: 유근(刘瑾) 이익배당 사건[36]

B회사의 사원인 A가 B회사를 상대로 이익배당금을 지급하라는 소송을 제기하였다.

법원은 다음과 같이 판시하였다.

사원의 이익배당청구권은 사원의 자익권으로 회사에서의 사원 자격과 지위에서 유래하고 법에 의하여 회사에 지분보유 비율에 따라 배당을 청구할 수 있는 권리이다. 회사의 이익배당은 회사법상 형식적 요건과 실질적 요건에 부합하여야 한다.

형식적 요건과 관련하여, 회사법은 사원총회에 이익배당안과 결손보전안을 심사, 결정할 수 있는 권한을 부여하였다. 따라서 배당결정권한은 사원총회가 갖고 있다.

실질적 요건을 살펴보면, 자본유지원칙상 배당 원천은 회사의 자본이 아니고 회사의 이익잉여금이다. 회사법 제163조, 제164조는 회사는 법률, 행정법규, 국무원 재정주관부처의 규정에 따라 재무회계제도를 운영해야 하고 회사는 매 회계연도 종료 시 재무회계보고서를 작성하여 법에 따라 회계사사무소의 심사를 거쳐야 한다고 규정하고 있다. 한편, 회사의 배당 가부와 관련해서는 이익 유무에 대한 심사 외에도 배당가능이익이 있는지 여부도 심사하여야 한다. 회사법 제166조는 "회사가 분배하는 이익잉여금은 세금을 공제하고 결손을 보전하며 법정준비금을 적립하고 임의준비금을 적립한 후의 잔액이다"라고 규정하였다. B회사가

---

36) 刘瑾与衢州市衢江区银兴水电有限公司公司盈余分配纠纷上诉案((2015)浙衢商终字第321号, 浙江省衢州市中级人民法院).

회계심사보고서를 제출한 행위는 회사법에서 정한 심사의무를 이행한 것일 뿐, 이익을 배당하는 의사표시로 볼 수 없다.

알 권리에 관해서는 회사법 제33조에서 사원의 열람권을 규정하였다. 사원은 회사 회계장부 열람을 청구할 수 있다. 다만 회사에 서면으로 청구를 제출하여야 하며 회사가 열람을 거절 시 사원은 법원에 회계장부 열람청구 소송을 제기할 수 있다. 유한회사는 인적 성격을 갖고 있어서 당사자들은 회계장부 열람을 협의하여 진행할 수 있어야 한다.

이상 내용을 종합하여 회사법의 입법취지를 보면 회사의 행위에 대한 규제는 주로 절차에서 구현하고 사법은 원칙적으로 회사 내부의 사무에 개입하지 않으며 회사 내부의 자치에 최대한으로 권리를 부여하고 회사, 사원, 채권자의 합법적 이익을 보장한다는 것이다. 따라서 사원이 사원총회에서 이익배당을 결의하기 전에 직접 법원에 배당을 청구하게 되면 법원은 통상 받아들이지 않는다.

본 건에서 A의 청구는 사실과 법적 근거가 없기 때문에 A의 청구를 기각한다

제4절 준 비 금

I. 의   의

준비금(公积金)이란 회사의 순자산액에서 자본금을 공제한 후의 금액(광의의 잉여금) 중 주주에게 배당하지 않고 사내에 유보하여 두는 금액을 말한다.[37] 회사 재산의 유출을 막는다는 점에서 준비금은 회사의 자본을 충실히 하고 회사의 변제능력을 높인다는 점에서 채권자 이익을 보호하는 중요한 수단이다.

II. 종   류

중국 회사법에서 준비금은 우선 적립되는 재원에 따라 자본준비금(资本公积金)과 이익준비금(盈余公积金)으로 구분된다. 자본준비금은 자본거래, 즉 주식이나

---

37) 준비금의 정의에 대하여 중국 회사법 교재의 대표적 견해는 "회사 준비금은 회사가 법에 의하여 공제하고 사내에 유보하며 회사가 미래 발생하는 결손, 생산경영확대, 자본금전입에 사용하는 잉여자산이다"라고 한다. 刘俊海, 现代公司法(法律出版社, 2008년), 692면.

지분 발행 시에 액면초과금액, 합병차익, 자산평가차액 등을 재원으로 한다(167조). 후술하는 법정준비금의 경우 자본금의 50%가 될 때까지 적립하여야 하지만 자본준비금의 경우 적립 한도에 제한이 없다.

이익준비금은 손익거래에 따른 이익잉여금을 재원으로 하는데, 법에 의하여 적립이 강제되는지 여부에 따라 법정준비금(法定公积金)과 임의준비금(任意公积金)으로 구분된다(166조). 회사가 당기순이익(当年税后利润)에서 10%를 공제하여 자본금의 50%가 될 때까지 법정준비금으로 적립하여야 한다(166조 1항). 한국의 경우 당기순이익이 아니라 이익배당액의 10% 이상을 자본금의 50%가 될 때까지 이익준비금을 적립하여야 한다(458조). 그런데 주주총회에서 자본금의 50% 초과하여 법정준비금을 적립하도록 정한 경우, 50% 초과된 부분은 법정준비금인지 후술하는 임의준비금인지가 문제된다. 중국 회사법에서는 등록자본금이 자본금의 50% 이상인 경우 더 이상 적립하지 않을 수 있다(可以不再提取)고 규정하여(제166초 1항), 주주총회에서 50% 초과하여 적립할 수 있는 것처럼 보인다. 한국의 경우 주주총회에서 자본금의 50%를 초과하여 적립하는 경우 이익준비금이 아니라 임의준비금으로 본다.[38]

그리고 회사는 정관 또는 주주총회(사원총회) 결의에 의하여 임의준비금을 자유롭게 적립할 수 있다(166조 3항).

한국 상법의 경우 법정준비금에는 이익준비금(458조)뿐만 아니라 자본준비금(459조)도 포함된다. 따라서 중국의 법정준비금은 한국의 이익준비금에 해당한다.

중국	한국
자본준비금 이익준비금＝ 법정준비금＋ 임의준비금	법정준비금＝자본준비금＋이익준비금 임의준비금

1993년 회사법은 법정준비금 외에 법정공익금(法定公益金)에 대하여 규정하고 있었다. 즉, 회사는 당해 연도의 세금을 납부한 후의 당기순이익(当年税后利润)에서 5%－10%를 법정공익금으로 공제하여 적립하여야 하여야 하고(177조), 법정공익금은 회사직공의 전체복지(公司职工的集体福利)에 사용되어야 한다(180조). 그러

38) 김건식 · 노혁준 · 천경훈, 회사법(제5판), 박영사(2020년), 587면.

나 법정공익금제도는 ① 계획경제에서 시장경제로 체제전환하는 과정에서 직공을 보호하기 위하여 도입된 것인데, 사회보장제도가 정비되어 직공에게 보수(薪酬)를 지급하는 것이 바람직하고, ② 회사청산 시에 법정공익금의 귀속에 대하여 주주(사원)와 직공 간에 분쟁이 발생할 수 있으며, ③ 실무상 법정공익금이 직공에게 균등하게 분배되어, 직공의 근로의욕 고취와 관련성이 적다는 이유로, 2005년 회사법을 개정하면서 법정공익금을 폐지하였다.[39]

Ⅲ. 용   도

준비금의 사용은 재무제표(财务报表) 중 자본변동표(所有者权益变动表)를 변경하는 것으로(「기업회계준칙 제30호」 2조), 정관에 특별한 규정이 없는 한 재무제표의 확정권한이 있는 주주총회(사원총회)에서 결정한다. 한국의 경우 자본금 전입은 정관에서 주주총회에서 결정하기로 정한 경우 외에는 이사회에서 결정한다(상법 461조 1항).

중국 회사법에 따르면 준비금은 결손보전, 자본금전입, 생산경영확대(扩大生产经营)에 사용할 수 있다. 우선, 준비금은 회사의 결손보전에 사용할 수 있다(168조 1항 본문). 그러나 자본준비금은 결손보전에 사용할 수 없다(168조 1항 단서). 결손이란 순자산이 자본금과 법정준비금의 합계에 못미치는 상태를 말한다. 결손보전이란 법정준비금의 액을 감소시켜 결손을 줄이는 회계처리를 말한다. 중국법상 자본준비금은 법정준비금이 아니므로 결손보전에 사용할 수 없다. 1993년 회사법 "회사의 준비금은 결손보전, 생산경영확대, 자본금전입에 사용한다"고 규정하였으나(179조), 2005년 회사법을 개정하면서 "자본준비금은 결손보전에 사용할 수 없다"는 규정을 추가하였다(169조).[40] 한국상법에 따르면 자본준비금도 법정준비금이므로 결손보전에 활용할 수 있다(460조). 또한 임의준비금은 결손과 관계없으므로 임의준비금으로 결손에 보전할 수 없다. 결국 법정준비금만 결손보전에 사용할 수 있다.

또한, 준비금은 자본금으로 전입(转为资本)될 수 있는데(168조 1항 본문), 법정

39) 伍文波, 谭金梅, "从企业产权角度看公益金的存废", 企业导报(2012년 03기), 121면.
40) 개정배경에 대하여는 刘燕, 新《公司法》的资本公积补亏禁令评析, 中国法学(2006년 6기), 152면 참조.

준비금의 경우 자본금으로 전입한 후의 법정준비금이 '자본금전입 이전 자본금'의 25% 이상이어야 한다(168조 2항). 즉, '자본금전입 이전 자본금'의 25% 초과하는 부분만 자본금으로 전입할 수 있다. 자본준비금의 경우 위와 같은 제한이 없으므로 전부 자본금으로 전입할 수 있다. 자본금이 증가되면 이에 따라 법정준비금의 적립한도가 증가되기 때문에 채권자에게 유리하다. 그런데 임의준비금을 자본금으로 전입할 수 있는지가 문제된다. 임의준비금은 정관 또는 주주총회(사원총회)의 결의에 의하여 적립하는 것으로, 우선 정관에 정한 임의준비금은 주주총회에서 임의로 처분할 수 없을 것이다. 주주총회에서 정한 임의준비금의 경우 주주총회에서 배당할지 법정준비금으로 적립할지 아니면 임의준비금으로 적립할 지를 정할 수 있으므로, 임의준비금을 자본금로 전입할 수 있다고 할 것이다. 한국의 경우 임의준비금을 자본금에 전입하려면 주식배당의 형태를 취하여야 한다.[41]

마지막으로 준비금은 회사의 생산경영의 확대에도 사용될 수 있다(168조 1항 본문). 이에 따라 임의준비금뿐만 아니라 자본준비금과 법정준비금도 생산경영을 확대하는데 사용할 수 있다고 해석하여야 할 것이다. 임의준비금은 적립의 근거가 되는 정관이나 주주총회(사원총회) 결의의 내용에 따라 처분하면 되는데, 주주총회에서 적립하도록 결의한 경우에는 그 목적을 변경하여 회사의 생산경영의 확대에 투입할 수 있다고 할 것이다. 그러나 자본준비금과 법정준비금은 채권자의 이익을 보호하기 위한 것인데, 주주총회에서 자본준비금과 법정준비금을 생산경영의 확대에 사용하면 채권자의 이익을 해칠 수 있으므로, 허용되어서는 안될 것이다. 한국의 경우 법정준비금은 결손보전과 자본금전입 외에는 사용하지 못하므로(460조, 461조), 법정준비금을 생산경영의 확대에 사용할 수 없다.

구분	중국	한국
임의적립금	자본금전입, 생산경영확대	정관 또는 주총 결의에서 정한 목적
법정준비금(중) 이익준비금(한)	결손보전, 자본금전입, 생산경영확대	결손보전, 자본금전입
자본준비금	자본금전입, 생산경영확대	결손보전, 자본금전입

---

41) 김건식 · 노혁준 · 천경훈, 전게서, 587면.

제**8**장 ┃ 회사의 재무

제1절 서　　설

　　자금은 회사설립과 경영활동에 불가결의 요소이다. 회사는 경영활동을 통해서 이윤을 창출하고 그 이윤을 투자자에게 배분하는 것을 목적으로 존재하는 영리법인이다. 이러한 목적을 이루기 위한 경영과정에서 필요한 자금을 회사가 자체의 유보자금만으로 조달할 수 없는 경우에는 외부에서 자금을 조달하게 된다.

　　외부자금조달은 주로 금융기관으로부터의 차입, 주식 또는 사채의 발행과 같은 방식을 통하여 이루어지고 있다. 중국의 경우, 회사의 자금조달은 시장에서 직접 투자자로부터 자금을 조달하는 직접금융보다는 금융중개기관인 은행으로부터의 차입을 통해 자금을 조달하는 간접금융에 장기간 의존해왔다(그림1). 이와 같이 간접금융 의존도가 높았던 이유는 공모증자 및 사채발행에 대한 자본시장의 엄격한 규제로 인한 영향이 크다. 최근에는 규제정책의 완화 등으로 자본시장을 통한 자금조달이 다소 활성화되고 있다.[1] 그러나 그림1에서 볼 수 있는 바와 같이, 여전히 직접금융에 대한 의존도는 높다. 특히 국유기업[2]의 자금조달은 장기간 은행차입에 의존해왔다.

그림1. 사회자금조달규모 증가량(단위: 억위안)[3]

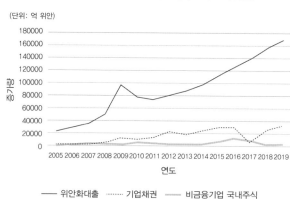

반면에, 소규모 민영기업의 경우에는 오랫동안 직접금융뿐만 아니라 간접금융에 의한 자금조달도 어려웠다. 이러한 어려움을 해소하기 위해, 중국 정부는 소규모회사에 적합한 다양한 자금조달정책을 실시하고 별도의 조달시장을 마련하

---

1) 2021년 2월 중국국가통계국이 발표한 2020년 국민경제와 사회발전 통계공보에 따르면, 상해거래소와 심천거래소의 연간 A주식을 통한 자금조달은 15,417억 위안으로, 전년도 대비 1,883억 위안 증가하였고, 신규상장A주식은 394건으로 4,742억 위안을 조달하여 전년도 대비 2,252억 위안 증가하였으며 과창판(科創板)주식이 145건으로 2,226억 위안을 조달하였다. A주식 재융자(공개증자발행, 제3자발행, 주식배당, 우선주, 전환사채 포함)는 10,674억 위안으로 370억 위안 감소하였다. 연간 각 유형의 시장주체가 상해와 심천 거래소에서 채권(회사채, 전환사채, 교환사채, 정책금융사채, 지방정부채 및 기업자산지지증권 포함)을 발행하여 84,777억 위안을 조달하였고 전년도 대비 12,791억 위안 증가하였다. 중국 중소기업주식 양도시스템(中小企业股份转让系统)에 등록한 회사는 8,187개이고 주식발행을 통하여 339억 위안의 자금을 조달하였다. (http://www.stats.gov.cn/tjsj/zxfb/202102/t20210227_1814154.html, 방문일자: 2021년 3월 10일)
2) 여기서 말하는 국유기업에는 회사법에 따라 설립한 회사법인 외에 다른 유형의 기업법인도 포함한다.
3) http://www.stats.gov.cn/tjsj/ndsj/2020/indexch.htm1(中国统计年鉴2020에서 필요한 통계수치를 편집사용함, 방문일자: 2021.3.10.). 해당 수치에는 회사를 제외한 기타 기업법인도 포함되어 있음. 사회자금조달규모 증가량(社会融资规模增量)이란, 일정한 시기에 실체경제(实体经济)가 금융체계로부터 취득한 자금금액을 말한다.

는 등으로 다방면의 시도를 하고 있다. 예컨대, 국무원이 제정한 행정법규의 관련 조항을 보면, 국가의 민영기업4)과 중소기업5)에 대한 지원을 확대하여 자금조달 비용을 낮추어 주려는 정책적인 태도를 명시하고 있다. 또한 금융감독관리기관이 상업은행 등 금융기관이 이러한 기업에 대한 장기대출과 신용대출 지원을 증가하고 대출심사의 효율성을 제고하도록 이끌 것을 요구하고 있다. 나아가 상업은행 등 금융기관은 여신승인 과정에서 민영기업과 중소기업을 차별하는 불합리한 조건을 추가하여서도 안된다고 명시하였다(「상업환경 개선 조례」6) 26조). 뿐만 아니라, 요건을 충족하는 민영기업과 중소기업이 관련 법에 따라 주식, 채권 및 다른 자금조달상품(融资工具)을 발행하여 직접적인 자금조달의 규모를 확대하는 것을 적극 지지하여 시장주체의 자금조달경로를 넓혀주어야 한다고 강조하고 있다(위 조례 27조).

주식과 사채의 발행을 통한 자금조달은 회사의 주주, 채권자 등 이해관계자들간에 이익충돌의 가능성을 발생시킨다. 회사법은 투자자의 회사에 대한 권리행사를 위한 규정과 새로운 투자자와 기존 권리자간의 이해관계를 합리적으로 조정하기 위한 일련의 규정을 두고 있다.

한편 증권법은 주식과 사채를 투자대상인 증권으로 파악하고 시장규제의 관점에서 주식발행조건(12조), 사채발행조건(15조), 발행회사에 대한 정보공시(증권법 19조), 내부자거래(증권법 50조), 시세조종(증권법 55조)과 같은 불공정거래를 금지하는 등의 규정을 두고 있다. 또한 증권법 제6장에서는 별도로 증권회사 또는 발행회사의 행위가 투자자의 이익을 침해하는 경우의 책임과 투자자가 취할 수 있는 이익보호조치에 대해 규정하고 있다.

회사의 재무에서는 자금의 조달도 중요하지만 잉여자금을 주주에게 적절하게 반환하는 것도 중요하다. 잉여자금을 주주에게 반환하는 방법으로는 이익배당

---

4) 중소기업과는 달리, 아직 관련 법률이나 법규에서 민영기업에 대한 명확한 정의나 범위에 대한 규정은 없다. 중국 색채가 뚜렷한 용어로, 생산수단에 대한 소유형태를 기준으로 구분된 기업유형으로 일반적으로 국유기업과 대조를 이루어 사용되는 개념이다. 최근에는 "상업환경 개선(优化营商环境)"을 위한 다양한 입법이 가속화되고 있으면서, 이러한 주제 하에 관련 부문 규정들에서도 "민영기업"이라는 표현을 다수 사용하고 있다.

5) 중소기업의 범위에 대해서는 「중소기업유형 확정기준 규정」(中小企业划型标准规定, 2011년 제정) 참조.

6) 优化营商环境条例(2019년 제정).

이 가장 대표적이다. 그러나 선진자본주의국가에서는 자기주식을 취득하는 방법이 널리 사용되고 있다. 그 밖에 자본금의 감소(유상감자)를 통해서도 주주에게 자금을 반환할 수 있으나 그렇게 널리 활용되는 방법이라고 할 수는 없다.

이 장에서는 중국법상 주식과 사채 발행 요건, 절차 및 이해관계자 보호에 대한 구체적인 규정과 실무적인 내용에 대해서 살펴보고 자기주식의 취득과 처분에 대해서도 간단히 언급하기로 한다.

제2절   신주발행[7]

I. 서   설

주식회사는 설립 후 신주를 발행하는 방식으로 필요한 자금을 조달할 수 있다. 통상적으로 회사의 신주발행은 등록자본금의 증가를 가져오기 때문에 회사의 증자라고도 한다.

주식회사의 자본금은 동일한 금액의 주식으로 나뉜다(125조 1항). 한국에서와는 달리 여기서 말하는 주식에는 우선주가 포함되지 않는 것으로 본다. 그 이유는 재정부가 제정한 「금융부채와 권리이익수단의 구분 및 관련 회계처리에 관한 규정」[8]에 따르면, 회계처리상 회사가 발행하는 우선주는 자본금에 계상하지 않기 때문이다.[9]

수권자본금제도를 채택하고 있는 한국과 달리, 중국은 법정자본금제도를 채택하고 있다.[10] 법정자본금제도하에서 회사는 설립 시 반드시 정관에 자본금 총

---

7) 신주발행제도에 대하여 상세한 국내문헌으로는 김명남, 중국 신주발행제도에 관한 법적 고찰, 서울대학교 대학원 법학석사학위논문(2014. 8).

8) 金融負債与权益工具的区分及相关会计处理规定(2014년 제정, 2018년 실효). 2018.1.1.부터는 「기업회계준칙 제37호 - 금융수단 열거보고」(企业会计准则第37号—金融工具列报)(2006년 제정, 2014년, 2017년 개정)로 대체되었으나, 이 규정에는 우선주의 회계처리에 관해서는 명확한 내용이 없다. 다만, 실무상 우선주의 회계처리는 여전히 실효된 규정의 내용대로 처리되고 있는 것으로 보인다(中国注册会计师协会, 会计, 中国财政经济出版社(2019), 292-297면).

9) 회계처리 시 자본의 자본금 외 기타 권리(其他权益工具) 또는 부채의 부에 계상하도록 요구하고 있다. 보통주로 전환 가능한 우선주를 발행하였을 경우에는 자본의 기타 권리에 계상하고, 단순한 이익배당 우선주를 발행하였을 경우에는 부채의 부에 계상하고 있다.

10) 기존에 법정자본금제도를 적용하던 국가들도 완화된 법정자본금제도를 적용하는 추세를 보

액을 명시하여야 하고(25조 1항 3호, 76조 1항 2호) 그 총액을 전액납입하여 발행하고 인수 또는 모집하여야만 회사가 설립될 수 있다(26조 1항, 80조). 따라서, 회사 설립 후 자본금이 증가하는 경우에도 반드시 주주총회결의를 통해서 회사 정관을 변경하는 신주발행절차를 거쳐야 한다. 다만, 자본납입방식과 관련해서는 2005년과 2013년 두 차례의 회사법 개정을 통하여 모집설립방식으로 설립한 주식회사(80조 2항) 또는 특수회사[11]가 아닌 경우에는 전액납입이 아닌 분할 납입을 허용하고 있으며(28조 1항, 80조 1항), 납입기한에 대해서도 특별한 제한을 두고 있지 않다.

II. 발행의 유형

주식발행은 다음과 같이 다양한 기준에 따라 몇 가지 유형으로 구분할 수 있다. 주식발행은 유형에 따라 적용되는 규제에 차이가 있다.

1. 공개발행과 비공개발행

주식발행은 그 발행방식에 따라, 공개발행과 비공개 발행으로 구분한다. 공개발행은 1) 불특정대상을 상대로 주식을 발행하거나, 2) 특정대상을 상대로 주식을 발행하고 투자자수가 누적하여 200인 이상이 되는 경우, 3) 법률, 행정법규가 규정하는 기타 발행행위에 해당되는 경우를 말한다. 그 외의 발행은 비공개발행으로 본다.

비공개발행의 경우에는 광고, 공개권유 및 변칙공개(變相公開) 등이 금지된다(증권법 9조 3항).

2. 직접발행과 간접발행

주식발행은 중개기관을 통해서 발행하는지 여부에 따라, 직접발행과 간접발행으로 구분한다. 발기설립의 방식으로 주식회사를 설립하는 경우 발기인은 직접 주식을 인수하고 중개기관의 개입을 필요로 하지 않으므로 직접발행에 해당된다. 그러나 모집설립의 방식으로 주식회사를 설립하는 경우에는 반드시 증권회사와

이고 있지만, 중국의 경우에는 여전히 엄격한 법정자본금제도를 유지하고 있다.

11) 예컨대, 상업은행, 증권회사, 보험회사 등에 대해서는 「상업은행법」 13조, 증권법 121조, 보험법 69조에 그 자본금에 대해 별도의 규정을 두고 있다.

위탁판매계약을 체결할 것을 요구하고 있으므로(87조), 이 경우에는 간접발행에 해당하게 된다.

3. 공개모집(공모, 公开募集)발행과 특정대상모집(사모, 定向募集)발행

공개모집발행은 발행인이 불특정다수를 상대로 주식을 공개 모집하는 방식을 말한다(77조 3항). 한편 특정대상모집발행은 특정인을 상대로 주식을 모집하는 방식이다. 투자자가 확정되어 있고 발행절차가 상대적으로 간단하므로 시간과 비용을 절감할 수 있는 장점이 있다. 소수의 제3자 투자자를 지정하여 주식을 발행하거나 기존 주주를 상대로 주식을 발행하는 경우가 이에 해당된다.

유의할 점은, 중국 회사법상의 "공개모집"과 증권법상의 "공개발행"을 구분하여야 한다는 것이다. 회사법상의 "공개모집"에는 특정대상을 상대로 모집하는 경우는 제외된다. 반면에, 증권법상의 "공개발행"에는 불특정대상을 상대로 모집하는 경우와 특정대상을 상대로 모집하여 누적된 투자자수가 200인 이상이 되는 경우를 모두 포함한다.[12]

III. 발행가액

주식 발행의 경우 공평, 공정의 원칙을 따라야 한다. 같은 시점에 발행되는 동일 종류의 주식은 그 발행조건과 가액이 같아야 하며 어떠한 단위(单位)[13]나 개인을 불문하고 인수한 주식에 대해 지불한 1주당 대금은 동일한 금액이어야 한다(126조).

주식을 발행할 때 액면이상발행은 가능하지만,[14] 액면미달발행은 허용되지 않는다(127조). 또한 무액면주식의 발행도 금지되고 있다.

회사법은 회사가 자신의 경영상황과 재무상황에 따라 발행가액을 정하도록 요구하고 있다(135조). 중국에서 국내상장하는 보통주 주식은 액면금액을 1위안[15]

---

12) 刘俊海, 전게서, 517면; 周友苏, 新公司法论, 法律出版社(2006), 259면.

13) 중국에서 보편적으로 사용되는 직장을 지칭하는 표현으로, 국가기관이나 학교 등과 같은 사업단위 및 기업법인 등을 포괄적으로 가리키거나 또는 그 중 어느 하나의 주체를 가리킨다. 관련 법률상 단위(单位)라는 용어에 대한 명확한 규정이 있는 것은 아니다.

14) 1993년 회사법 제정 당시에는 주식발행가격을 액면금액 이상으로 정하는 경우에는 반드시 국무원 증권관리기관의 비준을 전제로 하고 있었으나 현재는 삭제되었다.

15) 우선주 주식은 액면금액을 100위안으로 한다(「우선주시범관리방법」 32조 1항).

으로 발행하는 것이 일반적이므로, 실무상 액면초과발행이 보통이다.

신주의 발행은 주주의 이익에 영향을 미친다. 비록 회사법과 증권법은 발행가액의 산정과 관련한 구체적인 규정을 두고 있지 않지만, 2018년 6월 15일 중국증권감독관리위원회가 공포한 「증권 발행 및 위탁판매 관리방법」은 주식의 공개발행과 관련하여 가격산정 시 적용 가능한 방식[16] 및 참조하여야 할 사항 등을 구체적으로 제시함과 동시에 발행인과 위탁판매인의 허위정보 공시 등에 대한 책임부담 규정을 두고 있다. 그 외에 상장회사 주식의 비공개발행의 경우에도 마찬가지로 감독기관인 중국증권감독관리위원회가 2020년 2월 14일에 공포한 「상장회사 주식의 비공개발행 시행세칙」[17] 7조, 8조에서 가격산정방식을 명시하고 있다.

자본금은 발행주식의 액면총액으로 하므로(125조) 회사가 주식을 액면이상의 가격으로 발행하는 경우 발행가액이 액면가액을 초과하여 생기는 차액인 주식발행초과금은 기업회계상 자본준비금으로 계상한다.

Ⅳ. 신주인수권

1. 의   의

신주인수권은 회사가 이미 발행한 주식을 소유하고 있는 기존주주가 회사가 추가로 발행하는 신주를 우선적으로 배정받을 수 있는 권리를 말한다. 이러한 권리는 일종의 잠재적인 권리로, 회사가 신주의 발행 또는 자본의 증가를 결정한 후에야 발생하게 되는 것이다. 권리가 발생한 이후에는 주주가 권리의 행사 여부를 결정하는 선택적 권리이다.

회사법은 유한회사와 관련하여 "회사가 새로 자본을 증가하는 경우 사원은 실제로 납입한 출자비율에 따라 우선하여 출자를 인수할 수 있다"고 하여 유한회

---

16) 예컨대, 이 방법 4조는 "처음으로 주식을 공개발행하는 경우, 오프라인으로 투자자에게 가격을 문의하는 방식으로 발행가격을 확정하거나 발행인과 주요 위탁판매인이 협상하여 직접 가격을 결정하는 등의 합법적인 방식으로 발행가격을 확정하며, 공개발행주식 수량이 2,000만주(포함) 이하인 동시에 기존 발행주식을 양도할 계획이 없는 경우에는 직접 가격을 결정하는 방식으로 발행가격을 확정할 수 있다. 발행인과 주요 위탁판매인은 모집설명서와 발행공시에 발행주식의 가격산정방식을 공개하여야 한다"는 규정을 두어, 가격은 문의하는 방식, 협상하는 방식 또는 온라인으로 공개입찰하는 방식 등을 채택할 수 있음을 명시하고 있다.

17) 上市公司非公开发行股票实施细则(2007년 제정, 2011년 2017년, 2020년 개정).

사 사원의 지분인수권을 인정하고 있다(34조). 한편 "다만, 출자비율에 따라 우선하여 출자를 인수하지 않기로 전체 사원이 사전에 합의한 경우에는 제외한다"는 단서조항을 둠으로써 정관 등으로 지분인수권을 배제할 수 있도록 하였다.

그러나 유의할 점은 이 조항은 유한회사 사원이 새로 증가하는 자본에 대해 갖는 우선인수권을 규정한 것이다. 중국 회사법은 유한회사 사원의 우선인수권만을 명시하고 있고 주식회사 주주의 신주인수권에 대해서는 아무런 규정도 두고 있지 않다. 그렇다면 주식회사의 주주는 원칙적으로 신주인수권을 갖지 않는가? 반드시 그런 것은 아니다. 관련 부처의 특별규정[18]에 따르면 비상장공개회사[19]의 경우에는 주주에게 신주인수권을 부여하고 있는 것으로 보인다. 비상장공개회사를 제외한 상장회사와 비상장회사의 경우에도 수요에 따라 실무상 회사 정관으로 신주인수권에 대한 규정을 둘 수는 있다. 상장회사의 경우 주주는 언제든지 시장을 통해 주식을 취득하는 방식으로 자신의 소유지분을 늘릴 수 있으므로 신주인수권이 갖는 의의가 크지 않다고 보는 견해도 있다.[20] 또한 주식회사의 경우 이익배당은 원칙적으로 주주의 주식보유비율에 따르게 되어 있는데(166조 4항) 주주의 신주인수권을 인정하지 않는 것은 일관성이 없다는 점도 지적하고 있다.[21] 법으로 명시한 권리는 아니지만 정관으로 주식회사 주주에게도 신주인수권을 부여할 수 있다는 것이 일반적인 견해이다.[22]

2. 지분인수권의 침해

유한회사의 자본증가 결정으로 인해 지분인수권을 갖게 된 사원들 중 일부가 권리행사를 포기하는 경우, 나머지 사원들이 포기된 부분에 대해서도 우선인수권을 갖는지에 대해서는 의문이 있다. 예컨대, 실제로 납입한 출자비율에 따라 지분

---

18) 「비상장공개회사 감독관리방법」 44조 2항 2호는 신주발행과 관련한 주주총회결의에 반드시 포함되어야 하는 사항으로 "기존주주에 대한 우선인수 배정"을 규정하고 있다.

19) 비상장공개회사(非上市公众公司)란 특정대상을 상대로 주식을 발행 또는 양도한 결과 누적된 주주 인원수가 200인을 초과하거나, 또는 주식을 공개하여 양도하지만(주식을 상장한 회사는 아니지만 상장회사와는 다른 별도의 지정된 거래소에서 주식을 공개매도하는 것을 의미함), 주식이 증권거래소에서 상장거래되고 있지 않은 주식회사를 말한다(「비상장공개회사 감독관리방법」 2조).

20) 施天涛, 전게서, 210면.

21) 施天涛, 전게서, 209면; 周友苏, 전게서, 243-244면.

22) 王军, 전게서, 328면.

을 인수한 사원이 다른 사원이 지분인수를 포기한 부분에 대해서 인수 의향을 밝혔음에도 제3자에게 당해 지분이 배정된 경우 기존 사원의 지분인수권을 침해하였다고 볼 수 있는지의 문제이다. 포기된 지분의 처리와 관련해서는 회사법상 명확한 규정을 두고 있지 않다. 관련 판례에 따르면, 이에 대해서는 회사 정관에 별도의 규정을 두어, 포기부분에 대한 지분인수권을 부여할 지 여부를 회사가 스스로 결정하되, 회사 정관에 아무런 규정이 없는 경우에는 회사법상의 지분인수권을 규정하고 있는 34조를 유추적용하여야 한다는 것이 법원의 해석이다. 다만, 이 조항에 대해서, 최고인민법원은 회사의 증자와 사원의 지분양도는 다른 성질의 행위라는 점을 강조하면서 회사법상 규정한 지분인수권이 부여된 이상, 회사 정관에 포기부분에 대해서도 기존 사원에게 지분인수권을 부여하는 규정이 없는 한, 회사법상의 지분인수권 조항의 적용범위를 다른 사원이 포기한 부분에 대해서까지 확대할 수는 없다고 판시하고 있다.

그러나 유사한 사안에서 텐진시고급인민법원과 같이 전혀 다른 해석으로 반대의 결론을 내린 판결도 있다. 텐진시법원은 회사의 인합성(人合性)을 강조하면서 다른 사원이 포기한 부분에 대해서도 기존 사원이 우선인수권을 갖는다고 판시하였다.

판례 6: 섭매영(聶梅英) 지분인수권 관련사건[23]

판시사항: "유한회사의 인합성은 유한회사와 주식회사의 가장 근본적인 차이이다. 법에 의해 유한회사 증자 시 기존 사원은 우선인수권을 갖도록 하는 규정도 유한회사의 인합성에 기초한 것이다. 유한회사 사원간의 합작 여부, 누구랑 합작할 것인지 및 공동으로 출자하여 회사를 설립하는 것은 모두 사원간의 상호 신임을 기초로 하는 것이다. 사원간의 상호 신임으로 회사가 성립할 수 있고 정상적으로 경영해 나갈 수 있는 것이다. 그러므로 법은 회사가 새로 자본을 증가하는 경우 사원은 타인에 우선하여 증자 부분을 인수할 권리를 갖는다. 다른 사원이 출자비율에 따라 인수할 수 없는 부분에 대해서 사원이 사원 외의 자에 비해서 우선적으로 인수할 수 있는 지의 문제에 대해서는 회사법상 명확한 규정이 없다. 다만, 이에 대해서는 회사법상 유한회사의 지분양도에 관한 규정으로부터 분

---

23) 聶梅英诉天津信息港电子商务有限公司等公司决议侵害股东权案((2006)津高民二终字第0076号, 天津市高级人民法院).

석하고 판단할 수 있다. 회사법은 사원간에는 지분을 양도할 수 있으며, 사원 외의 자에게 지분을 양도하는 경우에는 기존 사원의 과반수 이상의 동의가 있어야 하며, 동일한 조건하에서 다른 사원은 우선인수권을 갖는다고 규정하고 있다. 해당 조항의 입법목적은 유한회사의 인합성을 유지하기 위한 것이고, 회사의 지분이 기존 사원 사이에서 유지되고 쉽게 확산되지 않게 하기 위한 것이다. 회사의 지분은 하나의 총체이고, 각 사원이 비율에 따라 나누어 소유하고 있다. 타인이 회사의 지분을 취득하려면, 오로지 회사 기존 사원의 양도로만 가능하다. 만약 사원 외의 타인이 회사에 출자하는 것을 허락한다면, 회사 기존 사원이 출자하는 자에게 지분을 양도하는 것임이 틀림없다. 회사 증자 시, 만약 사원 외의 자를 상대로 증자를 진행한다면 기존 사원의 지분비율은 필연코 감소될 것이고 감소된 비율은 회사의 기존 사원이 새로운 사원에게 양보한 것이다. 이러한 상황에서 만약 회사의 기존 사원이 해당 지분을 인수할 것을 원한다면, 당해 사원은 타인에 비하여 우선적으로 인수할 수 있는 권리를 갖는다. 오로지 회사의 기존 사원이 증자부분을 인수할 수 없는 경우에만 사원 외의 자가 회사의 증자에 참여할 수 있다. 그러므로 회사의 기존 사원은 다른 사원이 인수하지 못하는 부분에 대해서 타인에 우선하여 인수권을 갖는다고 인정하는 것이 회사법의 입법의도와 기본취지에 부합되는 것이다. 기존 사원이 회사의 자본증가 수요를 충족시킬 수 있는 경우 사원 외의 자는 해당 증자부분을 인수할 수 없다. 그렇지 아니할 경우, 회사법상 사원의 양도지분에 대한 우선인수권 규정을 위반하게 된다"고 판시하였다.

판례 7: 귀주첩안투자유한공사(贵州捷安投资有限公司) **주주 우선지분인수권 사건**[24]

판시사항: "…회사가 증자로 지분을 발행하는 행위와 사원이 대외적으로 지분을 양도하는 행위는 다른 성질의 행위이고 의사 결정의 주체가 다르므로, 양자의 유한회사 인합성에 대한 요구도 다르다. 사원의 지분인수권이 충분히 보호된 이상, 금봉회사(黔峰公司)(증자를 위해 지분을 발행한 회사)가 지분을 발행하는 과정에서 결코 첩안회사(捷安公司)(다른 사원이 포기한 지분인수권에 대한 우선인수권을 주장하고 있는 사원)의 이익은 침해되지 않았다. 사원 개인의 보다 큰 이익과 회사의 전체 이익 또는 유한회사의 인합성과 회사의 발전간의 충돌이 발생하는 경우,[25]

---

24) 贵州捷安投资有限公司与贵阳黔峰生物制品有限责任公司、重庆大林生物技术有限公司、贵州益康制药有限公司、深圳市亿工盛达科技有限公司股权确认纠纷二审案((2009)民二终字第3号, 最高人民法院).

25) 이와 관련해서, 1심판결(贵州省高级人民法院(2007)黔高民二初字第28号판결)은 "…회사의 지

반드시 전체 사원이 회사 정관에 규정한 방식으로 결의를 이루어, 각 사원이 따를 수 있는 최종적인 결론을 내려야 한다. 그리고 금봉회사(黔峰公司)의 전략적 투자자 유치 과정에 대한 구체적인 절차를 사실대로 첩안회사(捷安公司)에 공개하였는지 또한 사물의 성질과 분쟁을 처리하는 방법을 바꿀 수 없다고 그 사유를 설명하면서, 첩안회사(捷安公司)는 다른 사원이 인수를 포기한 증자부분에 대해서 우선인수권을 갖지 않는다"고 판시하였다.[26]

V. 신주발행절차

1. 신주발행결의

주식회사에서 신주발행은 주주총회의 결의사항이다. 주주총회는 신주의 발행과 관련하여 ① 신주의 종류 및 금액, ② 신주의 발행가액, ③ 신주발행의 개시일과 마감일, ④ 기존 주주에게 발행하는 신주의 종류와 금액 등에 대해 결의하여야 한다(133조).

2. 감독관리기관의 심사확인

주식회사의 신주발행은 국무원 증권감독관리기관으로부터 심사확인을 받아야 한다(134조). 심사확인 시에는 모집신청서 외에 ① 회사의 영업집조, ② 회사정

분양도와 증자로 인한 지분발행은 다르며, 지분양도는 흔히 수동적인 사원 교체가 이루어지지만 회사의 전략적인 발전과는 실질적인 연계가 없으므로 유한회사의 인합성 보호를 더욱더 중요시 하여야 하지만, 증자로 인한 지분발행은 새로운 투자자의 유치가 보편적으로 회사의 발전을 위한 것이며 회사의 발전과 인합성 사이에 충돌이 생기는 경우, 회사 발전기회의 보호에 치중하여야 하며, 이러한 상황에서 만약 회사의 인합성 보호에 기초하여 회사의 어느 한 사원에게 우선 인수권을 부여한다면 해당 권리의 행사는 다른 사원 특히 지배사원의 회사에 대한 지배력을 약화시킬 수 있으므로, 다른 사원이 지배력의 약화를 우려하여 증자를 위한 지분발행을 하려 하지 않을 것이고 나아가 회사의 발전을 저해하게 될 수 있다. 그러므로 지분양도에 관한 회사법 72조의 입법취지를 35조의 해석에 적용하여서는 안된다…"고 판시하였다.

26) 해당 판결에서 최고인민법원은 주식의 대외적 양도와 증자로 인한 주식 발행은 다르다고 판시한 1심판결의 판시사유를 거의 그대로 인용하였다. 그 외에, 회사의 주식발행이 사실상 주식양도의 목적을 갖고 있다는 것을 이유로 제기한 재심신청 기각 결정에서 최고인민법원은 추가로 "…양자의 가장 명확한 구별점은 회사 등록자본금의 변화를 가져오는지 여부이고, 증자를 위한 주식발행과 지분양도 자금의 수취인 또한 다르다…"는 점에 대해 추가적으로 설명하였다.

관, ③ 주주총회결의, ④ 주식모집설명서 또는 기타 공모 서류, ⑤ 재무회계보고서, ⑥ 주식대금을 대신 수취할 은행의 명칭과 주소를 함께 제출하여야 한다(증권법 13조 1항). 만약 증권법 규정에 따라 보증인(保荐人)을 채용하여야 하는 경우에는 보증인이 작성한 발행보증서도 제출하여야 하며, 위탁판매를 하는 경우에는 위탁판매기관의 명칭 및 관련 계약서도 제출하여야 한다(증권법 13조 2항).

유의할 것은, 2019년 증권법 개정으로, 주식발행에 대한 감독관리기관의 심사요건이 완화되어, 상장회사가 주식이나 사채를 공개발행하는 경우 그 증권발행이 법률, 행정법규가 규정하는 요건에 부합되는 때에는, 증권감독관리기구 또는 국무원이 수권한 부문에 등록만으로 가능하다(증권법 9조). 다시 말해서, 감독기관의 실질적 심사가 아닌 형식적 심사만으로 증권발행이 가능한 것이다. 다만, 증권발행의 경우 심사등록제도를 적용하는 증권의 구체적인 범위와 실시절차 등은 국무원 규정으로 정하게 된다.

3. 위탁판매계약과 주식대금대신수취계약의 체결

발기인이 불특정다수의 투자자를 상대로 주식을 공개 모집하는 경우에는 반드시 증권회사에 위탁하여 판매하여야 하며 위탁판매계약을 체결함(87조)과 동시에 은행과 주식대금대신수취계약도 체결하여야 한다(88조).

4. 신주발행에 대한 가격산정 방안

신주를 발행하는 주식회사는 경영현황과 재무현황에 근거하여 가격산정방안을 확정하여야 한다(135조). 주식의 발행가액 산정에 대해서는 위에서 서술한 내용이므로 여기서는 생략한다.

5. 등   기

회사는 신주 모집을 완료한 후 반드시 회사 등기기관에 변경등기를 완료하여야 한다(136조).

위 절차는 회사법에 따른 모든 주식발행에 적용되는 일관적인 절차이다. 주식을 발행하는 회사의 유형, 발행주식의 종류, 발행대상 등에 따라서 그 구체적인 절차에는 차이가 있는데, 증권법 외에, 증권감독관리위원회가 제정한 부문규정 및 거래소 규정 등에서 실무상 필요한 자세한 내용을 확인할 수 있다.

제3절   자기주식의 취득

I. 서   설

대부분의 국가는 회사가 자신이 발행한 주식을 취득하는 것, 즉 자기주식 취득에 대하여 다양한 제한을 두고 있다. 중국도 자기주식의 취득은 원칙적으로 금지하고 있다.

이와 같이 자기주식의 취득을 제한하는 이유는 주로 자본유지에 반할 우려, 주주평등을 위협할 우려, 주식회사 특히 상장회사가 자기주식을 취득하는 방식으로 내부자거래 또는 시세조종을 할 우려, 회사경영진이 자기주식의 의결권으로 주주결의에 개입하여 주주의 경영진에 대한 감독을 방해할 우려가 있다고 보기 때문이다.[27] 그럼에도 불구하고 반대주주가 회사를 퇴출하거나 경영진에 대한 스톡옵션을 부여하는 등과 같은 경우에는 자기주식을 취득하는 것을 정당화할 수 있다. 그러므로 예외적인 경우에 한하여 취득을 허용하고 있으며 자기주식의 주주권 행사에 대해서도 일정한 제한을 두고 있다.

2018년 10월 26일 개정 회사법에서는 주식회사의 자기주식 취득 가능 범위를 보다 넓히고 취득 후 처리기간도 길게 규정하는 등 주식회사의 자기주식의 취득에 대해 완화된 태도를 보여주었다. 이하에서는 구체적으로 자기주식 취득이 허용되는 경우와 취득 후의 처리방식 및 위법한 취득의 효력 등에 대해서 살펴보기로 한다.

II. 자기주식 취득에 대한 규제

1. 주식회사의 경우(142조)

중국 회사법 142조[28] 1항은 회사는 자기 회사의 주식을 취득할 수 없지만,

---

27) 王軍, 전게서, 167-168면.
28) 142조는 회사법 제5장 주식회사의 주식발행과 양도의 제2절 주식양도의 조항이고, 해당 조항이 유한회사에도 적용된다는 별도의 규정이 없으므로 주식회사에 한해 적용되는 조항으로 보아야 할 것이다.

다음 경우에는 예외적으로 허용된다고 규정하고 있다.

① 회사의 등록자본금을 감소하는 경우,
② 자기회사 주식을 보유하고 있는 다른 회사와 합병하는 경우,
③ 주식을 종업원지주계획 또는 스톡옵션에 사용하는 경우(2018년 개정 시 변경된[29] 내용),
④ 주주총회에서 결의한 합병, 분할에 반대하는 주주가 회사에 자신이 보유한 주식을 매수할 것을 청구하는 경우,
⑤ 주식을 상장회사가 발행한 주식전환사채의 전환에 사용하는 경우(2018년 개정 시 추가된 조항),
⑥ 상장회사가 회사의 가치와 주주의 권리이익을 보호하기 위해 필요로 하는 경우(2018년 개정 시 추가된 조항).

또한 ③, ⑤, ⑥의 경우에는 회사가 합계하여 보유하는 자기회사 주식이 회사 발행주식 총수의 10%[30]를 초과할 수 없다(142조 3항 후문). 상장회사가 자기주식을 취득하는 경우에는 반드시 증권법 규정에 따라 정보공시의무를 이행하여야 하며(142조 4항 전문), 회사는 자기회사 주식을 질권의 대상으로 수령해서는 안 된다(142조 5항).

그리고 상장회사가 우선주를 발행한 경우에는 정관에 우선주 상환(回购) 선택권을 발행인 또는 주주가 행사하는지 여부, 상환조건, 가격과 비율 등에 대해 상세히 규정하여야 한다. 또한 발행인이 정관 규정에 따라 우선주의 상환을 청구(要求)하는 경우에는 반드시 미납배당금을 전부 지급하여야 한다. 다만, 상업은행이 자본보완 목적으로 우선주를 발행한 경우는 제외된다(「우선주시범관리방법」 13조, 「상장회사 정관지침」 23조 주석부분).

2. 유한회사의 경우(74조)

중국 회사법은 유한회사의 자기지분 취득에 대해서는 직접적으로 규정하고

---

29) 개정 전 조항은 "자기 회사 직원에게 주식을 장려금으로 주는 경우"로 되어 있다.
30) 2018년 개정 시 기존의 5%에서 10%로 변경되었다.

있지 않다. 다만, 사원이 회사에 대하여 자신의 지분을 매수할 것을 청구(要求)할 수 있는 상황에 대한 규정으로부터 다음 경우에 유한회사가 자기지분을 취득할 수 있음을 유추할 수 있다(74조).

① 회사가 5년간 연속하여 사원에게 이익을 배당하지 않았으나 회사는 해당 5년간 연속하여 이윤을 발생하였으며 회사법이 규정하고 있는 이익배당 조건을 충족하는 경우,
② 회사가 합병, 분할, 주요재산양도를 하는 경우,
③ 회사 정관이 규정한 영업기간 만료 또는 정관이 규정한 기타 해산 사유가 발생하였으나 사원총회결의 승인을 통해 정관을 변경하고 회사가 존속하는 경우.

주식회사는 자기주식을 취득함에 있어서, 위에서 본 ①과 ②의 경우에는 반드시 주주총회 결의를 거쳐야 하고, ③, ⑤, ⑥의 경우에는 회사정관의 규정 또는 주주총회의 수권에 의해 3분의2 이상의 이사가 출석한 이사회에서 결의할 수 있다 (142조 2항).

상장회사가 ③, ⑤, ⑥의 사유로 자기주식을 취득하는 경우에는 반드시 거래소에서[31] 취득하여야 한다(142조 4항 단서).

III. 취득 후 자기주식의 처리

회사는 자기주식을 취득한 후, ①에 대해서는 취득일로부터 10일 내에 소각하여야 하고, ②와 ④에 대해서는 취득일로부터 6개월 내에 양도하거나 소각하여야 하며, ③,[32] ⑤, ⑥에 대해서는 3년 내에 양도 또는 소각하여야 한다(142조 3항).

그리고 회사가 자기주식을 보유하고 있는 동안에 해당 주식은 의결권이 제한되며(103조) 이익배당을 받을 수 없다(166조 6항).

---

31) 원문내용에는 "공개된 집중거래방식으로(公开的集中交易方式)".
32) 2018년 개정 시 ③은 자기주식 처리기간이 기존의 1년에서 3년으로 연장되었다.

Ⅳ. 위법한 취득의 효력

1. 주식회사의 경우

그렇다면 만약 회사가 위의 규정을 위반하고 자기주식을 취득한 경우 그 효력은 어떻게 인정되어야 하는 가? 이에 대해서 중국의 판례는 주식회사에 있어서는 142조는 강행규정이고 이를 위반한 행위는 무효라고 보는 것이 일반적이다. 반면에 다음 판례에서 보는 바와 같이 유한회사에 대해서는 조금 다른 태도를 취하고 있다.

판례 8: 호남장대건설집단주식유한공사(湖南长大建设集团股份有限公司) 등 지분인수 무효 관련 사건[33]

판시사항: "이 사건에서 장대회사(长大公司)는 채권 대신 이신(李新)이 보유하고 있는 장대회사(长大公司)의 지분을 인수한 후 해당 주식을 장대회사(长大公司) 공회의 명의로 등기한 행위는 형태만 변형된 주식회수 행위의 일종이고 회사법 142조가 허용하는 경우에 해당되지 않으므로 장대회사(长大公司)가 채권 대신 이신(李新)이 보유하고 있는 장대회사(长大公司)의 모든 지분을 인수한 행위는 무효"라고 판시하였다.

판례 9: 공범경(孔凡景) 주식매수계약 무효사건[34]

판시사항: "공범경(孔凡景)과 광이회사(广易公司)가 체결한 주식매수계약은 일종의 "베팅계약(对赌协议, VAM(Valuation Adjustment Mechanism))"으로 투자자와 대상회사간 일정한 조건하에서 투자법률관계에서 퇴출하기로 한 주식을 기존상태로 복구시키는 계약이다. 법에 따라 회사는 예외적인 경우를 제외하고는 자기주식을 취득할 수 없고, 공범경(孔凡景)과 광이회사(广易公司)가 체결한 주식매수계약에 의한 약정은 회사법이 규정한 회사가 자기주식을 취득할 수 있는 경우가

---

33) 湖南长大建设集团股份有限公司等诉王应球等案外人执行异议之诉案((2016)湘01民终7991号,湖南省长沙市中级人民法院; (2015)天民初字第03342号, 湖南省长沙市天心区人民法院).

34) 孔凡景、深圳广易投资担保股份有限公司股权转让纠纷二审案((2018)粤03民终16883号, 广东省深圳市中级人民法院).

아니며, 그 실질은 회사 자본의 부당한 감소를 초래하여 주주가 납입한 주식자본의 회수로 대상회사와 그 채권자의 합법적인 권리를 침해하게 되므로 해당 주식매수계약은 무효로 보아야 한다"고 판시하였다.

위의 판례들을 보면, 중국 법원은 위법한 취득의 효력을 판단함에 있어서 회사법이 허용하는 자기주식의 취득에 해당하는지 여부와 더불어 자본유지원칙 위반으로 인한 채권자 권리침해에 대한 우려를 중요한 판단 기준으로 적용하고 있음을 알 수 있다.

2. 유한회사의 경우

판례 10: 광주시쌍성정보기술유한공사(广州市双诚信息技术有限公司) **지분매수계약무효 사건35)**

판시사항: "회사법 74조는 반대사원이 특정한 상황에서 회사에 대해 자신이 보유한 지분에 대한 가치평가와 더불어 회사가 합리적인 가격으로 매수할 것을 청구할 수 있는 권리를 부여하고 있다. 이 제도의 취지는 중소사원을 보호하려는데 있으며 반대사원으로 하여금 더 이상 "자본다수결"에 의해 형성된 결의의 구속을 받지 않고 합리적이고 공정한 지분보상을 받을 수 있는 방식으로 회사를 퇴출할 수 있도록 하였다. 일반적인 경우에 유한회사와 사원이 사원의 지분을 인수하는 것에 대해서 법은 명문으로 금지하는 규정을 두고 있지 않다. 비록 회사법 142조가 주식회사는 자기주식을 취득하여서는 안 된다고 규정하고 있지만, 해당규정이 유한회사에 적용되는 것은 아니다. 뿐만 아니라, 이 사건 원고가 피고의 지분을 인수하는 전후 과정에서 회사의 등록자본금에는 변화가 생기지 않았고 자본금을 회수하는 방식으로 자본을 빼돌리지는 않았으므로 자본유지원칙에 위반되지 않는다. 원고와 피고간에 체결한 지분매수계약은 쌍방의 진실한 의사표시에 의한 것이고 법이 정한 강행규정을 위반하지 않았으며 국가, 단체 및 제3자의 이익도 침해하지 않았으므로 법적인 효력을 갖는다"고 판시하였다.

---

35) 广州市双诚信息技术有限公司诉吕桂新股权转让协议纠纷案((2015)穗越法民二初字第612号, 广东省广州市越秀区人民法院).

판례 11: 사세화(谢世华) **지분매수계약 무효 사건**[36]

판시사항: "…설령 장숙하(张淑霞)와 天健公司간의 지분양도계약이 지분매수취득(回购)계약이라고 할지라도, 회사법 등 법률법규는 유한회사가 자기지분을 취득하는 것을 금지하는 강행규정을 두고 있지 않다… 회사법은 사원은 출자를 빼돌리는 행위를 하여서는 안 된다고 규정하고 있지만, 회사경영과정에서 발생하는 의견불일치 등으로 지분매수청구 등의 합법적인 방식으로 회사에서 퇴출하는 것을 금지하지는 않는다. 재심과정에서 장숙하(张淑霞)가 제출한 천건회사(天健公司)를 퇴출하는 사유의 타당성은 입증되었고 거래가격의 불합리성 등은 입증된 바가 없다. 그러므로 현재의 증거만으로는 본 사건이 지분매수(回购)의 방식으로 출자를 빼돌리고 있음을 확인할 수 없다. 또한 천건회사(天健公司)의 경영진은 향후 감자 또는 해당 지분을 처리하는 기타 조치를 취할 수 있다"고 판시하였다.

판례 12: 강서전람유한책임공사(江西电缆有限责任公司) **등 지분매수 청구 사건**[37]

판시사항: "회사법 74조는 금지규정이 아닌 사원이 회사에 대해 지분매수를 청구할 수 있는 권리를 규정한 수권규정이고 142조의 주식회사의 자기주식 취득에 관한 규정으로 유한회사에는 적용되지 않는다고 보아, 이 사건의 지분양도는 유한회사의 자기지분 취득행위로서 법률이 금지하는 규정의 위반이 없다"고 판시하였다.

주식회사와는 달리, 유한회사의 자기지분 취득에 대해서 법원은 법률상 금지규정을 두고 있지 않다고 해석하고 있으며, 회사법 142조는 주식회사에 적용되는 규정일 뿐 유한회사에는 적용되지 않는다는 점도 지적하였다. 그러나 자본유지원칙이라는 기준은 주식회사와 동일하게 적용하고 있다.

---

36) 谢世华、浙江射雕车业有限公司合同纠纷再审案((2018)浙民再66号－浙江省高级人民法院).
37) 江西电缆有限责任公司等诉欧阳红英股权转让纠纷案((2017)赣08民申18号, 江西省吉安市中级人民法院).

제4절 사   채

I. 서   설

1. 사채의 의의

회사는 사채발행을 통해서도 자금을 조달할 수 있다.[38] 사채(公司債)란, 회사가 법이 규정한 절차에 따라 일정기간 내에 원금을 상환하고 이자를 지급하는 유가증권을 말한다(153조 1항).

채권자와 회사간의 관계가 단순히 당사자간의 계약에 의해서 이루어지는 일반 채권과는 달리, 사채의 경우는 채권자와 회사간의 관계가 회사법을 비롯한 관련 법률과 법규에 의해 이루어지고 사채를 발행하는 회사의 자격이 엄격히 제한되고 있다. 그리고 이와 같이 사채에 대해 별도의 규정이 필요한 이유는, 단순한 채권과는 달리, ① 사채는 다수의 사채권자가 존재하고 다수의 채권자와 발행회사간에 발생할 수 있는 다양한 상황에 대한 원활한 조율을 필요로 하고, ② 사채가 발행규모가 크고 다수의 투자자를 상대로 발행되는 채권이므로 회사는 물론 투자자에 대한 보호를 필요로 하고, ③ 유가증권 형태를 취하고 있기에 권리행사나 양도 등에 대한 규정이 필요하며, ④ 전환사채나 신주인수권부사채와 같이 사채의 내용에 따라서는 주주 이익과의 조율이 필요하기 때문이다.[39]

2. "기업채"와의 구분

사채는 중국 회사법 법문상의 용어로는 公司債라고 하며 회사법인이 아닌 기업법인이 발행하는 "기업채"와 구별된다.

1993년 회사법 제정 이전에는 사채 관련 법률이나 규정은 찾아볼 수 없고, 1987년에 국무원이 제정한 「기업채권관리잠정조례」[40]가 존재할 뿐이었다. 현재

---

38) 1993년 회사법 159조는 "주식회사, 국유독자회사와 둘 이상의 국유기업 또는 기타 둘 이상의 국유투자주체가 설립한 유한회사는 생산경영자금을 조달하기 위하여 본 법에 따라 사채를 발행할 수 있다"고 규정함으로써 사채의 자금조달 목적을 명시하기도 하였다. 이 조항은 2005년 회사법 개정 시 삭제되었다.

39) 김건식 등(제3판), 전게서, 661−662면.

40) 企業債券管理暫行條例(1987년 제정, 1993년 실효).

이 조례는 1993년에 제정된 「기업채권관리조례」41)에 의해 대체되어 시행되고 있는데, 기업채란, 기업이 법이 규정한 절차에 따라 발행하는 일정기간 내에 원금을 상환하고 이자를 지급하는 유가증권이라고 정의하고 있다(조례 5조).42) 또한, 적용대상을 금융채권과 외화채권을 제외한 중국 내의 법인자격을 갖고 있는 기업이 국내에서 발행한 채권으로 제한하고 있다(조례 2조).

그 후, 1993년 회사법 제정과 더불어 사채를 기업채로부터 분리하여 회사법과 증권법에 규정하였다. 중국 증권감독관리위원회는 2007년에 「회사채권발행시범방법」43)을 제정하여 사채의 발행과 사채권자의 이익보호 등과 관련한 내용을 구체적으로 규정하였는데, 현재는 2015년 1월 15일에 제정된 「회사채권 발행과 거래 관리방법」44)(사채관리방법)에 의해 대체되었다.

회사가 기업법인의 한 형태이므로, 사채 또한 기업채에 포함되는 개념으로 이해할 소지가 있으나, 관련 법 규정을 살펴보면, 구체적인 발행사항에 대한 요구가 다르고, 채권이 거래되는 장소가 다르며,45) 무엇보다도 발행 및 거래에 대한 관리감독기관이 다른 등 구별되는 다른 종류의 유가증권임을 알 수 있다.46)

3. 사채의 종류

중국 회사법, 증권법, 「사채관리방법」, 그리고 채권발행 현황에 비추어 사채의 종류를 다음과 같이 나눌 수 있다.

가. 일반사채와 특수사채

사채는 그 성질에 따라 일반사채와 특수사채로 나눌 수 있는데, 특수사채는 채권의 권리의무내용에 있어서 사채가 갖는 일반적인 성질 외에 특수한 성질을

---

41) 企業債券管理条例(1993년 제정, 2011년 개정).
42) 기업채에 대한 정의는 1987년 제정 당시 조례의 규정과 동일하다.
43) 公司債券发行试点办法(2007년 제정, 2015년 실효).
44) 公司債券发行与交易管理办法(2015년 제정, 2021년 개정).
45) 사채는 증권거래소와 지역주권시장(区域性股权市场)에서만 발행하고 거래할 수 있지만, 기업채는 은행간의 채권시장에서도 발행 및 거래가 가능하다.
46) 사채의 발행과 관리에 대한 감독관리기관은 증권감독관리위원회(证券监督管理委员会)이지만, 기업채는 주요 감독관리기관인 국가발전개혁위원회(国家发展和改革委员会) 외에 중국인민은행과 증권감독관리위원회도 포함하고 있으며, 기업채권의 발행심사는 발전개혁위원회와 중국인민은행이 함께 맡고 있다.

갖고 있는다. 현재 중국 증권시장에서는 주로 아래와 같은 특수사채들이 발행되고 있다.

1) 전환사채(可转换公司债券)

상장회사는 주주총회결의의 승인과 증권감독관리기관의 확인비준이 있으면 주식으로 전환할 수 있는 회사채권을 발행할 수 있다(161조). 전환사채란 회사가 법에 의해 발행하는 일정기간 내에 약정한 조건에 따라 해당 회사의 주식으로 전환할 수 있는 회사채권을 말한다(「전환사채관리방법」 2조 2항).

주식으로 전환할 수 있는 회사채권을 발행하는 경우, 모집방법에 구체적인 전환방법을 규정하여야 하고, 회사는 그 전환방법에 따라 채권소지자에게 주식으로 교환하여 발행해 주어야 하며, 사채권자는 주식으로의 전환 여부에 대한 선택권을 갖는다(162조). 상장회사 외에, 비상장공개회사도 전환사채를 발행할 수 있다(「비상장공개회사 감독관리방법」 5조 2항).

2) 신주인수권부사채(附新股认购权公司债券)

상장회사는 신주인수권과 채권을 분리하여 거래할 수 있는 전환 가능 회사채권을 공개발행할 수 있다(「상장회사 증권발행 관리방법」 27조 1항). 한국 상법상의 분리형 신주인수권부 사채에 해당되는 증권이다.

분리하여 거래되는 신주인수권부사채는 발행회사 주식이 상장되어 있는 증권거래소에서 상장거래하여야 하며, 해당 사채의 회사채권과 신주인수권은 각각 거래소 상장요건을 충족하여야 하고 별도로 상장거래되어야 한다.

3) 교환사채(可交换公司债券)

상장회사의 주식을 보유하고 있는 주주는 보증인(保荐人)의 보증(保荐)을 거쳐 중국감독관리위원회에 교환사채의 발행을 신청할 수 있다. 교환사채란 상장회사의 주주가 법에 따라 발행하는 일정기간 내에 약정한 조건으로 해당 주주가 보유한 상장회사의 주식으로 교환받을 수 있는 회사채권을 말한다(「상장회사 증권발행 관리방법」 28조).

4) 중소기업사모채(中小企业私募债券)

중소기업사모채란, 중형·소형·최소형기업(中小微型企业)이 중국 국내에서 비공개방식으로 발행 및 양도하며 일정기간 내에 원금을 상환하고 이자를 지급하는

회사채권을 말한다(「상해증권거래소 중소기업사모채권업무시범방법」[47) 2조, 「심천증권
거래소 중소기업사모채권업무시범방법」 2조).[48)

나. 기명사채와 무기명사채

주식과 마찬가지로 사채도 사채권자의 성명이 기재되는지 여부에 따라 기명
사채와 무기명사채로 나눈다(156조). 양자는 양도방식(160조)과 사채원부기재사항
(157조)에서 차이가 있다.

다. 담보부사채와 무담보사채

사채는 담보 유무에 따라 담보부사채와 무담보사채로 나눌 수 있다.

전환사채의 공개발행은 반드시 담보(擔保)를 제공하여야 한다. 다만, 회계감
사를 받은 최근 회계연도말의 순자산이 15억 위안 이상인 회사를 제외한다(「상장
회사증권발행관리방법」 20조 1항). 담보의 범위는 사채금액 전액으로 해야 하고 원
금과 이자, 위약금, 손해배상금 및 채권실현비용을 포함하여야 한다(「상장회사 증
권발행 관리방법」 20조 2항).

보증의 방식으로 담보를 제공하는 경우에는 반드시 연대보증으로 해야 하며,
보증인의 회계감사를 받은 최근 회계연도 순자산액은 보증인이 누적하여 대외담
보를 제공한 금액보다 작아서는 아니된다. 증권회사 또는 상장회사는 전환사채의
보증인이 될 수 없다. 단, 상장한 상업은행은 가능하다(「상장회사 증권발행 관리방
법」 20조 3항).

저당권 또는 질권을 설정하는 경우, 저당 또는 질권을 설정하는 재산에 대한
가치평가가 담보금액보다 작아서는 아니된다. 가치평가는 관련 자격을 갖춘 자산
평가기구가 하여야 한다(「상장회사 증권발행 관리방법」 20조 4항).

라. 공개발행사채와 비공개발행사채

사채는 발행 대상 및 방식을 기준으로 공개발행사채와 비공개발행사채로 나
눈다(사채관리방법 3조).

공개발행사채는 공개발행주식과 마찬가지로 불특정대상을 상대로(증권법 9조
2항 1호) 또는 특정대상을 상대로 발행하지만 누적하여 투자자가 200인 이상이 되

---

47) 上海証券交易所中小企業私募債券業务試点办法(2012년 제정, 2015년 실효).
48) 深圳証券交易所中小企業私募債券業务試点办法(2012년 제정, 2015년 실효).

는 경우(증권법 9조 2항 2호) 또는 법률, 행정법규에 의해 공개발행으로 규정되는
기타 행위(증권법 9조 2항 3호)에 의해 발행되는 사채를 말한다. 비공개발행사채는
200인 이하의 적격투자자만을 상대로 발행하는(사채관리방법 34조) 사채를 말한다.
비공개발행은 광고, 공개권유와 변칙공개 방식을 취해서는 안된다(증권법 9조 3항,
사채관리방법 34조).

비공개발행사채는 전문투자자[49] 사이에서 증권거래소 또는 증권회사 거래플
랫폼을 통해 양도거래가 가능하다(사채관리방법 37조). 다만, 같은 시점에 발행된
사채를 보유한 누적 투자자수가 200인을 초과하여서는 안된다(사채관리방법 38조).

II. 사채의 발행

1. 발행주체

회사의 사채발행은 증권법상의 발행요건에 부합되면(153조 2항), 회사법에 의
해 규정된 모든 유형의 회사가 그 발행주체가 될 수 있다.

1993년 회사법 159조는 발행주체를 주식회사, 국유독자회사와 둘 이상의 국
유기업 또는 기타 둘 이상의 국유투자주체가 설립한 유한회사로 제한하였었다.
그러나 회사법 개정 과정에서 요건에 부합된다면 각 유형의 회사가 모두 평등하
게 채권시장을 통한 자금조달을 하도록 허용하여야 한다는 의견을 수렴하여 2005
년 회사법 개정 시에 그 제한을 삭제하였다. 그러므로 현재는 국유자본투자에 의
해 설립된 유한회사가 아닌 민영자본투자에 의해 설립된 유한회사도 사채발행을
통한 자금조달이 가능하다.

2. 발행요건

회사는 공개발행[50]의 방식으로 사채를 발행하는 경우, 다음 요건을 충족하여
야 한다(증권법 15조 1항).[51] ① 건전하고 원활하게 운영되는 회사기관을 갖추어야

---

49) 전문투자자 판단 여부는 각 거래소의 규정으로 그 판단기준을 두고 있다.
50) 1) 불특정대상을 상대로 증권을 발행하는 경우, 2) 특정대상을 상대로 증권을 발행하되 누
    적인수가 200인을 초과하는 경우, 3) 법률, 행정법규가 규정하는 기타 발행행위 중 하나에
    해당하면 공개발행으로 본다(증권법 9조 2항).
51) 사채의 발행요건은 2019년 증권법 개정을 통하여 대폭 완화되었는데, 개정 전 증권법 16조
    는 사채 발행요건을 ① 주식회사는 순자산이 3천만 위안 이하가 아닌 경우, 유한회사는 순

하고, ② 최근 3년의 분배가능이익 평균이 사채의 1년 이자를 지급할 수 있어야 하며, ③ 그 외에 국무원이 규정하는 조건에 부합되어야 한다.[52]

그리고 사채의 공개발행을 통하여 조달한 자금의 사용목적과 관련하여서는 반드시 사채의 모집방법에 기재한 자금용도로 사용하여야 하고, 사용목적을 변경하려면 반드시 사채권자집회(債券持有人会议)의 결의에 의해야 하며, 조달한 자금은 결손보전이나 비생산성 지출로 사용해서는 안된다(증권법 15조 2항). 사채의 비공개발행을 통하여 모집한 자금은 약정한 용도로 사용하여야 하며, 사용목적을 변경하려면 모집설명서에 약정한 절차를 이행하여야 한다(「사채관리방법」 13조 1항).

또한 기존에 사채를 발행한 적이 있었던 회사는 ① 공개발행한 사채 또는 기타 채무에 대한 계약위반이 있거나 이자를 지연지급한 사실이 있고 그 상태가 현재까지 지속된 경우, ② 증권법 규정을 위반하고 사채를 공개발행하여 조달한 자금의 용도를 변경한 경우 중 하나에 해당되면 다시 사채를 공개발행하는 것이 금지된다(증권법 17조).

상장회사가 전환사채를 발행하는 경우에는 위에서 열거한 조건 외에 상장회사의 신주발행 요건도 동시에 충족하여야 한다(증권법 15조 3항).

3. 발행절차

가. 발행의 결정

사채발행은 주주총회 결의를 요하며(37조 1항 8호), 발행채권의 금액, 발행방식, 채권기한, 모집자금의 용도 등에 대해서 결의하여야 한다(사채관리방법 10조). 이는 사채의 발행을 이사회가 결의하는 한국 상법상의 규정과는 구별되는 점이다.

다만, 그 이전에 사채발행과 관련한 구체적인 방안에 대해서는 이사회가 정한다(46조 1항 6호).

자산이 6천만 위안 이하가 아닌 경우, ② 누적된 채권잔액이 회사 순자산의 40%를 초과하지 않는 경우, ③ 최근 3년 배당가능 평균이익이 사채의 1년 이자를 충분히 지급할 수 있는 경우, ④ 조달한 자금의 투자가 국가산업정책에 부합되는 경우, ⑤ 채권 이자율이 국무원이 규정하는 제한 이자율을 초과하지 않는 경우, ⑥ 국무원이 정하는 기타 요건으로 규정하고 있었다.

52) 합리적인 자산부채구조와 정상적인 현금흐름도 요구된다(사채관리방법 14조 1항).

국유독자회사의 사채발행은 국유자산감독관리기관이 결정한다(66조 1항). 국유독자회사는 주주총회를 두고 있지 않으므로 주주총회의 일부 권한은 이사회에 수권할 수 있도록 하고 있다. 다만, 일부 권한에 대해서는 반드시 국유자산감독관리기관이 결정하도록 하고 있는데, 사채의 발행이 그 중 하나이다.

나. 감독관리기관에 의한 심사

주식발행과 관련된 부분에서도 서술하였지만, 2019년 전면 개정된 증권법은 증권발행과 관련하여 기존의 감독관리기관에 의한 심사확인제도(审核制)를 등록확인제도(注册制)로 전환하여 감독규제를 완화하였다. 회사의 사채발행에 대해 별도의 규정이 없는 한, 감독관리기관은 증권법상의 발행요건을 충족하는지 여부에 대한 형식적인 심사만을 맡는다.[53]

사채를 공개발행하는 경우, 발행회사는 증권감독관리위원회의 규정에 따라 등록신청서류를 작성한 후, 발행회사가 증권거래소에 신청을 제출하고, 증권거래소는 등록신청서류를 수취한 후 5개 업무일 내에 접수 여부를 결정한다(사채관리방법 17조). 증권거래소는 발행회사의 사채 공개발행 및 상장 신청을 심사한 후 2개월 내에 심사의견을 작성하여 등록신청서류와 함께 증권관리감독위원회에 제출하고, 증권관리감독위원회는 해당 서류들을 받은 날로부터 3개월 내에 등록 여부를 결정하여야 한다(사채관리방법 20조, 21조, 23조).

다. 모집방법의 공시

감독관리기관으로부터 등록확인을 받으면, 사채모집방법을 공시하여야 하고(154조 1항), 모집방법에는 회사명칭, 모집자금의 용도, 사채총액과 채권의 액면금액, 사채이자율의 결정방법, 원금상환과 이자지급의 기간 및 방식, 사채담보상황, 사채발행가격, 발행의 시작일과 마감일, 회사의 순자산금액, 이미 발행한 기간이 도래하지 않은 사채총액, 사채위탁판매기구(承销机构)와 같은 주요 사항을 반드시 기재하여야 한다(154조 2항).

---

53) 회사법 154조 1항은 사채의 발행신청은 국무원이 수권한 부처의 "심사확인(核准)"을 받아야 한다고 규정하고 있다. 2019년 증권법 개정 이후, 회사법에 대한 별도의 개정이 이루어지지 않았기에 회사법상 관련 조항에서는 여전히 "등록확인"이 아닌 "심사확인"이라는 표현을 그대로 사용하고 있지만, 본 조항의 "심사확인"에 대해서 지금은 실질적 심사가 아닌 형식적 심사로 해석하여야 할 것이다.

라. 사채위탁판매계약 체결

사채발행은 증권위탁판매자격을 소지한 증권회사에 위탁판매하여야 한다(사채관리방법 39조). 위탁판매기구가 회사 채권을 판매하는 경우, 수탁판매(代銷) 또는 인수(包銷)의 방식을 선택할 수 있다. 수탁판매는 증권회사가 발행회사를 대신하여 사채를 발행 판매하고, 위탁판매기간이 만료되면 판매되지 않은 사채를 전부 발행회사에게 반환하는 방식이고, 인수는 증권회사가 발행회사의 사채를 계약에 따라 전부 인수하거나 또는 위탁판매기간이 만료될 때, 판매 후 남은 사채를 전부 자동적으로 인수하는 방식이다(증권법 26조, 「사채관리방법」 42조).

발행회사는 자체적으로 위탁판매증권회사를 선택할 수 있으며(증권법 27조), 발행인은 주요 위탁판매자와 위탁판매계약을 체결한다(「사채관리방법」 43조).

마. 채권의 발행

회사가 실물증권을 발행하는 경우에는 반드시 채권증서에 회사명칭, 액면금액, 이자율, 상환기한 등 사항을 기재하여야 하며, 법정대표자가 서명하고 회사가 날인하여야 한다(155조).

III. 사채의 유통

1. 사채원부

회사는 사채를 발행한 경우 사채원부를 작성하여야 한다(157조 1항). 기명사채를 발행한 경우에는 원부에 ① 사채권자의 성명 또는 명칭 및 주소, ② 사채권자가 채권을 취득한 일자와 채권의 일련번호, ③ 채권 총액, 채권의 액면금액, 이자율, 원금상환과 이자지급의 기한과 방법, ④ 채권발행일자를 기재하여야 한다(157조 2항). 무기명사채를 발행한 경우에는 원부에 채권총액, 이자율, 상환기한과 방법, 발행일자 및 채권의 일련번호를 기재하면 한다(157조 3항).

2. 사채의 양도

사채는 양도 가능하며, 양도가격은 양도인과 양수인의 약정에 따른다(159조 1항). 사채가 증권거래소에 상장하여 거래되는 경우에는 증권거래소의 거래규칙에 따라 양도한다(159조 2항).

기명사채의 경우에는 사채권자가 배서의 방식 또는 법률 및 행정법규가 규정하는 기타 방식으로 양도하고 양도 후 회사는 양수인의 성명 또는 명칭 및 주소를 사채원부에 기재하여야 한다(160조 1항). 무기명사채의 경우에는 사채권자가 해당 채권을 양수인에게 교부하는 것으로 바로 양도의 효력을 발생한다(160조 2항).

Ⅳ. 사채의 관리

1. 사채권자집회(債券持有人会议)

사채를 공개발행하는 경우, 반드시 사채권자집회를 구성하여야 하고, 모집설명에서 사채권자집회의 소집절차 결의방식 및 기타 중요한 사항을 설명하여야 한다(증권법 92조 1항).

가. 소   집

아래에 열거한 상황이 발생하는 경우, 사채관리회사는 규정 또는 약정에 따라서 사채권자집회를 소집하여야 한다(사채관리방법 63조).

① 사채모집설명서의 약정을 변경하고자 하는 경우
② 사채권자집회 회의규칙을 수정하고자 하는 경우
③ 사채관리회사 또는 사채관리계약의 주요한 내용을 변경하고자 하는 경우
④ 발행회사가 적시에 원리금을 지급하지 못하는 경우
⑤ 발행회사의 자금감소, 합병 등 채무상환능력에 중대한 불이익을 초래할 수 있는 변화가 발생하여 상응한 조치를 취할 것을 결정하거나 수권해야 하는 경우
⑥ 발행회사의 분할, 위탁관리, 해산, 파산신청 또는 파산절차에 들어간 경우
⑦ 보증인, 담보물 또는 기타 채무상환 보장 조치에 중대한 변화가 있는 경우
⑧ 발행회사, 단독 또는 합하여 해당 사채총액의 10% 이상을 보유한 사채권자가 서면으로 소집하는 경우
⑨ 발행회사 경영진이 정상적으로 직무를 이행할 수 없어서, 발행회사 채무상환능력에 심각한 불확실성을 초래하는 경우

⑩ 발행회사가 회사정리방안을 제기한 경우

⑪ 기타 사채권자 이익에 중대한 영향을 미치는 사항이 발생한 경우

나. 회의규칙

사채를 발행하는 경우 모집설명서에 사채권자집회 규칙을 약정하여야 한다 (「사채관리방법」 62조 1항).

사채권자집회의 회의규칙은 공평하고 합리적이어야 한다. 사채권자집회 규칙에는 사채권자가 사채권자집회를 통하여 행사하는 권리범위, 사채권자집회의 소집, 통지, 결의효력발생요건 및 의결절차, 의사결정의 효력범위와 기타 중요한 사항을 명확히 하여야 한다. 사채권자집회가 해당 사채관리방법의 규정 및 회의 규칙의 절차적 요구에 의해 형성한 결의는 전체 사채권자에 대해 구속력을 가지며, 사채권자회의규칙에 대해 별도의 약정이 있는 경우는 제외한다(「사채관리방법」 62조 2항).

2. 사채관리회사(債券受托管理人)

사채를 공개발행하는 경우, 발행회사는 사채권자를 위하여 사채관리회사를 선임하고 사채관리계약을 체결하여야 한다. 수탁관리회사는 발행사채의 위탁판매를 맡은 기구 또는 기타 국무원증권감독관리기구의 인가를 받은 기구가 담당하며, 사채권자집회는 결의를 통해 사채관리회사를 변경할 수 있다.

가. 권 한

공개발행 사채의 수탁관리회사는 규정과 약정에 의해 다음 직무를 수행한다 (「사채관리방법」 59조).

① 발행회사와 보증인의 자본신용현황, 담보물현황, 신용증가조치 및 채무상환보장조치현황을 실시간으로 파악하여야 한다.

② 사채존속기간 동안 발행회사 모집자금사용현황을 감독한다.

③ 발행회사의 채무상환능력과 신용증가조치의 유효성에 대하여 전면적인 조사와 지속적인 주의를 기울여야 하며, 적어도 매년 수탁관리사무 보고서를 시장에 공시하여야 한다.

④ 사채 존속기간 내에 지속적으로 발행회사가 정보공시의무를 이행하도록 지속적으로 감독하여야 한다.

⑤ 발행회사가 채무를 상환할 수 없는 경우, 발행회사가 담보를 추가하거나 법에 의해 법정기관이 재산보전조치를 취할 수 있다.

⑥ 사채존속기간 내에 사채권자와 발행회사간의 협상 또는 소송업무를 근면하게 처리한다.

⑦ 발행회사가 사채에 담보를 설정한 경우 수탁관리회사는 사채발행 이전 또는 사채모집설명서에 약정한 시간 내에 담보권리증명 또는 기타 관련 문서를 취득하고, 신용증가조치 유효기간 내에 잘 보관한다.

⑧ 발행회사가 기간 내에 원리금 또는 모집설명서에 약정한 기타 위반사항이 있는 경우, 전부 또는 일부의 위임을 받고 자신의 명의로 사채권자를 대신하여 민사활동 또는 파산 등 법률절차 또는 사채권자를 대표하여 저당물의 처리를 신청한다.

비공개발행 사채의 수탁관리회사는 사채수탁관리계약에 약정한 직무를 이행한다(사채관리방법 60조).

발행회사가 기간 내에 원금을 상환하지 못하는 경우, 사채관리회사는 전체 또는 일부 사채권자의 위임을 받고, 자신의 명의로 사채권자를 대신하여 민사소송 또는 청산절차에 참가할 수 있다(증권법 92조 3항).

나. 의무와 책임

사채관리회사는 근면하고 책임을 다하여야 하고, 공정하게 관리 직책을 이행하여야 하며, 사채권자의 이익을 침해해서는 안 된다(증권법 92조 2항).

제9장

회사의 구조개편

제1절 서   설

　　회사의 구조개편(重組)은 회사가 성립한 이후에 경영합리화나, 회사자원의 최적화, 규모의 확대, 위기의 극복 등을 목적으로 회사의 구조를 근본적으로 변경하는 것을 말한다. 중국 회사법은 이러한 구조변경의 수단으로 합병(合幷)과 분할(分立), 그리고 조직변경(組織形式変更, 또는 公司性質変更)을 인정하고 있다.

　　회사의 구조를 변경하는 가장 주요한 법률적 수단은 합병과 분할이지만 기존 중국의 실무에서는 합병이나 분할이 많이 사용되지 않았다. 그 주요 원인은 중국이 계획경제체제를 사회주의시장경제체제로 전환하는 과정에서 이루어진 많은 국유기업 또는 집단소유제 기업의 구조변경이 시장의 원리에 따라 자율적으로 진행되지 않고 정부의 지시에 의하여 진행되었기 때문이다. 이에 따라 기존의 법률 역시 회사의 합병 및 분할에 대하여 비교적 엄격한 제한을 가하고 있었다. 일례로 1993년 회사법에서는 회사의 합병 및 분할에 대하여 사원총회 또는 주주총회의 결의뿐만 아니라 국무원의 수권부문이나 성급인민정부의 비준을 거쳐야 한다고 규정하고 있었으며, 엄격한 채권자보호절차(債權人保護程序)를 요구하였다. 2005년 개정 회사법은 합병 및 분할의 절차를 어느 정도 완화하고 있지만, 원칙적인 내용만을 규정하고 있을 뿐 구체적인 규정을 두고 있지 않아서 아직 합병과 분할에 관한 법제도가 완전하다고 보기는 어렵다.

제2절 회사의 조직변경

I. 회사의 조직변경의 개념

회사의 조직변경은 회사의 법인격을 유지시키면서 법에 따라 회사의 형태만 변경하는 법률행위이다. 중국 회사법은 유한회사에서 주식회사로, 주식회사에서 유한회사로의 조직변경을 인정하고 있다.

II. 회사의 조직변경의 요건 및 절차

1. 조직변경의 요건

조직변경을 하기 위해서는 전환하고자 하는 회사로서의 법정요건을 갖추어야 한다. 따라서 유한회사가 주식회사로 조직변경을 하는 경우에는 주식회사의 법정요건에 부합하여야 한다(9조 1항). 즉, 2인 이상 200인 이하의 발기인 수에 상당하는 주주의 인원수 및 그 반수 이상이 중국 국내에 주소가 있을 것(78조), 5~19인 이내의 이사회 구성원수(108조 1항) 등의 요건을 구비하여야 한다. 마찬가지로 주식회사가 유한회사로 조직변경하는 경우에는 50인 이하의 법정사원수(24조), 3~13인 이내의 이사회 구성원수(44조) 등 유한회사의 법정요건에 부합하여야 한다(9조 2항).

그 밖에 유한회사가 주식회사로 조직변경하는 경우에는 유한회사의 원 사원은 원 유한회사의 자산을 환가한 주식을 보유하게 된다. 그런데 유한회사의 자산에는 부채도 포함되어 있으므로 회사법은 원 유한회사의 자산을 환가한 실제 납입된 주식자본총액이 원 유한회사의 순자산액을 초과할 수 없도록 하고 있으며,

유한회사가 주식회사로 변경하면서 자본증가를 위하여 주식을 공개 발행하는 경우에는 법에 따라 처리하여야 한다고 규정하고 있다(95조).

2. 조직변경의 절차

가. 사원총회 또는 주주총회의 결의

유한회사의 경우에는 사원이 보유하고 있는 의결권의 2/3 이상(44조 2항), 주식회사의 경우에는 출석한 주주가 보유하는 의결권의 2/3 이상(103조 2항)의 결의로 조직변경을 결정한다. 단 1인 유한회사의 경우에는 사원총회가 존재하지 않기 때문에 1인 사원의 결의로 조직변경을 결정하면 된다.

나. 정관의 개정 및 변경등기

앞서 서술한 바와 같이 회사의 조직형식을 변경하는 경우에는 각각 해당 회사의 법정요건을 갖추어야 하므로 이에 따라 반드시 정관을 개정하여야 한다.

또한, 그 유형의 회사 설립조건에 따라 규정된 기간 내에 회사등기기관에 변경등기를 신청함과 동시에 관련 서류를 제출하여야 한다(「회사등기관리조례」 33조).

III. 조직변경의 효과

조직변경의 결의 및 정관개정, 변경등기 등이 완료되면 회사의 조직형태가 각각 주식회사 또는 유한회사로 변경하게 되고, 그 형태에 따른 권리의무를 향유한다. 이때 조직변경 전의 채권, 채무는 변경 후의 회사가 승계한다(9조 3항).

제3절 회사의 합병

I. 회사합병의 개념과 유형

1. 회사합병의 개념

회사합병은 두 개 이상의 회사가 청산절차를 걸치지 않고, 하나의 회사로 성립하는 법률행위이다. 이는 합병전후의 조직형태의 변화에 따라서 흡수합병(吸收

合并)(Merger)과 신설합병(新设合并)(Consolidation)으로 나뉜다(172조 1항).

흡수합병은 수개의 합병당사회사 중 하나의 회사만이 존속하고 나머지 회사는 모두 소멸하며, 존속회사(存续公司) 또는 합병회사(合并公司)는 소멸회사(消灭公司) 또는 피합병회사(被合并公司)의 자산과 권리 및 의무를 포괄적으로 승계하고, 소멸회사의 주주나 사원은 존속회사의 주주 또는 사원으로 지위를 승계하는 방식이다.

신설합병은 합병의 당사회사 전부가 소멸하고, 이들에 의해 신설된 회사가 소멸되는 회사의 자산과 권리·의무를 포괄적으로 승계하고 소멸되는 회사의 주주나 사원은 신설되는 회사의 주주 또는 사원으로 지위를 승계하는 방식이다.

중국에서는 실무상으로 주로 흡수합병의 방식이 많이 이용되고 있다. 흡수합병을 함으로써 회사가 이미 취득한 특수한 자격이나 권리(예컨대, 금융기관의 경우 금융허가증)를 유지할 수 있기 때문이다. 특히 상장회사의 경우에는 상장자격의 유지를 위하여 흡수합병을 하는 것이 일반적이다. 상장회사가 신설합병을 하는 경우에는 회사합병으로 인하여 상장자격을 상실하게 되고 따라서 다시 상장절차를 거쳐야 하는데,[1] 중국의 경우 상장조건이 비교적 엄격하고, 상장절차 역시 복잡하기 때문이다.

2. 구별개념

가. 겸병(兼并)

겸병은 영어의 Merger에 해당하는 용어로 주로 흡수합병을 의미한다.[2] 그러나 중국의 법규에서는 종종 흡수합병보다는 '인수'의 의미로 쓰이고 있으므로 주의할 필요가 있다. 예를 들어, 중국 회사법이 제정되기 이전인 1989년에 발표된 「기업인수에 관한 잠정방법(关于企业兼并的暂行办法)」은 겸병에 대해서 다음과 같이 정의하고 있다. "이 법에서의 겸병(兼并)이라 함은 한 기업이 다른 기업의 자산권(产权)을 매수하여, 다른 기업으로 하여금 법인격을 상실하게 하거나 또는 법인 실체를 변경하게 하는 행위이며, 매수의 방식을 통하지 않고 기업 간의 합병(合

---

1) 이정표, 전게서, 238면.
2) 王军, 전게서, 422면. 王军 교수는 Merger를 合并으로 번역하는 것은 부정확한 번역이라고 서술하고 있다.

并)을 실행하는 것은 본 방법의 규율대상에 속하지 않는다."

위 방법에서는 기업인수를 다음 네 가지 방식으로 구분하여 규정하고 있다.

① 채무승계형(承担债务式): 기업 자산과 채무의 가치가 동등할 경우, 인수기업은 피인수기업의 채무를 승계하는 것을 조건으로 피인수기업의 자산을 인수하게 된다.

② 매수형(购买式): 인수기업이 출자하여 피인수기업의 자산을 매수하는 것을 말한다.

③ 주식흡수형(吸收股份式): 피인수기업의 소유자가 피인수기업의 순자산을 주금으로 하여 인수기업에 투자하는 방법을 통하여 인수기업의 주주가 되는 것을 말한다.

④ 지배주주형(控股式): 인수기업이 다른 기업의 주권을 매수하여 지배주주가 되는 것을 말한다.

위 방법이 공포된 후에 전국 각 지방의 인민정부가 그와 관련된 행정법규를 대량으로 제정하면서 각 지역의 기업 구조개편과 기업인수에 직접적인 영향을 미쳤다. 이로 인해 실무상 기업의 구조개편은 대부분 기업인수의 형식을 취하였으며 회사법에서 규정한 합병과 분할보다 오히려 더 많이 이용되었다.

나. 병구(并购)

병구는 '兼并收购'를 줄인 용어로서 영미의 M&A(Merger&Acquisition), 즉 '인수합병'을 번역한 개념이다. 이는 중국의 회사법, 증권법뿐만 아니라 국유자산관리, 외환관리, 반독점 등 다양한 법규에서 쓰이는데 각 법규에서의 의미가 차이가 있다.[3] 예를 들어, 2009년 중국 상무부는 「외국투자자의 경내 기업 인수합병에 관한 규정」[4]을 공포하였는데, 해당 규정의 지분인수합병(股权并购)과 자산인수합병(资产并购)항목의 내용을 살펴보면 합병에 관련된 내용은 전혀 포함되어 있지 않고 오직 인수 관련 내용만이 규정되어 있을 뿐이다. 따라서 한국에서는 이 규정을 「외국투자자의 경내 기업 인수에 관한 규정」으로 번역하고, 지분인수합병과

---

3) 王军, 전게서, 422면.
4) 关于外国投资者并购境内企业的规定(2006년 제정, 2009년 제정).

자산인수합병도 각각 지분인수와 자산인수로 번역하는 것이 일반적이다.5)

II. 합병절차

회사의 합병은 회사의 구조변경을 가져오고, 회사의 주주(사원)나 채권자에게 중대한 이해관계를 발생시키는 사안이므로 이들을 보호할 수 있는 일정한 절차와 방식을 거쳐야 한다.

중국 회사법에서는 흡수합병과 신설합병을 구분하지 아니하고 합병절차에 대하여 합병계약서의 작성 및 체결, 사원총회 또는 주주총회의 결의, 대차대조표와 재산명세서의 작성, 채권자보호절차 등을 규정하고 있다.

1. 합병계약서 초안의 작성

합병하는 각 당사회사는 이사회의 결의로 합병계약서 초안을 작성하여야 한다(46조, 108조 4항). 한국 상법과 달리 중국 회사법에서는 합병계약서의 기재내용을 법정하고 있지 않다. 다만 일반적으로 다음과 같은 내용을 포함한다. ① 합병 각 당사회사의 명칭, ② 합병의 방식 및 대가, ③ 합병 후 존속회사의 명칭, ④ 합병 후 존속회사의 등록자본과 실제납입자본, ⑤ 합병 후 존속회사의 신주(신지분) 발행, ⑥ 근로자에 관한 사항, ⑦ 합병계약 당사회사의 채권·채무의 승계방안, ⑧ 합병절차와 합병일자, ⑨ 합병계약의 변경이나 해제 등.

2. 사원총회 또는 주주총회의 결의

합병계약서 초안의 작성이 완료되면, 사원총회 또는 주주총회의 동의를 받아야 한다. 일정한 규모 이하의 합병에 대해서는 사원총회 또는 주주총회의 결의를 요하지 아니하는 간이합병이나 소규모합병 제도를 두고 있는 우리나라와는 달리 중국에서는 합병의 규모의 대소와 관계없이 모든 합병에 대하여 사원총회나 주주총회에서의 결의를 요구하고 있다. 회사의 합병은 특별결의사안에 해당하는 사안이므로, 유한회사의 경우 사원이 보유하고 있는 의결권의 2/3 이상(44조 2항), 주식회사의 경우 출석한 주주가 보유하는 의결권의 2/3 이상(103조 2항)의 동의로

---

5) 오일환·서의경 역, 중국 회사법 및 관련 법령, 법무부(2017), 637면 이하 참조.

결의한다.

국가가 단독으로 출자한 국유독자회사에 대해서는 특별규정을 두고 있다. 국유독자회사는 유한회사이지만 사원총회를 두지 않고 국유자산감독관리기관에서 사원총회의 직권을 행사하도록 되어 있다. 따라서 국유독자회사가 합병하는 경우에는 반드시 국유자산감독관리기관에서 결정하여야 한다. 그 중 중요한 국유독자회사의 합병은 국유자산감독관리기구에서 심사한 후 해당 지역의 인민정부의 비준을 받아야만 실시할 수 있다(66조 1항).

3. 합병계약의 체결

사원총회나 주주총회의 결의가 완료되면, 합병 당사회사는 합리적인 기간 내에 합병계약을 체결하고, 대차대조표(资产负债表)와 재산명세서(财产清单)를 작성하여야 한다(173조).

4. 채권자보호절차

회사의 합병은 채권자에게 중대한 영향을 미치는 사항이므로 반드시 채권자에게 통지하고 공고해야 한다. 회사법은 회사합병에 대한 사원총회나 주주총회의 결의가 완료된 날로부터 10일 이내에 채권자에게 이 사항을 통지하고, 30일 이내에 신문에 공고하여야 한다고 규정하고 있다(173조).

채권자는 통지서를 받은 날로부터 30일 이내에, 통지서를 받지 못한 경우에는 공고일로부터 45일 이내에 회사에 대하여 채무의 변제나 이에 상응하는 담보를 제공할 것을 청구할 수 있다(174조). 1993년 회사법 184조는 회사가 채무를 상환하지 않거나 그에 상응하는 담보를 제공하지 아니할 때에는 합병을 못하도록 하여 채권자의 이익을 강제적으로 보호하였지만, 2005년 개정 회사법에서는 이를 폐지하였다.

5. 반대주주(사원)의 주식(지분)매수청구권

회사합병에 반대하거나 이의를 제기하는 사원 또는 주주를 보호하기 위하여 중국 회사법은 지분 또는 주식매수청구권을 인정하고 있다. 즉 회사합병에 반대하는 사원 또는 주주는 회사에 합리적인 가격으로 그 지분 또는 주식을 매수할 것을 청구할 수 있다(74조 1항 2호, 142조 1항 4호).

'합리적인 가격'에 대해서는 회사법상 구체적인 기준이 제시되고 있지 않으므로 당사자의 합의에 따라 결정하여야 한다. 다만 사원총회의 결의가 통과한 날로부터 60일 내에 사원과 회사 간에 지분매수에 대한 합의가 이루어지지 않은 경우에는 사원은 사원총회의 결의 통과일로부터 90일 내에 인민법원에 소송을 제기할 수 있다(74조 2항).

또한 합병반대로 인한 주식매수청구권의 행사로 인하여 회사가 자기주식을 취득하는 경우에는 매수일로부터 6개월 이내에 양도 또는 소각하여야 한다(142조 2항).

6. 현금선택권

위에서 서술한 바와 같이 중국 회사법은 회사합병에 반대하거나 이의를 제기하는 사원 또는 주주에 대하여 지분 또는 주식의 매수청구권을 인정하고 있다. 그러나 상장회사의 인수합병 실무에서는 주로 현금선택권(現金選擇权)제도에 의해 소수주주에 대한 주식회수 및 현금지급업무를 진행하고 있다.6)

III. 합병의 효과

흡수합병의 경우에는 흡수되는 회사의 법인격이 소멸하고, 신설합병의 경우에는 합병 당사회사의 법인격이 모두 소멸되고 새로운 법인격이 탄생한다. 따라서 기업등기기관인 시장감독관리기구에 회사합병을 원인으로 하는 변경등기(变更登记)를 완료하여야 한다. 흡수합병을 하는 경우에는 존속회사는 관련 자산, 주주, 경영자 등에 관한 변경등기를 하여야 하고, 소멸회사는 말소등기(注销登记)를 하여야 한다. 신설합병의 경우에는 합병 당사회사 모두가 말소등기를 하고, 새로 설립되는 회사가 설립등기(设立登记)를 하여야 한다(179조). 회사는 합병결의의 공고일 45일 이후에 등기를 신청할 수 있으며(「회사등기관리조례」 38조), 말소등기와 설립등기 또는 변경등기를 동시에 진행할 수 있다(「국가공상행정관리총국의 기업의 합

---

6) 「현금선택권과 관련된 규정으로는 「심천증권거래소의 상장회사 현금선택권 업무지침」(深圳证券交易上市公司現金選擇权业务指引, 2008년 제정, 2011년 개정)과 「상해증권거래소의 상장회사 현금선택권 업무지침」(上市公司現金選擇权业务指引, 2011년 제정, 2012년 개정, 2020년 실효)이 있다.

병·조직개편의 지지를 위한 회사합병분할등기에 관한 의견」[7] 2조 4항).

회사의 합병이 완료되면 합병한 각 당사회사의 채권·채무는 합병 후 존속회사 또는 신설회사가 승계한다(174조). 또한 합병 전 회사의 주주(사원)는 존속회사 또는 신설회사의 주주(사원)가 된다.

Ⅳ. 합병의 무효

합병이 무효가 되는 경우에 그 구제방식에 대하여 중국 회사법은 규정하고 있지 않다. 그러나 회사법, 민법전 및 기타 법률의 강행규정을 위반하는 합병은 무효가 된다고 할 것이다. 이러한 경우 각 당사회사 및 그 주주(사원), 종업원, 채권자 등 이해관계자는 중국 민사소송법에 따라 법원에 합병무효확인의 소(合幷无效确认之诉)를 제기할 수 있다.[8]

제4절 회사의 분할

Ⅰ. 회사분할의 개념과 유형

회사의 분할은 하나의 회사가 청산절차를 거치지 않고 두 개 이상의 회사로 분리되는 법적 구조개편을 말한다. 중국 회사법에서는 회사분할의 유형에 대하여 규정을 두고 있지 않지만 관련 법률에서 회사의 분할을 존속분할(存续分立)과 신설분할(解散分立)로 구분하고 있다(「기업의 합병·조직개편의 지지를 위한 회사합병분할등기에 관한 의견」 2조 1항).

존속분할이라고 함은 하나의 회사가 다른 하나 또는 하나 이상의 새로운 회사를 만드는 것을 말한다. 이 경우 원 회사는 계속 존속하고, 다만 주주(사원)수나 등록자본금 등에서 변화가 발생한다. 또한 새로운 회사는 원 회사와는 다른 독립된 법인격을 취득한다.

신설분할은 하나의 회사가 두 개 또는 둘 이상의 독립된 법인격을 갖는 회사

---

7) 国家工商行政管理总局关于做好公司合并分立登记支持企业兼并重组的意见(2011년 제정).

8) 刘俊海, 现代公司法(法律出版社 제3판 2015년 下册), 731면.

로 분립되는 것을 말한다. 원 회사가 보유하고 있던 자산은 분할계획에서 정한 바에 따라 새로운 회사에 배정되고 원 회사는 해산된다.

Ⅱ. 분할절차

회사분할은 합병과 마찬가지로 회사의 중대한 구조개편이면서 동시에 회사의 주주(사원) 또는 채권자에게 중대한 영향을 미치는 사안이기 때문에 특정한 절차를 거쳐서 실시하여야만 한다.

1. 분할계획(방안)의 작성

분할하는 회사의 이사회는 분할계획(分立计划, 또는 分立协议)을 작성하여야 한다. 분할계획의 기재사항에 대해서는 합병계약과 마찬가지로 회사법에서 법정하고 있지 않으나, 일반적으로 ① 분할하는 회사의 유형, 명칭 및 주소, ② 주식교환의 비율 및 현금 지급 금액, ③ 주식(지분) 분배의 조건, ④ 분할 후 회사 또는 존속회사로의 자산이전 및 채무의 분배 현황, ⑤ 존속회사와 신설회사의 정관 등이 포함된다.[9]

2. 사원총회 또는 주주총회의 결의

분할계획을 작성하면 이를 사원총회 또는 주주총회에 제출하여 동의를 받아야 한다. 회사의 분할은 특별결의사안에 해당하는 사안이므로, 유한회사의 경우 사원이 보유하고 있는 의결권의 3분의 2 이상(44조 2항), 주식회사의 경우 출석한 주주가 보유하는 의결권의 3분의 2 이상(103조 2항)의 동의로 결의한다.

합병과 마찬가지로 국가가 단독으로 출자한 국유독자회사에 대해서는 특별규정을 두고 있다.

3. 대차대조표와 재산명세서의 작성

사원총회나 주주총회의 결의가 완료되면, 회사는 대차대조표 및 재산명세서를 작성하여야 한다(175조 2항).

---

9) 刘俊海, 전게서, 733면.

4. 채권자보호절차

회사분할에 대한 사원총회나 주주총회의 결의가 완료된 날로부터 10일 이내에 채권자에게 해당 사항을 통지하고, 30일 이내에 신문에 공고하여야 한다(175조 2항).

5. 반대주주(사원)의 주식(지분)매수청구권

회사합병과 마찬가지로 회사분할에 반대하거나 이의를 제기하는 사원 또는 주주를 보호하기 위하여 중국 회사법은 지분 또는 주식매수청구권을 인정하고 있다(74조 1항 2호, 142조 1항 4호).

Ⅲ. 분할의 효과

회사가 존속분할하는 경우에는 원 회사의 등록자본에 변화가 발생하고, 분할된 회사의 법인격이 탄생한다. 따라서 원 회사는 변경등기를, 분할된 회사는 설립등기를 하여야 한다. 신설분할의 경우에는 원 회사는 해산되므로 말소등기를 하여야 하고, 신설회사는 설립등기를 하여야 한다. 회사의 합병과 마찬가지로 회사분할의 공고일로부터 45일 이후에 등기를 신청해야 한다(「회사등기관리조례」 38조).

회사의 분할로 인하여 분할회사의 권리의무는 분할 후의 존속회사 또는 신설회사로 포괄적으로 이전한다. 그러나 회사 분할의 영향을 가장 크게 받는 채권자를 보호하기 위하여 중국 회사법은 회사분할 전의 채무는 분할 후의 회사가 연대하여 부담하도록 규정하고, 다만 회사가 분할 전에 채권자와 채무에 대해 서면협의로 별도로 약정한 경우에는 그에 따르도록 하고 있다(176조). 분할된 회사가 연대책임을 부담한 후에는 각 분할된 회사 사이에 분할 전 회사의 채무에 관하여 약정이 있다면 그에 따르고 약정이 없거나 약정이 있어도 명확하지 못할 경우 회사의 분할당시의 자산비례에 따라 책임을 분담한다(「최고인민법원의 기업개혁 관련 민사분쟁안건의 심리에 관한 몇 가지 문제에 관한 규정」 13조).[10]

존속분할의 경우, 원 회사의 주주(사원)는 분할계획과 법률 및 정관에 따라

---

10) 最高人民法院关于审理与企业改制相关的民事纠纷案件若干问题的规定(2003년 제정, 2020년 개정).

원 회사의 주주의 지위를 유지할 수도 있고, 새로 분할되는 회사의 주주가 될 수도 있다. 이 경우 원 회사에 대하여 보유하고 있던 주식(지분)도 분할계획과 법률 및 정관에 따라 감소하게 된다. 신설분할의 경우 주주(사원)는 원 회사에 대하여 보유하던 주식(지분)이 회사소멸로 인하여 상실되고, 새로 설립된 회사의 주식(지분)을 취득하게 된다.

제5절　외국인투자기업의 합병과 분할

「외국인투자기업의 합병과 분할에 관한 규정[11]」(규정)은 중국 경내에 설립된 중외합자경영기업, 법인 자격을 갖춘 중외합작경영기업, 외자기업(외상독자기업, 즉 외국인단독출자기업), 외국인투자주식회사 간의 합병과 분할, 그리고 이러한 기업들과 중국 내자기업간의 합병과 분할을 규율하고 있다(규정 2조).

회사법과 비교하여 보면 위 규정은 외국인투자기업의 합병과 분할에 대해서 내자기업에 비하여 보다 많은 제한을 가하고 있다. 기본적으로 외국인투자기업의 합병 및 분할은「외국인투자방향지도 잠정규정」및「외국인투자산업지도목록」에 부합하여야 하므로 외국인투자자가 외상독자, 지배주주 또는 주도적인 지위를 차지하는 것이 허가되지 아니한 산업의 회사가 합병 및 분할로 인하여 외상독자, 지배주주 또는 주도적 지위를 차지하여서는 안된다(규정 5조 2항). 또한 합병과 분할로 인하여 그 업종 또는 경영범위의 변경을 초래하는 경우에는 관련 법률, 법규 및 국가산업정책의 규정에 부합하여야 하며 필요한 심사비준 수속을 밟아야 한다(규정 5조 3항).

Ⅰ. 외국인투자기업의 합병

1. 합병의 유형 및 제한

외국인투자기업의 합병에서도 역시 흡수합병과 신설합병이 인정된다. 다만 합병 후의 회사형태에 대해서 일정한 제한이 있는데, 유한회사 간에 합병을 하는 경

---

11)　关于外商投资企业合并与分立的规定(1999년 제정, 2001년, 2015년 개정).

우에는 합병 후의 회사는 유한회사가 되며, 주식회사 간에 합병을 하는 경우에는 합병 후의 회사는 주식회사가 된다(규정 9조 1항). 상장 주식회사와 유한회사가 합병하는 경우에는 합병 후의 회사는 주식회사가 되고, 비상장 주식회사와 유한회사가 합병하는 경우에는 합병 후의 회사는 주식회사 또는 유한회사가 된다(규정 9조 2항).

또한 외국인투자기업이 중국 내자기업을 합병하는 경우에는 다음과 같은 제한이 있다(규정 16조). ① 합병 상대방인 중국 내자기업은 「회사법」에 의해 설립한 유한회사 또는 주식회사여야 한다. ② 투자자는 법률, 법규 등에 따라 합병 후의 회사가 영위하는 관련 산업의 투자자자격조건을 갖추어야 한다. ③ 외국투자자의 지분비율은 합병 후 회사 등록자본의 100분의 25보다 적어서는 아니 된다. ④ 합병계약의 각 당사자는 합병회사의 원래 종업원들의 취업 또는 합리적인 배치를 보장하여야 한다.

2. 합병의 절차

'규정'에서는 외국인투자회사의 합병에 관하여 국내회사의 합병보다 더 구체적이고 엄격한 절차를 규정하고 있다. 이에 따르면 외국인투자회사의 합병은 합병계약의 작성과 체결, 기업최고권력기관의 결의, 합병의 신청 및 정부기관의 예비인가, 채권자에 대한 통지와 공고, 정부기관의 최종 비준, 등기, 합병통지 및 공고 등의 절차로 진행된다.

가. 합병계약의 체결 및 결의

합병 당사회사는 회사 최고권력기관의 결의를 거쳐 합병계약을 체결하여야 한다. 이때 합병계약서에는 다음과 같은 내용들이 포함되어야 한다(규정 20조). ① 합병계약 당사회사의 명칭, 주소, 법정대표자, ② 합병 후 회사의 명칭, 주소, 법정대표자, ③ 합병 후 회사의 투자총액 및 등록자본금,[12] ④ 합병의 형식, ⑤ 합병계약 각 당사회사의 채권·채무의 승계방안, ⑥ 직공(職工) 배치 방안,[13] ⑦ 위

---

12) 주식회사 간의 합병 또는 합병 후의 회사가 유한회사인 경우에는, 합병 후 회사의 등록자본금은 원 회사의 등록자본액의 합이 된다(규정 10조 1항). 유한회사와 주식회사가 합병하여 합병 후의 회사가 주식회사인 경우에는, 합병 후 회사의 등록자본금은 원 유한회사의 순자산액을 합병한 주식회사의 매 주식에 포함되어 있는 순자액에 따라 환가한 주식자본액과 원 주식회사의 주식자본총액의 합이다(규정 10조 2항).

13) 합병으로 인하여 소멸되는 회사의 직공 배치에 대한 계획이 포함되어 있어야 한다. 이는 중

약책임, ⑧ 분쟁해결방식, ⑨ 계약일자 및 장소, ⑩ 합병 당사회사가 필요하다고
여기는 기타 사항.

나. 합병비준의 신청

외국인투자기업의 합병은 심사비준기관에 합병서류를 제출하여 비준을 받고
등기기관에 등기를 하여야 한다(규정 7조 1항). 합병 당사회사의 원 심사비준기관
이 2개 이상인 경우에는 합병 후 회사의 주소지의 대외경제무역주관부문과 국가
공상행정관리총국이 수권한 등기기관이 심사비준 및 등기기관이 된다(규정 7조 2
항). 합병 당사회사 중 적어도 하나가 주식회사인 경우에는 중화인민공화국 대외
무역경제합작부가 심사비준한다(규정 7조 4항).

흡수합병의 경우에는 존속회사가 신청인이고, 신설합병의 경우 합병 당사회
사가 협상하여 신청인을 확정한다(규정 19조 1항). 합병서류에는 다음의 서류들이
포함된다(규정 19조 2항).

① 각 회사 법정대표자가 서명한 회사합병신청서(公司合并申请书) 및 회사합병
   계약(公司合并申协议)
② 각 회사의 최고권력기관의 합병계약에 대한 결의
③ 각 회사의 계약서, 정관
④ 각 회사의 비준증서 및 영업허가증 사본
⑤ 각 회사의 대차대조표 및 재산명세서
⑥ 각 회사의 전년도 회계감사보고서
⑦ 각 회사의 채권자 명단
⑧ 합병 후 회사의 계약서, 정관
⑨ 합병 후 회사 최고권력기구의 구성원 명단
⑩ 심사기관이 요구하는 기타 서류

심사기관은 위와 같은 신청을 접수한 날로부터 45일 이내에 서면으로 합병에
대한 동의 여부를 예비인가 하여야 한다(규정 25조 1항).

국 계획경제체제에서 비롯된 중국 특색의 규정이라고 할 수 있다.

심사기관이 대외무역경제합작부인 경우에, 대외무역경제합작부는 합병이 독점이나 특정상품 또는 서비스의 시장지배적 지위를 형성하여 공정한 경쟁을 방해할 가능성이 있다고 판단하면 관련 부서와 기구를 소집하여 합병신청회사에 대하여 공청회를 열고 해당 회사와 관련 시장에 대하여 조사를 할 수 있다. 이 경우 심사기한은 180일까지 연장된다(규정 25조 2항).

다. 채권자보호절차

심사비준기관에서 합병신청에 동의하여 예비인가를 한 날로부터 10일 이내에 회사는 채권자에게 통지서를 발송하고 30일 이내에 전국에 발행하는 성(省)급 이상의 신문에 3회 이상 공고를 하여야 한다(규정 26조 1항). 통지서와 공고에는 기존 회사의 채무의 승계방안에 대해 설명을 하여야 한다(규정 26조 2항).

채권자는 통지를 받은 날로부터 30일 이내에, 통지를 못 받은 채권자는 첫 공고일로부터 90일 이내에 회사에 대하여 채무승계방안을 수정할 것을 청구(要求)하거나, 채무변제 또는 상응하는 담보의 제공을 청구(要求)할 수 있다(규정 27조 1항). 만약 채권자가 위 기한 내에 관련 권리를 행사하지 아니하면, 채권자가 합병 당사회사의 채권·채무승계방안에 동의한 것으로 보며, 해당 채권자의 주장은 회사의 합병에 영향을 미치지 아니한다(규정 27조 2항).

라. 합병의 비준

첫 공고일로부터 90일이 경과한 때까지, 채권자 이의(債权人异议)가 없는 경우에는, 신청인은 ① 회사합병에 대하여 3회 이상의 공고를 했다는 증명서류, ② 채권자에게 통지를 했다는 증명서류, ③ 채권·채무의 처리상황에 대한 설명, ④ 심사기관이 요구하는 기타 서류를 심사비준기관에 제출하여야 한다(규정 28조).

심사비준기관은 위와 같은 서류를 받은 날로부터 30일 이내에 회사합병의 비준여부를 결정하여야 한다(규정 29조).

심사비준기관이 합병을 비준하면 합병신청인은 비준한 날로부터 30일 내에 합병으로 인한 소멸, 존속 또는 신설되는 회사의 사항에 대하여 상응하는 심사비준기관에서 외국인투자기업 비준증서의 반납, 변경 또는 수령수속을 밟아야 한다(규정 31조).

마. 등   기

심사비준기관이 합병을 비준하면 흡수합병의 경우에는 존속회사는 원 심사비준기관에 외국인투자기업비준증서의 변경절차를 거친 다음, 등기기관에 변경등기를 하여야 한다. 소멸회사는 원 심사비준기관에 외국인투자기업비준증서를 반납하고 등기기관에 말소등기를 하여야 한다(규정 30조 1항).

신설합병의 경우에는 합병 각 당사회사는 원 심사비준기관에 외국인투자기업비준증서를 반납하고 등기기관에 말소등기를 하여야 한다. 신설회사는 외상투자기업비준증서를 수령하고 등기기관에 설립등기를 하여야 한다(규정 30조 2항).

바. 합병 후의 통지와 공고

합병 후 존속회사 또는 신설회사는 영업허가증을 변경하거나 수령한 날로부터 20일 이내에 합병으로 인하여 소멸한 회사의 채권자와 채무자에게 채무자 및 채권자의 변경의 통지를 발송하고, 전국에서 발행하는 성(省)급 이상의 신문에 공고하여야 한다(규정 35조).

사. 등록절차

합병 후의 존속 또는 신설 회사는 영업허가증을 교체하거나 수령한 날로부터 30일 내에 세무, 세관, 토지관리 및 외환관리 등 관련 기관에서 상응하는 등록절차를 밟아야 한다(규정 36조 1항).

또한 회사가 중국 내자기업과 합병하였을 경우에는 존속 또는 신설 회사는 외국인투자기업 관련 규정에 따라 세무, 세관, 토지관리 및 외환관리 등 기관에서 관련 심사 확인 절차를 밟아야 한다(규정 36조 2항).

II. 외국인투자기업의 분할

1. 분할의 유형

외국인투자기업의 분할에서도 역시 존속분할과 신설분할이 인정된다.

2. 분할의 절차

외국인투자기업의 분할절차는 합병계약 대신 분할계획을 작성해야 한다는 점을 제외하고는 거의 합병절차와 동일하다. 즉, 분할계획의 작성, 기업최고권력기관의 결의, 분할의 신청 및 정부기관의 예비인가, 채권자에 대한 통지와 공고, 정부기관의 최종 비준, 등기, 분할통지 및 공고의 절차로 진행된다.

분할계획에는 다음과 같은 내용들이 포함되어야 한다(규정 23조). ① 분할계획, 각 당사회사의 명칭, 주소, 법정대표자, ② 분할 후 회사의 명칭, 주소, 법정대표자, ③ 분할 후 회사의 투자총액 및 등록자본금, ④ 분할의 형식, ⑤ 분할계획의 각 당사회사의 채권·채무의 승계방안, ⑥ 종업원의 배치 방안, ⑦ 위약책임, ⑧ 분쟁해결방식, ⑨ 계약 일자 및 장소, ⑩ 분할 당사회사가 필요하다고 여기는 기타 사항.

심사비준기관이 분할을 비준하면, 존속분할의 경우에는 존속회사는 심사비준기관에서 외국인투자기업비준증서의 변경절차를 거친 다음, 등기기관에 변경등기를 하여야 한다. 신설회사는 심사비준기관에서 외국인투자기업비준증서를 수령하고 등기기관에 설립등기를 하여야 한다(규정 30조 3항).

신설분할의 경우에는 원 회사는 원 심사비준기관에 외국인투자기업비준증서를 반납하고 말소등기를 하여야 한다. 신설회사는 심사비준기관에서 외상투자기업비준증서를 수령하고 등기기관에 설립등기를 하여야 한다(규정 30조 4항).

제10장 기업집단과 내부거래

제1절 기업집단법제 개설

Ⅰ. 기업집단의 개념

회사는 사업을 다각화함에 있어 회사 내에 별도의 사업부를 두기보다는 종속회사를 설립하는 경향이 있다. 종속회사의 의사결정에 관여할 수 있으면서도 위험을 분산할 수 있기 때문이다. 특히 종속회사를 통하여 수직계열화에 따른 효율성 증진효과를 누릴 수 있다. 즉, 회사에 필수적으로 필요한 부품을 종속회사를

설립하여 조달받는 경우, 거래상대방의 기회주의적 행태에 따른 불이익을 피할
수 있다.

국제회계기준에서는 지배회사(parent)와 그 회사가 지배하고 있는 종속회사
(subsidiaries)를 통칭하여 "기업집단"(group)이라 하는데(IFRS 10 Appendix A),[1] 지배
회사는 연결재무제표를 작성한다(IFRS 10). 지배회사란 하나 이상의 기업을 지배
하는 기업을 말하고,[2] 종속회사란 다른 기업의 지배를 받는 기업을 말한다.[3] 그
리고 투자자가 피투자자의 성과에 따른 변동이익에 노출되거나 변동이익에 대한
권리를 갖고 또한 피투자자에 힘을 행사하여 변동이익에 영향을 미칠 능력이 있
는 경우 피투자자를 지배한다고 보고 있다(IFRS 10 Appendix A).[4] 국제회계기준은
지배력(control)을 기준으로 기업집단을 정의하고 있다고 볼 수 있다.

기업집단의 개념은 중국 회사법 및 반독점법에는 규정이 없고, 한국 「공정거
래법」에 규정을 두고 있다. 「공정거래법」은 "지분율 기준" 또는 "지배력 기준"에
의하여 기업집단을 정의하고 있는데(2조 2호), 지분율은 지배력에 대한 객관적 징
표의 하나이므로 지배력 기준을 채택했다고 볼 수 있다. 기업집단에 속하는 회사
를 계열회사라 한다(2조 3호).

> (1) 지분율 기준 계열회사란 동일인 또는 동일인관련자[5]가 당해회사의 의결권 있
> 는 발생주식 총수의 30% 이상을 소유하고 최다출자자인 회사를 말한다.

---

1) Group: A parent and its subsidiaries.
2) Parent: An entity that controls one or more entities
3) Subsidiary: An entity that is controlled by another entity.
4) Control of an Investee: An investor controls an investee when the investor is exposed, or
   has rights, to variable returns from its involvement with the investee and has the ability to
   affect those returns through its power over the investee.
5) 가. 배우자, 6촌 이내의 혈족, 4촌 이내의 인척.
   나. 동일인 또는 동일인관련자가 합하여 총출연금액의 30% 이상을 출연한 경우로서 최다
      출연자가 되거나 동일인 및 동일인관련자 중 1인이 설립자인 비영리법인 또는 비법인
      단체.
   다. 동일인 또는 동일인관련자가 임원의 구성이나 사업운용 등에 대하여 지배적인 영향력
      을 행사하고 있는 비영리법인 또는 비법인단체
   라. 계열회사
   마. 동일인 및 동일인관련자의 사용인(법인인 경우에는 임원, 개인인 경우에는 상업사용인
      및 고용계약에 의한 피용인을 말함).

(2) 지배력 기준 계열회사란 ① 동일인이 대표이사를 임면하거나 임원의 50% 이상을 선임하거나 선임할 수 있는 회사, ② 동일인 또는 동일인관련자가 당해회사의 주요 의사결정이나 업무집행에 지배적인 영향력을 행사하고 있는 회사, ③ 동일인 또는 계열회사와 임원겸임 등 인사교류가 있는 회사, ④ 통상적인 범위를 초과하여 동일인 또는 동일인관련자와 자금·자산·상품·용역 등의 거래를 하고 있거나 채무보증을 하거나 채무보증을 받고 있는 회사, 기타 사회통념상 경제적 동일체로 인정되는 회사를 말한다(시행령 제3조).

이하에서는 국제기업회계기준상 연결재무제표의 작성이 요구되는 기업집단의 개념을 전제로 설명하기로 하겠다. 다만, 지배회사와 종속회사를 총칭하는 경우 계열회사라 하겠다.

II. 기업집단과 관계자(related party)와의 관계

전술한 바와 같이 「기업회계준칙」제36호(관계자 공개)에서 관계자(关联方)를 구체적으로 예시하고 있다(4조). 즉, ① 해당기업의 모회사, ② 해당기업의 자회사, ③ 해당기업의 모회사가 지배하는 다른 기업, ④ 해당기업을 공동으로 지배(共同控制)하는 투자자(投资方), ⑤ 해당기업에 중대한 영향(重大影响)을 미치는 투자자, ⑥ 해당기업의 주요 개인투자자 및 그와 영향을 주고받는 가족구성원(家庭成员), ⑦ 해당기업 혹은 모회사의 핵심 관리인원 및 그와 영향을 주고받는 가족구성원, ⑧ 해당기업의 주요 개인투자자, 핵심 관리인원 또는 그와 영향을 주고받는 가족구성원이 통제, 공동 통제하거나 중대한 영향을 미치는 다른 기업을 관계자라고 한다. 그 외 관계자에는 해당기업이 투자한 합영기업(合营企业)6)과 해당기업이 공동으로 경영하는 연영기업(联营企业)7)이 있다. 위 「기업회계준칙」제36호(관계자 공개)는 해당기업과 관계자 사이에 관계자거래(关联方交易)가 발생한 경우, 그 구체적인 내용을 주석(附注)으로 공시하도록 하고 있다(10조).

---

6) 「중외합작경영기업법」에 근거하여 설립된 회사를 합영기업(合营企业)이라고 하였으나(1조), 2021년 시행된 「외상투자법」에서는 규정하지 않고 있다. 1956년 사회주의 개조시기에 공사합병기업(公私合营企业)이 존재하였다.
7) 민법통칙(民法通则, 1986년 제정, 2007년 개정, 2021년 실효)에 연영기업에 대하여 규정하고 있었으나(51조-53조), 2021년 시행된 민법전에서는 규정하지 않고 있다.

한편, 「기업회계준칙」 제33호(연결제무제표)에서는 기업집단(企業集団)의 경우 기업집단을 '하나의 경제적실체'로 보아서 지배회사(母公司)[8]가 연결재무제표(合并财务报告)를 작성하도록 규정하고 있다(2조). 연결재무제표는 지배회사와 종속회사, 종속회사 상호간의 '내부거래'(內部交易)의 영향을 제거한 후에 작성하여야 한다(15조).

예를 들면 A회사가 당해연도에 영업실적이 좋지 않아서 그해 11월에 자회사인 B회사에게 자신의 재고자산을 50억 원에 판매하였지만, B회사가 그해 12월말까지 위 재고자산을 제3자에게 판매하지 못한 경우, A회사의 손익계산서에 50억 원을 매출로 인식하면서 A회사와 B회사 간의 거래는 관계자거래로서 주석에서 설명하여야 한다. 그런데 A회사의 연결손익계산서에서는 A회사와 B회사를 하나의 경제적실체로 보기 때문에 위 50억 원을 매출로 인식할 수 없다.

계열회사 간의 거래는 관계자거래에 해당하므로, 관계자가 기업집단보다 더 넓은 개념이다. 또한 관계자는 특정회사를 전제로 한 개념이고, 기업집단은 특정회사를 넘어서 계열회사 전체를 하나의 경제적실체로 파악하는 개념으로, 양자 간에 관점의 차이가 있다. 기업집단 법제의 핵심은 '기업집단의 이익'(the interest of the group)이라는 개념을 인정하여, '기업집단 경영'(Group Management)을 긍정할 것인가이다. 즉, 계열회사, 특히 지배회사가 기업집단의 손익에 근거하여 경영(의사결정)할 수 권리와 의무가 있느냐이다. 후술하는 바와 같이 기업집단에 대한 법제는 각 나라마다 다르다.

III. 기업집단법제의 배경

기업집단에서 계열회사의 경영성과가 상호의존적인 경우, 지배회사가 기업집단 전체의 입장에서 의사결정을 하는 것이 규모의 경제를 달성할 수도 있고 신속하고 효율적인 의사결정을 할 수 있어서, 장기적으로 계열회사에게도 바람직할 수 있다.[9] 이에 따라 지배회사가 종속회사의 경영에 적극적으로 관여할 수 있는

---

8) 지배회사를 母公司, 종속회사를 子公司라고 표현하고 있으나 회사법상 모회사 및 자회사와 구별하기 위하여 각 지배회사와 종속회사로 번역하기로 한다.

9) 동일한 기업집단에 속하는 A사는 막대한 보증채무로 인해 도산의 위기에 처하였다. A가 도산할 경우 동일한 기업집단에 속하는 로고와 기업이미지를 공유하고 공동사업을 벌이고 있는 B, C, D사는 매출액 감소, 소비자 신뢰도 저하, 주가 하락 및 회사채 이자율 상승, 은행

길을 열어줄 필요가 있다. 실제로 기업집단에서 중요한 의사결정, 이를테면 중장기 투자전략, 신사업진출, 경영임원의 승진 전보 해임 등 중요한 인사명령, 기업인수 분할 합병 등 근본적인 기업구조개편은 개별회사의 차원이 아니라 기업집단 차원에서 결정되는 예가 많다. 유럽연합의 회사법 전문가로 이루어진 검토그룹(reflection group)에서 2011년 유럽위원회(European Commission)에 제출한 보고서에 따르면 기업집단의 지배회사에게 기업집단과 그 소속회사들을 전반적인 기업집단의 이익에 맞춰 경영할 권리와 의무가 있다고 본다.[10]

　　그러나 기업집단의 존재는 개별회사와는 다른 기업집단 독자의 문제, 즉 경제력 집중의 문제와 이익충돌의 문제가 발생한다. 즉, ① 기업집단에 속하지 않은 기업의 시장진입을 봉쇄하여 경쟁을 저해하고, ② 기업집단의 내부거래 조건이 불공정할 경우 지원주체로부터 지원객체로 부의 이전이 일어나서 지원객체가 품질과 가격 이외의 요소로 인해 경쟁상 유리한 지위에 서게 되어 지원객체가 속한 시장에서 공정한 경쟁을 저해할 수 있으며, 또한 ③ 내부거래가 불공정한 경우 지원주체로부터 지원객체로 부의 이전이 일어나서 지원주체의 소수주주가 손해를 보게 된다.[11] 앞의 두 가지가 「공정거래법」의 문제이나 세번째는 회사법의 문제이다.[12]

　　중국은 반독점법에서 기업집단에 대하여 특별한 규율을 하지 않고 있다. 참고로 한국 「공정거래법」에서는 기업집단에 대하여 출자규제, 행태규제, 공시제도

부채의 만기 연장 곤란 등의 불이익을 우려하여 A사에 저리대여, 신주 고가인수, 부동산 저가양도, 불리한 비율에 의한 자회사끼리의 합병 등의 방법으로 재정적 지원을 해 주었다. 이처럼 지원행위가 없었다면 A의 도산으로 말미암아 궁극적으로 B, C, D에게 더 큰 손해가 발생할 것이라는 판단하게 그와 같은 지원을 하였더라도 당해 거래만 놓고 보면 B, C, D에게 손해가 발생하였으니 그 이사들은 임무를 위배한 것인가? 천경훈, "기업집단법제에 관한 연구; 기업집단 소속회사의 손익판단을 중심으로", 기업법연구 제29권 제3호(2015), 52−53면.

10) Reflection Group, Report of the Reflection Group on the Future of EC company Law, 2011, P60.

11) 기업집단에서 지배주주가 계열회사의 지분을 100% 보유하고 있지 않는 경우 계열회사 상호간 부의 이전이 발생할 수 있다. 즉, 지배주주가 甲회사에 대해서는 100% 지분을 가지고 있으나 乙회사에 대해서 30%을 갖고 있는 경우, 甲회사에 유리하고 乙회사에 불리한 거래를 할 능력과 유인이 있다. 그 경우 乙회사의 70% 주주로부터 지배주주로 부의 이전이 일어나게 된다.

12) 천경훈, "실질적 의미의 기업집단법, 그 현황과 과제", 경제법연구 제15권 제3호(2016), 8면.

를 실시하고 있다. ① 출자규제에는 상호출자 금지제도, 신규순환출자 금지제도, 금융보험사 의결권제한제도, 지주회사제도가 있고, ② 행태규제에는 채무보증제한제도, 특수관계인에 부당이익제공금지가 있으며, ③ 공시제도에는 기업집단현황 공시제도, 비상장회사 중요사항 공시제도, 대규모내부거래의결 공시제도가 있다.

구분	제도	적용대상
출자규제	상호출자 금지제도 신규순환출자 금지제도 금융보험사 의결권 제한제도 지주회사제도	대기업집단 소속회사 전제 대기업집단 소속회사 전제 대기업 집단 금융보험사 지주, 자, 손자회사 등
행태규제	채무보증 제한제도 특수관계인에의 부당이익제공 금지	대기업집단 비금융회사 대기업집단 소속회사 전제
공시제도	기업집단현황 공시제도 비상장회사 중요사항 공시제도 대규모내부거래의결 공시제도	대기업집단 소속회사 전제 대기업집단 소속 비상장/비금융회사 대기업집단 소속회사 전제

이하에서는 기업집단에서의 회사법적 문제, 즉 이해충돌의 문제에 대하여만 설명하겠다. 일반적으로 (1) 지배회사 소수주주의 이익을 보호하기 위하여, ① 종속회사의 주요행위에 지배회사 주주총회의 승인을 요구할 것인가의 문제(홀츠뮐러 판결[13]), ② 지배회사 주주의 회계장부열람청구권을 종속회사로 확장할 것인가의 문제, ③ 지배회사 주주에게 종속회사 이사에 대한 책임추궁을 위한 다중대표소송을 허용할 것인가의 문제 등이 거론된다. (2) 종속회사 소수주주의 이익을 보호하기 위하여, ① 지배회사(또는 그 이사)가 종속회사(또는 그 이사)에게 불리한 내용의 지시를 하였을 때 그 지시자들을 종속회사에 대한 책임을 인정할 것인가의 문제(그림자 이사, 사실상 이사, 업무집행지시자 등), ② 지배회사와 종속회사 간의 거래나 법률행위가 종속회사에 불이익한 경우 종속회사에 대한 배상 내지 보상을 인정할 것인가의 문제(독일주식법상 지배회사의 보상의무[14])가 거론된

---

13) 종속회사가 그 중요한 사업부분을 현물출자한 경우에 이러한 조치는 지배회사 주주의 재산적 이익에 중대한 영향을 미치기 때문에 지배회사 주주총회의 결의를 요한다(1982년).

14) 독일주식법상 콘체른은 계약상 콘체른과 사실상 콘체른으로 구분된다. (1) 계약상 콘체른의

다.[15) 또한 (3) 기업집단의 계열회사와 거래하는 상대방은 그 회사뿐만 아니라 지배회사 등 기업집단 전체의 신용 및 자산까지 고려하여 변제자력을 파악하는 경우가 많다. 이러한 채권자를 보호하기 위하여 법인격 부인의 법리가 일정한 역할을 하고 있고, 다른 계열회사나 그룹 전체를 상징하는 상호나 성명을 사용할 경우 명의대여자책임이 적용될 수 있다.[16)

IV. 기업집단법제의 형태

회사법은 조직법으로서 독립한 권리의무의 주체인 회사에 대한 일반적인 규정을 두고 있다. 즉, 회사의 설립과 해산, 회사지배구조 및 이해관계자 보호, 합병 및 분할 등에 대하여 규정하고 있다. 또한, 회사법에서는 상장회사에 대한 특별규정(제4장 제5절, 한국상법 제3편 제4장 제13절)을 두고 있다.

기업집단법제의 형태는 회사법과 관련하여 크게 두 가지로 분류할 수 있다.[17) 첫째는 회사법의 체계 내에서 기업집단의 이해상충의 문제를 해결하는 조항을 추가하는 방식이다. 한국은 이 체계를 채택하고 있다. 즉, 회사법에서 회사의 일정한 행위를 규제하는 규정을 두고 있는데, '개별회사의 입장'에서 회사 및 회사의

경우 지배회사는 지배회사의 이익 또는 지배회사와 콘체른으로 결합된 회사의 이익에 기여하는 한 종속회사에 불이익한 지시도 가능하다. 종속회사의 주주에게 확정액의 배당 또는 지배회사의 이익배당의 일정비율에 따른 배당을 할 수 있고, 주식매수청구권을 인정하고 있다. (2) 사실상 콘체른의 경우 지배회사는 불이익이 보상되는 경우를 제외하고는 종속회사에 불이익한 법률행위나 조치를 지시하기 위해 그에 영향력을 행사할 수 업다. 또한 종속회사의 이사회는 지배회사의 지시에 의한 조치가 불이익을 초래하는지, 불이익을 보상받을 수 있는지, 지배회사가 불이익을 보상할 의사와 능력이 있는지를 검토하여야 하고, 종속회사의 이익만을 판단기준으로 하여 그 지에 따를지 여부를 결정하여야 한다. 천경훈, "기업집단법제에 관한 연구; 기업집단 소속회사의 손익판단을 중심으로", 기업법연구 제29권 제3호(2015), 55-56면.

15) 김건식·노혁준, 「지주회사와 법」(보정판), 도서출판 소화(2008), 299-302면.
16) 천경훈, "기업집단법제에 관한 연구; 기업집단 소속회사의 손익판단을 중심으로", 기업법연구 제29권 제3호(2015), 49-50면.
17) 미국은 정부의 반독점정책, 신탁의 발전, 투자은행의 영향력으로 인하여 기업집단이 지배주주 없이 지분이 분산된 지주회사 및 그 예하의 완전자회사(또는 완전자회사에 가까울 정도로 모회사의 지분율이 고도로 높은 자회사)로 구성된 경우가 대부분이어서 기업집단에서의 이해상충 현상 및 기업집단에서의 이해상충방지 체계에 관한 논의가 거의 없다고 한다. 김건식·송옥렬·노혁준, 기업집단 규율의 국제비교 - 우리나라 기업집단의 변화추이와 관련법제의 국제적 정합성 검토 -, 공정거래위원회 용역보고서, 2008. 11., 10~11면.

이해관계자를 보호하기 위한 것이고 거시적인 관점에서 시장에서 경쟁을 촉진하기 위한 것이 아니다. 한국상법을 예를 들면, 자회사의 모회사의 주식취득 금지(342조의2), 상호주 의결권 제한(369조 3항) 등은 소수주주의 의결권을 보호하기 위한 것이고, 모회사 감사의 자회사 감시권(412조의5), 업무집행지시자의 책임(401조의2), 경업금지(397조), 기회유용금지(397조의2), 자기거래금지(398조) 등은 당해회사의 이익을 보호하기 위한 것이다. 2020년 신설된 다중대표소송(406조의2)은 모회사의 소수주주권을 자회사에게로 확장한 것으로 기업집단의 개념이 반영되었다고 볼 수 있으나 상장회사가 주요주주 등 이해관계자에게 신용공여를 금지하는 규정(542조의9)은 상장회사의 주주의 이익을 위하여 기업집단의 개념을 부정하는 규정이다. 이와 같이 한국은 아직까지 기업집단의 개념을 적극적으로 도입하지 못하고 있다.[18] 둘째는 한국 상법의 "상장회사에 대한 특례" 절과 유사하게 "기업집단에 대한 특례"라는 독립된 장과 절을 두는 방식이다. 독일이 이 체계를 취하고 있다. 독일 주식법의 콘체른 장에서 기업집단의 존재를 긍정하고, 지배회사와 종속회사 간의 이해관계를 조정하는 규정을 두고 있다.

중국은, 1997년 5월 대만이 후자의 체계에 속하는 독일 주식법의 콘체른 장 중 사실상 콘체른에 관한 내용을 회사법 제6장의1(관계기업) 369조의1 내지 369조의12에 도입한 것을 계기로, 그 이후 몇 년간 회사법 학계에서 독일 주식법의 콘체른에 관한 장에 관한 연구, 대만 회사법의 제6장의1에 관한 연구 및 이러한 체계의 도입에 관한 논의가 있었지만, 현재에는 후자의 체계를 도입하자는 견해는

---

18) 한국 대법원은 계열회사 간 지원행위와 관련하여 다음과 같이 설시하고 있다. 동일한 기업집단에 속한 계열회사 사이의 지원행위가 합리적인 경영판단의 재량 범위 내에서 행하여진 것인지 여부를 판단하기 위해서는 앞서 본 여러 사정들과 아울러, 지원을 주고받는 계열회사들이 자본과 영업 등 실체적인 측면에서 결합되어 공동이익과 시너지 효과를 추구하는 관계에 있는지 여부, 이러한 계열회사들 사이의 지원행위가 지원하는 계열회사를 포함하여 기업집단에 속한 계열회사들의 공동이익을 도모하기 위한 것으로서 특정인 또는 특정회사만의 이익을 위한 것은 아닌지 여부, 지원 계열회사의 선정 및 지원 규모 등이 당해 계열회사의 의사나 지원 능력 등을 충분히 고려하여 객관적이고 합리적으로 결정된 것인지 여부, 구체적인 지원행위가 정상적이고 합법적인 방법으로 시행된 것인지 여부, 지원을 하는 계열회사에 지원행위로 인한 부담이나 위험에 상응하는 적절한 보상을 객관적으로 기대할 수 있는 상황이었는지 여부 등까지 충분히 고려하여야 한다. 위와 같은 사정들을 종합하여 볼 때 문제된 계열회사 사이의 지원행위가 합리적인 경영판단의 재량 범위 내에서 행하여진 것이라고 인정된다면 이러한 행위는 본인에게 손해를 가한다는 인식하의 의도적 행위라고 인정하기 어려울 것이다(2015도12633).

찾기 어렵다.[19] 사법해석(5)에서 관련거래에 관한 규정[20]을 두고 있고, 상해증권거래소, 심천증권거래소의 규정에서도 "관련회사", "관계자거래"를 정의하고 있다. 한편, 「기업집단등기관리잠행규정」[21]은 기업집단의 존재를 긍정하고 있다. 즉, ① 기업집단을 "자본을 주요연결고리로 하는 모자회사를 주체로 하고 집단정관을 공동행위규범으로 하는 모회사, 자회사, 주식참가회사 및 기타 구성 기업 기구로 공동 조직된 일정한 규모를 갖춘 기업법인의 연합체로 법인격을 갖지 않는다"고 정의[22]하면서(3조) ② 모회사의 등록자본이 5,000만 위안 이상이고 5개 이상의 자회사를 가지고 있고 모회사와 자회사의 등록자본 총액이 1억 위안 이상이고 기업집단 구성 단위가 모두 법인격을 갖추었고, 집단의 명칭, 모회사의 명칭, 주소, 집단의 목적(취지), 집단 구성원 간의 경영연합, 합작 방식, 집단 관리기구의 조직과 책임, 집단관리기구책임자의 선출 방식, 임기, 책임 등을 기재한 정관을 작성한 경우에 한해서만 기업집단으로 등기를 할 수 있고(5조, 6조), ③ 기업집단으로 등기를 하지 못한 경우 계열사의 상호에 "집단"이라는 용어 및 집단의 이름을 사용할 수 없다(14조, 21조). 동 규정에 의하면 국무원은 국가시범기업집단

19) 예컨대, 施天涛：中国企业集团的公司化构造, 载《法律科学》1999年第2期号, 吴越：德国康采恩法与我国企业集团法之比较, 载《法律科学》2001年第2期号, 石慧荣：企业集团法律问题研究, 载《西南政法大学学报》2001年第5期号, 陈爱蓓；李建明, 企业集团组织的若干法律问题探讨, 载《法学》2002年第11期号, 沈乐平, 我国企业集团公司治理结构现状分析及对策研究, 载《暨南学报(哲学社会科学版)》2003年第3期号, 吴越：企业集团与少数股东保护研究, 载《河北法学》2003年第6期号, 李建伟：企业集团的控制机制与公司治理, 载《人大法律评论》2004年, 吴传凯, 企业集团中股东有限责任制度的限制, 载《亚太经济》2005年第6期号, 刘建民；陈和平；郑国洪, 论企业集团与其上市公司关联交易的法律规制, 载《现代财经－天津财经大学学报》2008年第12期号, 陶敏；沈冬军, 企业集团化趋势下企业集团的法律认定标准, 载《商场现代化》2008年第8期号.
20) 关联交易损害公司利益, 原告公司依据民法典第八十四条、公司法第二十一条规定请求控股股东、实际控制人、董事、监事、高级管理人员赔偿所造成的损失, 被告仅以该交易已经履行了信息披露、经股东会或者股东大会同意等法律、行政法规或者公司章程规定的程序为由抗辩的, 人民法院不予支持。(관련거래가 회사 이익을 침해하였다고 주장하면서, 회사가 원고로서 민법전 84조와 회사법 21조에 의거하여 지배주주, 실제지배자, 이사, 감사, 고급관리인원을 상대로 손해배상을 청구한 소송에서, 피고가 해당거래가 정보공시의무 이행, 주주총회(사원총회) 승인 등 법률·행정법규 또는 정관에 정해진 절차를 거쳐 진행되었다고 항변하는 경우, 인민법원은 원고의 청구를 인용하지 아니한다(1조 1항).
21) 企业集团登记管理暂行规定(1998년 제정, 2020년 실효).
22) 기업집단재무회사관리방법(企业集团财务公司管理办法, 2000년 제정, 2004년, 2006년 개정)과 경상항목외환업무가이드라인(2020년 버전)(经常项目外汇业务指引(2020年版), 서비스무역외환관리가이드라인실시세칙(服务贸易外汇管理指引实施细则)에서도 똑같이 정의하고 있다.

을 비준할 수 있는데(11조), 2021년 1월 현재 120개의 집단이 "국가시범기업집단" 으로 지정되어 있으며 모두 각 산업 영역에서 영향력이 큰 국유기업집단이다.[23] 이 점을 살펴보면 중국도 기본적으로 전자의 체계이지만 등기에 있어서는 특별한 규정을 두었다.[24]

제2절 중국 기업집단 현황

동일한 지배자의 관련회사별 지분율 차이가 큰 경우에는 회사가 관련회사와 거래를 함에 있어서 회사가 자신의 이익보다 관련회사의 이익을 위해서 행위할 유인이나 압력이 크다는 것은 이미 널리 수용되고 있는 명제이다.[25]

통계에 의하면,[26][27] 중국에서 복수의 회사가 관련회사를 형성하는 경우는

---

23) 1993년에 계획경제체제를 시장경제체제로 전환하고 대형기업을 양성하여 국유자산의 운영 효율과 효익을 제고하고 산업 구조를 조정하며 이러한 대형기업을 통해 국가가 시장에 대한 거시적 조정 효과를 달성하기 위한 목적으로 시범적으로 57개의 특정 기업집단을 설립 (조정)하였는데, 이러한 시범적 기업집단 조정이 기대했던 효과를 달성하자 추가적으로 기업집단등기관리임시시행규정을 반포하여 전면적으로 시행하기로 하였다고 한다(국무원의 국가계획위원회, 국가경제무역위원회 및 국가경제체제개혁위원회가 대형기업집단 시범사업을 심화함에 관한 의견에 대한 비준 통지(国务院批转国家计委、国家经贸委、国家体改委关于深化大型企业集团试点工作意见的通知, 1997년 제정).

24) 2013년 8월, 이른바 경제민주화 실현을 위한 공정거래법 개정(이른바 부당지원행위에 관한 23조 1항 7호, 2호, 23조의2, 24조, 25조의 개정)을 계기로 하여 몇 년간 회사법 학계에서 ①, ②, ③ 체계의 비교 내지 도입 필요성에 관한 논의가 활발하였는데, 상법 542조의9(주요 주주 등 이해관계자와의 거래)의 도입은 ② 체계를 부분적으로 가미한 것으로 볼 수 있다. 공정거래법은 기업집단, 계열회사를 정의하고 이에 관한 광범위하고 포괄적인 규제를 두고 있지만, 동법 1조에 의하면 이는 기업집단에서의 이해상충방지를 목적으로 하는 것이 아니라 기업집단 형성 및 활동에 의한 경제력 집중 및 시장지배적 지위 남용 방지를 목적으로 하므로, 비록 동 규제가 입법자가 의도한 입법 목적을 위해 기능하는 과정에서 부수적으로 기업집단에서의 이해상충방지 효과를 발생시키는 측면이 있음을 인정해 줄 수 있다고 하더라도, 본 장에서는 이것을 회사법 내에 반영된 체계라고 보지는 아니하기로 한다.

25) 가장 선구적인 문헌으로서, 김건식, 기업지배구조와 법, 소화, 2010. 3., 174-176면

26) 2020. 7. 27. Fortune China가 발표한 중국 100대 기업 중에서 관련회사가 없는 기업은 없고, 이 중 95개 기업의 관련회사는 상장회사 및 비상장회사로 구성되어 있다. 그 외 100대 기업인 HUAWEI INVESTMENT & HOLDING, PACIFIC CONSTRUCTION GROUP, AMER INTERNATIONAL GROUP, TSINGSHAN HOLDING GROUP, YANGO LONGKING GROUP의 관련회사는 비상장회사들로만 구성되었다.

27) 王翠琳; 马玲, 我国上市公司关联方交易现状分析—以2009—2015年沪市A股上市公司为例, 江苏

이미 지배적인 현상이고, 동일한 지배자의 관련회사별 지분율에 차이가 큰 경우
도 상당히 많으며, 관련회사 간의 거래 규모도 크다. 이는 우리나라의 현황[28]과
도 유사해 보인다.

제3절   기업집단에서의 이해상충방지를 위한 중국 회사법 조항[29][30]

중국 회사법 및 그 사법해석에 속한 것 중 당해 조항의 문언, 인민법원의 판
시, 회사법 학계의 지배적인 입장에 의해서 ① 회사가 지배주주, 실제지배자, 관
련회사와의 사이에서 거래를 하는 것 또는 ② 회사가 이들을 위해서 행위를 하거
나 할 우려가 있는 것을 규율하기 위한 것으로 인정되는 조항이나 법리만을 기업
집단에서의 이해상충방지를 위한 규정으로 보고 이하에서 설명한다. 예컨대 이사

商論, 2017. 중국 상해증권거래소 A주식의 2011년 839개 상장회사의 관계자거래 규모는
41,083억위안(약 692.5조원), 2012년 860개 상장회사의 관계자거래 총액은 250,509억위안
(4,223조원), 2013년 870개 상장회사의 관계자거래 총액은 70,130억위안(1,182.2조원), 2014
년 936개 상장회사의 관계자거래 총액은 84,925억위안(1,431.6조원), 2015년 999개 상장회
사의 관계자거래 총액은 131,088억위안(2,209.9조원)이라고 한다. 张静, 股权结构对于上市公
司关联交易影响的研究, 浙江大学, 2015. 중국 상해증권거래소와 심천증권거래소의 A주식의
2010년 1,826개 상장회사의 관계자거래 규모는 339,706억위안(약 5726.7조원), 2011년 2,165
개 상장회사의 관계자거래 규모는 104,865억위안(1,767.8조원), 2012년 2,390개 상장회사의
관계자거래 규모는 352,500억위안(5,942.4조원), 2013년 상장회사 2,462개의 관계자거래 규
모는 192,785억위안(3,081.3조원), 2014년 상장회사 2,541개의 관계자거래 규모는 274,343억
위안(4,624.9조원)이라고 한다. 위 두 문헌은 모두 자료의 출처를 国泰安数据服务中心으로
언급한다. 한국공정거래위원회에 의하면, 같은 기간 한국 공정거래위원회가 지정한 대규모
기업집단 소속 상장회사의 내부거래 규모는 2010년 216개 81.3조원, 2011년 237개 86조원,
2012년 237개 85.8조원, 2013년 238개 79.3조원, 2014년 239개 81.7조원, 2015년 228개 75.7
조원이었다.
28) 천경훈, "기업집단법제에 관한 연구 - 기업집단 소속회사의 손익판단을 중심으로 -", 기
업법연구 29(3), 한국기업법학회(2015. 9), 43-46면에 의하면, 우리나라의 기업집단은 기업
집단의 종속회사도 상장되는 예가 많아 해당회사의 소수주주 보호 문제가 특히 중요하고,
기업집단 내부거래의 비중이 높다고 한다.
29) 한국 문헌 중에서는 이 부분의 서술은 김건식, "중국의 기업집단과 관계자거래", 중국법연
구 31집(2017. 8), 108면 이하에 크게 의존하였다.
30) 중국 회사법 및 그 사법해석, 이에 관한 인민법원 판결, 이에 관한 施天涛, 전게서; 朱锦清,
전게서; 赵旭东主编(2015), 전게서; 甘培忠(周淳, 周游 续著), 企业与公司法学, 北京大学出版
社(2021. 1); 王军, 전게서; 最高人民法院民事裁判第二庭, 「全国法院民商事审判审判工作会议
纪要」理解与适用, 人民法院出版社(2019. 12)를 정리하였다.

의 회사에 대한 선관주의의무와 같이 회사의 모든 행위에 대해서 일반적이고 균등하게 적용되는 조항이나 법리는, 이사의 자기거래, 사업기회유용, 경업 제한 규제와 같이 주로 규제하려는 행위가 기업집단에서의 이해상충방지라고 보기 어려운 조항이나 법리는, 설령 이것이 위 ①, ②의 거래 또는 행위에 적용될 경우에는 기업집단에서의 이해상충방지 기능도 가진다고 할지라도, 본 장의 내용에서 배제한다.

한국 회사법에 반영되어 있는 기업집단에서의 이해상충방지를 위한 규정 또는 법리에 상응하는 규정 또는 법리가 중국 회사법 및 최고인민법원의 회사법 적용의 약간의 문제에 관한 규정에는 없다면 이 역시 이하에서 언급한다. 아래 중국 회사법의 조항 또는 법리를 소개하기로 한다.

I. 지배주주, 실제지배자, 관련관계의 정의(216조 2항, 3항, 4항)

지배주주(控股股东), 실제지배자(实际控制人), 관련관계(关系联系)는 기업집단 내 관련회사 사이에서의 이해상충을 방지 또는 조정하기 위한 핵심개념이라고 생각하지만, 아직 이에 관한 본격적인 연구[31]나 이에 관하여 주목을 받는 인민법원 판례는 없는 것으로 보인다.

1. 지배주주

지배주주라 함은 출자액이 유한책임회사 자본총액의 50% 이상이거나 보유하고 있는 주식이 주식회사 주식총액의 50% 이상인 주주, 또는 출자액 또는 보유하고 있는 주식의 비율이 50%에 미달하나 출자액 또는 보유 주식이 가지는 의결권이 사원총회, 주주총회의 결의에 대해 중대한 영향을 끼칠 수 있는 주주를 가리킨다(216조 2항).

---

31) 각주 30에 언급한 도서들을 보면 지배주주, 실제지배자의 개념에 대해 하나의 주제로 특별히 다루지 않고, 회사 인격 부인, 관리자 의무, 주주의 의무, 회사의 대외담보 등 부분에서 약간 언급하는 정도이다. 이러한 개념들의 정의 및 범위 등에 대한 연구를 일부 문헌(예컨대 宋彦妍, 盛子轩, 关于控股股东的认定标准问题研究, 关于控股股东的认定标准问题研究, 多层次资本市场研究, 2019第2辑, 35; 赵旭东, 公司治理中的控股股东及其法律规制, 法院研究, 2020年第4期; 韦红花, 公司关联交易的认定, 企业导报, 2010年 第12期; 赖华子, 陈奇伟, 论关联交易的法律性质及监管原则, 求索, 2009年, 第11期)에서 찾을 수 있으나 이 역시 많지는 않다.

지분율이 50% 이상인 주주는 지배주주임이 명확하다. 그러나, 지분율이 50% 미만인 주주를 지배주주로 볼 수 있느냐에 관해서는 그 중 "출자액 또는 보유 주식이 가지는 의결권이 주주회(사원총회), 주주총회의 결의에 대해 중대한 영향을 끼칠 수 있는"의 의미에 대해 어떻게 해석해야 하는지가 관건인데, 이를 더 구체화하는 하위 규정,[32] 해석론은 아직 찾기 어렵다.

다만, 지배주주인지 판단함에 있어서 이사를 선임할 권한이 있다고 볼 수 있느냐를 기준으로 삼은 인민법원 판례가 있다. 지분율이 상당히 분산된 주식회사(총 13개 주주, 최고 지분율 15% 미만)에서 6% 지분을 보유한 주주가 총 4명의 이사 중 1명을 선임할 권리가 있는 것으로 보기 어렵다고 하면서 지배주주임을 부인하였다.[33] 한편, 지분율이 50% 미만인 주주라도 회사의 집행이사를 맡고 있었던 사안에서 "출자액 또는 보유하고 있는 주식의 비율이 50%에 미달하나 출자액 또는 보유 주식이 가지는 의결권이 주주회(사원총회), 주주총회의 결의에 대해 중대한 영향을 끼칠 수 있는 경우에 해당한다"고 하여 지배주주로 보았다.[34]

2. 실제지배자

실제지배자라 함은 회사의 주주가 아니지만 투자관계, 계약 또는 기타 안배에 의하여 실질적으로 회사 행위를 지배할 수 있는 자를 가리킨다(216조 3항).

"실질적으로 회사 행위를 지배할 수 있는 자"의 의미에 대해서 더 구체화 하는 하위 규정, 해석론은 아직 찾기 어렵다.

다만, 이하와 같은 인민법원의 판례가 있다. 실제지배자의 판단방법에 관해

---

32) 「상장회사정관지침」 192조, 「심천증권거래소 주식상장규칙」 18.1조, 「심천증권거래소 창업판 주식상장규칙」(深圳证券交易所创业板股票上市规则, 2009년 제정, 2012년, 2014년, 2018년, 2019년, 2020년 개정) 17.1조, 「상해증권거래소주식상장규칙」 18.1조, 「상해증권거래소 상장회사 지배주주, 실제지배자 행위 가이드라인」(上海证券交易所上市公司控股股东、实际控制人行为指引, 2010년 제정) 부칙 6.2조, 「전국중소기업주식양도시스템 상장회사 정보공개규세칙」(全国中小企业股份转让系统挂牌公司信息披露规则, 2020년 제정) 71조 5항 등은 지배주주를 정의하고는 있지만, 회사법에서 규정한 정의와 유사하게 대체적으로 50% 이상 지분율 보유 또는 50% 미달하나 주주총회에 중대한 영향을 미칠 수 있는 주주로 정의하고 있을 뿐이다.

33) 惠州市东方联合实业有限公司与北京市政路桥股份有限公司等股东损害公司债权人利益责任纠纷案((2016)京0102民初698号, 北京市西城区人民法院).

34) 高小玲与田孝华、刘末勤合同、无因管理、不当得利纠纷一审民事判决书((2018)豫9001民初422号, 河南省济源市人民法院).

최고인민법원은 "의결권 행사를 기본 단서로 하고, 당사자 간의 안배에 의한 지배적 영향력에 기초하여 판단해야 한다"고 보며, 이에 따라 이사회 결의가 최고 권력기관인 중외합자회사에서, 지분율이 50%에 달하는 주주임에도 불구하고 7명의 이사 중 3명의 선임권만 확보하였다면 의결권에 관한 지배적 지위를 가지고 있지 않으므로 실제지배자가 아니라고 부인하였다.[35] 기업집단 내에서 어떤 회사가 8층으로 누적된 모자회사 사슬의 최하단의 자회사였는데, 그 최상층에 위치한 회사의 개인인 지배주주와 그 사슬의 중간에 있는 회사의 다른 자회사가 실제지배자인지가 쟁점이 된 사안에서 직접적인 지분 관계가 없고 지배나 통제의 입증이 부족하다는 이유로 실제지배자임을 부인하였다.[36]

3. 관련관계

관련관계의 정의에 관해서는 제6장 제3절 관계자거래 부분을 참고하기 바란다.

Ⅱ. 회사의 출자와 회사에 대한 연대책임 부담 금지(15조)

> 회사는, 법률에 별도의 규정이 없는 한, 투자한 기업의 채무에 대해 연대책임을 지는 출자자가 되어서는 아니 된다(15조 후문).

문언으로는 우리 회사법의 상장회사의 특수관계인 신용공여(상장회사가 주요 주주 및 그 특수관계인을 상대방으로 하거나 그를 위하여 금전 등 경제적 가치가 있는 재산의 대여, 채무이행의 보증, 자금 지원적 성격의 증권 매입, 그 밖에 거래상의 신용위험이 따르는 직·간접적 거래를 하는 것) 금지와 유사한 기능을 하는 것으로 읽히기도 하지만, 동 조항은, 회사가 출자를 할 당시에 투자대상기업의 일체 채무에 대해서 연대책임을 부담하는 것, 즉 회사가 다른 회사에 대해서 연대책임을 부담하는 출자자(즉, 우리 회사법 상의 합자회사, 합명회사의 무한책임사원과 유사한)가 되는 것을 금지하는 것일 뿐, 회사가 투자한 기업의 특정채무에 관하여 보증이나 담보를 제

---

35) 厦门汇洋投资有限公司与潘邦炎再审案((2018)最高法民申5598号, 最高人民法院).

36) 陕西龙门钢铁有限责任公司等与温德拉(天津)实业有限公司等金融借款合同纠纷案((2017)京04民初40号, 北京市第四中级人民法院).

공하는 것을 금지하는 것이 아니며, 이렇게 해석을 해야 아래 회사법 16조와 모순이 없다고 한다. 인민법원 역시 15조는 회사의 출자행위를 규제하는 것으로 지분 투자 시 투자대상기업의 채무에 대해 연대책임을 지는 출자자가 되는 것을 금지하는 것인바, 회사가 투자한 기업의 채무에 대해 연대책임을 지는 것을 금지하는 것이 아니라고 한다.[37]

Ⅲ. 회사의 주주 또는 실제지배자를 위한 담보 제공 제한(16조)

> 회사는 회사 주주 또는 실제지배자를 위해서 담보를 제공할 수 있으나 반드시 주주총회(사원총회) 결의를 거쳐야 한다(16조 2항). 전 항의 주주 또는 전 항의 실제지배자가 지배하는 주주는 상기 규정 사항의 의결에 참여하여서는 아니 된다. 상기 의결은 회의에 출석한 기타 주주의 의결권 과반수 통과로 한다(16조 3항).

위 조항은 취지가 회사가 위와 같은 담보를 제공하여 중소주주와 채권자의 이익을 해치는 것을 방지하기 위함이라는 것은 최고인민법원에 의해서 명확히 인정되고 있다.[38] 그러나, 최고인민법원은 위 조항을 위반하였다고 할지라도, 민법전 504조[39]에 따라 거래 상대방(담보를 제공받는 금융기관 등 채권자일 것이다)이 위 조항의 위반을 알거나 알 수 있었을 경우가 아닌 한, 담보 제공 행위의 효력은 부인할 수 없다고 하여(전국법원 회의요록), 회사의 중소주주와 채권자의 이익과 거래 상대방의 보호를 형량하고 있다. 다만, 거래 상대방은 자신이 계약 체결 당시 회사법 16조를 준수한 주주총회(사원총회) 의사록을 확인하였다는 것(단, 의사록의 진정성립까지 확인할 것이 요구되는 것은 아님)을 입증해야만 선의 무과실로 인정할 수 있다고 하여, 회사의 중소주주와 채권자의 이익을 중시하고 있다.[40]

위 조항을 위반한 담보 제공 행위의 사법적 효력이 부인된 사안에서 그 담보

---

37) 广西金伍岳能源集团有限公司等与柳州化工股份有限公司等合同纠纷上诉案((2017)最高法民终882号, 最高人民法院).

38) 全国法院民商事审判工作会议纪要, 最高人民法院, 法[2019]254号, 2019.11.8(전국법원 민상사 재판업무 회의요록).

39) 법인 또는 기타 조직의 법정대표인, 책임자가 권한을 초월하여 체결한 계약은 상대방이 권한을 초과함을 알거나 알 수 있었을 경우를 제외하고는 해당 대표행위가 유효하다.

40) 最高人民法院民事裁判第二庭, 전게서, 186면.

제공 행위의 위법성을 인정한 사례도 있다. 예컨대 2017년의 상장회사담보사건에서 상장회사의 지배주주가 회사법 16조의 결의 없이 담보를 제공하기 위해 이에 반대하여 담보 제공 계약에 서명을 거부하는 대표자를 연속으로 여러 명 교체했고 결국 후임 대표자가 담보 제공 계약에 서명을 하였는데, 인민법원은 담보 제공 행위의 효력을 부인하였고,[41] 회사는 중국증권감독관리부서의 조사를 받게 되었고 상해증권거래소의 처벌을 받았다.[42] 다만, 위 조항을 위반한 담보 제공 행위의 사법적 효력이 인정될 때 그 담보 제공 행위의 위법성을 인정한 사례는 발견하지 못하였다.

그런데, 특이하게도, 인민법원은 회사법 16조의 절차를 면제해 주는 예외 사유를 제시하고 있다. 즉, 회사의 주주 또는 실제지배자를 위한 담보의 제공이 다른 한편으로는 회사가 직간접적으로 지배하는 회사의 경영활동 전개를 위한 경우라면[43] 회사법 16조의 절차가 면제된다고 한다. 나아가, 단독 또는 공동으로 회사의 의결권 있는 발행주식총수의 2/3 이상을 보유한 주주가 그 담보 제공 계약에 서명함으로써 동의를 표시한 경우에도 마찬가지이다(「전국법원 민상사 재판업무 회의요록」 19조). 전자는 회사가 직간접적으로 지배하는 회사의 경영활동 전개는 회사를 위한 행위인 성격이 있다는 점을 고려하였다고 일응 이해할 수 있으나, 후자는 회사법 16조의 취지나 기능을 크게 감쇄시키는 것이 아닌가 하는 의문이 든다(만약 완전모자회사 관계에 이를 면제하였다면 이해할 수 있을 것이다). 또한, 회사가 회사의 주주나 실제지배자를 위해서 담보를 제공하는 경우에만 적용되고 주주나 실제지배자의 특수관계인에 대해서는 확장적용하지 않는다. 심지어 주주나 실

---

41) 德清鑫垚管理咨询合伙企业与亿阳集团股份有限公司, 亿阳信通股份有限公司借款合同纠纷案 ((2019)浙01民初201号, 浙江省杭州市中级人民法院).

42) 亿阳信通의 2019.10.12., 11.16., 12.19., 2020.1.15., 2.19., 3.18., 4.21., 5.20., 6.20., 7.15., 8.15., 9.19., 10.29., 11.17., 12.21. 및 2021.1.30., 2.26 공고 및 상해증권거래소의 2019년 12월 31일자 「关于对亿阳信通股份有限公司及其控股股东亿阳集团股份有限公司,实际控制人邓伟及有关责任人予以纪律处分的决定>(<纪律处分决定书>(2019)137号). 한편, 한편, 亿阳信通의 2021.2.26. 공고에 의하면 중국증감위는 2017.10.6에 동 사안에 대해 정식 입안하고 조사 후 아직까지 조사상태이다. 亿阳信通의 2021.2.26. 공고에 의하면 현재 관여 대표자의 회사에 대한 손해배상책임 사건이 55건 연루되어 있고, 형사책임과 관련하여서는 조사된 바가 없다.

43) 다만, 이것을 두고 인민법원이 프랑스 로젠블룸(Rozenblum) 판결이나 독일의 주식법의 콘체른에 관한 장처럼 기업집단 전체의 이익을 고려했다고 하는 견해는 찾기 어렵다.

제지배자의 완전자회사와 같이 주주나 실제지배자와 동일시 할 수 있는 정도의
특수관계인에게도 적용하지 아니한다.[44]

IV. 주주의 권리 남용 금지(20조 1항 후문, 3항)

> 회사 법인의 독립적인 지위와 주주의 유한책임을 남용하여 회사 채권자의 이익
> 을 해하여서는 아니 된다(20조 1항 후문). 회사 주주가 회사법인의 독립적인 지위
> 와 주주의 유한책임을 남용하여 채무를 도피하고 회사 채권자 이익에 심각한 손
> 해를 끼친 경우, 회사 채무에 대해 연대책임을 부담해야 한다(20조 3항).

회사법 20조 1항 후문, 회사법 20조 3항은 법인격 부인의 법리를 성문화한 것
인데,[45] 자회사 채권자가 모회사에게 자신의 자회사에 대한 채권을 모회사에게
청구할 수 있다는 점에서 기업집단과 관련이 아주 없다고 보기는 어렵지만, 모자
회사에만 적용된다면 역시 기업집단에서의 기능은 제한적이라고 볼 수밖에 없다.

그런데, 위 조항(즉, 법인격 부인의 법리)을 "실제지배자"도 유추 적용하여야
한다는 견해도 발견된다.[46] 이에 의하면, 기업집단 내 어떤 회사에 대한 채권을
기업집단 총수에게 청구할 수 있다는 점에서 법인격 부인의 법리의 기업집단에서
의 활용폭이 커진다.[47]

더 나아가, 위 조항(즉, 법인격 부인의 법리)을 회사에서 주주에게로뿐만 아니
라 주주에게서 회사에게로 적용할 수 있다는 견해도 있다[48](법인격 부인의 역적

---

44) 上海瀚輝投資有限公司与上海斐讯投資有限公司等借款合同纠纷一审案((2016)沪01民初806号, 上
海市第一中级人民法院).

45) 이러한 성문화는 제정 당시 반대의견도 있었다고 한다. 그 이유는 법률 발달국가의 명문규
정에도 법인격 부인 규정이 없다는 점과, 법원에게 과도한 자유재량권을 주어 권리 남용으
로 법률행위의 효력이 부인되는 현상이 남발할 수 있다는 것이다(朱锦清, 전게서, 162면; 赵
旭东, 新公司法讲义, 人民法院出版社, 2005, 104면 재인용).

46) 甘培忠, 전게서, 308면.

47) 2006~2015년 기업집단에서의 법인격 부인에 관한 판례 312건을 조사한 결과, 사례가 매년
증가 추이이고, 경제 발달 지역에 집중되어 있으며, 기업집단에서의 법인격 부인율은 일반
적인 법인격 부인율보다 낮다(黃輝, 公司集团背景下的法人格否认: 一个实证研究, 中外法学,
2020年第2期.)

48) 예컨대 李功强与宁波力盟工业有限公司股东滥用公司法人独立地位和股东有限责任赔偿纠纷上诉
案((2009)穗中法民二终字第1699号, 广东省广州市中级人民法院) 판결문에서는 "회사법 3조는

용). 이에 의하면, 법인격 부인의 법리의 기업집단에서의 활용폭이 더 커진다.

　더 나아가, 법인격 부인의 법리와 법인격 부인의 역적용 법리를 연속하여 적용하는 견해[49] 및 인민법원의 판례도 확인된다. 예컨대,「전국법원 민상사 재판업무 회의요록」11조는 법인격을 부인하여 연대책임을 부담시킬 수 있는 경우로서, ① 모자회사 간, 또는 자회사 간 이익을 이전하는 행위, ② 기존 회사에서 자금을 빼돌려 경영목적이 같거나 유사한 회사를 설립하여 기존 회사 채무를 도피하는 행위를 들고 있고, 인민법원은 이러한 행위에 관하여 기존 회사와 신 회사의 연대책임을 인정하였다.[50] 회사 주주가 관련회사에 이익을 이전함으로써 채권자 이익을 손해했다는 이유로 주주와 관련회사가 채권자에 대해 연대책임을 부담하도록 판시한 사례[51]도 있다. 두 회사의 각 대주주가 부녀 관계인 계열회사들이 채무자인 회사의 경영범위, 연락처, 경영장소, 인원이 일치하고 재무 혼동의 경우가 존재하므로, 계열회사는 채권자에 대해 연대책임을 부담해야 한다고 한다.[52] 이에 의하면 예컨대 회사 A가 채무초과상태에 처하자 채무의 상환을 회피하기 위해서 지배주주가 회사 A로 하여금 계열사 B에게 회사 A의 재산을 암암리에 넘기

주주의 유한책임과 법인의 독립 인격에 대해 확인하고 있다. 단 상기 두 원칙을 남용하는 경우 법인격이 부인될 수 있다'고 한다. 신의성실과 공평원칙을 법인격을 확대 해석하는 근거로 한다. 예컨대 中国信达资产管理有限公司成都办事处诉四川泰来装饰工程有限公司等案(最高院(2008)民二终字第55号, 最高人民法院) 판결문에서는 "장식회사가 대량의 만기 채무를 상환하지 못해 대출자의 합법적인 권익에 손해를 끼쳤고, 장식회사, 부동산회사 및 엔터테이먼트회사의 공동 실제지배자가 회사에 대한 지배권을 통해 회사의 독립적인 법인격을 이용하여 채무를 회피하는 것은 법인제도의 설립취지에 위배되고, 신의성실과 공평 원칙에 위반된다. 이에 따라 장식회사의 채무는 엔터테이먼트회사와 부동산회사가 연대 변제 의무를 부담해야 한다"고 판시하였다.

49) 동일 모회사나 지배인의 지배를 받는 여러 회사가 재산, 업무, 인원 등 방면에 "혼동", 중첩, 불가분적의 상황이 존재함으로써 사실상 구분하기 어려울 수 있다(이른바 "횡적 인격 혼동"). 실무적으로 이와 종적 인격 혼동(회사와 주주간의 재산, 업무, 인원 등 방면의 혼동)을 "一套人马, 两块牌子"라 부르기도 한다(王军, 전게서, 51면).

50) 宁波银行股份有限公司江北支行与宁波金刚机器人有限公司等最高额保证合同纠纷上诉案((2016)浙02民终322号, 浙江省宁波市中级人民法院).

51) 山东中创钢构有限公司诉黑龙江恒信投资担保有限公司, 山东宝力通信科技有限公司承揽合同纠纷案((2011)东商终字第34号, 山东省东营市中级人民法院).

52) 上海纽豪涂料化工有限公司诉上海琪亮粉末涂料有限公司, 上海祺邦粉末有限公司买卖合同案. 中国信达资产管理公司成都办事处与四川泰来装饰工程有限公司纠纷案(최고인민법원 공보 2008년 제10기), 四川泰来房屋开发有限公司, 四川泰来娱乐有限责任公司借款担保合同纠纷二审案(최고인민법원 공보 2008년 제10기), 徐工集团工程机械股份有限公司诉成都川交工贸有限责任公司等买卖合同纠纷案(최고인민법원 공보 2013년 제7기)도 유사한 취지이다.

게 하는 행위와 같은 계열사 간 부의 이전으로 채권자를 해하는 행위가 규제되어 기업집단에서의 활용폭이 더 커진다.

한편, 합병에 참여한 회사가 모두 파산 조건에 부합되고 파산 변제율이 동일하다는 증거가 없는 상태에서, 합병에 참여한 모든 회사를 정리할 목적으로 실시한 합병, 즉 먼저 각 회사들을 합병한 후, 회사를 직접 파산시키는 것은 회사 합병제도의 입법 목적에 위반되고, 회사가 종료시 청산해야 하는 규정을 회피하여 합병 전에 자산 상태가 비교적 양호한 회사의 채권자의 권익을 침해하므로, 합병 결정을 한 주주는 주주 권리를 남용하여 회사 채권자 이익을 심각하게 해한 것으로 회사법 20조에 따라 회사 채무에 대해 연대배상책임을 부담하게 되고, 회사가 합병으로 인해 말소한 경우 해당 주주는 회사 채무를 전부 부담해야 한다.[53]

이와 같이 법인격 부인의 법리가 기업집단에서의 이해상충행위 규제에서 폭넓게 논의되고 실제로 활용되고 있는 것은 우리 회사법 환경과는 상당히 다른 양상이다.

V. 주주의 권리 남용 금지(20조 1항 전문, 2항)

> 회사 주주는 법률, 행정법규와 회사정관을 준수해야 하고 법에 따라 주주 권리를 행사해야 하며, 주주 권리를 남용하여 회사 또는 기타 주주의 이익에 손해를 끼쳐서는 아니 된다(20조 1항 전문). 회사 주주가 주주 권리를 남용하여 회사 또는 기타 주주에게 손실을 초래한 경우 법에 따라 배상책임을 부담해야 한다(20조 2항).

회사법 20조 1항 전문, 2항은 그 문언만 보면 자연스럽게 영미법의 지배주주의 회사 또는 다른 주주에 대한 충실의무 내지 신인의무(fiduciary duty)를 성문화한 것인지 라는 추측을 불러일으키는데, 회사법 1항 전문, 20조 2항과 영미법의 지배주주의 충실의무 내지 신인의무(fiduciary duty)를 연결시키는 견해가 많이 발견되지는 않는다(다만 교과서 단위의 문헌에서도 이를 언급한 것이 있다[54]).

다만, 회사법 1항 전문, 20조 2항이 영미법의 지배주주의 회사 또는 다른 주

---

53) 中国第十三冶金建设有限公司诉上海致达科技集团有限公司股东损害公司债权人利益责任纠纷案
((2016)苏民终187号, 江苏省高级人民法院).

54) 施天涛, 전게서, 409~412면.

주에 대한 충실의무 내지 신인의무(fiduciary duty)를 성문화한 것이든 아니든 간에, 인민법원은 이미 다수의 사례에서 위 규정을 근거로 주주와 회사 사이의 거래의 효력을 부인하거나 주주의 기타 주주에 대한 손해배상책임을 책임을 인정하고 있다. 예컨대, 회사가 투자자로부터 출자를 받으면서 고정 수익을 보장해 주는 약정 (즉, 회사가 주주 중 일부에게 고정 수익을 보장해 주는 약정)을 한 것에 관해서 최고인민법원은 회사의 이익을 해하므로 회사법 20조 1항에 위반된다는 이유로 그 효력을 부정하였다.[55] 그외 지방법원도 같은 취지로 판시하고 있다.[56]

　그러나 투자자가 회사에 투자하면서 고정 수익을 보장해 주는 약정을 하지만 회사에 이익이 없을 경우 기타 주주들이 이를 보상해주는 약정과, 특정 조건 미달성시 기존 주주가 투자자의 지분을 매수하는 약정에 관해서는 최고인민법원은 회사법 20조 1항에 해당하지 않는다고 원고의 효력 부인 청구를 기각하였다.[57]

　지배주주가 회사 자산으로 본인의 대출 채권에 관해 보증책임을 부담하고(즉 보증채무를 집행하는 방법으로 회사 자산을 이전함) 회사로 하여금 만기 채권을 무상으로 양도하는 약정을 한 것에 관해, 인민법원은 회사의 기타 채권자와 회사의 이익을 해하므로 회사법 20조에 위반된다는 이유로 그 효력을 부정하였다.[58]

---

55)　苏州工业园区海富投资有限公司与甘肃世恒有色资源再利用有限公司, 香港迪亚有限公司, 陆波增资纠纷再审案((2012)民提字第11号, 最高人民法院), 이 판결은 그 파급력도 매우 컸는데, 2012년 당시 사모펀드의 기업 투자에서 널리 쓰이던 회사 제공형 수익 보장의 효력이 부인될 수 있다는 위험 인식이 확산되어 그 이후부터는 사모펀드는 투자대상기업의 대주주로부터 수익 보장을 요구하기 시작하였다. 사모펀드가 투자 시 투자대상기업 또는 그 대주주에게 수익 보장을 요구하는 것은 우리나라에서도 아주 보편적인 현상이다. 우리나라 사모펀드는 주로 투자대상기업의 전환주식을 인수하면서 투자대상기업에게 일정한 경영 또는 재무 목표를 걸고 그것이 달성되지 못할 경우 전환가격을 조정하여 보유 지분율을 확대하거나 목표가 달성되지 못할 경우 대주주에게 미리 정한 가격으로 자신의 보유 주식을 매각할 권리를 확보하는 등의 시도를 한다. 중국에서 사모펀드가 기업 투자 시 가장 보편적으로 활용하는 수익 보장 장치는 对赌协议(Valuation Adjustment Mechanism Agreement)라는 것인데, 회사에게 일정한 경영 또는 재무 목표를 걸고 그것을 충족하지 못하면 투자자에게 투자 당시 전제한 기업가치를 조정하고 그 차이를 보전받을 수 있는 경제적 이익을 제공하는 것이다. 이 판결 이후에 투자대상회사 제공형 对赌协议를 대신하여 대주주 제공형 对赌协议로 주류로 부상하였다.

56)　예컨대 福建东辉投资有限公司, 深圳市慧通天下科技股份有限公司合同纠纷二审民事判决书((2019)粤03民终25530号, 广东省深圳市中级人民法院), 湖南益阳香炉山茶业有限公司与詹伟合同纠纷上诉案((2014)益法民二终字第86号, 湖南省益阳市中级人民法院).

57)　四川正银投资股份有限公司, 中盛万吉文化投资集团有限公司与公司有关的纠纷二审((2018)最高法民终764号, 最高人民法院).

58)　贾金青, 李德伟第三人撤销之诉二审((2017)最高法民终183号, 最高人民法院).

주주가 주주들 간의 분쟁과 회사의 합작회사들로 하여금 회사와의 합작관계를 중단할 것을 요구하는 내용을 신문에 등재하는 행위에 관해 인민법원은 회사의 명예와 경영에 불리한 영향을 끼치므로 회사법 20조에 위반된다는 이유로 신문 등재 또는 공문 발송 형식의 회사 이익을 해하는 행위에 대한 금지청구를 지지하였다.59)

이와 같이 상당한 사례에서 인민법원은 회사법 20조 1항과 2항을 적용하여 주주에 대한 침해금지 및 배상청구를 지지하였다.

한편, 일부 인민법원에서 회사법 20조를 부적절하게 과대 적용한 경우도 있다. 예컨대 회사가 투자자로부터 출자를 받으면서 회사가 상장하지 못한 경우 투자자로부터 지분을 환매하는 약정(즉 회사가 주주로부터 지분을 환매)을 한 것에 관해 1심법원은 회사 채권자 이익을 심각히 해하므로 회사법 20조에 위반된다는 이유로 그 효력을 부정하였다.60) 다만, 2심판결61) 및 재심판결62)은 여전히 해당 약정의 효력을 부정하였으나, 20조를 적용하지 말아야 한다고 하면서, 회사법 74조 1항에 열거한 주주회 결의에 반대표를 던진 주주가 청구(要求)시 회사가 해당 주주의 지분을 환매하는 특정 경우에 해당하지 않고 또한 자본유지의 기본 원칙에 위배됨을 근거로 하였다.

"배분방안이 기재된 주주총회(사원총회) 결의 없이 회사로 하여금 이윤을 배당할 것을 청구(要求)한 경우, 인민법원은 해당 소송청구를 각하해야 한다. 단 법률법규를 위반하여 주주 권리를 남용함으로 인해 회사가 이윤을 배분하지 않아 기타 주주에게 손실을 미친 경우는 제외한다."는 사법해석(4) 15조 역시 회사법 20조 1항 저문, 2항을 구체화한 것이다. 이 조항에 근거하여 장기간 이익을 배당하지 않는 회사에 대해서 소수주주들이 배당을 청구하는 소를 다수 제기하고 있지만63) 아직 지배주주가 권리를 남용함으로 인해 이익배당을 하지 않았음을 이

---

59) 鴻煜(福建)置業有限公司与厦门群协金属构件有限公司损害公司利益责任纠纷案((2015)漳民终字第1744号, 福建省漳州市中级人民法院).

60) 深圳市广华创新投资企业, 大连财神岛集团有限公司请求公司收购股份纠纷案((2018)辽02民初611号, 辽宁省大连市中级人民法院).

61) (2019)辽民终1198号, 辽宁省高级人民法院.

62) (2020)最高法民再350号, 最高人民法院.

63) 王涛, 淄博贝克汉邦食品配料销售有限公司公司盈余分配纠纷案((2020)鲁03民终3734号, 山东省淄博市中级人民法院), 北京利华帮达石材有限责任公司与华明石材(北京)有限公司公司盈余分配

유로 소수주주의 청구를 인용한 사안은 없다.[64]

VI. 관련관계를 이용하여 회사에 손해를 입히는 행위 금지(21조)

> 회사의 지배주주, 실제지배자, 이사, 감사, 고급관리인원은 그 관련관계를 이용하여 회사의 이익에 손해를 끼쳐서는 아니 된다. 상기 규정을 위반하여 회사에 손실을 초래한 경우 배상책임을 부담해야 한다(21조).

회사법 21조와 관련된 부분은 제6장 제3절 관련자거래 II. 지배주주의 관련관계 부분을 참고하기 바란다. II. 지배주주의 관련관계에서 지배주주를 위주로 다루고 있지만 행위주체에 이사, 감사, 고급관리인원도 해당한다.

그 중 고급관리인원은 회사의 경리, 부경리, 재무책임자, 상장회사 이사회 비서 및 회사 정관에서 규정한 기타 인원이다(216조 1항). 회사 정관에 별도의 규정이 없는 한 법정대표인은 상기 고급관리인원에 해당하지 않고 또한 회사의 지배주주, 실제지배자, 이사 또는 감사에 해당하지 않는다. 다만 실무적으로, 인민법원에서 법정대표인을 당연하게 회사법 21조의 적용대상으로 보고 있다. 회사의 법정대표인이 주주의 동의 없이 법정대표인으로서의 편이를 이용하여 회사의 탐광권을 저가로 자신이 설립하고 회사의 경영범위와 유사한 제3자에게 양도한 사례에서 인민법원은 상기 탐광권의 이전행위가 회사법 21조의 관련관계를 이용하여 회사 이익에 손해를 끼친 행위에 해당하다고 하였다.[65]

VII. 상장회사의 관계자거래에 관한 이사의 의결권 제한(124조)

상장회사 이사가 이사회 회의의 결의사항에 언급된 기업과 관련관계가 있는 경우, 해당 결의에서 의결권을 행사할 수 없으며 기타 이사를 대리하여 의결권을

纠纷案((2020)京02民终11490号, 北京市第二中级人民法院) 및 刘红妹与深圳市溢能实业有限公司, 罗娜公司盈余分配纠纷案((2020)粤0306民初5225号, 广东省深圳市宝安区人民法院).

64) 사법해석 (4) 15조를 인용한 이익배당청구 소송에서 원고가 기타 주주에게 주주권 남용 사실이 있음을 증명함으로써 승소한 판결이 없었다.

65) 香港森源与青海森源, 内蒙小红山源森, 梁俪靜探矿权转让合同纠纷案((2014)青民再终字第5号, 青海省高级人民法院).

행사할 수도 없다. 해당 이사회 회의는 관련관계가 없는 이사의 과반수가 출석해야 진행될 수 있으며, 이사회 회의 결의는 관련관계가 없는 이사의 과반수로 의결한다. 이사회에 출석한 관련관계가 없는 이사가 3인에 미달한 경우, 해당 사항은 상장회사 주주총회에 제출하여 심의하여야 한다(124조).

이와 관련된 내용은 제6장 제3절 관계자거래 Ⅴ. 증권거래소의 자율규제 부분을 참고하기 바란다.

Ⅷ. 이사, 감사 선임에 관한 집중투표제(105조)

주주총회에서 이사, 감사를 선임할 때 회사 정관의 규정 또는 주주총회의 결의에 따라 집중투표제를 실행할 수 있다. 본 법에서 말하는 집중투표제란 주주총회에서 이사 또는 감사를 선임할 때, 주주는 매 1주마다 선출되는 이사 또는 감사의 수 만큼 부여된 의결권을 집중하여 사용할 수 있다는 의미이다(105조).

한편, 「상장회사 지배구조준칙」 17조에서 이사, 감사를 선임시 중소주주의 의견을 충분하게 반영해야 하고, 주주총회에서 이사, 감사를 선임시 적극적으로 집중투표제를 추진해야 한다고 규정하고 있다. 또한 동 준칙에서는 단일 주주 및 그 일치행동인이 보유한 권익에 따른 지분율이 30% 이상인 상장회사는 반드시 누적투표제를 채택해야 한다고 강제적으로 요구하고 있다. 이러한 요구는 대량 지분을 보유한 주주가 있는 회사의 중소주주의 이익을 보호하기 위함이다.[66][67]

참고로 일부 사안에서 법원은 회사 정관에서 독립이사를 선정할 때 집중투표제를 적용할 것을 요구하였으나 이를 위반하여 일반 절차로 독립이사를 선정한 결의에 하자가 있음을 확인한 바 있다.[68] 한편, 다른 사안에서 법원은 정관에서

---

66) 甘培忠, 전게서, 187면.
67) 집중투표제를 적용한 회사수를 통계한 수치가 조회되지 않아 실무적으로 정확하게 어느 정도 적용하는지를 확인할 수 없다. 단 참고로 상해증권거래소의 총 1,824개 상장회사 중 집중투표제실시세칙을 둔 회사를 조회한 결과 180개 사항(실시세칙 개정사항도 포함되어 일부 중복이 있음)이 있었고, 심천증권거래소의 총 2,382개 상장회사 중 집중투표제실시세칙을 둔 회사를 조회한 결과 1,054개 사항(실시세칙 개정사항도 포함되어 일부 중복이 있음)이 있었다.
68) 广州盛景投资有限公司诉江苏四环生物股份有限公司公司决议撤销纠纷案((2017)苏02民终2736号, 江苏省无锡市中级人民法院). 단, 동 사건에서 판결시 하자가 있는 결의로 선정된 기존 이사의 임기가 이미 만기되었고 신규 이사를 선임할 때 집중투표제를 적용하였으므로 기존 결의를 취소하는 것이 사실상 그다지 의미가 없게 되었다.

이사, 감사를 선임할 때 집중투표제를 적용할 것을 요구하였음에도 불구하고 주주총회에서 직접 선거하는 방식으로 의결하는 의결방식이 법률 및 회사 정관 규정에 위반한 이유와 이사 정족수 미달 등 이유로 주주총회 결의에 대한 취소청구를 지지한 바 있다.[69]

IX. 독립이사 제도(122조)

상장회사는 독립이사를 설치하며 구체적인 방법인 국무원 규정에 따른다(122조).

회사법은 독립이사를 설치해야 한다는 원칙적인 규정만 두고 그 구체적인 시행방법에 대해서는 국무원의 별도 규정에서 정한다고만 언급하였다. 회사법에서 독립이사에 대해 규정하기 전에 증감회에서 2001년의 「상장회사의 독립이사제도를 수립함에 관한 지도의견」[70]과 2002년의 「상장회사 지배구조준칙」을 통해 독립이사를 설치하는 기본 규정을 제정하였고 동 규정들은 현재도 유효하다.

상기 규정들에서는 독립이사를 선임할 때의 지배주주나 관련관계에 있는 자의 의결권에 대해 직접 제한하지는 않으나, 독립이사 자격에 제한을 둠으로써 이러한 지배주주나 관련관계(완전히 일치한 것은 아님)가 있는 자가 독립이사가 되는 자체를 제한하고 있다. 구체적으로 아래 인원은 독립이사로 선임될 수 없다. ① 상장회사 또는 그 부속기업에서 취임하고 있는 인원 및 그 직계 가족, 주요 사회관계,[71] ② 직접 또는 간접적으로 상장회사 발행주식의 1% 이상을 보유하거나 또는 상장회사 TOP10 주주 중의 자연인 주주 및 그 직계 가족, ③ 직접 또는 간접적으로 상장회사 발행주식의 5% 이상을 보유한 주주업체 또는 상장회사 TOP5 주주업체에서 취임하고 있는 인원 및 그 직계 가족, ④ 최근 1년 내에 상기 3항에 열거한 경우가 있는 인원, ⑤ 상장회사 또는 그 부속기업에게 재무, 법률, 자문 등 서비스를 제공한 인원, ⑥ 회사정관에서 규정한 기타 인원, ⑦ 증감회에서 인정한 기타 인원(「상장회사 독립이사 건립에 관한 지도의견」 3조).

---

69) 蔡光圻诉浙江嘉信医药股份有限公司公司决议撤销纠纷案((2016)浙0411民初3366号, 浙江省嘉兴市秀洲区人民法院).

70) 关于在上市公司建立独立董事制度的指导意见(2001년 제정)

71) 직계가족이라 함은 배우자, 부모, 자녀 등을 말하고, 주요 사회관계라 함은 형제자매, 처가 부모, 며느리와 사위, 형제자매의 배우자, 배우자의 형제자매 등을 말한다.

제4절   증권거래소 규칙에서의 기업집단에서의 이해상충방지 체계

Ⅰ. 관여하는 법령의 체계

중국 회사법 어디에도 증권감독위원회나 상해증권거래소, 심천증권거래소에 중국 회사법을 보충할 권한을 위임하거나 증권감독위원회나 거래소의 회사법 보충을 예정하는 내용이 없음에도 불구하고 이들 거래소는 중국 회사법을 보충하여 상장회사가 포함된 기업집단에서의 이해상충을 전면 규율하고 있다. 즉, 상해증권거래소는 회사법, 증권법, 증권감독위원회의 「증권거래소관리방법」,[72] 「상해증권거래소정관」[73]에 따라 「상해증권거래소 주권상장규칙」를 제정하였다고 하는데, 「상해증권거래소 주권상장규칙」은 "관계자거래"에 관한 전문적인 장을 두고 있다. 이어서 상해증권거래소는 「상해증권거래소 주권상장규칙」에 따라 "관계자거래"에 관한 전문 법령인 「상해증권거래소 상장회사 관계자거래 실시 가이드라인」(「상해가이드라인」)을 제정하였다고 한다. 심천증권거래소 역시 회사법, 증권법, 「심천증권거래소정관」[74]에 따라 「심천증권거래소 주권상장규칙」을 제정하였다고 하는데, 「심천증권거래소 주권상장규칙」 역시 "관계자거래"에 관한 전문적인 장을 두고 있다.[75][76] 이어서 심천증권거래소는 공시규칙으로 「심천증권거래

---

[72] 证券交易所管理办法(1996년 제정, 1997년, 2001년, 2017년, 2020년 개정).

[73] 上海证券交易所章程(1993년 제정, 1999년, 2016년, 2018년, 2020년, 2021년 개정).

[74] 深圳证券交易所章程(1991년 제정, 1993년, 2017년, 2018년, 2021년 개정).

[75] 사실 상해증권거래소, 심천증권거래소가 「상해증권거래소 주권상장규칙」, 「상해가이드라인」, 「심천증권거래소 주권상장규칙」을 제정한 것은 "증권거래소는 법률, 행정법규와 국무원 증권감독관리기구 규정에 따라 상장규칙, 거래규칙 등을 제정하고 국무원 증권감독관리기구의 비준을 받아야 한다"는 증권법 115조에 근거한 것으로 보인다. 다만, 행정기관이나 준행정기관이 법률의 직접적인 위임 없이 법률의 내용을 보충하거나 법률이 규율하지 않은 관련 영역을 규율하는 내용의 하위법령을 제정하는 일은 중국에서 흔히 발견되는 현상이다.

[76] 거래소는 행정기관이 아니고 거래소규칙 역시 행정법규가 아니기 때문에 강제력이 있는 것은 아니다. 거래소규칙을 위반했다고 해도 거래소로부터 거래소의 자율 관리 조치를 당할 뿐이다(증권법 115조 1항). 「상해증권거래소 주권상장규칙」, 「상해가이드라인」, 「심천증권거래소 주권상장규칙」을 위반할 경우의 자율 관리 조치는 해당회사에 대한 비난통보, 공개질책, 이에 관여한 이사, 감사, 고급관리인원(회사법 216조 1항에 의하면 총경리, 부경리, 재무책임자, 이사회비서 및 회사 정관에 기재된 기타 인원을 의미한다. 우리나라의 비등기임원과 유사하다고 이해해도 무방할 것이다)에 대한 비난통보, 공개질책, 3년 이상 상장회

소 상장회사 정보공개지침 제5호 ─ 거래및 관계자거래」[77]를 제정하였다고 한다.

상장회사가 포함된 기업집단에서의 이해상충을 규율하는 복수의 법령이 있고 조항의 수도 많으며 상해증권거래소의 규칙과 심천증권거래소의 규칙의 내용이 거의 중복되므로, 이하에서는 조항별로 내용을 정리하는 것보다는 내용을 기능별로 재구성해서 정리하는 것이 간명할 것이라 생각된다.

II. 적용 대상 행위의 범위

상장회사에 관한 기업집단에서의 이해상충방지 체계는 "관계자거래"라는 용어를 중심으로 구성되어 있다. "관계자거래"의 정의와 관련하여 제6장 제3절 관계자거래 부분에서 자세하게 다루고 있는데 결론적으로 정의하자면 관계자거래란 "상회사와 이사, 감사, 고급관리인원, 지배주주, 실제지배자, 이들이 직·간접적으로 통제하는 기업 간의 거래"로 이해된다.[78]

이와 같이 관계자거래를 포괄적으로 정의하는 것은 규제의 공백이나 규제 차익을 최소화하는데 유리하지만 규제의 대상이 무엇인지 예측하기 어려운 불확실성이 야기되므로 거래소 규칙은 아래와 같이 "관련"과 "거래"에 관해서 예시를 주고 있다.

첫째, "관련"의 예시는 아래와 같다(「상해가이드라인」 8조 내지 11조, 「상해증권거래소 주권상장규칙」 10.1.3.~10.1.6. 및 「심천증권거래소 주권상장규칙」 10.1.3.~10.1.6.): ① 상장회사 발행주식총수의 5% 이상의 주식을 소유하고 있는 자와 그 일치행동인(一致行动人), ② 상장회사의 이사, 감사 및 고급관리인원, ③ 직간접적으로 상장회사를 지배하는 법인 기타 조직 및 그 이사, 감사 고급관리인원, ④ ①, ②, ③의

사의 이사·감사·고급관리인원을 맡기에 부적합하다는 공개판정이다(「상해가이드라인」 6조, 「상해증권거래소 주권상장규칙」 16.2, 16.3, 「심천증권거래소 주권상장규칙」 16.2, 16.3). 이는 증권거래소 공식 사이트에 통보되어 해당 회사의 주가에 부정적인 영향을 미치고 판정이 누적될 경우 상장폐지로 연결될 수 있다(「상해증권거래소 주권상장규칙」 13장, 「심천증권거래소 주권상장규칙」 14장). 따라서 사실상의 강제력을 가지고 있다고 보아도 무방할 것이다.

77) 深圳证券交易所上市公司信息披露指引第5号─交易与关联交易(2020년 제정).

78) 기업회계기준은 "관계자거래"를 "관계자 간의 자원, 노무 또는 의무를 이전하는 행위를 의미하며 이는 대가를 치르는지 여부를 불문한다"고 정의한다(「기업회계준칙 제36호─관계자 공개」(企业会计准则第36号─关联方披露, 2006년 제정) 7조). 기업회계기준 역시 관계자거래의 예시를 들고 있는데 본문의 거래소 규칙과 거의 유사하다(위 제36호 8조).

자연인의 배우자, 부모, 배우자의 부모, 형제자매 및 그 배우자, 만 18세에 달한
자녀 및 그 배우자, 배우자의 형제자매, 자녀의 배우자의 부모 등 관계가 밀접한
가족, ⑤ ①, ②, ③ 및 ④의 자연인이 직간접적으로 지배하거나 이사, 고급관리인
원을 맡고 있는 법인 기타 조직(당해 상장회사 및 상장회사가 지배하는 자회사 제외)
⑥ ③의 법인 기타 조직이 직간접적으로 지배하는 법인 기타 조직(당해 상장회사
및 상장회사가 지배하는 자회사 제외), ⑦ 상장회사에 대해서 중대한 영향을 미치는
자회사의 발행주식총수의 10% 이상을 소유한 자 등 형식보다 실질을 중시할 때
상장회사 이익이 그 측에 기울이게끔 할 가능성이 있는 자. ⑧ 상장회사 또는 위
관계자와 체결한 계약 또는 마련한 조치에 근거하여, 장래 그 계약이나 조치가
효력이 발생한 후 또는 장래 12개월 이내에, ①~⑦의 관계가 될 수 있는 자, ⑨
과거 12개월 이내에 ①~⑦의 관계였던 자. 문제되는 행위의 전후 12개월 중에 관
계자가 될 것이거나 관계자였던 자까지도 행위 시점에서의 관계자로 간주한다는
점에서 문제되는 행위 당시의 관계만 고려하는 우리 상법의 특수관계인의 범위보
다 넓다.

　　둘째, "거래"의 예시는 아래와 같다(「상해가이드라인」12조, 「상해증권거래소 주권
상장규칙」10.1.1.와 「심천증권거래소 주권상장규칙」10.1.1.): ① 자산의 매매, ② 대외
투자, ③ 재무원조제공, ④ 담보제공, ⑤ 자산의 임대차, ⑥ 자산 및 업무 위수탁,
⑦ 자산의 증여 또는 수증, ⑧ 채권내부재조정, ⑨ 사용허가협의체결, ⑩ 연구 및
개발 프로젝트 양수도, ⑪ 원재료·연료·동력의 구매, ⑫ 상품판매, ⑬ 노무 제공
또는 수령, ⑭ 판매 위수탁, ⑮ 관계자의 재무회사에 대한 예금 또는 대출, ⑯ 관
계자와 공동투자. ⑰ 다만, 형식보다 실질을 중시할 때 자원이나 의무를 이전하는
결과를 초래할 수 있는 사항(관계자와 공통투자한 회사에 대하여 지분율 또는 투자비
율보다 큰 재무원조, 담보를 제공하는 것 및 관계자와 공통투자한 회사에 대하여 지분율
또는 투자비율에 의한 증자 또는 신주인수권을 포기하는 등). 합병, 분할, 영업양수도,
감자와 같은 자본거래는 관계자거래에서 예시하지는 않았지만, 거래소 규칙을 예
시적인 것이기 때문에, 자본거래 역시 관계자거래로 인식하는 것이 실무의 확립
된 관행인 것으로 보인다.[79]

---

79) 예컨대, 宝钢股份吸收合并武钢股份(2016), 南山控股吸收合并深基地(2016) 华晨集团吸收合并
　　 沈阳新金杯(2017), 华光股份吸收合并国联环保(2017).

Ⅲ. 적용 대상 회사의 범위

거래소 규칙은 관계자거래를 "상장회사(또는 상장회사가 지배하는 자회사)와 상장회사의 관계자 사이에서 발생한 사항으로서 자원이나 의무를 이전하는 결과를 초래할 수 있는 사항"이라고 하므로, 거래소 규칙의 기업집단에서의 이해상충방지 체계는 상장회사의 행위뿐만 아니라 상장회사가 지배하는 비상장회사인 자회사의 행위에도 확장 적용된다는 점을 주목할 만하다. 자회사란 타사 자본이 참여되고 타사의 지배 또는 지휘를 받는 회사를 가리킨다.80)

Ⅳ. 관계자거래에 관한 규제의 내용

관계자거래에 관한 규제의 내용은 제6장 제3절 Ⅴ. 증권거래소의 자율규제 부분을 참고하기 바란다.

---

80) 施天涛, 전게서, 69면. 회사법 또는 증권법에서는 모회사와 자회사에 대한 명확한 정의가 없고, 특별 규정에서 특정 대상을 상대로 자회사를 정의하고 있다. 예컨대 2016일자 11월 29일자 펀드관리회사 자회사관리규정(基金管理公司子公司管理規定)에서는 자회사에 대해 아래와 같이 정의하고 있다: "본 규정에서 말하는 자회사라 함은 중국 증감회의 비준을 받은 펀드관리회사가 국내에서 독자적으로 설립하거나 기타 주주와 공동으로 출자하여 설립한 회사법인을 가리킨다". 1998년 3월 13일자 국가경제체제개혁위원회의 기업집단에서 모자회사체제를 수립함에 관한 지도의견(国家经济体制改革委员会关于企业集团建立母子公司体制的指导意见, 1998년 제정, 2017년 실효)에서는 자회사 범위를 100% 자회사와 지배자회사만 포함하고 있다. "자회사에는 100% 자회사와 지배자회사가 포함된다. 모회사 단독으로 투자하여 설립한 회사가 100% 자회사이고, 모회사가 50% 이상 지분을 보유하거나 보유 지분율이 50%에 미달하나 실제지배권을 보유한 회사가 그 지배자회사이다."

제11장 외상투자기업법

제1절 개   요

중국의 외상투자기업은 "외국의 자연인, 기업 혹은 기타 조직("외국투자자")이 직접 혹은 간접으로 중국경내에 투자하여 설립하거나 인수한 기업"(「외상투자법」 2조 1호, 2호)을 가리킨다.

중국은 1978년 개혁개방을 결정한 이래 외국인투자를 장려 혹은 규제하기 위하여 각종 법률법규를 제정하여 왔고, 특히 외상투자기업에 대하여는 그 동안 내자기업과 기업형태와 조직형식이 다른 별도의 외상투자기업법을 제정하여 운용해 왔다. 그러나, 2001년 WTO 가입 이후 외상투자기업에 대한 내국민대우요구와 최근 미중무역전 등으로 인하여 내외자기업을 통합할 필요성이 커졌으며 이에 2019년 「외상투자법」을 제정하였다. 2020년 1월 1일부터 「외상투자법」이 시행됨으로써 내외자기업의 기업형태와 조직형식의 통합이 이루어지게 되었다.

제2절 연 혁

중국에서 외상투자기업에 대한 법률제도의 변천을 살펴보면 크게 3단계로 나누어볼 수 있다.

Ⅰ. 소유제에 의해 구분되는 개별법이 존재하던 시기

개혁개방 이후 1993년 회사법 제정 시까지 중국의 회사관련법률은 소유제에 따른 단행법률이 제정되어 있었다. 내자기업은 전민소유제기업(국유기업), 집체소유제기업, 사영기업으로 구분되어 각각 별도의 법률이 제정되었고, 외자기업은 합자기업, 합작기업, 독자기업(외자기업)으로 나누어 각각 별도의 법률로 제정되어 있었다.

1979년 7월에 「중외합자경영기업법」이 제정되고, 1986년 4월에는 「외자기업법」[1]이 제정되었으며, 1988년 4월에는 「중외합작경영기업법」이 제정되었다. 합자기업("EJV", Equity Joint Venture), 합작기업("CJV", Contractual Joint Venture 혹은 Cooperative Joint Venture), 독자기업("WFOE", Wholly Foreign Owned Enterprise)을 합쳐서 통상적으로 삼자기업이라 부르고, 위의 3개 법을 합쳐서 「삼자기업법」이라고 부른다. 독자기업은 외국투자자가 100% 소유한 외상투자기업을 가리키고, 합자기업과 합작기업은 중국투자자와 외국투자자가 모두 지분을 보유한 경우로서 합자기업은 지분에 의해 권리의무가 정해지고, 합작기업은 계약에 의해 권리의무가 정해진다는 점에 차이가 있다.

내자기업의 경우 국유기업에 대하여는 1988년 4월 13일 전국인민대표대회(전인대)에서 「전민소유제공업기업법」[2]이 제정되고, 집체기업에 대하여는 국무원이 1990년 5월 11일 「향촌집체소유제기업조례」[3]와 1991년 6월 21일 「성진집체소

---

1) 「외자기업법」상의 외자기업은 외국인이 100%지분을 소유한 외국인투자기업을 의미하나, 내자기업에 상대적인 개념으로 외자기업이라고 하는 경우에는 삼자기업을 포함한 모든 외국인투자기업을 의미하기도 한다. 그러므로, 「외자기업법」상의 외자기업을 의미하는 경우에는 보통 '독자기업'이라는 용어를 많이 사용하고 있다.
2) 全民所有制工業企業法(1988년 제정, 2009년 개정).
3) 乡村集体所有制企业条例(1990년 제정, 2011년 개정).

유제기업조례」4)를 제정한 후, 전인대에서 1996년 10얼 29일 「향진기업법」5)을 제정하였다. 그리고, 사영기업에 대하여는 국무원이 1988년 6월 25일 「사영기업잠행조례」를 제정하였다.

II. 책임형식에 따른 일반법과 소유제에 따른 특별법이 병존하는 시기

1993년 12월 29일 전인대에서 회사법을 제정하였는데, 회사법에는 우리나라의 주식회사와 유한회사에 상당하는 주식유한공사(股份有限公司)(주식회사), 유한책임회사(有限责任公司)(유한회사)라는 두 가지 유형의 회사에 대하여 규정하고 있다. 한편, 전인대는 1997년 2월 23일 「조합기업법」(合伙企业法)을 제정하였는데 거기에는 우리나라의 합명회사와 합자회사에 상당하는 보통조합기업(普通合伙企业)과 유한조합기업(有限合伙企业)에 대하여 규정하고 있다. 보통조합기업의 특수한 형태로 전문서비스 업종을 위한 특수보통조합기업(特殊的普通合伙企业)이 있다.

이후 전민소유제기업, 집체기업, 사업기업 등은 모두 회사법에 따른 유한회사 혹은 주식회사로 전환된다. 다만, 삼자기업법은 그대로 존속하여, 외상투자기업에 대하여는 삼자기업법이 우선적용되고, 회사법이 보충적으로 적용되었다. 즉, 외상투자기업에 대하여는 회사법이 일반법이고, 삼자기업법이 회사법의 특별법으로 기능하였다. 회사법 제정이후 「외상투자법」이 제정되기까지는 회사유형에서 책임형식에 따른 유형과 소유제형태에 따른 유형이 병존하게 된다.

삼자기업은 통상적으로 유한책임으로 설립되어 유한회사에 관한 규정이 적용된다. 다만, 외국인이 중국내에 투자하면서 유한회사 이외의 형태로 설립할 수 있도록 허용하는 법규도 차례로 제정된다. 상무부는 1995년 1월 10일 「외상투자주식회사설립의 약간 문제에 관한 잠행규정」6)을 제정하여 외국투자자도 주식회사의 형태로 설립할 수 있게 하였고, 국무원이 2009년 8월 19일 「외국기업 혹은 개인의 중국경내 조합기업설립 관리방법」7)을 제정하여 외국투자자도 조합기업의

---

4) 城镇集体所有制企业条例(1991년 제정, 2011년, 2016년 개정).
5) 乡镇企业法(1996년 제정).
6) 关于设立外商投资股份有限公司若干问题的暂行规定(1995년 제정, 2015년 개정, 2019년 실효).
7) 外国企业或者个人在中国境内设立合伙企业管理办法(2009년 제정, 2020년 실효).

형태로 회사를 설립할 수 있게 하였다.

　이 시기에 내국인은 주식회사, 유한회사, 보통조합기업 및 유한조합기업 등을 설립할 수 있었고, 외국인도 위의 유형의 회사를 모두 설립할 수 있으나, 삼자기업법,「외상투자주식회사설립의 약간문제에 관한 잠행규정」및「외국기업 혹은 개인의 중국경내 조합기업설립 관리방법」이 그에 대한 특별법으로 우선 적용되고 있었다.

Ⅲ. 내외자기업이 통합된 시기

　2019년 3월 15일 전인대는「외상투자법」을 통과시켜(2020년 1월 1일 발효), 기존의 삼자기업법법을 폐지하였다. 이로써 외국투자자들은 더 이상 합자기업, 합작기업, 독자기업과 같은 형태의 외상투자기업을 설립할 수 없고, 앞으로는 내국인과 마찬가지로 회사법,「조합기업법」에 따라 회사를 설립하거나 지분을 인수하여야 한다.

　한편, 중국에는 실무상으로 외국인투자에 관한 특수한 형태로 VIE 모델이 존재한다. VIE 모델은 외자기업과 내자기업을 동시에 설립하여, 중국정부에서 외국인투자를 규제하는 업종에 투자하는 방식이다. 원래 상무부의 2015년 1월「외국투자법」(초안, 의견징구본)[8]에는 VIE모델의 회사를 점진적으로 해결하는 내용이 포함되어 있었으나, 전인대에서 정식통과된「외상투자법」에는 그에 관한 내용이 포함되어 있지 않아, 당분간 VIE모델은 종전과 동일한 법적 문제를 안고 계속 존속하게 된다.

제3절　외상투자법의 내용

Ⅰ. 투자보호에 관한 일반규정

　외국인투자보호에 대하여 중국은 WTO협약을 비롯한 여러 국제조약에 가입하거나 체결한 바 있다. 그 중 중국정부와 한국정부 간에는 1992년 12월 4일 발효

---

8) 外商投资法(草案)(征求意见稿).

되고 2007년 12월 1일 전면개정된 「한국, 중국 간의 투자의 증진 및 보호에 관한 협정」,9) 2014년 5월 17일 발효된 「한국, 중국, 일본 간의 투자증진, 원활화 및 보호에 관한 협정」10) 등이 있다.

「외상투자법」에는 외국인투자보호에 관한 선언적 규정들을 많이 두었는데, 그중 중요한 사항은 다음과 같다:

첫째, 강제기술이전금지. 이는 미중무역전에서 미국이 중국에 줄곧 요청해온 사항인데, 「외상투자법」에 "행정기관 및 그 업무인원은 행정수단을 이용하여 기술을 강제이전하게 할 수 없다"(22조 2항)고 규정하고 있다.

둘째, 지적재산권보호. 이것도 미중무역전의 이슈였다. 「외상투자법」에 "국가는 외국투자자 및 외상투자기업의 지적재산권을 보호하고, 지적재산권자 및 관련권리자의 합법적 이익을 보호한다. 지적재산권을 침해하는 행위에 대하여는 엄격하게 법에 따라 법률책임을 추궁한다"(22조 1항)고 규정하고 있다.

셋째, 수용시 공평하고 합리적인 보상제공. 「외상투자법」은 "외국투자자의 투자에 대하여 수용을 하지 않는다"고 규정하면서, "특수한 경우, 국가는 공공이익의 필요를 위하여, 법률규정에 따라 외국투자자의 투자에 대하여 수용 또는 징용을 실시할 수 있다. 수용, 징용은 법적 절차에 따라 진행되어야 하며, 공평하고 합리적인 보상을 지급하여야 한다"(20조)고 규정하고 있다.

넷째, 국외송금보장. 「외상투자법」은 "외국투자자의 중국국내의 출자금, 이윤, 자본수익, 자산처분소득, 지적재산권라이센스료, 법에 따라 취득한 보상금 혹은 배상금, 청산소득은 법에 따라 인민폐 또는 외환으로 자유롭게 송금할 수 있다."(21조), "외상투자기업의 외국인 근로자의 급여수입과 기타 합법수입은 자유롭게 송금할 수 있다"(동법실시조례 22조 2항)고 규정하고 있다.

다섯째, 영업기밀보호. 「외상투자법」은 "행정기관 및 그 업무인원은 업무수행과정에서 알게된 외국투자자, 외상투자기업의 영업기밀을 비밀로 유지해야 하며, 누설하거나 다른 사람에게 제공할 수 없다."(23조)고 규정하고 있다. 한편, 전인대는 1997년 2월 23일자로 「조합기업법」을 제정하였는데 거기에는 우리나라의 합명회사와 합자회사에 상당하는 보통조합기업과 유한조합기업에 대하여 규정하

---

9) 中华人民共和国政府和大韩民国政府关于促进和保护投资的协定(1992년 제정, 2007년 개정).

10) 中华人民共和国政府、日本国政府及大韩民国政府关于促进、便利及保护投资的协定(2012년 제정).

고 있다.

그외에도, 외상투자기업의 불만신고메커니즘, 외국투자자의 상회, 협회설립 및 참여의 자유 등이 보장되었다.

II. 경과규정

「외상투자법」은 삼자기업법을 폐지하였지만, 이미 삼자기업법에 의하여 설립된 외상투자기업은 위 법 시행일인 2020년 1월 1일 후 5년 동안 계속하여 원래의 기업조직 형식을 유지할 수 있다.

법인격이 있는 삼자기업은 모두 유한회사이다. 2005년 회사법이 개정되면서 유한회사인 삼자기업에 회사법이 보충적으로 적용되었는데(218조), 개정 회사법 시행일인 2006년 1월 1일 이후에 유한회사인 삼자기업이 변경등기를 신청할 때에 회사등기기관은 회사법의 유한회사의 규정에 맞게 지배구조를 변경(예를 들어, 감사선임 등)할 것을 요구하였다. 이번 외상투자법의 경우 위 5년의 경과기간 내에 변경등기를 신청할 경우 회사법의 유한회사로 조직변경을 할 필요는 없고 삼자기업의 형태를 유지할 수 있지만, 늦어도 2024년 12월 31일 이전에 회사법의 유한회사로 조직변경을 하여야 한다(「외상투자법실시조례」[11] 제44조).

삼자기업법 특히 합자기업법에는 정관변경, 해산청산, 증자감자, 합병분할의 4가지 중요사항에 대한 만장일치결의요건이 있어, 중국투자자와 외국투자자는 지분비율에도 불구하고 각자 비토권을 행사할 수 있어, 소수주주의 권리보호에 유리하다. 그런 점에서 외국인투자자가 소수주주인 경우에는 경과기간 동안 합자기업의 형태를 유지하는 것이 유리할 수 있다.

III. 네거티브시스템

네거티브시스템은 외국인투자가 금지되거나 제한되는 업종의 목록을 공시하고, 금지되거나 제한된 업종 이외에는 외국인이 내국인과 마찬가지로 투자할 수 있도록 하는 것이다.

국가발전과개혁위원회("국가발개위")와 상무부는 매년 네거티브리스트를 갱신

---

11) 外商投资法实施条例(2019년 제정).

하고 있는데, 2020년 6월 30일자로 공표된 2020년판에는 12개 분야 33개업종을 금지, 제한업종으로 명시하고 있다.

업종제한의 방식과 사례는 다음과 같다:

첫째, 지분제한: "보리신품종 종자산업"의 경우 중국측지분비율이 34% 이상일 것을 요구하고 있다. "자동차완성차(전용차량, 신에너지자동차, 상용차 제외) 제조업"의 경우 중국측지분비율은 50% 이상이어야 하는데, 2022년 지분비율 제한이 취소된다. "공공항공운수업종"의 경우 1개의 외국인투자자의 지분비율은 25%를 초과할 수 없다. "부가통신사업"의 외국인투자자의 지분비율은 50%를 초과할 수 없다.

둘째, 지배요건: 지분비율을 명시하지는 않았지만, 중국측이 지배 혹은 상대적지배를 하여야 한다는 요건을 규정한 업종이 있다. "옥수수신품종 종자산업", "출판물인쇄업", "핵발전소건설", "국내수상운송"은 중국측이 지배하여야 한다. 민용공항의 건설경영은 중국측이 상대적지배를 하여야 한다.

셋째, 경영진요건: 교육기관의 경우 중외합작으로 운영할 수 있으나, 교장등 주요행정책임자는 중국국적이어야 하며, 이사회 혹은 공동관리위원회의 중국측 구성원이 2분의 1 이상이어야 한다. 공공항공운수업종의 법정대표자는 반드시 중국국적이어야 한다.

IV. 기업결합신고제도

회사법은 외국투자자가 중국국내기업을 인수합병하거나 혹은 다른 방식으로 기업결합에 참여하는 경우 반독점법에 따라 기업결합심사[12]를 받아야 한다고 규정하고 있다.

반독점법에서는 사업자의 인수합병, 사업자가 지분 혹은 자산취득을 통해 다른 사업자에 대한 지배권을 취득하는 경우 및 사업자가 계약등 방식으로 다른 경영자의 지배권을 취득하거나 혹은 다른 사업자에 결정적인 영향을 끼칠 수 있게되는 경우 일정한 신고기준에 해당하면 기업결합신고를 하도록 요구하고 있다(반독점법 20조, 21조).

---

12) 기업결합심사를 중국에서는 경영자집중심사(经营者集中审查)라고 부른다.

    기업결합신고에 관하여 국무원은 「경영자집중신고기준에 관한 규정」13)과 「관련시장획정에 관한 가이드라인」14)을 제정하고, 상무부는 「경영자집중심사방법」,15) 「경영자집중심사잠행방법」16)을 제정하여 시행하고 있다.

    기업결합신고대상은 (1) 기업결합에 참여하는 모든 당사자의 전년도 글로벌 매출액의 합계가 100억 원(元)을 넘고, 그중 최소 2명 이상의 사업자의 전년도 중국국내매출액이 4억 원(元)을 초과하는 경우, (2) 기업결합에 참여하는 모든 당사자의 전년도 중국국내 매출액합계가 20억 원(元)을 초과하고, 그중 최소 2개 이상의 경영자의 중국 국내 매출액이 4억 원(元)을 초과하는 경우이다(「경영자집중신고기준에 관한 규정」 3조).

    기업결합신고는 상무부에 의해 2단계로 나누어 진행되며, 제1단계는 초보심사로 30일간이다. 이 기간 동안 추가조사여부를 결정하게 된다. 만일 추가조사를 결정하면 제2단계로 넘어가며 90일간 조사를 진행하여(60일을 초과하지 않는 기간 내에서 연장할 수 있음), 기업결합의 금지여부를 결정하게 된다. 만일, 상무부가 위 기간 내에 아무런 결정도 내리지 않으면, 기업결합을 실행할 수 있다.

V. 외상투자정보보고제도

    「외상투자법」은 "국가는 외상투자정보보고 제도를 수립한다. 외국투자자 혹은 외상투자기업은 기업등기시스템 혹은 기업신용정보공시시스템을 통하여 상무주무부서(商务主管部门)에 투자정보를 보고하여야 한다."(34조)라고 규정하고 있으며, 이에 근거하여 상무부는 「외상투자정보보고방법」17)을 제정하였다.

    정보보고는 3종류가 있다: (1) 최초보고는 외국투자자가 외상투자기업을 설립하거나, 지분을 인수하는 경우에 기업기본정보, 투자자 및 실제지배인정보, 투자거래정보 등을 보고하는 것이며, (2) 변경보고는 외상투자기업이 최초보고내용이 변경되는 경우 기업등기시스템에 변경내용을 보고하는 것인데, 변경등기(비안)사항인 경우에는 등기(비안)시에, 등기(비안)사항이 아닌 경우에는 변경사항발생

---

13) 国务院关于经营者集中申报标准的规定(2008년 제정, 2018년 개정).
14) 国务院反垄断委员会关于相关市场界定的指南(2009년 제정).
15) 经营者集中审查办法(2009년 제정, 2021년 실효).
16) 经营者集中审查暂行规定(2020년 제정).
17) 外商投资信息报告办法(2019년 제정).

후 20일 내에 보고하여야 한다. (3) 연도보고는 외상투자기업이 매년 1월 1일에서 6월 30일 내에 국가기업신용정보공시시스템에 전년도 연도보고를 제출하는 것이다. 연도보고에는 기업기본정보, 투자자 및 실제지배인 정보, 기업경영과 자산부채정보등의 정보가 포함되어야 하며, 외상투자진입에 특별관리조치를 받는 경우(네거티브리스트에 포함된 업종)에는 관련 업종허가를 받은 정보도 제출해야 한다.

VI. 국가안전심사제도

「외상투자법」은 "국가는 외상투자안전심사제도를 건립하고, 국가안전에 영향을 미치거나 영향을 미칠 수 있는 외상투자에 대하여 안전심사를 진행한다"(35조)고 규정하고 있는데, 이에 근거하여 국가발개위와 상무부는 「외상투자안전심사방법」[18]을 제정하였다.

외상투자안전심사를 위하여 국가발개위에 업무메커니즘판공실(工作机制办公室. Office of Working Mechanism)을 두고, 국가발개위와 상무부가 외상투자안전심사의 일상업무를 담당한다.

신고대상은 다음과 같다: (1) 군사공업, 군사공업 관련분야등 국방안전에 관련되는 분야에 투자하는 경우 및 군사시설과 군사공업시설 주변지역에 투자하는 경우, (2) 국가안전에 관계되는 중요농산품, 중요에너지 및 자원, 중요장비제조, 중요운수서비스, 중요문화상품과 서비스, 중요정보기술과 인터넷상품과 서비스, 중요금융서비스, 핵심기술 및 기타 중요분야에 투자하여 실제지배권을 취득하는 경우이다(4조).

실제지배권 취득이라 함은 다음 각호의 경우를 가리킨다: (1) 50% 이상의 지분을 보유하는 경우, (2) 지분은 50%에 미달하나, 의결권으로 이사회, 사원총회 혹은 주주총회의 결의에 중대한 영향을 미치는 경우, (3) 기타 외국투자자가 기업의 경영의사결정, 인사, 재무, 기술 등에 중대한 영향을 미치는 경우.

심사는 일반심사와 특별심사의 두 단계로 나누어지며, 일반심사는 30일 동안 진행하여 심사통과결정 혹은 특별심사결정을 내리게 된다. 특별심사를 결정하게 되면 60일 동안 진행하여(특수한 경우에는 연장할 수 있음), 심사통과결정 내지 투자

---

18) 外商投资安全审查办法(2020년 제정).

금지결정을 내리게 된다.

제4절 VIE모델

I. VIE모델의 의의

중국의 외국인투자정책은 종전에 업종을 장려류, 제한류, 금지류와 윤허류로 나누어 장려류에 대하여는 우대정책을 취하고, 금지류에 대한 투자는 금지하며, 제한류에 대하여는 지분을 제한하는 등의 조치를 취하고, 윤허류에 대하여는 우대도 제한도 하지 않았다.[19] 제한류에 속하는 일부 업종의 경우에 법규상으로는 외국인투자가 제한적으로 허용되나, 실질적으로 외상투자기업이 당해 업종을 영위할 수 없는 경우도 있다.[20] 「외상투자법」이 제정된 이후에는 네거티브시스템으로 변경되었지만, 여전히 외국인투자가 금지, 제한되는 업종은 존재하고 있다.

이와 같이 중국정부가 금지, 제한하는 업종(주로 제한업종)에 외국인이 중국내 해당업종에 투자할 수 있도록 마련한 구조가 VIE모델이다. 내자기업과 외자기업을 각각 설립한 후, 내자기업은 사업에 필요한 라이센스를 보유하고, 외자기업은 사업에 필요한 자금을 조달한다. 그리고, 외자기업은 계약관계를 통하여 내자기업의 손익을 지배한다.[21] 그리하여, VIE모델은 "계약통제모델"이라고도 부르고, 최초로 VIE모델을 취하여 나스닥에 상장한 중국기업이 시나닷컴(sina.com)이므로 "시나모델"이라고도 부른다.

---

19) 중국정부는 「외상투자산업지도목록」을 공포하고 수시로 개정하고 있었는데, 여기에는 장려류, 제한류, 금지류가 규정되어 있다. 위의 세 가지에 속하지 않는 업종은 윤허류이다.

20) 예를 들어, 당시부가통신산업의 경우에 외국인이 지분을 49%까지 취득할 수 있도록 규정하고 있으나 부가통신산업을 영위하려면 ISP라이센스, ICP라이선스가 필요한데, 실질적으로 외국인투자기업에는 ICP라이센스, ISP라이선스를 내주지 않고 있다.

21) 외자기업은 내자기업의 주주(중국인)와 사이에는 대출계약, 질권설정계약, Call Option(지분매입청구권)계약, 의결권위임계약을 체결하게 되고, 내자기업과의 사이에는 기술라이센스계약, 경영컨설팅계약, 설비임대계약등을 통하여 내자기업의 사업을 외자기업이 지배하고 내자기업의 수익 전부를 외자기업이 취한다.

II. VIE모델의 탄생

1. 명의신탁 방식

외국인투자가 제한 혹은 금지된 업종에 외국인이 투자하려는 노력은 중국이 외국인투자를 받아들이기 시작한 초기부터 있어왔다. 가장 단순한 방법은 명의신탁으로 중국인의 명의를 빌려서 사업에 종사하는 것이다. 다만, 이러한 방식은 법적으로 보장받을 수 없으므로, 소규모 투자의 경우에 제한적으로 활용되었다.

2. 중중외(中中外) 방식

그 후에 나타난 방식은 소위 '중중외 방식'이다. 중중외 방식은 중국의 제2이동통신회사인 연통(Unicom)의 설립시에 고안되었다. 당시 연통은 이동통신사업자로 선정되었는데, 주파수자원은 보유하고 있으나, 기술과 자금이 부족하여 외국통신사업자와의 합작이 필요했다. 당시의 중국법규상 통신업종에 대한 외국인투자는 업종규제를 받으며, 외국인투자기업의 국내재투자시에도 업종규제를 받는다는 명시적인 규정이 있었다. 다만, 외국인투자개업의 국내재투자기업이 다시 국내기업에 재재투자하는 경우에 업종규제를 받는지 여부에 대하여는 명시적인 금지규정이 없었다. 그리하여, "중국기업-중국기업-외국인투자기업"의 3단계구조를 만들어 외국인투자의 업종규제를 받는 이동통신사업에 외국통신회사들이 연통의 성급 자회사들에 투자하였고, 이를 '중중외방식'이라 불렀다.

그런데, 중중외 방식이 허용되면, 중국정부가 외국인투자를 금지하거나 제한하는 모든 업종에 외국인이 자유롭게 투자할 수 있게 되는 문제점이 있다는 점으로 인하여, 결국 중국정부는 "중중외 방식은 중국정부가 허용하는 방식이 아니다"라고 선언하고, 연통에 투자한 외국통신회사들에게 지분을 철수하도록 조치하고, 연통을 홍콩에 상장시켜 자금을 조달한다. 이렇게 '중중외 방식'은 막을 내린다.

3. VIE모델

2000년대 초반 중국의 인터넷기업들은 해외에서 자금을 조달할 필요가 있었고, 해외자본은 중국의 인터넷기업들을 상장시킴으로써 Exit할 수 있는 구조를 요구했다. 다만, 당시 중국의 관련법규[22]상 중국기업이 해외에 상장하기 위하여는 증감회로부터 '무이의함(无异议函)'[23]을 받아야 했고, 또한 부가통신사업에는 외국인투자자가 제한되는 문제가 있었다.

한편, 당시 미국에서 지분관계가 없지만 사실상 지배하는 회사에 손실을 떠넘기고 본사는 수익이 좋은 것처럼 위장하는 엔론사태가 발생한다. 이 사태로 인하여 미국의 회계기준에 VIE(Variable Interest Entity)라는 개념이 등장한다. 즉, 지분관계는 없지만 사실상 지배하는 회사 즉, VIE인 경우에는 회계적으로 자회사와 동일하게 취급하여 연결재무제표를 작성하여야 한다는 것이다.

VIE개념을 활용하여 당시 미국상장을 준비중이던 시나닷컴은 중국내에 내자기업과 외자기업을 설립하고, 내자기업과 외자기업은 계약관계로 서로 묶어놓은 다음에(VIE요건을 만족시키도록), 내자기업은 중국내에서 인터넷사업에 필요한 모든 인허가를 취득하여 보유하고, 외자기업은 해외에서 자금을 조달하고, 해외모회사는 중국내 외자기업은 물론 내자기업까지 VIE로 취급하여 회계적으로 연결시킬 수 있게 된다.

시나닷컴은 이러한 구조를 만들어 중국증감회로부터 '무이의함'을 받아내는 데 성공했고, 결국 중국인터넷기업중 최초로 미국 나스닥에 상장하게 된다. 시나닷컴이 나스닥 상장에 성공한 후, 중국의 인터넷기업들은 줄줄이 그 뒤를 따른다. VIE모델로 미국, 홍콩 등의 해외증권거래소에 상장한 중국기업은 시나닷컴, 넷이즈, 소호 등 3대포탈사이트를 비롯하여, 중국에서 'BAT'라 불리는 3대인터넷기업인 바이두, 알리바바, 텐센트를 비롯하여 100개가 넘는다.

한국기업들 중에서도 홈쇼핑, 온라인게임, 인터넷쇼핑몰, 모바일사업, 문화산업등의 분야에서는 VIE모델로 중국에 상당수가 진출해 있다.

---

22) 中国证券监督管理委员会关于涉及境内权益的境外公司在境外发行股票和上市有关问题的通知 (2000년 제정, 2003년 실효).

23) 증감회는 외화 규제와 국유자산 유출 방지 목적으로, 외국거래소에 상장하고자 하는 중국 기업으로 하여금 외국거래소에 제출하는 변호사의견서를 증감회에 제출하여 증감회로부터 변호사의견서에 아무런 이의가 없다는 '무이의함(无异议函)'을 받도록 했다.

Ⅲ. VIE모델의 구조

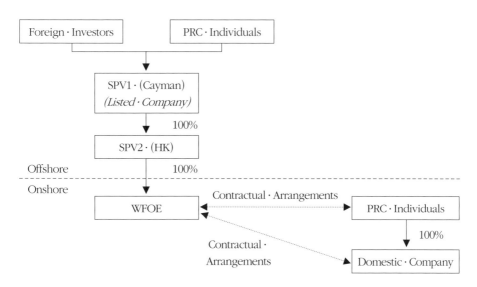

Ⅳ. VIE모델의 합법성

1. 법원 및 중재기관

VIE모델의 합법성에 관하여는 중국내에서 아직 일치된 입장은 없다. 법원과 중재기관의 입장도 엇갈려 있다. 2012년 12월 최고인민법원에서는 VIE모델에 대한 것은 아니지만, 화마오 vs 중국중소기업투자유한공사 사건[24]에서 "명의수탁은 합법적인 형식으로 불법적인 목적을 감춘 것"이라고 판단하여 무효라고 판결하였다. 한편, 2014년 푸저우중급인민법원의 스다이 vs 복건포커스미디어사건[25]에서는 외국중재판정의 중국내 승인집행을 다루면서, 피고의 "VIE모델은 국무원, 신식산업부 및 상무부등 부서의 규정에 위반하여 중국의 공공이익에 반한다"는 주장을 배척하고 외국중재판정을 승인집행한 바 있다.

그외에 상하이중국국제경제무역중재위원회는 2010년부터 2011년까지 2건의

---

24) 华懋金融服务有限公司与中国中小企业投资有限公司股权纠纷上诉案((2002)民四终字第30号, 最高人民法院).

25) 福建纵横高速信息技术有限公司执监执行裁定书((2014)榕执监字第51号, 福建省福州市中级人民法院).

온라인게임회사관련 중재사건에서 VIE모델을 "합법적인 형식을 빌어 불법적인 목적을 감춘 것"이라고 판단하여 무효로 판정한 바 있다.

2. 정부기관

상무부 대변인은 2015년 4월 28일 「외국투자법」(의견징구본)에 관하여 얘기하면서, "계약통제", 즉 기업투자 중의 소위 VIE구조는 널리 관심을 갖는 문제이다. 계약통제모델의 탄생은 역사적이고 객관적인 원인이 있다. 계약통제문제에 대하여 어떻게 처리하여야 할지는 우리가 각 방면에서 여러 가지 의견이 나오는 것을 주목한다. 상무부는 여러분이 제출한 의견과 건의를 진지하게 연구하고, 「외국투자법」의 관련조항이 현재의 계약통제구조회사에 미치는 영향을 분석하고 평가할 것이다. 그리고 이 문제를 신중하고 타당하게 처리할 것이다. 「외국투자법」(초안)은 국무원의 심의와 전인대의 심의를 거쳐야 한다. 심의과정에서 수정되고 완비되는 과정이 있다. 그러므로, 현재 VIE구조를 사용하는 특정분야의 투자가 합법적인지 여부를 판단하는 것은 시기상조이다."라고 하여 VIE모델이 합법은 아니지만 그렇다고 불법도 아니다라는 입장을 표시[26]한다.

그리고, 월마트가 이하오뎬을 인수하면서 기업결합신고를 하였는데, 인수대상사업에 인터넷사업이 포함되어 있어 상무부가 이에 대하여 어떤 입장을 취할지에 관심이 집중되었는데, 상무부는 2012년 제49호공고[27]에서 "심사결과 월마트가 뉴하이지주 33.6% 지분을 인수함으로써 이하호뎬의 인터넷직판사업의 통제권을 취득하는 것은 경쟁을 배제, 제한하는 효과를 나타낼 수 있다. 월마트사가 상무부에 약속한 바에 따라, 상무부는 제한조건을 붙여 이건 기업결합신고를 승인한다"고 함으로써 VIE이슈를 직접 다루지 않고, 경쟁제한을 이유로 인터넷사업을 분리하도록 한 바 있다. 이처럼 중국정부는 VIE모델에 대하여 합법이라고 인정하지도, 그렇다고 불법이라고 규정하지도 않고 있다.

그 외에 중국정부는 업종별로 VIE모델에 대한 일정한 규제를 가하는 개별 법

---

26) 商务部召开例行新闻发布会(2015年4月28日)(http://www.mofcom.gov.cn/article/ae/slfw/201504/20150400954830.shtml).

27) 中华人民共和国商务部公告2012年第49号 — 附加限制性条件批准沃尔玛公司收购纽海控股33.6%股权经营者集中反垄断审查决定(http://www.mofcom.gov.cn/aarticle/b/g/201209/20120908362132.html).

규를 제정하고 있다. 월드오브워크래프트(WoW) 중국내 발행업체교체와 관련한 분쟁이 발생한 후, 2009년 신문출판총서, 국가판권국 및 전국 '소황타비(扫黄打非)' 공작소조판공실이 연합 반포한 「국무원 '3정규정'과 중앙편판 관련 해석을 관철 집행하고, 온라인게임의 사전심사허가와 수입온라인게임의 심사허가관리를 강화하는데 관한 통지」28)("13호문")에서는 "외자는 여하한 형태로는 중국경내에서 온라인게임운영서비스에 종사할 수 없다. 외국투자자는 기타 합자회사를 설립하거나, 관련계약체결 혹은 기술지원 등 간접방식으로 국내기업의 온라인게임운영업무를 실제 지배하거나 참여할 수 없다. 또한 유저등록, 계좌관리, 포인트 카드 소비 등 직접 외국투자자가 실제 지배하거나 송권을 보유한 게임네트워크, 대전플랫폼에 접속하는 방식으로 우회적으로 통제하거나 온라인 게임 운영업부에 참여할 수도 없다."고 규정하여 핵심사업은 반드시 내자기업이 수행하도록 요구한다.

그 외에 TV홈쇼핑과 관련하여서도, 2009년 광전총국의 「TV홈쇼핑채널건설과 관리에 관한 의견」29)에서, "방송기구가 엄격히 채널소유권과 프로그램편집, 심사, 방송권을 장악하는 전제하에서, 홈쇼핑채널의 상품개발, 프로그램제작, 정보관리, 콜센터, 물류배송, 애프터 서비스 등 경영성업무를 분리하여, 요구에 부합하는 국유, 민영기구가 방송기구가 지배하는 홈쇼핑경영기업을 건립할 수 있다. 그 중 콜센터, 물류배송, 애프터 서비스 등의 업무는 계약방식으로 전문기구에 위탁하여 경영할 수 있다."고 하여 핵심사업은 반드시 내자기업이 수행하도록 요구하고 있다.

3. 외국투자법이 VIE모델에 미치는 영향

「외국투자법」 초안에서는 "계약, 신탁 등 방식으로 국내기업을 지배하거나 국내기업의 권익을 보유하는 경우"도 외국투자로 보고 있으며, "계약, 신탁등 방식으로 기업의 경영, 재무, 인사 혹은 기술등에 결정적인 영향을 미칠 수 있는 경우"를 "지배"로 본다. 그러므로, 외국인의 VIE를 통한 투자는 향후 '외국인투자'로 취급된다.

초안에 따르면 중국투자자가 지배하는 VIE는 그대로 인정하여 존속시키고,

---

28) 新闻出版总署·国家版权局·全国"扫黄打非"工作小组办公室关于贯彻落实国务院《"三定"规定》和中央编办有关解释, 进一步加强网络游戏前置审批和进口网络游戏审批管理的通知(2009년 제정).

29) 广电总局关于电视购物频道建设和管理的意见(2009년 제정).

외국투자자가 지배하는 VIE에 대하여는 실질심사를 한다는 것이다. 실질지배인을 판단하는 기준으로는 3가지를 제시하고 있다. 첫째, 권익비례기준으로 직접, 간접으로 지분 50% 이상을 보유하는 것, 둘째, 직접, 간접으로 50% 이상의 지분을 보유하고 있지 않으나, 이사회 또는 의사결정기구의 과반수임명권을 직간접으로 보유하거나, 이사회 또는 의사결정기구의 과반수지명권을 직간접으로 보유하거나, 주주 총회 및 이사회의 결의에 중대한 영향을 미칠 수 있는 경우, 셋째, 계약 신탁등 방식으로 기업의 경영, 재무, 인사 혹은 기술등에 결정적 영향을 미칠 수 있는 경우.

  그런데, 전인대를 통과한 「외상투자법」에는 VIE모델과 관련한 내용이 모두 삭제되어, VIE모델은 여전히 '회색지대'로 남아있게 되었다.

한중 법률용어 대조표*

국문	중문
가격결정	定价(dìngjià)
가격평가	估价(gūjià)
가맹영업권	特许经营权(tèxǔjīngyíngquán)
가액	价额(jià'é)
간이합병	简易合并(jiǎnyìhébìng)
가결	通过决议(tōngguòjuéyì)
감가	贬值(biǎnzhí)
감독	监督(jiāndū)
감사	监事(jiānshì)
감사회1)	监事会(jiānshìhuì), 监事会会议(jiānshìhuìhuìyì)
감사회 부의장	监事会副主席(jiānshìhuìfùzhǔxí)
감사회주석	监事会主席(jiānshìhuìzhǔxí)
감자	减资(jiǎnzī)
감자안	减资方案(jiǎnzīfāng'àn)
강제해산사유	强制解散事由(qiángzhìjiěsànshìyóu)
강제집행	强制执行(qiángzhìzhíxíng)
개설	开立(kāilì)
개인독자기업	个人独资企业(gèréndúzīqǐyè)
개인소유 또는 사인소유	私人所有(sīrénsuǒyǒu)
개인투자자	个人投资者(gèréntóuzīzhì)
개인상공업자2)	个体工商户(gètǐgōngshānghù)
거액투자자	大额投资者(d 嚅 tóuzīzhì)
거래순이윤율 방식3)	交易净利润法(jiāoyìjìnglìrùnfǎ)
건의	建议(jiànyì)
건의	提请(tíqǐng)
검사	检查(jiǎnchá)
검사	验证(yànzhèng)
검사인선임청구권	检查人选任请求权(jiǎnchárénxuǎnrènqǐngqiúquán)

출자검사증명서	验资证明(yànzīzhèngmíng)
결산	结算(jiésuàn)
결산기	结算期(jiésuànqî)
결산안	决算方案(juésuànfāng'àn)
결손 또는 결손금	亏损(kuîsǔn)
결손보전안	弥补亏损方案(míbǔkuîsǔnfāng'àn)
결손보전	弥补亏损(míbǔkuîsǔn)
결의	决议(juéyì)
결의무효의 소	决议无效之诉(juéyìwúxiàozhîsù)
결의불성립의 소	决议不成立之诉(juéyìbùchénglìzhîsù)
결의사항 또는 결의안4)	决议事项(juéyìshìxiàng)
결의절차	表决程序(biǎojuéchéngxù)
결의취소의 소	决议撤销之诉(juéyìchèxiâozhîsù)
결의하자의 소	决议瑕疵之诉(juéyìxiácîzhîsù)
겸임	兼任(jiânrèn)
경내5)	境'È(jingnèi)
경리	经理(jînglǐ)
경업금지	竞业禁止(jìngyèjìnzhǐ)
경영계획	经营计划(jîngyíngfāngzhçn)
경영권	经营权(jîngyíngquán)
경영방침	经营方针(jîngyíngfāngzhçn)
경영범위 또는 경영목적	经营范围(jîngyíngfànwé)
경영자	经营者(jîngyíngzhì)
경영조건	经营条件(jìngyíngtiáojiàn)
경영판단원칙	商业判断原则(shângyèpànduànyuánzé)
경영활동	经营活动(jìngyínghuódòng)
경외	境外(jingwài)
경질	更换(gçnghuàn)
계약통제모델(VIE 모델)	协议控制模式(xiéyìkòngzhìmóshì)
계약위반책임	违约责任(wéiyuçzérèn)
계좌	账户(zhànghù)
계표	计票(jìpiào)
고급관리인원	高级管理人员(gâojíguǎnlǐrényuán)
고정자산	固定资产(gùdîngzîchǎn)
공개기업	开放型企业(kâifàngxíngqǐyè)
공개모집	公开募集(gôngkâimùjí)

공개회사	开放型公司(kâifàngxínggôngsî)
공고	公告(gônggào)
공동경영	共同经营(gòngtóngjîngyíng)
공동출자	共同出资(gòngtóngchûzî)
공모	公募(gôngmù)
공모발행 또는 공개발행	公开发行(gôngkâifâxíng)
공상행관리정부서	工商行政管理部门(gôngshângxíngzhèngguǎnlǐbùmén)
공시	公示(gôngshì) 或 披露(pîlù)
공시최고	公示催告(gôngshìcuîgào)
공익권	公益权(gôngyì)
공익채무	公益债务(gôngyìzhàiwù)
공인회계사	注册会计师(zhùcèkuàijìshî)
공정공시	公平披露(gôngpíngpîlù)
공중	公众(gôngzhòng)
공회	工会(gônghuì)
과창판	科创板(kçchuàngbǎn)
관련거래 또는 관련자거래	关联交易(guânliánjiâoyi)
관련자거래통제위원회	关联交易控制委员会(guânliánjiâoyìkòngzhìwiiyuánhuì)
관련관계	关联关系(guânliánguânxi)
관련관계인	关联关系人(guânliánguânxirén)
관련이사	关联董事(guânliándǒngshì)
관련주주	关联股东(guânliángǔdông)
관련회사	关联公司(guânliángôngsî)
관리책임자	负责管理人员(fùzéguǎnlǐrényuán)
교부	交付(jiâofù)
교환사채	可交换公司债券(kijiâohuàngôngsîzhàiquàn)
교착상태	公司僵局(gôngsîjiângjú)
구조조정 또는 구조개편	重组(chóngzǔ)
구체적인 결의안	具体决议事项(jùtǐjuéyìshìxiàng)
국가경제무역위원회(경무위)	国家经济贸易委员会(guójiâjîngjìmàoyìwiiyuánhuì)
국가공상행정관리총국(공상총국)	国家工商行政管理总局(guójiâgôngshângxíngzhèngguǎnlǐzǒngjú)
국가발전개혁위원회(발개위)	国家发展和改革委员会(guójiâfâzhǎnhégǎigéwiiyuánhuì)
국가시장감독관리총국	国家市场监督管理总局(guójiâshìchǎngjiândûguǎnlǐzǒngjú)
국가식약품감독관리총국	国家食品药品监督管理总局(guójiâshípǐnyàopǐnjiândûguǎnlǐzǒngjú)
국가외환관리국(외환국)	国家外汇管理局(guójiâwàihuìguǎnlǐjú)

국가의 기업신용정보 공시시스템	国家企业信用信息公示系统(guójiâqǐyèxìnyòngxìnxîgôngshìxìtǒng)
국가심계서6)	国家审计署(guójiâshìnjìshǔ)
국가출자기업	国家出资企业(guójiâchûzîqǐyè)
국가통일회계제도	国家统一的会计制度(guójiâtǒngyîdekuàijìzhìdù)
국가품질감독검증검역총국	国家质量监督检验检疫总局(guójiâzhìliàngjiândûjiǎnyànjiǎnyìzǒngjú)
국무원 직속 사업단위	国务院直属事业单位(guówùyuànzhíshǔshìyèdânwèi)
국무원 직속 특설기관	国务院直属特设机构(guówùyuànzhíshǔtèshèjîgòu)
국무원반독점위원회사무실	国务院反垄断委员会办公室(guówùyuànfǎnlǒngduànwiiyuánhuìbàngôngshì)
국무원부문규장	国务院部门规章(guówùyuànbùménguîzhân)
국민경제 업종분류	国民经济行业分类(guómínjîngjìhángyèfçnlèi)
국유기업	国有企业(guóyǒuqǐyè)
국유기업개혁	国有企业改革(guóyǒuqǐyègǎigé)
국유기업의 회사화 제도개혁	国有企业的公司化改制(guóyǒuqǐyèdegôngsîhuàgǎizhì)
국유독자기업	国有独资企业(guóyǒudúzîqǐyè)
국유독자회사	国有独资公司(guóyǒudúzîgôngsî)
국유자본	国有资本(guóyǒuzîbin)
국유자본운영회사	国有资本运营公司(guóyǒuzîbinyùnyínggôngsî)
국유자본지배회사	国有资本控股公司(guóyǒuzîbinkònggǔgôngsî)
국유자본참여회사	国有资本参股公司(guóyǒuzîbincângǔgôngsî)
국유자본투자회사	国有资本投资公司(guóyǒuzîbintóuzîgôngsî)
국유자산감독관리기관	国有资产监督管理机构(guóyǒuzîchǎnjiândûguǎnlǐjîgòu)
국유자산감독관리위원회	国有资产监督管理委员会(guóyǒuzîchǎnjiândûguǎnlǐwiiyuánhuì)
국유재산	国有财产(guóyǒucáichǎn)
국유주식	国有股权(guóyǒugǔquán)
국유출자기업	国有出资企业(guóyǒuchûzîqǐyè)
국유투자주체	国有投资主体(guóyǒutóuzîzhǔtǐ)
국진민퇴	国进民退(guójìnmíntuì)
주주권남용금지	不得滥用股东权利(bùdélànyònggǔdôngquánlì)
권력기관	权力机构(quánlìjîgòu)
권리변경	权利变更(quánlìbiàngçng)
권리부담	权利负担(quánlìfùdân)
권한분배	权力分配(quánlìfçnpèi)
귀책사유	过错(guòcuò) 或 归责事由(guîzéshìyóu)
규장	规章(guîzhâng)

근면의무7)	勤勉义务(qínmiǎnyìwù)
금전출자 또는 화폐 출자	货币出资(huòbìchūzī)
기관구조(조직구조)	组织结构(zǔzhījiégòu)
기관투자자	机关投资者(jīguāntóuzīzhì)
기금관리회사	基金管理公司(jījīnguǎnlǐgōngsī)
기명사채	记名债券(wújìmíngzhàiquàn)
기명주권	记名股票(jìmínggǔpiào)
기반산업 또는 인프라산업	基础产业(jīchǔchǎnyè)
기본관리제도	基本管理制度(jībēnguǎnlǐzhìdù)
기본준칙	基本准则(jībìnzhǔnzé)
기업구조조정	企业重组(qǐyèchóngzǔ)
기업발전기금	企业发展基金(qǐyèfāzhǎnjījìn)
기업법인	企业法人(qǐyèfǎrén)
기업소득세	企业所得税(qǐyèsuǒdéshuì)
기업승포	企业承包(qǐyèchéngbāo)
기업인수	收购(shōugòu)
기업인수합병	并购(bìnggòu) 或 兼并收购(jiānbìngshōugòu)
기업제도	企业制度(qǐyèzhìdù)
기업지배구조	企业治理结构(qǐyèzhìlǐjiégòu)
기업집단	企业集团(qǐyèjítuán)
기업집단등기증	企业集团登记证(qǐyèjítuándēngjìzhèng)
기업채무	企业债务(qǐyèzhàiwù)
기업회계기준	企业会计准则(qǐyèkuàijizhǔnzé)
기업회계제도	企业会计制度(qǐyèkuàijizhìdù)
기장	记账(jìzhàng)
기장대리기관	代理记账机构(dàilǐjìzhàngjīgòu)
기존주주	现有股东(xiànyǒugǔdōng)
기준일	基准日(jīzhǔnrì)
기층공회위원회	基层工会委员会(jīcénggōnghuìwiiyuánhuì)
날인	盖章(gàizhāng)
남용	滥用(lànyòng)
납세신고서	纳税申报表(nàshuìshēnbàobiǎo)
납입	缴纳(jiǎonà)
납입(유한회사)	实缴(shíjiǎo)
납입등기제	实缴登记制(shíjiǎodēngjìzhì)
납입자본금	实收资本(shíshōuzībin)

납입자본금등기제	注册资本实缴登记制(zhùcèzíbinshíjiǎodçngjizhì)
납입자본금총액	实收股本总额(shíshôugǔbìnzǒng'é)
내부관리기구 설치안	内部管理机构设置方案(gôngsînèibùguǎnlǐjîgòushèzhîfâng'àn)
내부자통제	内部人控制(nèibùrénkòngzhì)
내부자거래	内幕交易(nèimùjiâoyì)
내부통제	内部控制(nèibùkòngzhì)
내부회계감사	内部审计(nèibùshìnjì)
내자기업	内资企业(nèizîqǐyè)
농민전업합작사	农民专业合作社(nóngmínzhuânyèhézuòshè)
농촌집체소유제기업	乡村集体所有制企业(xiângcûnjítǐsuǒyǒuzhìqǐyè)
뇌물	贿赂(huìlù)
누설	泄露(xièlòu)
누적우선주	累积优先股(lìijîyôuxiângǔ,)
단기투자	短期投资(duǎnqîtóuzî)
단독주주권	单独股东权(dândúgǔdôngquán)
단속규정	管理性规定(guǎnlǐxìngguîdìng)
단위 또는 사업단위	单位(dânwèi) 或 事业单位(shìyèdânwèi)
담보제공	提供担保(tígòngdânbǎo)
당기순이익8)	当年税后利润(dângniánshuìhòulìrùn) 或 本期纯利(bìnqîchúnlì)
대내적 집행	对内执行(duìnèizhíxíng)
대리비용	代理成本(dàilǐchéngbìn)
대리인	代理人(dàilǐrén)
대외경제무역주관부서	对外经济贸易主管部门(duìwàijîngjimàoyìzhǔguǎnbùmén)
대외경제무역합작부	对外经济贸易合作部(duìwàijîngjimàoyìhézuòbù)
대외적 대표	对外代表(duìwàidàibiâo)
대조확인	核实(héshí)
대차대조표	资产负债表(zîchǎnfùzhàibiǎo)
대체결제	划拨交割(huàbôjiâogç)
대표권	代表权(dàibiǎoquán)
대표자	代表(dàibiâo)
대표처(연락사무소)	代表处(dàibiǎochù)
대항	对抗(duìkàng)
대형 국유기업	大型国有企业(dàxíngguóyǒuqǐyè)
도시집체소유제기업9)	城镇集体所有制企业(chéngzhènjítǐsuǒyǒuzhìqǐyè)
도용	冒用(màoyòng)
독립이사 또는 사외이사	独立董事(dúlìdǒngshì)

독립적 재무고문	独立财务顾问(dúlìcáiwùgùwèn)
독자기업	独资企业(dúzīqǐyè)
돌이킬 수 없는 손해	难以弥补的损害(nányǐmíbǔdesǔnhài)
동등한 조건	同等条件(tóngdìngtiáojiàn)
등록명의 변경절차	登记过户手续(dēngjìguòhùshǒuxù)
등기	登记(dēngjì)
등기기관	登记机关(dēngjìjīguān)
등록	注册(zhùcè)
등록자본금	注册资本(zhùcèzíbìn)
등사	复制(fùzhì)
만료	届满(jièmǎn)
만장일치	一致同意(yízhìtóngyì)
말소 또는 소각	注销(zhùxiâo)
말소 또는 취소	吊销(diàoxiâo) 或 注销(zhùxiâo)
말소등기	注销登记(zhùxiâodēngjì)
매각	出售(chûshòu)
매수 또는 인수	收购(shôugòu)
메인보드 주식 또는 주판주식	主板股(zhǔbǎngǔ)
면책력	免责力(miǎnzélì)
멸실	灭失(mièshî)
명세서	清单(qîngdân)
명의개서절차	登记过户手续(dēngjìguòhùshǒuxù)
명의주주(명의사원)	名义股东(míngyìgǔdông)
명의출자자	名义出资人(míngyìchûzîrén)
모자회사	母子公司(mǔzǐgôngsî)
모집설립	募集设立(mùjíshèlì)
모집설명서	募集说明书(mùjíshuômíngshû)
모집자금	募集资金(mùjízîjîn)
모회사	母公司(mǔgôngsî)
목적물	标的(biâodì)
몰수	没收(mòshôu)
무기명사채	无记名债券(wújìmíngzhàiquàn)
무기명주권	无记名股票(wújìmínggǔpiào)
무액면주식	无面额股(wúmiàn'égǔ)
무한책임	无限责任(wúxiànzérèn)
무형자산	无形资产(wúxíngzîchǎn)

물적회사	资合公司(zīhégōngsī)
미분배재산	尚未分配财产(shàngwèifçnpèicáichǎn)
민사권익	民事权益(mínshìquányì)
민사법률관계	民事法律关系(mínshìfǎlùguānxì)
민영기업	民营企业(mínyíngqǐyè)
민간주주	民间股东(mínjiāngǔdông)
민영화	民营化(mínyínghuà)
민진국퇴	民进国退(mínjìnguótuì)
반식민 · 반봉건	半殖民地半封建(bànzhímíndìbànfçngjiàn)
발급일	签发日(qiānfārì)
발기설립	发起设立(fāqǐshèlì)
발기인	发起人(fāqǐrén)
발기인계약	发起人协议(fāqǐrénxiéyì)
발기인 주권	发起人股票(fāqǐréngǔpiào)
발행	发行(fāxíng)
발행가격	发行价格(fāxíngjiàgé)
발행기일	发行日期(fāxíngrìqī)
발행시장	发行市场(fāxíngshìchǎng)
발행자본금	发行资本(fāxíngzībǐn)
발행주식액면총액	股本总额(gǔbìnzǒng'é)
발행주식총수	股份总数(gǔfènzǒngshù), 股本总额(gǔbìnzǒngé), 股份总数(gǔfènzǒngshù) 或 发行总数(fāxíngzǒngshù)
발행회사	发行公司(fāxínggôngsī)
방권양리[10]	放权让利(fàngquánrànglì)
배당가능이익	可供分配利润(kígôngfçnpèilìrùn) 或 可分配利润(kífçnpèilìrùn)
배당금	股利(gǔlì) 或 红利(hónglì)
배서	背书(bèishū)
배석	列席(lièxí)
벌금	罚款(fákuǎn)
법인	法人(fǎrén)
법인격	法人格(fǎréngé)
법인격남용	法人格滥用(fǎréngélànyòng)
법인격부인	法人格否认(fǎréngéfǒurèn)
법정공익금	法定公益金(fǎdìnggôngyìjîn)
법정기관	法定机构(fǎdìngjîgòu)
법정대표자	法定代表人(fǎdìngdàibiǎorén)

법정보상금	法定补偿金(fǎdìngbǔchángjìn)
법정원수	法定人数(fǎdìngrénshù)
법정자본 또는 법정자본금	法定资本(fǎdìngzǐbǐn)
법정자본제	法定资本制(fǎdìngzǐbǐnzhì)
법정준비금	法定公积金(fǎdìnggōngjǐjīn)
벤처기업	风险企业(fēngxiǎnqǐyè) 或 创业企业(chuàngyèqǐyè)
변경등기	变更登记(biàngēngdēngjì)
변제	清偿(qīngcháng)
변조	涂改(túgǎi)
보고	报告(bàogào)
보수	报酬(bàochou) 或 薪酬(xīnchóu)
보수 및 평가위원회	薪酬与考核委员会(xīnchóu bàochóuyǔxīnchóuwǐiyuánhuì)
보유주식	持有股份(chíyǒugǔfèn)
보유주식(지분) 수	持有股份数量(chíyǒugǔfènshùliàng)
보유주식비율	持有的股份比例(chíyǒudegǔfènbǐlì)
보증	保荐(bǎojiàn)
보증인	保荐人(bǎojiànrén)
보통결의	普通决议(pǔtōngjuéyì)
보통주	普通股(pǔtōnggǔ)
보통청산	普通清算(pǔtōngqīngsuàn)
보통투자자	普通投资者(pǔtōngtóuzǐzhì)
보통조합기업	普通合伙企业(pǔtōnghéhuǒqǐyè)
보험감독관리위원회	保险监督管理委员会(zhōngguóbǎoxiǎnjiāndūguǎnlǐwǐiyuánhuì)
본사	总公司(zǒnggōngsī)
부경리	副经理(fùjīnglǐ)
부문규장	部门规章(bùménguīzhāng)
부속서류 또는 첨부문서	附件(fùjiàn)
부여	授予(shòuyǔ)
부이사장	副董事长(fùdǒngshìzhǎng)
부채	负债(fùzhài)
부채총액	负债总额(fùzhàizǒngé)
분배안	分配方案(fēnpèifāng'àn)
분할	分立(fēnlì)
분할계획	分立计划(fēnlìjìhuà) 또는 分立协议(fēnlìjìhuàxiéyì)
분할납입제	分期缴纳制(fēnqījiǎonàzhì)
불법적 이익	非法利益(fēifǎlìyì)

불법행위책임	侵权责任(qînquánzérèn)
불법점유	非法侵占(fçifǎqînzhàn)
VIE 모델	VIE 模式(Variable Interest Entities móshì)
비공개모집	非公开募集(fçigôngkâimùjí)
비공모발행	非公开发行(fçigôngkâifâxíng)
비교가능한 비통제가격방식[11]	可比非受价格法(kibǐfçishòujiàgéfǎ)
비누적적우선주	非累积优先股(fçiliijîyôuxiângǔ)
비밀유지의무	保密义务(bǎomìyìwù)
비복[12]	批复(pîfù)
비상장공개회사	非上市公众公司(fçishàngshìgôngzhòngôngsî)
비안[13]	备案(bèiàn)
비영리법인	非营利法人(fçiyínglìfǎrén)
비준[14]	批准(pîzhǔn)
비준문서	批准文件(pîzhǔnwénjiàn)
비참가적우선주	非参加优先股(fçicânjiâyôuxiângǔ)
비치	置备(zhìbèi)
사기업 또는 사영기업	私营企业(sîyíngqǐyè)
사단	社团(shètuán)
사모	私募(sîmù)
사법해석	司法解释(sîfǎjiìshì)
사업기회	商业机会(shângyèjîhuì)
사업단위법인	事业单位法人(shìyèdânwèifǎré)
사원권 또는 주주권	股东权(gǔdôngquán)
사원권익	股东权益(gǔdôngquányì)
사원 또는 주주	股东(gǔdông)
사원명부 또는 주주명부	股东名册(gǔdôngmíngcè)
사원총회	股东会(gǔdônghuì)
사유	事由(shìyóu)
사정	因故(yîngù)
사직	辞职(cízhí)
사채권자집회	债券持有人会议(zhàiquànchíyôuzhìrénhuìyì)
사채 또는 회사채	公司债券(gôngsîzhàiquàn)
사채발행	公司债券发行(gôngsîzhàiquànfâxíng)
사채발행	债券发行(zhàiquànfâxíng)
사채번호	债券编号(zhàiquànbiânhào)
사채소지인	债券持有人(zhàiquànchíyôuzhìrén)

사채수탁관리계약	债券受托管理协议(zhàiquànshòutuôguǎnlǐxiéyì)
사채수탁관리인 또는 사채관리회사	债券受托管理人(zhàiquànshòutuôguǎnlǐrén)
사채시장	公司债券市场(gôngsìzhàiquànshìchǎng)
사채총액	债券总额(zhàiquànzǒngé)
사회공중도덕	社会公德(shèhuìgôngdé)
사회단체법인	社会团体法人(shìyètuántǐfǎrén)
사회보험등기증	社会保险登记证(shèhuìbǎoxiǎndçngjìzhèng)
사회주의 시장경제질서 파괴죄	破坏社会主义市场经济秩序罪(pòhuàishèhuìzhǔyishìchǎngjìngjìzhìxùzuì)
산업공회	产业工会(chǎnyègônghuì)
산하기구	派出机构(pàichûjîgòu)
산하기업	附属企业(fùshǔqǐyè)
삼자기업15)	三资企业(sânzîqǐyè)
상대적 기재사항	相对必要记载事项(xiângduìbìyàojìzǎishìxiàng)
상무부	商务部(shângwùbù)
상업상의 신용과 명예 (영업권: goodwill)	商誉(shângyù)
상업적 원칙	商业原则(shângyèyuánzé)
상장	上市(shàngshì)
상장요건	上市条件(shàngshìtiáojiàn)
상장회사	上市公司(shàngshìgôngsî)
상장회사배임죄16)	背信损害上市公司利益罪(bèixìnsǔnhàishàngshìgôngsîlìyìzuì)
3항기금17)	三项基金(sânxiàngjîjìn)
상해증권거래소	上海证券交易所(shànghǎizhèngquànjiâoyìsuǒ)
상환	回购(huígòu)
생산경영 또는 생산경영관리	生产经营管理(shçngchǎnjîngyíngguǎnlǐ)
선거	选举(xuǎnjǔ)
선임	选任(xuǎnrèn)
선의취득	善意取得(shànyìqǔdé)
선출방식	产生办法(chǎnshçngbànfǎ)
설립	设立(shèlì)
설립등기	设立登记(shèlìdçngjì)
설립비용	设立费用(shèlìfèiyòng)
설립중 회사	设立中公司(shèlìzhônggôngsî)
설립지주의	设立地主义(shèlìdìzhǔyì)
세무기관	税务机关(shuìwùjîguân)

소규모합병	小规模合并(xiǎoguīmóhébìng)
소급효	溯及力(sùjílì)
소를 각하	驳回起诉(bóhuíqǐsù)
소를 제기	提起诉讼(tíqǐsùsòng)
소멸회사	消灭公司(xiāomièōngsī)
소송	诉讼(sùsòng)
소수주주	少数股东(shǎoshùgǔdōng)
소수주주권	少数股东权(shǎoshùgǔdōngquán)
소액주주	小股东(xiǎogǔdōng)
소액투자자	小额投资者(xiǎoétóuzīzhì)
소유와 경영의 분리 원칙	所有权和经营权分离原则(suǒyǒuquánhéjīngyíngquánfēnlíyuánzé)
소재지	所在地(suǒzàidì)
소지자	持有人(chíyǒurén)
소집권	召集权(zhàojíquán)
소집 또는 개최	召开(zhàokāi)
소집인	召集人(zhàojírén)
소집통지	召集通知(zhàojítōngzhī)
손익거래	损益交易(sǔnyìjiāoyì)
손익계산서	损益表(sǔnyìbiǎo)
손해배상	损害赔偿(sǔnhàipéicháng)
수권범위(위임범위)	授权范围(shòuquánfànwéi)
수권위임장	授权委托书(shòuquánwiituōshū)
수권자본금제도	授权资本制度(shòuquánzīběnzhìdù)
수권주식수	授权资本额(shòuquánzīběn'é)
수리	受理(shòulǐ)
수수료	佣金(yòngjīn)
수시공시	即时信息公示(jíshíxìnxīgōngshì)
수호	维护(wéihù)
순자산액	净资产额(mìigǔjìngzīchǎné)
승포제	承包制(chéngbāozhì)
시가총액	市价总值(shìjiàzǒngzhí)
시세조종	操纵市场(cāozòngshìchǎng)
시장경제 노선	市场经济路线(shìchǎngjīngjìlùxiàn)
시장 독립적 제3자 가격	市场独立第三方价格(shìchǎngdúlìdìsānfāngjiàgé)
시장감독관리부서	市场监督管理部门(shìchǎngjiāndūguǎnlǐbùmén)
신디케이트	承销团(chéngxiāotuán)

신삼판	新三板(xīnsānbǎn)
신설분할	解散分立(jiěsànfēnlì)
신설합병	新设合并(xīnshèhébìng,)
신용공여	授信(shòuxìn)
신의성실의무 또는 신인의무	诚信义务(chéngxìnyìwù)
신주	新股(xīngǔ)
신주발행	新股发行(xīngǔfāxíng)
신주인수권	新股优先认购权(xīngǔyōuxiānrèngòuquán),
신주인수권부사채	附新股认购权公司债券(fùxīngǔrèngòuquángōngsīzhàiquàn)
신지분인수권	优先认缴出资权(yōuxiānrènjiǎochūzīquán)
신탁	信托(xìntuō)
실비정산법[18]	成本加成法(chéngbǐnjiāchéngfǎ)
실제납입액 또는 납입자본금	实收资本(shíshōuzībǐn)
실제지배자 또는 실제지배인	实际控制人(shíjìkòngzhìrén)
실제출자인 또는 실질출자자	实际出资人(shíjìchūzīrén)
심의	审议(shěnyì)
심의사항 또는 심의안[19]	审议事项(shěnyìshìxiàng)
심사비준	审批(shěnpī) 또는 审议批准(shěnyìpīzhǔn)
심사확인제도	审核制(shěnhézhì)
심천증권거래소	深圳证券交易所(shēnzhènzhèngquànjiāo)
알권리	知情权(zhīqíngquán)
액면금액	票面金额(piàomiànjīné)
액면미달발행 / 할인발행	折价发行(zhéjiàfāxíng)
액면발행	平价发行(píngjiàfāxíng), 等额发行(dìngéfāxíng) 或 面额发行(miànéfā xíng)
액면주식	有面额股票(yǒumiàn'égǔpiào)
액면초과금	溢价款(yìjiàkuǎn)
액면초과발행	溢价发行(yìjiàfāxíng)
양권분리	两权分离(liǎngquánfēnlí)
양도	转让(zhuǎnràng)
양수	受让(shòuràng)
언더라이팅	承销(chéngxiāo)
업무감독권	业务监督权(yèwùjiāndūquán)
업무감독기관	业务监督机关(yèwùjiāndūjīguān)

업무결정기관	业务决策机构(yèwùjuécèjîgòu)
업무기구	办事机构(bànshìjîgòu)
업무범위	业务范围(yèwùfànwéi)
업무집행권	业务执行权(yèwùzhíxíngquán)
업무집행기관	业务执行机关(yèwùzhíxíngjîguân) 或 业务执行机构(yèwùzhíxíngjîgòu)
연간재무예산, 결산안 심의 및 비준권	公司年度财务预算、决算方案审议、批准权(gôngsîniándùcáiwùyùsuànjuésuànfâng'ànshìnyìpîzhǔnquán)
연결재무제표	合并财务表(hébìngcáiwùbiǎo)
연대책임	连带责任(liándàizérèn)
연도보고 또는 연간보고	年度报告(niándùbàogào)
열람	查阅(cháyuè)
영리	营利(yínglì)
영업기간	营业期限(yíngyèqîxiàn)
영업비밀	商业秘密(shângyèmìmì)
영업집조20)	营业执照(yíngyèzhízhào)
완전자회사	全资子公司(quánzîzĭgôngsî)
외국거래소	外国交易所(wàiguójiâoyìsuǒ)
외부감사	外部审计(wàibùshinji)
외부회계감사기관	外部审计机构(wàibùshìnjijîgòu)
외상독자기업	外商独资企业(wàishângdúzîqîyè)
외상투자기업	外商投资企业(wàishângtóuzîqîyè)
외상투자기업비준증서	外商投资企业批准证书(wàishângtóuzîqîyèpîzhǔnzhèngshû)
외상투자산업지도목록	外商投资产业指导目录(wàishângtóuzîchǎnyèzhĭdǎomùl)
외상투자주식회사	外商投资股份有限公司(wàishângtóuzîgǔfènyôuxiàngôngsî)
외상투자진입 특별관리조치	外商投资准入特别管理措施(wàishângtóuzîzhǔnrùtèbiéguǎnlǐcuòshî)
외자기업	外资企业(wàizîqĭyè)
외자유치	吸引外资(xîyĭnwàizî)
외자주식	外资股(wàizîgǔ)
우선매수권	优先购买权(yôuxiângòumǎiquán)
우선배당	优先分配(yôuxiânfçnpèi) 或 优先分红(yôuxiânfçnhóng)
우선주	优先股(yôuxiângǔ)
워런트	权证(quánzhèng)
원금	本金(bìnjîn)
원금과 이자	本息(bìnxî) 或 本付息(bìnfùxî)
원금 및 이자 상환기한	还本付息期限(huánbìnfùxîqîxiàn)

원금 및 이자 상환방법	还本付息办法(huánbìnfùxîbànfă)
위조	伪造(wìizào)
위해	危害(wçihài)
위탁 / 파견	委托(wìituô) 或 委派(wìipài)
위탁판매	承销(chéngxiâo)
유가증권	有价证券(yŏujiàzhèngquàn)
유상증자	有偿增资(yŏuchángzçngzî)
유용21)	挪用(nuóyòng)
유통시장	流通市场(liútôngshìchăng)
유한조합기업	有限合伙企业(yŏuxiànhéhuŏqîyè)
유한조합원	有限合伙人(yŏuxiànhéhuŏrén)
유한책임	有限责任(yŏuxiànzérèn)
유한회사	有限责任公司(yŏuxiànzérèngôngsî)
은행업감독관리위원회	银行业监督管理委员会(yínhángyèjiândûguănlĭwìiyuánhui)
의결권	表决权(biăojuéquán)
의결권부활	表决权恢复(biăojuéquánhuîfù)
의결서	决定文件(juédìngwénjiàn)
의결절차	表决程序(biăojuéchéngxù)
의사	议事(yìshì)
의사결정권	意思决定权(yìsîjuédìngquán)
의사결정기관	意思机关(yìsîjîguân)
의사규칙	议事规则(yìshìguîzé)
의사방식	议事方式(yìshìfângshì)
의제	议题(yìtí)
이사	董事(dŏngshì)
이사장22)	董事长(dŏngshìzhăng)
이사회	董事会(dŏngshìhui)
이사회 비서	董事会秘书(dŏngshìhuìmìshû)
이사회 비서교육 합격증서	董事会秘书培训合格证书(dŏngshìhuìmìshûpéixùnhégézhèngshû)
이사회 중심주의	董事会中心主义(dŏngshìhuìzhôngxînzhŭyì)
이윤분할법23)	利润分割法(lìrùnfçngçfă)
이익배당	利润分配(lìrùnfçnpèi)
이율	利率(lìlù)
이익(잉여)	盈利(yínglì)
이익배당	利益分配(lìyìfçnpèiqîngqiúquán) 或 分红(fçnhóng)
이익배당안	利润分配方案(lìrùnfçnpèifâng'àn)

이익배당청구권	利润分配请求权(lìrùnfēnpèiqǐngqiúquán) 或 利益分配请求权(lìyìfēnpèiqǐngqiúquán)
이익잉여금처분계산서	利润分配表(lìrùnfēnpèibiǎo)
이익준비금	盈余公积金(yíngyúgōngjījīn)
이익충돌	利益冲突(lìyìchōngtū)
이자	利息(lìxī)
이중대표소송	二重派生诉讼(èrchóngpàishēngsùsòng) 或 二重代表诉讼(èrchóngdàibiǎosùsòng)
이해관계자	利害关系人(lìhàiguānxìrén)
이해상충	利益冲突(lìyìchōngtū)
익명주주 또는 실질주주	隐名股东(yǐnmíngǔdōng)
인수관리	接管(jiēguǎn)
인수등기제 또는 인수자본납입등기제	认缴登记制(rènjiǎodēngjìzhì) 或 注册资本认缴登记制(zhùcèzīběnrènjiǎodēngjìzhì)
인수업무	收购业务(shōugòuyèwù)
인수자본금(주식회사)	认购资本(rèngòuzīběn)
인적회사	人合公司(rénhégōngsī)
인터넷 투표	网络表决(wǎngluòbiǎojué)
일반 경영항목	一般经营项目(yìbānjīngyíngxiàngmù)
일반공모증자	向不特定对象公开发行(xiàngbùtèdìngduìxiànggōngkāifāxíng)
일반조합원 또는 보통조합원	普通合伙人(pǔtōnghéhuǒrén)
일인유한회사	一人有限责任公司(yìrényǒuxiànzérèngōngsī)
일인회사	一人公司(yìréngōngsī)
1주의 금액	每股金额(měigǔjīné)
임금	工资(gōngzī)
임기	任期(rènqī)
임명문건 또는 취임승낙서	任职文件(rènzhíwénjiàn)
임시보고	临时报告(línshíbàogào)
임시사원총회	股东会临时会议(gǔdōnghuìlínshíhuìyì)
임시사원총회	临时股东会(línshígǔdōnghuì)
임시주주총회	临时股东大会(línshígǔdōngdàhuì)
임의기관	任意机关(rènyìjīguān)
임의매각	变卖(biànmài)
임의적 기재사항	任意记载事项(rènyìjìzǎishìxiàng)
임의준비금	任意公积金(rènyìgōngjījīn)
임의해산사유	任意解散事由(rènyìjiěsànshìyóu)

잉여금	盈余(yíngyú)
자금대여	借贷(jièdài)
자금조달	资金筹措(zījīnchóucuò) 或 资金筹集(zījīnchóují)
자기거래	自我交易(zìwǒjiāoyì)
자기자본 또는 소유자권익	所有者权益(suǒyǒuzhìquányì) 或 自有资本(zìyǒuzīběn)
자기주식	本公司股份(běngōngsīgǔfèn) / 库藏股(kùcánggǔ)
자기주식배당금지	禁止本公司股份分配利润(jìnzhǐběngōngsīgǔfènfēnpèilìrùn)
자문기구	咨询机构(zīxúnjīgòu)
자본	资本(zīběn) 또는 权益资金(quányìzījīn)
자본거래	资本交易(zīběnjiāoyì)
자본금(주식회사)[24]	股本(gǔběn)
자본불변의 원칙	资本不变原则(zīběnbúbiànyuánzé)
자본충실의 원칙	资本维持原则(zīběnwéichíyuánzé)
자본확정의 원칙	资本确定原则(zīběnquèdìngyuánzé)
자본금감소	减少公司注册资本(jiǎnshǎogōngsīzhùcèzīběn)
자본금증가	新增资本(xīnzēngzīběn)
자본변동표	所有者权益变动表(suǒyǒuzhìquányìbiàndòngbiǎo)
자본시장	资本市场(zīběnshìchǎng)
자본의 3원칙	资本三原则(zīběnsānyuánzé)
자본전입	转为资本(zhuǎnwéizīběn)
자본준비금 또는 자본공적금	资本公积金(zīběngōngjījīn)
자본증가	资本增加(zīběnzēngjiā)
자본총액	资本总额(zīběnzǒngé)
자본충실책임	资本充实责任(zīběnchōngshízérèn)
자산	资产(zīchǎn)
자산권	产权(chǎnquán)
자산수익	资产收益(zīchǎnshōuyì)
자산인수	资产并购(zīchǎnbìnggòu)
자산총액	资产总额(zīchǎnzǒngé)
자산평가기관	资产评估机构(zīchǎnpínggūjīgòu)
자익권	自益权(zìyìquán)
자연독과점산업	自然垄断产业(zìránlǒngduànchǎnyè)
자회사	子公司(zǐgōngsī)
잔여재산	剩余财产(shèngyúcáichǎn)
잔여재산분배청구권	剩余财产分配请求权(shèngyúcáichǎnfēnpèiqǐngqiúquán)
장기투자	长期投资(chángqītóuzī)

장부	账簿(zhàngbù)
장해보상금25)	伤残补助(shāngcánbǔzhù)
재무	财务(cáiwù)
재무보고	财务报告(cáiwùbàogào)
재무부	财务部(cáiwùbù)
재무상황설명서	财务状况说明书(cáiwùzhuàngkuàngshuōmíngshū)
재무예산안	财务预算方案(cáiwùyùsuànfāng'àn)
재무정보	财务信息(cáiwùxìnxī)
재무제표	财务报表(cáiwùbàobiǎo)
재무책임자	财务负责人(cáiwùfùzérén)
재무회계보고서	财务会计报表(cáiwùkuàijìbàobiǎo) 或 财务会计报告(cáiwùkuàijìbàogào)
재산명세서	财产清单(cáichǎnqīngdān)
재산상황설명	财产状况说明(cáichǎnzhuàngkuàngshuōmíng)
재심사건	再审案件(zàishěnànjiàn)
재정부	财政部(cáizhèngbù)
재직	任职(rènzhí)
재판매가격법26)	再销售价格法(zàixiāoshòujiàgéfǎ)
저리융자	低息融资(dīxīróngzī)
적법성	合法合规性(héfǎhéguīxìng)
적용지침	应用指南(yìngyòngzhǐnán)
전국중소기업주식양도시스템	全国中小企业股份转让系统(quánguózhōngxiǎoqǐyègǔfènzhuǎnràngxìtǒng)
전국중소기업주식양도시스템(新三板)에 등록된 회사	挂牌公司(guàpáigōngsī)
전문서비스기관	专业服务机构(zhuānyèfúwùjīgòu)
전문위원회	专门委员会(zhuānménwěiyuánhuì)
전문투자자	专业投资者(zhuānyètóuzīzhě)
전민소유	全民所有(quánmínsuǒyǒu)
전민소유제	全民所有制(quánmínsuǒyǒuzhì)
전민소유제기업	全民所有制企业(quánmínsuǒyǒuzhìqǐyè)
전액납입제	全部缴纳制(quánbùjiǎonàzhì)
전환사채	可转换债券(kězhuǎnhuànzhàiquàn)
절대적 기재사항	绝对必要记载事项(juéduìbìyàojìzǎishìxiàng)
정관	章程(zhāngchéng)
정관변경	修改公司章程(xiūgǎigōngsīzhāngchéng)
정관작성	章程起草(zhāngchéngqǐcǎo)

정기공시	定期披露(dìngqīpīlù)
정기보고서	定期报告(dìngqībàogào)
정기사원총회	股东会定期会议(dōnghuìdìngqīhuìyì)
정기주주총회	股东大会年会(gǔdōngdàhuìniánhuì) 或 定期股东大会(dìngqīgǔdōngdàhuì)
정보공개사무	信息披露事务(xìnxīpīlùshìwù)
정보공시의무	信息披露义务(xìnxīpīlùyìwù), 信息公示义务(xìnxīgōngshìyìwù) 或 信息公开义务(xìnxīgōngkāiyìwù)
정보비대칭	信息非对称(xìnxīfēiduìchèn)
정보열람권	查阅权(cháyuèquán)
정부와 기업의 분리	政企分离(zhèngqǐfēnlí)
제3자 배정증자	向特定对象非公开发行(xiàngtèdìngduìxiàngfēigōngkāifāxíng)
제명	除名(chúmíng)
조대방소27)	抓大放小(zhuādàfàngxiǎo)
조율	协调(xiétiáo)
조정	调解(tiáojiě)
조직변경	公司性质变更(gōngsīxìngzhìbiàngēng) 或 组织形式变更(zǔzhīxíngshìbiàngēng)
조직변경(회사형태 변경)	变更公司形式(biàngēnggōngsīxíngshì)
조합계약서	合伙协议(héhuǒxiéyì)
조합기업	合伙企业(héhuǒqǐyè)
조합채무	合伙债务(héhuǒzhàiwù)
존속기한	存续期限(cúnxùqīxiàn)
존속분할	存续分立(cúnxùfēnlì)
존속회사	存续公司(cúnxùgōngsī)
종류주식	种类股(zhǒnglèigǔ)
종속회사	从属公司(cóngshǔgōngsī)
주권	股票(gǔpiào)
주권교부청구의 소	股票给付请求之诉(gǔpiàojǐfùqǐngqiúzhīsù)
주권번호	股票编号(gǔpiàobiānhào)
주금납입보관계약	代收股款协议(dàishōugǔkuǎnxiéyì)
주금 또는 주식인수대금	股款(gǔkuǎn)
주된 업무	主营业务(zhǔyíngyèwù)
주된 영업소	主要办事机构(zhǔyàobànshìjīgòu)
주석(재무제표의)	附注(fùzhù)
주소	住所(zhùsuǒ)

주식	股份(gǔfèn)
주식매각	股份出售(gǔfènchūshòu)
주식매수청구권	股份回购请求权(yìyìgǔdōnggǔfènhuígòuqǐngqiúquán), 退股权(tuìgǔquán)
주식모집설명서	招股说明书(zhāogǔshuōmíngshū)
주식모집청구서	招股文件(zhāogǔwénjiàn)
주식비율	股份比例(gǔfènbǐlì)
주식양도권	股份转让权(gǔfènzhuǎnràngquán)
주식양도담보	股权转让担保(gǔquánzhuǎnràngdānbǎo)
주식의 소유구조	股权结构(gǔquánjiégòu)
주식인수(주식회사)	认购(rèngòu)
주식인수인	认股人(rèngǔrén)
주식자본액	股份额(gǔfèné)
주식자본총액	股份总额(gǔfènzǒngé)
주식장부카드	股票账户卡(gǔpiàozhànghùkǎ)
주식제	股份制(gǔfènzhì)
주식종류	股票种类(gǔpiàozhǒnglèi)
주식참여회사	参股公司(cāngǔgōngsī)
주식참여	参股(cāngǔ)
주식청약서	认股书(rèngǔshū)
주식회사	股份有限公司(gǔfènyǒuxiàngōngsī)
주요주주	主要股东(zhǔyàogǔdōng)
주재	主持(zhǔchí)
주주(사원)대표	股东代表(gǔdōngdàibiǎo)
주주대표소송 또는 주주 파생소송	股东代表诉讼(gǔdōngdàibiǎosùsòng) 或 股东派生诉讼(gǔdōngpàishēngsùsòng)
주주명부 명의개서	股东名册变更登记(gǔdōngmíngcèbiàngēngdēngji)
주주배정증자	配股(pèigǔ)
주주의 질문권	股东质询权(gǔdōngzhìxúnquán)
주주제안권	股东提案权(gǔdōngtí 磬 nquán)
주주총회	股东大会(gǔdōngdàhuì)
주주총회 중심주의	股东大会中心主义(gǔdōngdàhuìzhōngxīnzhǔyì)
주식평등원칙	股东平等原则(gǔdōngpíngdìngyuánzé)
준거법주의	准据法主义(zhǔnjùfǎzhǔyì)
준비금	公积金(gōngjījīn)
준비기금	储备基金(chǔbèijījīn)
중간보고서	中期报告(zhōngqībàogào)

중개기관	中介机构(zhōngjièjîgòu)
중대자산	重大资产(zhòngdàzîchǎn)
중대한 관련자 거래	重大关联交易(zhòngdàguânliánjiâoyì)
중대한 위법행위	严重违法行为(yánzhòngwéifǎxíngwéi)
중소기업사모채	中小企业私募债券(zhôngxiǎoqîyèsîmùzhàiquàn)
중소기업집합채권	中小企业集合债券(zhôngxiǎoqîyèjíhézhàiquàn)
중소기업판	中小企业板(zhôngxiǎoqîyèbǎn)
중소주주	中小股东(zhôngxiǎogǔdông)
중소형 국유기업	中小型国有企业(zhôngxiǎoxíngguóyǒuqîyè)
중외합자경영기업	中外合资经营企业(zhôngwàihézîjîngyíngqîyè)
중외합작경영기업	中外合作经营企业(zhôngwàihézuòjîngyíngqîyè)
중요한 재산 또는 중요재산	主要财产(zhǔyàocáichǎn)
중형·소형·최소형기업	中小微型企业(zhôngxiǎowçixíngqîyè)
증감위 파견기관	证监会派出机构(zhèngjiânhuìpàichûjîgòu)
증권감독관리위원회	证券监督管理委员会(zhèngquànjiândûguǎnlîwiyuánhuì)
증권거래	证券交易(zhèngquànjiâoyì)
증권거래소	证券交易所(zhèngquànjiâoyìsuǒ)
증권계좌	证券账户(zhèngquànzhànghù)
증권등기결산기구	证券登记结算机构(zhèngquàndçngjìjiésuànjîgòu)
증권소유자명부	证券持有人名册(zhèngquànchíyǒurénmíngcè)
증권회사	证券公司(zhèngquàngôngsî)
증빙	凭证(píngzhèng)
증자	增资(zçngzî)
증자안	增资方案(zçngzîfâng'àn)
지도성판결	指导性案例(zhǐdǎoxìngànlì)
지명 또는 추천	提名(tímíng)
지명위원회 또는 추천위원회	提名委员会(tímíngwiyuánhuì)
지방각급총공회	地方各级总工会(dìfânggèjízǒnggônghuì)
지배	控制(kòngzhì)
지배구조	治理结构(zhìlîjiégòu)
지배주주	控股股东(kònggǔgǔdông)
지배회사	控制公司(kòngzhìgôngsî)
지분(유한회사)	股权(gǔquán)
지분관계	股权关系(gǔquánguânxì)
지분양도	股权转让(gǔquánzhuǎnràng)
지분양도권	股权转让权(gǔquánzhuǎnràngquán)

지분양도담보	股权转让担保(gǔquánzhuǎnràngdānbǎo)
지분인수합병	股权并购(gǔquánbìnggòu)
지분인수(유한회사)	认缴(rènjiǎo)
지속적 정보공시	持续信息公开(chíxùxìnxîgōngkâi)
지사	分公司(fçngôngsî)
지역주권시장	区域性股权市场(qùyùxìnggǔquánshìchǎng)
지주회사	控股公司(kònggǔgōngsî)
직공28)	职工(zhígông)
직공대표	职工代表(zhígôngdàibiǎo)
직공대표대회	职工代表大会(zhígôngdàibiǎodàhuì)
직공대회	职工大会(zhígôngdàhuì)
직공배치방안	职工安置办法(zhígôngânzhìbànfǎ)
직공장려및복지기금	职工奖励与福利基金(zhígôngjiǎnglìyǔfúlìjîjìn)
직권	职权(zhíquán)
직무	职务(zhíwù)
직업수행책임보험 또는 직업책임보험	执业责任保险(zhíyèzérènbǎoxiǎn)
직책	职责(zhízé)
질권	质权(zhìquán) 또는 质押权(zhìyâquán)
질의	质询(zhìxún)
집단정관	集团章程(jítuánzhângchéng)
집중투표제	累积投票制(lèijîtóupiàozhì)
집체소유	集体所有(jítîsuǒyǒu)
집체소유제기업	集体所有制企业(jítîsuǒyǒuzhìqǐyè)
집행	组织实施(zǔzhîshíshî)
집행이사	执行董事(zhíxíngdǒngshì)
차등배당	级差分红(jíchâfçnhóng)
차스닥(Chasdaq) 주식	中小企业板股(zhôngxiǎoqǐyèbǎngǔ)
차액	差额(châ'é)
참가적우선주	参加优先股(cânjiâyôuxiângǔ)
창립총회	创立大会(chuànglìdàhuì)
창업판주식	创业板股(chuàngyèbǎngǔ)
채권목록	债权清册(zhàiquánqîngcè)
채권신고기간	申报债权期间(shçnbàozhàiquánqîjiân)
채권자	债权人(zhàiquánrén)
채권자보호	债权人保护(zhàiquánrénbǎohù)
채권자보호절차	债权人保护程序(zhàiquánrénbǎohùchéngxù)

채권자이의	债权人异议(zhàiquánrényiyì)
채권자집회	债权人会议(zhàiquánrénhuiyì)
채무목록	债务清册(zhàiwùqîngcè)
채무회수	回收欠款(huíshôuqiànkuǎn)
철회	撤回(chèhuí)
청구	提议(tíyì) 或 要求(yâoqiú)
청산	清算(qîngsuàn)
청산계획	清算方案(qîngsuànfāngàn)
청산단계	清算阶段(qîngsuànjiçduàn)
청산방법	清算方法(qîngsuànfāngfǎ)
청산보고서	清算报告(qîngsuànbàogào)
청산비용	清算费用(qîngsuànfèiyòng)
청산절차	清算程序(qîngsuànchéngxù)
청산조	清算组(qîngsuànzǔ)
청산조의 책임자	清算组负责人(qîngsuànzǔfùzérén)
청산종결	清算完毕(qîngsuànwánbì) 或는 清算程序终结(qîngchéngxùzhôngjié)
청산종료일	清算结束日(qîngsuànjiéshùri)
청산활동	清算活动(qîngsuànhuódòng)
초빙	聘用(pìnyòng)
최고권력기관	最高权力机构(zuìgâoquánlìjîgòu)
최고의사결정기관	最高决策机构(zuìgâojuécèjîgòu)
최저자본제	最低股本制(zuìdîgǔbìnzhì)
최초납입비율	首次出资比例(shǒucìchûzîbǐlì)
추가적인 분배	追加分配(zhuîjiâfçnpèi)
추정력	推定力(tuîdìnglì)
출석	出席(chûxí)
출양토지사용권	出让土地使用权(chûràngtǔdìshǐyòngquán)
출자	出资(chûzî)
출자검사기관	验资机构(yànzìjîgòu)
출자검사증명서	验资证明(yànzìzhèngmíng)
출자금유출 또는 출자금 불법회수29)	抽逃出资(chôutáochûzî)
출자기일	出资时间(chûzîshíjiân)
출자기한	出资期限(chûzîqîxiàn)
출자방식	出资方式 chûzîfāngshì)
출자비율	出资比例(chûzîbǐlì)

출자액	出资额(chûz 铋)
출자인수액(유한회사)	认缴出资额(rènjiǎochûzî'é)
출자증명서	出资证明书(chûzîzhèngmíngshû)
출자지분	出资份额(chûzîfèn'é)
충실의무	忠实义务(zhôngshíyìwù)
취소	撤销(chèxiâo)
취임	就任(jiùrèn)
취임승낙서 또는 임명문건	任职文件(rènzhíwénjiàn)
타인자본	借入资本(jièrùzîbin)
탐오	贪污(tânwû)
토지사용권	土地使用权(tǔdìshǐyòngquán)
통계등기증30)	统计登记证(tǒngjìdçngjìzhèng)
통지	通知(tôngzhî)
투자	投资(tóuzî)
투자계획	投资计划(tóuzîjìhuà)
투자권익	投资权益(tóuzîquányì)
투자규모	投资规模(tóuzîguîmó)
투자방안 또는 투자안	投资方案(tóuzîfâng'àn)
투자보상약정	投资补偿约定(tóuzîbǔchángyuçdìng)
투자설명서	招股说明书(zhâogǔshuômíngshû)
투자자	投资者(tóuzîzhî)
투자총액	投资总额(tóuzîzǒngé)
투표시스템	投票系统(tóupiàoxìtǒng)
특별결의	特别决议(tèbiéjuéyì)
특별청산	特别清算(tèbiéqîngsuàn)
특수한 지위	特殊地位(tèshûdìwèi)
특정대상모집	定向募集(dìngxiàngmùjí)
파면	罢免(bàmiǎn)
파산	破产(pòchǎn)
파산관재인	破产管理人(pòchǎnguǎnlǐrén)
파산비용	破产费用(pòchǎnfèiyòng)
파산선고	破产宣告(pòchǎnxuângào)
파산재산	破产财产(pòchǎncáichǎn)
파산재산배당방안 또는 파산재산배당안	破产财产分配方案(pòchǎncáichǎnfçnpèifâng'àn)
파산재산배당보고서	破产财产分配报告(pòchǎncáichǎnfçnpèibàogào)
파산절차	破产程序(pòchǎnchéngxù)

파산절차종결	破产程序终结(pòchǎnchéngxùzhōngjié)
파산채권	破产债权(pòchǎnzhàiquán)
파산청산	破产清算(pòchǎnqìngsuàn)
파산청산사무소	破产清算事务所(pòchǎnqìngsuànshìwùsuǒ)
판매책임자	营销负责人(yíngxiāofùzérén)
평가	评估(pínggū) 또는 评估作价(pínggūzuòjià)
폐쇄회사	封闭型公司(fēngbìxínggōngsī)
폐회	闭会(bìhuì)
피합병회사	被合并公司(bèihébìnggōngsī)
필수기관	法定机关(fǎdìngjīguān) 또는 必设机构(bìshèjīgòu)
합리적인 가격	合理的价格(hélǐdejiàgé)
합명기업법	合伙企业法(héhuǒqǐyèfǎ)
합명회사	无限公司(wúxiàngōngsī), 合名公司(hémínggōngsī) 或 合伙企业(héhuǒqǐyè)
합병	合并(hébìng)
합병무효확인의 소	合并无效确认之诉(hébìngwúxiàoquèrènzhīsù)
합병회사	合并公司(hébìnggōngsī)
합영기업	合营企业(héyíngqǐyè)
합자회사	两合公司(liǎnghégōngsī) 또는 合资公司(hézīgōngsī)
해관총서(관세청)	海关总署(hǎiguānzǒngshǔ)
해산	解散(jiěsàn)
해산결의	解散决议(jiěsànjuéyì)
해산사유	解散事由(jiěsànshìyóu)
해촉 또는 해임	解聘(jiěpìn)
핵심기업	核心企业(héxīnqǐyè)
행정규장	行政规章(xíngzhèngguīzhāng)
행정인사부	行政人事部(xíngzhèngrénshìbù)
향진기업	乡镇企业(xiāngzhènqǐyè)
허가업종	许可经营项目(xǔkějīngyíngxiàngmù)
허위자료	虚假材料(xūjiǎcáiliào)
허위출자(가장납입)	虚假出资(xūjiǎchūzī)
현금흐름표	现金流量表(xiànjīnliúliàngbiǎo)
현물	非货币财产(fēihuòbìcáichǎn) 또는 实物(shíwù)
현물출자	非货币财产出资(fēihuòbìcáichǎnchūzī) 或 实物出资(shíwùchūzī)
혼합소유제	混合所有制(hùnhésuǒyǒuzhì)
화의	和解(héjiě)

화의안, 화의협의서	和解协议(héjiěxiéyì)
화폐	货币(huòbì)
확인비준31)	核准(hézhǔn)
확정자본금제	确定资本制(quèdìngzǐběnzhì)
환가계획안	变价方案(biànjiàfāng'àn)
회계	会计(kuàijì)
회계감사	审计(shěnjì)
회계감사보고서	审计报告(shěnjìbàogào)
회계감사담당자	审计人员(shěnjìrényuán)
회계감사위원회	审计委员会(shěnjìwěiyuánhuì)
회계사사무소	会计师事务所(kuàijìshīshìwùsuǒ)
회계연도	会计年度(kuàijìniándù)
회계장부	会计账簿(kuàijìzhàngbù)
회계전문가	会计专业人士(kuàijìzhuānyèrénshì)
회계증빙자료	会计凭证(kuàijìpíngzhèng)
회계책임자	会计主管人员(kuàijìzhǔguǎnrényuán)
회사	公司(gōngsī) 또는 公司企业(gōngsīqǐyè)
회사경영 또는 회사경영관리	公司经营管理(gōngsījīngyíngguǎnlǐ)
회사기회유용	利用公司机会(lìyòngōngsījīhuì) 또는 侵夺公司机会(qīnduógōngsījīhuì)
회사내부관리기구	公司内部管理机构(gōngsīnèibùguǎnlǐjīgòu)
회사등기관리조례	公司登记管理条例(gōngsīdēngjìguǎnlǐtiáolì)
회사등기기관	公司登记机关(gōngsīdēngjìjīguān)
회사명칭	公司名称(gōngsīmíngchēng)
회사명칭 사전심사승인	公司名称预先核准(gōngsīmíngchēngyùxiānhézhǔn)
회사법	公司法(gōngsīfǎ)
회사불성립	不设立公司(búshèlìgōngsī)
회사설립	公司设立(gōngsīshèlì)
회사성립	公司成立(gōngsī chénglì)
회사성립일	公司成立日期(gōngsīchénglìrìqī)
회사의 내부통제 제도	公司的内控制度(gōngsīdenèikòngzhìdù)
회사의 종료	公司终止(gōngsīzhōngzhǐ)
회사재산	公司财产(gōngsīcáichǎn)
회사조직기구32)	公司组织机构(gōngsīzǔzhījīgòu)
회사채 부본	公司债券存根(gōngsīzhàiquàncúngēn)
회사퇴출	公司退出(gōngsītuìchū)

회사합병계약	公司合并协议(gōngsīhébìngxiéyì)
회사합병신청서	公司合并申请书(gōngsīhébìngshēnqǐngshū)
회사해산소송	解散公司诉讼(jiěsàngōngsīsùsòng)
회생계획	重整计划(chóngzhěngjìhuà)
회생절차	重整(chóngzhěng)
회수	抽回(chōuhuí)
회의록	会议记录(huìyìjìlù)
획발토지사용권	划拨土地使用权(huàbōtǔdìshǐyòngquán)
횡령	侵占(qīnzhàn)
흡수합병	吸收合并(xīshōuhébìng)

---

* 이 대조표는 김남훈 변호사와 황리나 중국변호사가 작성한 것이다. 다만 일부 용어는 집필자
  들이 논의를 거쳐 수정하였음을 밝혀둔다.

1) 중국에서는 기관으로서의 감사회(監事会)와 회의로서의 감사회(監事会会议)를 구별하고 있
   으나, 한국에서는 모두 감사회라고 한다.
2) 개인뿐만 아니라 가족도 경영의 주체가 될 수 있고, 후자의 경우 연대책임을 진다. 영어로
   "individual Industrial and commercial households"라 한다.
3) 관계자거래시 가격 결정 방법으로서, 비관계자거래의 이익수준과 비교가능한 지표로 관계
   자거래의 순이익을 확정하는 방법이다.
4) 심의사항 또는 심의안은 审议事项이라고 한다.
5) 경내(境內)란 홍콩과 마카오, 대만을 제외한 중국본토를 말한다.
6) National Audit Office of the People's Republic of China.
7) 한국의 "선관의무"와 유사하다.
8) 한국 기업회계기준에 따르면 당기순이익이란 "법인세차감 전 순이익"에서 법인세를 차감하
   여 계산한다.
9) 중국 행정 지역의 위계는 하위부터 촌, 향(진), 현(구), 시, 성, 국가 6가지로 분류한다.
10) 중국 국유기업 개혁에서 유래된 용어이다. 1979년 국무원이 제정한 "국영기업잉여금분배에
    관한 규정(关于国有企业实行利润留存的规定)"에서 "방권양리"와 "수급제"를 규정하였다. 방권양
    리는 기업에게 권한을 더 많이 부여하고 잉여를 기업에게 더 분배해 주겠다는 뜻이다. 국유기
    업 개혁은 국무원이 제정한 국유기업 개혁지침으로 현재까지 방권양리단계(1979−1992), 제도
    창신단계(1992−2002), 전략조정단계(2002−2015), 분류개혁단계(2015−2020) 4단계로 분류한다.
11) 관계자거래시 가격 결정 방법으로서, 비관계자와 사이에 행하는 관계자거래와 같거나 유사
    한 업무활동에서 수취하는 가격으로 정한다.
12) 상급기관이 하급기관에서 온 공문에 대해 회답하는 것을 의미한다.
13) 주무기관에 어떤 사안에 관하여 보고하면서 관련서류를 제출 및 비치토록 하여 찾아볼 수
    있게 하는 것을 의미한다. 일반적으로 비준에 상대되는 개념으로 사용되며 주무기관의 비
    준동의는 요하지 않는다.
14) 批准은 한국의 경우 조약에 대한 비준의 의미로 사용하고 있으나, 중국의 경우 조약에 대한
    비준 외에 상급행정기관이 하급행정기관 또는 민간부문의 의견, 건의 또는 신청에 대한 승
    인이라는 의미로 광범위하게 사용하고 있다.

15) 중외합자경영기업, 중외합작경영기업, 중외합영경영기업.

16) 상장회사의 이사, 감사, 고급관리인원이 회사의 충실의무에 위반하여 직무상의 편리를 이용하여 다음 각호의 행위를 통하여 상장회사의 이익에 중대한 손해를 초래하는 경우에 성립한다(형법 제169조의1). ① 제3자에게 무상으로 회사 자금, 상품, 서비스 또는 기타 자산을 제공하는 경우, ② 명백히 불공정한 조건으로 자금, 상품, 서비스 또는 기타 자산을 제공하거나 인수하는 경우, ③ 변제능력이 없음이 명백한 자에게 자금, 상품, 서비스 또는 기타 자산을 제공한 경우, ④ 변제능력이 없음이 명백한 자에게 담보를 제공하거나, 정당한 이유 없이 제3자를 위하여 담보를 제공한 경우, ⑤ 정당한 이유 없이 채권을 포기하거나 채무를 부담한 경우, ⑥ 기타 방식으로 상장회사에 손해를 준 경우 등이다.

17) 외상투자기업은 잉여금에서 근로자복지준비금, 예비준비금, 기업발전준비금을 적립하여야 한다. 근거법령: 公司法166条, 中外合资经营企业法实施条例76条, 外资企业法实施细则58条.

18) 관계자거래시 가격 결정 방법으로서, 관계자거래에서 발생하는 합리적인 원가에 비관계자 거래에서의 이익을 가산하는 가격결정 방법이다.

19) 결의사항 또는 결의안은 决议事项이라고 한다.

20) 营业执照를 영업허가증으로 번역하는 것이 일반적이나, 회사의 설립 전 또는 후에 특정 업종을 영위하기 위하여 영업허가증(经营许可证, 生产许可证)이 필요한 경우가 있다. 이에 따라 营业执照를 "영업집조"라고 번역하기로 한다.

21) 중국 법상 "挪用"은 회사 자산을 사적 목적에 사용하는 것을 말한다. 행위자가 회사 자산을 자기 자산으로 편입시키려는 의사가 없는 점에서 횡령(侵占)과 구별된다.

22) 중국회사법상 이사장, 이사, 경리가 대표이사(法定代表人)를 담당할 수 있다고 규정하고 있다.

23) 관계자거래시 가격 결정 방법으로서, 상장회사와 그 관계자 사이에서 관계자거래의 합병이 익에 대한 공헌에 따라 각자 배당받을 이익금액을 계산하는 방법이다.

24) 유한회사의 경우 출자금(出资额)이라는 용어를 사용한다.

25) 원문 제11장 "상이보조금"을 사용하고 있다. 오타? 한국 근로기본법 제80조에서 같은 의미를 장해보상을 사용하고 있다.

26) 관계자거래시 가격 결정 방법으로서, 관계자에게 구입한 상품을 다시 비관계자에 판매하는 가격에서 비교가능한 비관계자거래에서의 이익을 차감한 금액을 관계자로부터 구입한 상품의 공정한 거래가격으로 정하는 방법이다.

27) 직역하자면 큰 것은 잡고 작은 것은 놓아준다는 의미이다.

28) 중국에서 직공은 white collar에 해당하는 사무원(职员)과 blue collar에 해당하는 노동자(工人)의 합성어로 전체 임직원을 의미한다.

29) 가장납입은 "虚假出资"이다. 중국의 가장납입은 회사설립 전의 행위이고, 출자금 빼돌리기는 회사설립 후의 행위이다.

30) 회사 설립시 취득해야 하는 증서로서, 2016년 6월 이후부터 영업집조에 통합한 5증합일(五证合一) 제도를 시행하면서 더 이상 필요하지 않게 되었다.

31) 批准(비준)은 내용을 검토하여 허락한다는 의미이고, 核准(핵준)은 사실관계를 확인하여 허락한다는 의미이다. 批准의 경우 심사권자에게 재량권이 인정된다. 批准은 많이 사용되는 용어이므로 비준으로 직역하고, 核准은 많이 사용되는 용어가 아니므로 승인으로 의역하였다. 참고로 审批에는 审查批准과 审议批准이 있는데, 전자는 심사비준, 후자는 심의비준으로 번역하였다.

32) 조직기구는 기관보다 더 넓은 개념이다.

찾아보기

집필자 소개

김건식(金建植) (편저자 제1장, 제6장)

서울대 법학전문대학원 명예교수(상법)
한국상사법학회장 역임
미국 워싱턴주립대 J.D. / Ph.D.
서울대 법학사 / 법학석사

김남훈(金男勳) (제4장, 제10장)

법무법인 위어드바이즈 변호사
법무법인 세종 / 북경 킹앤우드(金杜) 법률사무소
서울대 법학사 / 중국 청화대학 법학석사

김종길(金钟吉) (제11장)

법무법인 동인 변호사
중국 환구(环球) 로펌 한국팀장
법무법인 태평양 북경대표처 수석대표
서울대 법학사 / 중국 북경대 법학석사

서의경(徐義景) (제9장)

광운대 정책법학대학 법학부 부교수(상법)
한국경제법학회 이사
중국 인민대 박사(경제법)
연세대 법학사 / 법학석사(상법)

장진보(张珍宝) (제7장)

충북대 법학전문대학원 부교수(중국법)
중국 산동성 문강 로펌 변호사
중국 산동성 조장시 중구법원 판사
서울대 법학박사

정영진(丁莹镇) (편저자 제2장, 제3장, 제5장)

인하대 법학전문대학원 교수(상법)
한중법학회 수석부회장 / 한국·미국 뉴욕주 변호사
고려대 법학박사 / 중국 화동정법대 법학박사
서울대 법학사 / 미국 Northwestern대 LL.M.

최정연(崔貞蓮) (제8장)

중국 린이대 법학원 전임강사(상법)
서울대 법학석사 / 법학박사
중국 연변대 법학사

황리나(黃丽娜) (제4장, 제10장)

북경 북두정명 법률사무소 변호사
법무법인 태평양 북경 대표처 / 북경 킹앤우드(金杜) 법률사무소
북경대 법학사·경제학사 / 서울대 법학석사

제 2 판
한중법학회 학술총서 제1권
중국회사법(中国公司法)

초판발행　　　 2018년　2월　9일
제2판발행　　　 2021년 10월 15일

엮은이　　　 김건식·정영진
펴낸이　　　 안종만·안상준

편　집　　　 김선민
기획/마케팅　　 조성호
표지디자인　　 이수빈
제　작　　　 고철민·조영환

펴낸곳　　　 ㈜ **박영시**
　　　　　　 서울특별시 금천구 가산디지털2로 53, 210호(가산동, 한라시그마밸리)
　　　　　　 등록　1959. 3. 11. 제300-1959-1호(倫)

전　화　　　 02)733-6771
f a x　　　 02)736-4818
e-mail　　　 pys@pybook.co.kr
homepage　　 www.pybook.co.kr
ISBN　　　 979-11-303-3996-2　93360

copyright©김건식·정영진, 2021, Printed in Korea

정　가　　　 28,000원